"Hiçbir şey
göründüğü gibi değildir."

D1673084

Truva Yayınları®

Truva Yayınları: 550

Tarih: 104

Yayıncı Sertifika No: 12373

*Genel Yayın Yönetmeni:* Sami Çelik

*Editör:* Hüseyin Öz

*Sayfa Düzeni:* Truva Ajans

*Kapak Tasarımı:* Mehmet Emre Çelik

Baskı - Cilt: Step Ajans Reklamcılık Matbaacılık Tan. ve Org. Ltd. Şti.

Göztepe Mah. Bosna Cad. No: 11

Mahmutbey - Bağcılar / İSTANBUL

Tel. :  0212 446 88 46

Matbaa Sertifika No.: 12266

1. Baskı Ekim 2019

ISBN: 978-605-5638-98-6

© Kitabın yayına hazırlanan bu metninin telif hakları, Truva Yayınları'na aittir.
Yayınevinden yazılı izin alınmadan kısmen veya tamamen alıntı yapılamaz,
hiçbir şekilde kopya edilemez, çoğaltılamaz ve yayımlanamaz.

**Truva Yayınları® 2019**

Kavacık Mahallesi Övünç Sokak Kıbrıs Apartmanı No: 19/2

Beykoz / İstanbul

Tel: 0216 537 70 20

www. truvayayinlari. com

info@truvayayinlari. com

**facebook. com**/truvayayinlari

**instagram. com**/truvayayinlari

**twitter. com**/truvayayinevi

# Kazım Karabekir

# İttihat ve Terakki Cemiyeti
## "1896-1909"

Yayına Hazırlayan
**Prof. Faruk Özerengin**

## KAZIM KARABEKİR

1882'de İstanbul'da doğdu. Babası Mehmed Emin Paşa'dır. Fatih Askerî Rüştiyesi'ni, Kuleli Askerî İdadisi'ni ve Erkan-ı Harbiye Mektebi'ni bitirerek yüzbaşı rütbesi ile orduda göreve başladı. İttihat ve Terakki Cemiyetinin Manastır Örgütünde görev aldı. Harekât Ordusu'nda bulundu. 1910'daki Arnavutluk Ayaklanmasının bastırılmasında etkili oldu. 1911'de Erzincan ve Erzurum'un, Ermeni ve Ruslardan geri alınmasını sağladı. Sarıkamış ve Gümrü kalelerini kurtardı.

Kurtuluş Savaşı'nda Doğu Cephesi Komutanlığı yaptı. Milli Mücadele'nin başlamasında ve kazanılmasında büyük katkısı oldu. Terakkiperver Cumhuriyet Fırkası'nı kurdu. Bir yıl aradan sonra da Şeyh Said İsyanı bahane edilerek Terakkiperver Cumhuriyet Fırkası kapatıldı.

Uzun yıllar yalnızlığa bırakıldı ve ömrünün son günlerinde İstanbul Milletvekili olarak Meclis'e alındı. 1946 yılında Meclis Başkanı oldu. 1948'de vefat etti.

# İçindekiler

# ÖNSÖZ

Muhterem babamız Kazım Karabekir Paşa, 1933'te bastırdığı "İstiklal Harbimizin Esasları" adlı eserinin önsözüne şöyle başlar:

Medeni camialarda, her hadiseyi müteakip alakadarlar derhal hatıralarını milletlerinin ve cihan ve tarihin huzuruna arz etmeyi en kutsi bir vazife bilirler. Biz tarihimizin en mühim hadiselerinin içinde yoğrulduğumuz halde bu mühim borcu ödemekte bazı sebeplerin tesiri ile geç kaldık. Daha ziyade gecikmek, hakikat nurunun grubunu seyretmekten zevk almak demek olur.

Tarihi olayların içinde olanların hatıralarını tarihin huzuruna arz etmeleri bir vazife, milletlerin ise kendi tarihlerini doğru olarak bilmeleri bir haktır. Bir millet, geçmişi doğru olarak bilemez ise, ne bu günü anlayabilir ne de yarınını daha iyi görebilir.

Tarihi aydınlatan en önemli vesikalar, olayların içinde yasayanların bıraktıkları hatıralardır.

Rahmetli babamız, tüm yaşamı boyunca içinde yaşadığı, gördüğü ve bildiği vakıaları günü gününe hatıratına kaydetmiş, kendisine ait belgeleri muhafaza ederek, her biri yakın tarihimizin bir bölümünü aydınlatan eserlerini meydana getirmiş ve neşredilmek üzere kıymetli birer vesika olarak bırakmıştır.

Sağlığında bu eserlerin bir kısmı neşredilebilmiştir.

Neşredilmemiş diğerlerinin tarihimize tevdii evlatları için şerefli bir görevdir.

Şimdiye kadar neşredilmemiş hatıraların bir tanesini daha, (İttihat ve Terakki Cemiyeti. Neden kuruldu? Nasıl kuruldu? Nasıl idare olundu?) eserini, hiçbir kelimesine dokunmadan olduğu gibi yayınlamakla, rahmetli babamıza ve tarihimize karşı vazifemizi yerine getirmenin huzurunu duyuyoruz. Ruhun şad olsun muhterem babamız.

*Evlatları*

## KAZIM KARABEKİR PAŞA'NIN
## HAYATI

Kazım Karabekir, 1882'de (1298 Temmuz 11-Rumi yıl) İstanbul Küçük Mustafa Paşa'da doğmuştur. Ceddi Karabekir, Karaman civarında Kasaba (Eski adı: Gafriyat, şimdiki adı Kazım Karabekir İlçesi) köyünün en eski Selçuk Türkü ailesine mensuptur.

Babası Mehmet Emin Paşa, gençliğinde gönüllü olarak Kırım Harbi'ne gitmiş, Silistre ve Kırım Muharebelerinde bulunmuş, yaralanmış, gümüş harp madalyaları ile taltif edilmiş ve orduda kalarak paşalık rütbesine kadar yükselmiştir.

Mehmet Emin Paşa, Kastamonu Alay Beyliği, İskilip Kaymakamlığı yapmış; Hakkari, Van, Harput'ta görev almış, en son Mekke'de Vali vekaleti vazifesinde iken kolera salgınında bu hastalığa yakalanarak Mekke'de vefat etmiştir.

Annesi Hacı Havva Hanım, beş erkek çocuğunu hem annelik hem babalık ederek yetiştirmiş, 1917'de İstanbul'da vefat etmiştir.

Beş erkek kardeşin (Hamdi, Hilmi, Şevki, Hulusi, Kazım) en küçüğü olan Kazım, ilkokula İstanbul'da Zeyrek'te başlamış; Van, Harput ve Mekke'de devam etmiştir. Babasının vefatında küçük Karabekir 11 yaşında bulunuyordu. Babanın vefatı üzerine aile Mekke'den İstanbul'a dönmüş, Karabekir öğrenimini sırası ile Fatih Askerî Rüşdiyesi (1894-1896), Kuleli İdadisi (1897-1899), Pangaltı Harbiye Mektebi (1900-1902) ve Erkanı Harbiye Mektebi (1903-1905)'nde yapmıştır.

Tahsili sırasında, ikametgahının bulunduğu Zeyrek semtine

nispetle Kazım Zeyrek diye anılan Karabekir, bütün öğrenimi boyunca sınıf birincisi olmuş ve 1905'te Erkanı Harbiye Mektebi'nden (Harp Akademisi) sınıf birincisi olarak yüzbaşı rütbesiyle mezun olmuştur. Bu başarısından dolayı altın maarif madalyası ile taltif olunarak orduya girmiştir. Sınıfın ikincisi ile arasında büyük not farkı olduğundan mektep idaresinde muallim olarak alıkonulmak istenmiş ise de, kendi isteği ile iki senelik stajını, bölük komutanı olarak, Üçüncü Ordu'da Manastır'da yapmıştır. O sırada binbaşı olan Enver Bey (Enver Paşa) ile birlikte, sonradan İttihat ve Terakki namını alan Osmanlı Hürriyet Cemiyeti'nin Manastır merkezini kurmuşlardır. Aynı zamanda Manastır mıntıka müfettişi de tayin olunmuş ve Rum ve Bulgar çeteleri ile yedi çarpışma yapmıştır. Yüzden fazla Bulgar'dan mürekkep bir çetenin imhası ile neticelenen (Temmuz-1907) bir müsademede gösterdiği başarı üzerine Kol Ağalığı'na terfi edilmiş ve İstanbul Harbiye Mektebi Tabye Muallim Muavinliğine tayin olunmuştur.

İstanbul'da da İttihat ve Terakki Cemiyeti'nin İstanbul teşkilatını kurmak işinde görev almıştır.

Meşrutiyet'in ilanından sonra, İttihat ve Terakki Cemiyeti'nin siyasi bir partiye dönüşerek meclise girmesi ve ordunun siyasetle uğraşmasının aleyhinde olduğu için, bilhassa 31 Mart isyanının bastırılmasından sonra siyasete karışmamış ve tamamıyla askeri vazifesinde kalmıştır.

Meşrutiyet'in ilanından sonra Edirne'de İkinci Ordu, Üçüncü Fırka Erkan-ı Harpliği'ne (kurmaylığına) tayin olunmuştur. 31 Mart isyanını bastırmak üzere İstanbul'a gelen Hareket Ordusu'nun mürettep ikinci fırkası Erkan-ı Harbiye reisi idi. Edirne'den bu kuvvetin çıkarılmasında başarı göstermiş ve ilk trendeki taburla birlikte hareket etmiştir. Karargahını Pangaltı Harbiye Mektebi'nde kuran bu fırka asi avcı taburlarının toplanmış oldukları Taş Kışla ve Taksim Kışlası müsademelerini yapmış ve Yıldız Sarayı'nı da işgal etmişti.

Bundan sonra, Kazım Karabekir, (1910) Arnavutluk isyanında mürettep Kolordu Erkan-ı Harbiyesi Harekat Şubesi müdürlüğünde görevlendirilmiş ve yine birkaç müsademede bulunmuş, meşhur Kaçanik harekatında Erkan-ı Harbiye reisliği vazifesini görmüş ve kolorduyu düştüğü tehlikeden kurtarmıştır. Harekat bittikten sonra, yine Edirne'de Fırka Erkan-ı Harpliği vazifesine dönmüştür.

1911 Nisan 15'te Harbiye Nezareti'ne (Bakanlığına) istida ile müracaat ederek soyadı olan Karabekir namını resmen almıştır.

30 Mart 1912'de Trakya Hudut Komiserliği vazifesine atanmış ve aynı yıl 14 Nisan'da binbaşılığa terfi etmiştir.

Balkan Harbi'nde bu vazife ile Edirne kalesinin müdafaasında yararlık göstermiş ve iki sene kıdem zammı ve dördüncü Osmani nişanı ile mükafatlandırılmıştır.

Balkan harbinden sonra, Alman —Heyeti ıslahiyesi— arasında Erkan-ı Harbiyei Umumiye (Genel Kurmay) istihbarat (haber alma) şubesini de idare etmiştir.

1914 Birinci Cihan Harbi'ne Kaymakam (Yarbay) rütbesi ile giren Kazım Karabekir, Birinci Kuvvei Seferiye kumandanlığı ile İran ve öteleri harekatına memur edilmiş ve Halep'te iken yaralanan Süleyman Askerî Bey'in yerine Irak, kumandanlığı ve Basra Valiliğini yapmak üzere Bağdat'a gönderilmiş fakat Askerî Bey'in biraz iyileşmesi üzerine İstanbul'da Kartal'da bulunan 14. Fırka (Tümen) komutanlığına getirilmiştir. Marmara ve Karadeniz sahilleri tahkimatını yaptıktan sonra bu fırkası ile birlikte Çanakkale'ye gönderilmiştir. Orada Fransızlara karşı üç buçuk ay Kereviz Dere müdafaasını yapmış, miralaylığa terfi etmiştir. Buradan İstanbul'da Birinci Ordu Erkan-ı Harbiye Reisliği'ne, sonra Galiçya'ya gidecek ordunun ve sonra da Mareşal Golç Paşa'nın Erkan-ı Harbiye reisliği ile Irak'a gitmiş ve Küttül ammara'nın sukutundan biraz evvel bu mevkii muhasara eden 18. Kolordunun kumandanlığına tayin olunmuştur. Bir buçuk yıl Irak cephesinde kalmış, üstün İngiliz kuvvetleri karşısında birçok başarılı muharebeler vermiştir. Buradan 1917'de Diyarbekir (Diyarbakır) bölgesindeki İkinci Kolordu Komutanlığı'na naklolunmuş ve bu suretle

Ruslarla olan muharebelere de iştirak etmiştir. Bu arada, Van, Bitlis, Elaziz (Elazığ) cephesindeki İkinci Ordu kumandanlığı vekaletinde bulunmuştur.

1918 yılı başında, Erzincan karşısındaki birinci Kafkas kolordusu kumandanlığına naklolunmuş ve kolordusu ile şubat ve mart aylarının müthiş karları içinde Erzincan ve Erzurum'u, Rus subayları ile takviye edilmiş Ermeni ordusundan geri alarak buraları kurtarmıştır.

Bundan sonra, Sarıkamış, Kars ve Gümrü kalelerinin ve yine Kara Kilise (Karaköse)'nin zaptındaki başarıları üzerine livalığa (paşalığa) terfi etmiştir.

Bütün bu harekat sırasında Osmanlı Hükümeti'nin birçok harp nişan ve madalyalarını, Almanların ikinci ve birinci rütbe demir salip ve meziyet, Avusturya ve Macaristan'ın ayni derecedeki harp nişan ve madalyalarını almıştır. (Bu madalyalar ailesi tarafından İstanbul Harbiye Askeri Müzesine hibe edilmiş olup, müzedeki Kazım Karabekir köşesindedir.)

Karabekir, İstanbul Hükümeti'nin en genç ve en son paşasıdır.

Bundan sonraki harekat Ermenistan ve Azerbaycan'ın işgalidir. Kazım Karabekir Paşa karargahını Tebriz'de kurmuş ve Azerbaycan'dan İngiliz kuvvetlerini çıkarmıştır.

Şark ordumuzun bir taraftan İran Azerbaycan'ına ve diğer taraftan Bakü ve şimali Kafkaslara kadar uzanan ve zaferden zafere koşan Karabekir komutasındaki kolorduları, Filistin bozgunu üzerine akdine mecburiyet hasıl olan mütareke emrini, bu başarılar içinde iken almış, ve yeni vaziyetlere karşı yine azim ve metanetle cephe almaya hazırlanmıştır.

Bu sırada mevkii iktidara gelen Müşir (Mareşal) İzzet Paşa, Kazım Karabekir Paşa'yı Erkan-ı Harbiye Umumiye Reisliği (Genel Kurmay Başkanlığı) vazifesi ile İstanbul'a davet etmiştir. İstanbul'a gelen Karabekir İtilaf Devletleri'nin İstanbul'a yerleşmeye ve hükümete tahakküm etmeye başladıklarını görünce bir İstiklal Harbi açmak için tekrar şarktaki kumandanlık vazifesine gönderilmesinde ısrar etmiş ve bir müddet sonra buna muvaffak olarak önce Tekirdağ'ındaki 14. ve sonra da 15. Kolordu namını alan 9. Ordu kıtalarının kumandanlığına tayin olmuştur.

Nisan 1919'da İstanbul'dan ayrılan Karabekir Paşa, 19 Nisan 1919'da Trabzon'a çıkmış ve oradan Erzurum'a geçerek kolordusunun komutasını almıştır. O sıralarda hazırlıkları yapılan Erzurum Kongresi'nin toplanmasını ve Mustafa Kemal Paşa'yı Erzurum'a davet ederek, kongre başkanlığına getirilmesini sağlamıştır.

İstiklal Harbi'nde Edirne mebusu ve Şark Cephesi Komutanlığını yapmıştır. İkinci defa Sarıkamış, Kars ve Gümrü kalelerini zaptederek Ermeni ordusunu mağlup etmiş, Ermeni Taşnak hükümetiyle sulh müzakerelerini milli hükümetimizin murahhas heyeti reisi sıfatıyla idare etmiş, ve Sevr muahedesinden Ermeni hükümetinin imzasını geri aldırmaya ve Ermeni ordusunun silah ve askeri teçhizatının mühim bir kısmını hükümetimize teslim ettirmeye muvaffak olmuştur. Bu muahede, kırk küsur seneden beri ana vatandan koparılmış olan ve öz Türklerle meskun bulunan üç vilayetimizi bize kazandırdığı gibi, Garp ordularımızın başarılarını geniş ölçüde sağlayan Şark ordusu birliklerinin ve top, tüfek, süngü, kılıç, mühimmat ve teçhizatın Garp Cephesi'ne gönderilmesini mümkün kılmıştır.

Kars'ın geri alınmasından sonra ferikliğe (orgeneral) terfi olunmuş ve İstiklal Madalyası ile taltif olunmuştur.

Bolşevik Rusya ve Kafkasya hükümetleri ile yapılan Kars Muahedesi müzakerelerini, Ankara Hükümeti'nin murahhas heyeti başkanı olarak idare etmiş ve sonuçlandırmıştır.

Bu arada, Şark'ta 4000 kadar yetim Türk çocuklarını toplamış hayatlarını korumuş, çeşitli okullar açtırarak yetiştirmiş ve vatana faydalı kişiler haline getirmiştir.

Barıştan sonra, merkezi Ankara olan Birinci Ordu Müfettişliğine tayin olunan Karabekir Paşa, ikinci seçim devresinde

İstanbul'dan mebusluğa seçilmiştir. Bu aralık Aydın'dan evlenmiştir. Üç kız çocuğu vardır.

1924 yılı sonlarında siyasi ve sosyal hayatımızdaki inkılaplarda nazımlık görevini gerekli gördüklerinden, İstiklal Harbi'nin banileri olan bazı arkadaşları ile birlikte teşrii vazifede çalışmaya karar vererek "Terakkiperver Cumhuriyet Fırkası"-nı kurmuşlar ve liderliğine Kazım Karabekir Paşa getirilmiştir.

5 Aralık 1927'de diğer arkadaşları ile birlikte tekaüt edilmiş ve daha sonra "İzmir Suikastı" meselesinde bilgisi olduğu iddiası ile İzmir İstiklal Mahkemesi'nde muhakeme edilmiş ve diğer bazı parti ve askerlik arkadaşları ile birlikte mahkum edilmesi için sarf edilen gayretlere rağmen beraat etmiştir.

Bundan sonra, on iki yıl kadar Erenköy'de evinde inzivaya çekilen Karabekir, bu yıllar zarfında siyasi, sosyal ve kültürel çalışmalarda bulunmuş, hatıralarını yazmıştır.

Hayatı boyunca, olayları günü gününe hatıratına kaydeden Karabekir'in neşredilmiş ve edilecek olan eserleri, yakın tarihimize ışık tutmaktadır.

1938 yılında tekrar İstanbul mebusluğuna (milletvekili) seçilen Kazım Karabekir Paşa, milletvekili olarak ve daha sonra 1946'da Büyük Millet Meclisi Başkanı olarak teşrii görevine devam etmiş, 26 Ocak 1948'de bir kalp krizi sonucu vefat etmiştir.

Ankara'da Cebeci şehitliğinde ailesi tarafından yaptırılan kabrinde yatmakta ve kadrini bilen Türk milletinin kalbinde yaşamaktadır.

## TÜRK İNKILABI'NIN BİRİNCİ SAFHASI OLAN İTTİHAT ve TERAKKİ CEMİYETİ'NİN TARİHİ NASIL YAZILACAK?

İkinci Meşrutiyet'in ilanından (23 Temmuz 1908) iki ay kadar sonra Selanik'te toplanan Birinci İttihat ve Terakki Kongresi'ne İstanbul Merkezi'nin murahhası olmak üzere iştirak etmiştim. Muhtelif meseleler arasında cemiyetin tarihini yazmak meselesi de münakaşa edilmiş ve Merkez-i Umumi bu vazifeyi üstüne almıştı.

Kongrece verilen karara göre Merkez-i Umumi, Meşrutiyet'in ilanından önce kurulan muhtelif merkezlerden raporlar alacaktı. Ayrıca mühim vazifeler alan cemiyet mensuplarından da imzaları altında bilgiler ve vesikalar toplayacaktı. Bu suretle cemiyetin tarihi; şunun bunun arzu ve zannına göre değil vakıaların zamanları, yerleri ve yapanları hakikate uygun bir tarzda tespit edilmiş olarak ortaya çıkarılacaktı. Sonra da bu tarih bir kaç nüsha olarak yazılacak, Merkezi Umumi azaları tarafından imzalanarak muhtelif yerlerde saklanacaktı. Münasip bir zamanda neşrine de yine bir kongrece karar verilecekti.

Merkez-i Umumi; bu vazifesini — sebepleri her ne olursa olsun— yazık ki başaramadı. Merkezlerden ve alakadarlardan raporlar bile toplayamadı ve hatta elindeki vesikaları bile tamamıyla muhafaza edemedi.

Bu cemiyetin başına geçen Talat, Enver ve Cemal Paşalar ve emsalleri de Meşrutiyet'in ilanından önce ve sonra cemiyetin içindeki faaliyetlerini ve bildiklerini ortaya koymadılar.

Garplılaşmak hareketimizde metotlu çalışmak meselesine bir türlü kavuşamadık. Garb'ın, yüzlerce yıllardan beri tuttuğu hatıra yazmak adeti ve metodoloji ile meşgul olanların bildikleri tarih yazmak usulü bizde hız almak şöyle dursun ciddi engeller karşısındadır bile...

Meşrutiyet ve Cumhuriyet hareketlerimizin tarihi, tek sözle "İnkılap" tarihimiz ve buna dayanması lazım gelen ansiklopedik eserler; bugünkü kıt malzeme ve dar çalışma çerçevesi içinde asla yazılamaz. Salahiyet sahibi yüksek bir heyet huzurunda dahi söylemiş olduğum sözleri buraya yazıyorum:

Tarih yazmak bir tahlil ve terkip yapmak demektir. Tahlil, hadiselerin kaynaklarını araştırmak yani şahadet namı altında toplanan rivayetler, abideler, vesikalar üzerinde objektif görüşle tenkitler yapmak, bunların kıymetlerini tespit etmektir. Terkip veya inşa da tahlil sayesinde toplanan bütün şahadetleri bir araya getirerek tarihin bünyesini kurmaktır.

Bu ilmi yollardan yürümekte daha çok gecikirsek ileride içinde yaşadığımız İnkılap Tarihi'ni de ecnebi kaynaklardan araştırmak ihtiyacını duyacak olan gelecek nesiller bizi ittiham etmekte çok haklı olacaklardır.

Tehlikenin büyüğü de şudur: Milletin idaresini bir gün ellerine alacak olan yeni nesillerin ruhlarına ve vicdanlarına milletin selametini temin edebilecek kudret verilemez. Çünkü milli kudret, ancak doğru görülmüş ve doğru anlaşılmış vakıalarla beslenir ve hızlanır.

Bu eserimde İttihat ve Terakki Tarihi'ne az çok malzeme vermiş oluyorum. Borcumu geç ödemem sebepsiz değildir... Burada benim ne diye borçlu olduğumu izah edeyim:

Bazı isim değişikliklerinden sonra yine İttihat ve Terakki namını alan cemiyetin eski mensuplarından bulunduğum gibi ilk Manastır teşkilatının da başında bulundum. Üsküp, Köprülü, Kevökili ve Edirne'nin teşkilatıyla da yakından alakadar oldum, İstanbul merkezini kurmak ve en mühim olan kara ve deniz teşkilatını yapmak gibi mühim, nazik ve tehlikeli bir vazife de aldım. Muhtelif yerlerde, tarihi rolleri görülen, mühim şahsiyetlere rehberlik ettim. Meşrutiyet'in ilanından sonra da İstanbul ve Edirne merkezlerinde çalıştım. Selanik'te toplanan Birinci Kongreye de İstanbul murahhası olarak iştirak ettim. 31 Mart 1325 (13 Nisan 1909) irticaini tenkil eden Hareket Ordusu'nun Beyoğlu ve Yıldız hareketlerini yapan Mürettep İkinci Fırkanın Erkan-ı Harbiye Reisi idim. Arnavutluk isyanının bastırılmasında Mürettep Kolordu Erkanı Harbiyesi'nin Harekat Şubesi Müdürü idim. Balkan Harbi'nden sonra da Enver Paşa'nın istihbarat şubesinde müdürlük yaptım. Cihan Harbi'nde dahi muhtelif cephelerde büyük kumanda makamlarında bulundum. İstiklal Harbi'nde Şark Cephesi Kumandanlığı'nda iken Enver Paşa ve diğer bazı İttihat ve Terakki erkanıyla temasta bulundum ve hareketlerini takip ettim.

Bunun için: Cemiyetin maksat ve hedeflerini, nasıl başlayıp nasıl inkişaf ettiğini ve yapılan fedakarlıkları içinden gördüm. İttihat ve Terakki Meşrutiyet'in ilanından sonra fırka haline çevrildikten sonra cemiyetin erkan ve efradı arasında bas gösteren ihtilafları ve yanlış hareketleri ve cemiyetin karşısına çıkan muhalefetleri ve engelleri yakından gördüm.

\*\*\*

Bu eser, iki kitap halindedir: Birinci kitap ideal sahibi bir takım vatan çocuklarının tek vücut bir halde hürriyet davası etrafında toplanışlarını ve fedakarlıklarını gösterir. İkinci kitap da cemiyetin fırka haline geçmekle nasıl yanıldığını ve bu yanılmadan doğan acı neticeleri tahlil ve münakaşa edecektir.

İttihat ve Terakki Cemiyeti, tarihimizin her zaman için iftihar edeceği bir teşekküldü. Onu sarsan, solduran; kendi tarihi adıyla İttihat ve Terakki, fırkacılık hayatına atılması ve kendi kendini aşındırması olmuştur. Cemiyetin bir uzvu sıfatıyla, onun bu vaziyete düşmemesi için ben çok uğraştım, fakat cemiyetin bünyesine yapışan tufeyliler, hazıra konmak için o eski feragat sahibi başları, nabız tutmak sanatıyla hırs ve istibdat çukuruna sürüklediler.

Cemiyetin şerefli tarihiyle fırkanın hata ve mesuliyetleri birbirine karıştırılmamalıdır. Fırka büsbütün başka bir teşekkül ve büsbütün başka bir istikamettir. Adeta İttihat ve Terakki Cemiyeti'nin tereddiyi andıran bir istihalesidir. Bazı şahsiyetlerin her iki safhada rol almaları zihinlerde büyük karışıklıklar ve yanlışlıklara sebep olabilir. Ancak cemiyetin ve fırkanın tarihleri üzerinde yapılacak ciddi bir tahlil; bize her ikisinin karakterlerini göstereceği gibi o şahsiyetlerin ihtilalci ve devlet adamı sıfatı ile rollerini de bize anlatır.

Meşrutiyet'in ilanına ön ayak olan İttihat ve Terakki, fırka haline girince siyasetten gayrı meşru istifadeler temin etmek isteyenlerin entrikalarına kapılarak bünyesinde zaaflar ve tefrikalar baş gösterdi. Ve bu yüzden içten ve dıştan gelen darbelere karşı milli bünyenin mukavemetini kıran amiller arasına girdi. En sonunda Cihan Harbi'nin feci akıbetiyle de iflas edip tarihe karıştı. Milleti uğradığı bu yeni felaketten kurtarmak için İttihat ve Terakki Cemiyeti'nin fırka hayatına karışmayan eski fedakar uzuvları bile artık İttihat ve Terakki namıyla ortaya atılamadılar. Cemiyeti fırkacılığa sürükleyen tecrübesiz başlar memlekette bile kalamadılar. Artık yıpranan ve mevcut şartlara uyan yeni bir teşekküle ihtiyaç vardı. İşte Müdafai Hukuk bu ihtiyacın ifadesidir: Vatanın yine fedakar, vefakar, faziletli ve feragatli çocukları; son vatan parçası ve onunla birlikte tarihin her devrinde sahip bulunduğumuz Türk istiklalini kurtarmak için yine el ve fikir birliğiyle işe giriştiler.

Anca ve kanca beraberlikledir ki hürriyet savaşı gibi İstiklal Savaşı da muvaffak oldu. Yaptığımız bu çetin savaşlar bize pek açık, pek faydalı dersler vermiş olsa gerektir: "Kurtuluş" davaları etrafında milletimizin tek cephe halinde birleştiğini tarih ve içinde yaşadığımız hadiseler, bize gösteriyor. Fakat tehlikelerden kurtulunca, o birlik hareketlerinin başına geçenlerin, çok defa kazandıkları ikbal ve iktidarı bazı içtimai zaaflarımız yüzünden milletin lehine kullanmakta devam edemedikleri ve en sonunda kendilerinin de aşındıkları yine tarihin şahadetiyle ve kendi müşahedelerimizle sabittir. Bu yüzden milletimizin geçirdiği sarsıntılar, uğradığı zararlar çok korkunçtur. İttihat ve Terakki hakkında bildiklerimi ve hatıralarımı yazarken hadiselerin bu bakım noktasından delalet ettikleri manaları da teşrihe çalışacağım.

Lanet zalimlere, lanet zalimin yardımcılarına. "Nefret zalimi alkışlayanlara, yazıklar olsun zalimden, korkanlara."

## İTTİHAT VE TERAKKİ
## CEMİYETİ NEDEN KURULDU?

İttihat ve Terakki Cemiyeti'ni zaruretler doğurdu. Bu zaruretleri kavramak için devlet ve millet bakımlarından hak, hürriyet ve vazife hakkında birkaç söz söylemek gerektir.

Hürriyet, hak, vazife fikirlerinin arasında sıkı bir bağlılık vardır. Bu mefhumların ayrı ayrı menşe ve tekamüllerini araştırırken üçünün birden karşımıza çıkması bundan ileri geliyor. Hürriyetin, hakkın, vazifenin kaynakları ve mahiyetleri hakkında metafizik, ahlak ve ekonomi ve sosyolojide birbirinden farklı görüşlerle bir takım teoriler ortaya konduğunu biliyoruz. Bu teorilerin mukayese ve münakaşasına girişmek ve bize hak ve hürriyetin eskiden ve şimdi bunların hangisine göre anlaşıldığını ve tatbik olunduğunu göstermek tek başına bir kitap dolduracak kadar ağır ve geniş bir mevzudur. Ben, burada sadece bir cemiyetin en sağlam bağları olan bu üç mefhumun asırlarca süren uzun bir devre içinde birçok şark milletleri arasında gereği gibi teşkilatlandırılamaması yüzünden doğan neticeler üzerinde durmak istiyorum: Hakikaten şarkta en eski medeniyetlerden beri hak, hürriyet, vazife mefhumları üzerinde dinler, filozoflar, mütefekkirler inceden inceye işlemişler, bu işleyişten çıkan fikirler zaman zaman fiil haline geçmiş, hatta ihtilallere, inkılaplara sebep olmuş, fakat bütün bu fikirler ve hareketler sistemli teşkilatla takviye edilmediğinden sürekli olamamış ve şark cemiyetlerinin derinliklerine kadar nüfuz edememiştir. İşte Garp alemine esas itibariyle Şark'tan geçen hak ve hürriyet fikirlerinin yeni zamanda Garp'ta yerleştikten sonra Şark'ta yabancı gibi görünmesi, hatta yadırganması bu teşkilat farkından ileri gelmiş olsa gerektir. Zira, Garp bu fikirleri, hele Rönesans'tan sonra yalnız zihninde uydurup çevirmekle kalmamış, hayatına sokmak istemiş, bunun için içtimai ve siyasi cihazlarla ve sistematik bir surette teşkilatlandırmıştır. Hususiyle yeni zamanda (Devlet) fikri etrafında Garp aleminde görülen vuzuha ve inkişafa mukabil Şark'taki karışıklık ve durgunluğun sebebini de bu teşkilat işinde arayabiliriz: Devlet, Garp'ta millete hizmet eden bir siyasi teşekkül haline gelmeye başlarken birçok Şark memleketlerinde ve Osmanlı saltanatında o, millet için bir gaile ve bazen de bir haile olmaya yüz tutmuştur. Zevk ve sefasına düşen hükümet adamları içinde halkın ızdırabıyla adeta eğlenenler vardı. Bunlar; dini ve ahlaki prensipleri bilmeyen, bilseler de inanmayan yahut bunların manevi müeyyidesine aldırmayan ve milletin içinden çıkan hukuki bir murakabe teşkilatı da bulunmadığı için alabildiğine şımaran birtakım türemişti. Bunlara artık devlet adamı denemezdi. Garp aleminde hayata ve teşkilata giren, Fransız İhtilali'yle bütün beşeriyete de telkin edilmek istenilen hürriyet, müsavat, adalet... fikirlerinin serpintileri nihayet bize de geldi. Devletin bir inhilale doğru gittiğini gören bazı mütefekkirler milli tarihimize göre bize yabancı olmaması lazım gelen bu fikirleri bizim cemiyetimize de benimsetmek, bizi de Avrupa'da olduğu gibi teşkilatlandırmak istediler. İşte bu istek ve bu çığır; memleketimizde nebülöz halinde bir takım toplantıların belirmesine yol açmıştır. Şöyle ki:

Bu ilk toplantılar Sultan Mecid'in sonsuz israf ve sefahatine karşı bir kıpırdanmadır: "Umur-u Devleti Islah" namıyla bir cemiyet teşkil eden (1859) ve haber alınarak Kuleli (Çengelköy'ünde) de muhakemeleri yapılan vatandaşlar işte böyle bir töhmet altında idiler (1860).

Daha sonraları Sultan Aziz'in daha azgınlaşan cehil ve israflarına karşı nebülöz bir parça katılaşmaya yüz tuttu. Bu katılık, nihayet padişahı hal edebilen ve ilk defa olarak bizde meşruti bir idare kurabilen siyasi bir kudret haline de gelebildi. Yeni Osmanlılar Cemiyeti[1] (Avrupalıların Jön Türkler — Genç Türkler— dediği) 1867'de programını neşretmiş ve 1876'da hedefine varabilmişti. Fakat bu cemiyet halk tabakalarına kadar kök salmadığı gibi Rusların Türk ordularının güzide kısımlarını mahvederek İstanbul önlerine kadar gelmesi neticesi Sultan Hamid'in emsallerinden daha azgın istibdadına yol açmış ve bu cemiyet erkanını ortadan kaldırarak tamamıyla sindirmiş ve kendi vehmi de günden güne artmıştır.

Abdülhamid'in münevverlerimizin çoğalmasından ürktüğünü gösteren tavırlar takınması, nihayet kendini zulmün, geriliğin hamisi ve müsebbibi vaziyetine düşürmesi bizde hürriyet cereyanlarının biraz daha kökleşmesine yol açmıştır.

Abdülhamid de kendinden evvelki padişahlar gibi etrafına toplananlardan, milletten evvel kendi nefsine ve saltanata sadakat bekliyor; onlar da şahsi menfaatleri için ona sadık görünüyorlar, milletin halini ve istikbalini hiç düşünmüyorlardı.

Medeni dünyanın her sahada terakki ederek hürriyet ve refaha doğru gittiğini gören ve anlayan milletseverler çoğaldıkça, Sultan Hamid mensuplarının keyfi ve cahilane idaresiyle bitkin bir hale gelen halkımızın benliğini kaybederek müstemleke halkı olmaya sürüklendiklerini ve ordumuzun da aciz ellerde ve alaylı zabitler idaresinde günden güne zayıfladığını gören gençler; meşruti idareyi kurmayı ve onun koruyucusu olmayı hedef tutan (İttihad-ı Osmanî) namındaki cemiyeti teşkil etmişlerdi (1889). Sonraları İttihat ve Terakki namını alan bu teşekkül milleti hayli irşad etmesine ve büyük ümitler vermesine rağmen emeline muvaffak olamadı. Sultan Hamid bunun teşkilatını haber aldı ve zulüm ve şenaati altında onu ezdi. Fakat milletin hürriyet ve adalet aşkı sönmedi. Bilakis sarayın baskısı arttıkça bu asil ruh da genişledi ve kuvvetlendi. Yeni Osmanlı Cemiyeti'ni kuran Namık Kemal ve Ziya

---

1    İttihat ve Terakki'nin siyasi fırka haline kalbolunmasından sonraki Masonluk bahsinde yeni Osmanlılardan biraz bahsettim.

Paşa'nın Sultan Hamid'in aleyhindeki neşriyatı, Ali Suavi'nin öldürülmesi, Mithat ve Mahmut Paşaların boğulması;[2] birçok kimselerin ve mektep talebesinin çöllere sürülmesi veya öldürülmesi ve sarayda, Taşkışla'da, Beşiktaş, Beyoğlu karakollarında yapılan işkenceler milleti tamamıyla Sultan Hamid ve etrafındakilerden nefret ettirmişti. Bir taraftan yoksulluk, öbür taraftan da Yemen ve Makedonya ihtilalleri bilhassa Türk halkını perişan ettiği halde saray ve onun sadık bendeleri ve hafiye grupları refah içinde yaşamaktan zevk almakta devam ediyorlardı.

Osmanlı camiasından ayrılan ufak milletler büyük devletlerden yardım görerek medeni camiada birer devlet olarak yer aldıkları ve ordularını da Osmanlı camiasından koparmak için uğraştıkları parçaların işgalleri için icabeden işleri başaracak surette gençleştirdikleri ve modern bir hale getirdikleri halde

---

2    Ali Suavi'nin Sultan Murad'ı padişah yapmak teşebbüsü (1878/1294), Mithat Paşa ve arkadaşlarının Yıldız'daki saray mahkemesince "idama mahkum edilişleri (1881/1297 Haziran 29) ve şahane bir af" ile Taif kalesinde hapsedilmek üzere sürülmeleri hafiye güruhuna yeni faaliyet sahaları açmış ve Hamid'in vehmi bu suretle gün geçtikçe artmıştı. 1883 (28 Eylül 1299)'te Sultan Hamid Sadrazam Sait Paşa'yı çağırtıyor ve ayakta biraz hırpaladıktan sonra elindeki bir kağıdı Sait Paşa'ya göstererek okutuyor. Bu kağıt, bir gün evvel sarayda hapsedilen Müşir Fuat Paşa'ya isnad olunan cürüm hakkında Mahmut Nedim ve Cevdet Paşalar muvacehesinde tutulmuş mufassal bir istintak kağıdıdır. Hülasası: "Sultan Hamid'i hal için Dağıstanlılardan mürekkep bir cemiyet teşekkül ettiği ve bu cemiyetin icrai kuvvetinin de padişahın zati muhafızları olan Dağıstanlı asker olduğu (O vakitler hassa askeri bunlardandı), bunların başları da saray içindeki Dağıstanlı Mehmet Paşa olduğu, Müşir Fuat Paşa ve bazı zatlar da cemiyetin erkanından oldukları, Sadrazam Sait Paşa'nın da bu cemiyete riyaset ettiği."
Sait Paşa "Aslı, faslı olmayan şeylerdir" deyince padişah kızıyor ve küçük rovelverini çekip Sait Paşa'nın başına dayıyor ve sadaret mührünü istiyor ve onu bir müddet bir odaya hapsediyor ve eliyle de kapıyı kilitliyor. Yerine Ahmet Vefik Paşa'yı Sadrazam yapıyor. Fakat on sekiz saat sonra serbest bıraktığı Sait Paşa'yı üç gün sonra yine Sadrazam yapıyor ve yüzünü Taif kalesinde mahpus paşalara çeviriyor. Padişah hal etmeye cüret edenlerin akıbetiyle herkesi korkutmak istiyor: Önce gazetelerle Mithat Paşa'nın firarını propaganda ediyor, arkasından tazyik, tecrit ve nihayet alaylı zabitlere boğduruyor. (8/9 Mayıs 1884 "25/26 Nisan 1300 gecesi")

Türk milleti yapa yalnız eziliyor ve geri gidiyordu: Kapitülasyonlar ve Düyunu Umumiye[3] gibi iktisadi ve mali zincirlerle eli ayağı bağlı olan zavallı Türk Milleti; sarayın cahil ve mütereddi insanlarının ağızlarına vurduğu kilit fikri inkişaftan da mahrum kalıyor ve ne Avrupa'nın aldığı terakki hızını ve siyasi hırsını ve ne de Türk milletinin içinde bulunduğu gerilik vaziyetini ve düşeceği uçurumu göremiyordu. Gittikçe yaklaşan tehlikeye karşı duracak biricik kuvvet olan Türk ordusu da Sultan Hamid'in vehmine kurban olmuştu. Atış talimlerinden ve manevralardan mahrum edilen Türk Ordusu atıl bırakılmış kumandanlar ve Erkan-ı Harbiye Heyeti elinde ancak iç asayişin teminine muvaffak olabilecek bir kudrette idi. Bu hal onu uzun yıllar, istense dahi, memleketi müdafaa edebilecek bir kudrete çıkartamayacak kadar da vahimleşmişti.

Avrupalılar iktisadi ve mali ve hatta siyasi her işimize hakim olmuşlardı. Ve en acıklısı Türk milletini gerilik ve kabiliyetsizinde itham ediyorlardı. Artık müstemlekeleşmeye hazırlanmış olan Osmanlı topraklarının Avrupa devletleri arasında paylaşılması tehlikesi de baş göstermişti. Büyük devletler; aralarında bir harp çıkarmadan adım adım bu işi ilerletecek bir formül bulmuşlardı. En çok Makedonya'da tecrübe sahasına koydukları bu formül şu idi: Türk'ten gayrı unsurlara ihtilaller yaptırmak, sonra da orayı nüfuz mıntıkalarına ayırarak jandarma ve idari kontrol koymak ve asayiş büsbütün bozulduktan sonra kati işgallere başlamak. Rumlar, Ermeniler, Bulgarlar, Sırplar... hatta dini camia içinde Türklerle kaynaşmış plan Araplar, Arnavutlar... hep bu maksatla tahrik olunuyor ve silahlandırılıyordu.

İşte, bu inhilal tehlikesine karşı vatanseverlerin yıllardan beri ruhuna sinmiş olan hürriyet duygulan bir ideal halinde

---

3    Kırım harbinden beri yapılan istikrazlar Sultan Aziz devrinde faizlerini ödemek için bile yeni istikrazlara yol açmıştı. Sultan Hamid zamanında İstanbul'da Cağaloğlu'nda Avrupalıların bir kale gibi yaptıkları Düyunu Umumiye binası, o zaman bizim cesaret ve azmimizi kırmamış bilakis vatansever münevver gençlerin daha sıkı ve daha bük hürriyet saflarını kurmaya bir amil olmuştu. Bu ecnebi kalesi Cumhuriyet devrimizin bir Türk irfan yuvası olmuştur.

yeniden tebellür etmiş ve milletin faal, fikirli, fedakar, faziletli ve feragatli evlatlarını büyük bir hızla birbirine bağlayarak tehlikenin karşısına dikmiştir.

İşte, bu kaynaşma neticesinde memleketin hakiki sahibinin sadece padişah ve bendeleri değil, onu kanı bahasına kazanan ve korumaya çalışan millet olduğunu fiiliyat sahasında ispat etmek maksatıyla kurulan cemiyet İttihat ve Terakki'dir.

## ESERİMİN ESASI VE EKİ

İttihat ve Terakki Cemiyeti kuruluşu bakımından iki devreye ayrılır. Birinci devre kuruluşuna 1889 (1305) tarihinde İstanbul'da henüz olgunlaşmayan bir muhitte ve yine henüz olgunlaşmayan beş tıbbiye talebesinin hürriyetseverlik heyecanları sebep olmuş ve teşkilatını hemen hemen İstanbul'a hasrettirmiş ve daha çok da mektep talebesini içine almıştır. Ordulara da el atamadığından sayıca çokluğuna rağmen kudretçe istibdadın merkezi olan İstanbul'da beceriksiz bir halde sözü ayağa düşürmüş ve ufak bir sarsıntıya karşı koyamayarak varlığım kaybetmiştir.

Bu teşekkülden geriye memleket içinde gizli namı ile hürriyete teşnelik ve Avrupa'da ise birkaç kişilik belirti halindeki bir merkez ile matbuat mücadelesi kalmıştır.

İkinci devre kuruluşu ise 1906'da İstanbul'dan uzak olan Makedonya'da ihtilaller arasında olgunlaşan bir muhitte ve yine olgunlaşmış sivil ve asker başların zamanın icaplarını düşünerek ve daha uzun görüşmeler ve didişmelerle başlamış ve Selanik'te on kişilik bir merkezle faaliyete girişmiştir. Teşkilatını hemen ordulara hasretmiş, Manastır mıntıkası gibi, istibdad mihrakından çok uzak bir yerde icra kudretini haiz bir kuvvet vücuda getirmiş, Rumeli'nin mühim merkezlerine teşkilatını teşmil etmiş ve İstanbul, Edirne, İzmir gibi yerlerde de teşkilatını başarmış olduğundan düşmanı olan istibdadı yıkmış ve hedefi olan hürriyeti ilan ederek meşrutiyet idareyi kurabilmiştir.

Ben, İttihat ve Terakki Cemiyeti'nin ilk günlerinden başlayarak faaliyetlerine iştirak etmiş ve Manastır teşkilatını başardıktan sonra çok mühim vazifeler almış bir insan sıfatıyla bildiklerimi ve yaptıklarımı bu eserin esası olarak yazıyorum. İkinci devre teşkilat ve mesaisini de işittiklerimden ve okuduklarımdan hülasalayarak bu eserime ek yapıyorum.

# BİRİNCİ BÖLÜM

## İLK İTTİHAT ve TERAKKİ CEMİYETİNİ BEN NE ZAMAN VE NASIL ÖĞRENDİM?

1896 (1312)'de on beş yaşıma girmiştim. Fatih Askeri Rüştiyesi üçüncü sınıfında idim. Zeyrek'te Hacıkadın Caddesi'ndeki küçük evimizde otururduk. Babamı küçük yaşta kaybetmiştim. Baba vaziyetine geçen Hamdi ağabeyimin üst katta bir kitap odası vardı. Açık duran kütüphanesinde her çeşitten birçok kitapları bulunurdu. Bazı mahrem arkadaşlarıyla ara sıra baş başa bu odada okurlar ve konuşurlardı. Yakın akrabalarımızdan deniz zabitleri de bulunduğundan aynı meslekten arkadaşları da gelir giderdi. Günün meselesi Ermeni isyanı idi. Geçen yıl 18 Eylül 1895 (1311)'te Babıali'yi basmak arzusuyla gösterişe kalkan Ermeniler hayli hırpalanmalarına rağmen Şimdi de Galata'daki Osmanlı Bankası'nı basmışlar ve işgale muvaffak olmuşlardı. 26 Ağustos 1896 (1312) silah seslerini evden duyuyorduk. Fakat beni bu silah seslerinden ziyade ağabeyimin arkadaşlarıyla gizli gizli fısıldaştıkları sözler meraklandırıyordu.

Ermenilerin üst üste yaptıkları bu isyanlardan maksatlarının ne olduğu hakkında sağdan soldan işittiklerimiz: "Ermeniler beylik istiyormuş"tan ibaretti. Halbuki ben daha küçük yaşlarımda Van'da Harput'ta yıllarca oturmuş ve Trabzon, Erzurum, Sivas, Samsun ve aralarındaki yerleri kasabaları görmüştüm. Ermenilerden komşularımız da vardı. Van' da aşçımız bile Ermeni idi. Hiç böyle bir şey istediklerini işitmemiştim. Ermenilerin nerelerde beylik yapacaklarına aklım hiç ermemişti. Çünkü hiçbir yerde buna elverişli bir Ermeni topluluğu görmemiş ve işitmemiştim. Bunun için bu yıl daha çok aklım ererek bu işe merak etmiştim. Ağabeyimin misafirlerine hizmet vazifesi evin en küçüğü olduğumdan benim üzerimde idi. Girip çıktıkça duyabildiğim sözler büsbütün beni meraklandırmıştı. Bir aralık dışarı çıkan ağabeyime sordum:

— Ermeniler nerede beylik yapacakmış? Ya biz ne yapacağız?

"Önce oku, adam ol. Sonra nerede ne yapılacak ve biz ne yapacağız öğrenirsin" diyerek ağabeyim lafı kesti ve beni başından savarak arkadaşlarının yanına gitti.

\*\*\*

Ertesi günü ağabeyim evde yok iken kütüphanesinin başına geçtim:

— Herhalde adam olmak için fazla kitap karıştırmak icabeder, diyerek alt gözden başlayıp ağabeyimin kitaplarını sırasıyla karıştırmaya başladım: Cevdet Tarihi, Tarih-i Ata... derken arkalarından sarih bir takım gazeteler döküldü. Ben bir taraftan kendi kendime söyleniyordum:

— Önce oku adam ol "...Önce oku adam ol..."

Ben aklımca ağabeyimin tarih kitaplarını sırasıyla okuyacaktım. Fakat önce dökülen gazeteler daha çok merakımı çekti: Avrupa'dan gelmiş bir sürü Meşveret ve Mizan gazeteleri. Ahmet Rıza ve Mehmet Murat imzalarıyla neler yazılmamış:

Abdülhamid'in bir kanlı katil olduğu, bu zalim herif ortadan kalkmadıkça milletin mahvolacağı, Meşrutiyet idaresinin kurulmasıyla hürriyet teessüs etmedikçe vatanın tehlikede bulunduğu, sayısı on sekiz bini aşan İttihat ve Terakki Cemiyeti'nin bunu başaracağı...

Ay ne lezzetli şeylermiş bunlar, dedim. Gazeteler "İttihat ve Terakki" Cemiyeti'nin vasıta-i neşriyatı klişesini de taşıyor. Okudukça neler öğreniyordum: Milletin fedakar ve münevver gençleri çöllere sürülüyormuş, boğuluyor, denize atılıyormuş. Milletin parasını hafiyeler ve saray halkı yiyormuş. Avrupa terakki ederken cahil ve katil padişah milletimizin her türlü terakkisine engel oluyormuş. Memleketimizde ilme ve emeğe hürmet yerine yalan, riya ve irtikap hakim imiş. Haksızlık, zulüm, israf, sefahat saraylarda ve büyük yerlerde kökleşmiş, halk fakir ve benliğinden mahrum bir halde müstemleke halkı gibi imiş. Medeni milletlerin meclisleri beş paranın bile hesabını hükümetlerinden sorarken ve milletten alınan paraları millet hayrına sarf ederken bizim padişahlar fakir halkımızı soyarak milyonlarla altınları saray yapmak, cariye almak, dalkavuk ve hafiye beslemek gibi murdarlıklarda harc ediyormuş; hülasa işler böyle giderse mahvımız muhakkakmış!

Sultan Hamid'in babama ve dolayısıyla bütün ailemize karşı yaptırdığı haksız sürgün cezasından dolayı ona karşı zaten pek küçükten bir nefretim vardı.[4] Bunun için okudukça kin ve

4    1870 (1285)'te Kastamonu Alaybeyliğine tayin olunan babam bir müddet sonra zaptiye alayları lağvedildiğinden İskilip kazası kaymakamlığına tayin olunmuş. Sultan Aziz'in pehlivanlığa merakı olduğundan her taraftan pehlivan istenmiş. Babam da İskilip'ten Pehlivan Mustafa'yı göndermiş. Dört ay sonra da yine zaptiye alayları ihya olunarak babam da Kastamonu'ya eski vazifesi başına dönmüş. Sanki Pehlivan Mustafa'yı bulup göndermek ve bu suretle bütün hayatınca rahat yüzü görmemek için kendisine bir talih hazırlamış. Mithat Paşa'nın 1881 yılında Yıldız Sarayı'ndaki muhakemesinde, Sultan Aziz'in kol damarlarını keserek öldürdüğünü güya itiraf eden, bu Pehlivan Mustafa'yı kimin gönderdiği de araştırılmış ve bu suretle babam da bir cürüm sahibi olmuş. Sultan Hamid aklına esen mükafat ve mücazatı yapan bir müstebit olduğundan şu iradede bulunmuş:

Pehlivan Mustafa'yı gönderen bu adam terfi hakkından mahrum bırakılsın ve İstanbul'a sokulmasın, en uzak yerlerde vazife verilsin ve bir yerde çok da oturtulmasın." Sultan Aziz'in ölümüyle babamın pehlivan Mustafa'yı göndermesi arasında bir münasebet olmamakla beraber tard, idam gibi daha ağır cezalara da çarpılmasına ortada bir mani yoktu. Keyfi idare bu. "Memleketine büyük hizmetler görmüş olan Mithat Paşa ve arkadaşları bile sarayın bahçesinde, Türk tarihine ebedi bir leke olan, bir kukla mahkemesinde idam hükümleri yediklerine göre babam da onların araşma pekala karıştırılabilir ve kimse tarafından da ağız açılmazdı...

Arada bir kaç yıllar maaşsız ve muhassesatsız perişan bırakılmak da dahil olmak üzere Diyarbekir'den Manastır'a, Manastır'dan Hakkari'ye, oradan Van, Harput ve en sonra da Mekke'ye sürülen babam beş erkek çocuğundan büyükleri İstanbul'da tahsile bırakmaya ve en küçüğü ben olan diğerlerini de beraber sürüklemeye mecbur kalıyor. Mithat ve Mahmut Paşaların Taif'te boğuldukları 1884 (1300) yılında babam da Hakkari Zaptiye Alaybeyi bulunuyordu. Beş yıl şark vilayetlerinde (Van ve Harput'ta ailece biz de bulunduk) vazife gördükten sonra 1890 (1306)'da Mekke'ye nakloldu. Biz de ailece beraber gittik ve üç yıl da orada kaldık. 25 yıl terfi hakkından dahi mahrum bırakılan babam, ölümünden bir hafta evvel paşalığa terfi olunmuştur. Taif kalesindeki feci cinayetin tafsilatını Mekke'de mektepte çocuklardan ve yerli ailelerden dinledikçe daha sekiz yaş-

nefret duygularım çoğaldı.

—Meğerse ben ne cahil imişim! dedim. Tevekkeli değil ağabeyim: Önce oku! Adam ol! demedi.

Ben ne kadar vakit geçtiğini dalgınlıkla hesap edemedim. Merdivenden yukarı çıkan ayak seslerini de fark edememişim. Kapının açılmasıyla beraber ağabeyimin parlayan gözlüğü gözlerimi kamaştırdı. Ağabeyim beni cürmü meşhut halinde yakalamıştı.

Çevik davranarak dedim:

—Hey! Ağabey! İşte ben önce okudum, adam oldum. Söyle bakayım şimdi ne yapayım?

Kardeşlerimin arasında en çok takdir ettiği beni güler yüzle karşıladı:

—Bunları ne karıştırdın? Sen bunlardan evvel tarih oku! Daha bunlardan çok şey anlayamazdın. Sonra bu gibi şeyleri ötede beride söylersen hafiyeler duyar, çocuk demezler insanı zindanlarda çürütürler, bütün ailemizi de mahvedersin. Yemin et bakayım! Ne bu gazetelerin adını bir yerde anacaksın, ne de içinden bir şeyini? Anladın mı?

—Vallah billah kimseye, kardeşlerime bile söylemem. Fakat şu Ermeniler nerede ve nasıl beylik yapacaklar? Bir de bu gazeteler bizim de "İttihat ve Terakki" komitesinden bahsediyor. Bunlar neye Ermenilerden evvel davranmıyor?

—Kazım! Ailemizin namını yükseltecek istidadı yalnız sende görüyorum. Fakat kendini çok koru. Ahlakını nasıl muhafaza ediyorsan dilini de öyle tut!

---

larında bir çocuk iken Sultan Hamid'e karşı kalbimde müthiş bir nefret ve kin uyanmıştı. Taif kalesi zindanlarında çürüyenlerin çoluk çocuklarının görülen perişan halleri ve devlet ve milletine canla başla hizmet eden Paşaların boğdurulması bütün kalplerle padişaha karşı mütemadi artan bir husumete inkılap etmişti. Uzun yıllar terhis olunmadıklarından dolayı isyan ederek süngülü tüfekleriyle Harem-i Şerif'e hücum eden askerin halini gördükçe ve hele babamın yıllarca beş parasız açıkta bırakıldığı zamanlarda yatak yorgana ve bakır takımlarına varıncaya kadar satarak peynir ekmekle geçindikleri günleri anam babamdan dinledikçe çocuklara has olan hudutsuz intikam duygularım ayaklanıyordu.

Okuyup adam olduktan sonra her şeyi anlarsın ve o zaman sen de vatana karşı borçlu olduğun vazifelerini yaparsın. Daha çocuksun. Derslerinden başka işlere karışma. Yalnız fikrin açılması için kütüphaneden çıkardığın tarihleri boş kaldıkça oku.

Benim bugünkü okuduklarımı ve dinlediklerimi iyi hazmedemediğimi görünce biraz Fransız inkılabından bahis açtı. Sonra da Avrupa hükümdarlarının yüksek tahsil görmüş, yüksek seciyeli insanlar olduğunu, işlerini de milletin serbest iradesiyle seçtikleri mebuslarının kontrol ettiklerini bizde ise padişahların hem cahil hem de saraylarında israf ve sefahat içinde tereddi etmiş kimseler olduğunu ve akıllarına geleni etraflarındaki dalkavuklarla yapmakta olduklarını anlattı. İşte vaktiyle Avrupa da bizim gibi imiş milletler ihtilaller yaparak işi ellerine almışlar. Hükümdarlık makamında dahi cahil ve sefih kimseyi bulundurmamışlardır. Elbet bizim milletimizin genç evlatları da bunu bir gün yapacak ve vatanı mahvolmaktan ve milleti esir düşmekten kurtaracaktır, dedi.

Ben bugünkü kazancımdan çok seviniyordum. Yalnız aklıma bir şey saplanmıştı. Ermeni komiteleri gibi bizim de İttihat ve Terakki komitemiz varmış da neden sesleri çıkmıyor? Ağabeyime sordum:

—Anlattıklarınıza çok teşekkür, fakat şu "İttihat ve Terakki" komitemiz nerede, neden onların da Ermenilerin yaptıkları gibi sesleri çıkmıyor?

—Her yerde, her aklı eren seciyeli vatandaş İttihat ve Terakki'dendir. Fakat daha henüz padişahın hafiyeleri daha kuvvetli. Haber aldıklarını öldürüyorlar, boğuyorlar yahut da zindanlarda, çöllerde çürütüyorlar.

—Peki her aklı eren seciyeli vatandaş İttihat ve Terakki komitesinden ise biz de onlardan mıyız?

—Kazım her şeyin dibine darı ekersin, bilirim.[5] Ama bu işin dibine darı ekilecek toprak bile bırakmadın! Sen daha

---

5    Küçükten beri işittiğim ve gördüğüm şeyler hakkında çok sualler sorduğumdan çok sorunca bana: "Artık işin dibine darı ekme." derlerdi.

çocuksun. Ancak beline kılıç taktıktan sonra bu işlere karış-
maya hakkın olur. Şimdi vazifen derslerine çalışmak ve bura-
da benim odamda yalnız tarih okumak! Anlıyor musun? Bir
daha söz ver bakayım, hiçbir yerde bu gazetelerden ve konuş-
tuklarımızdan bahsetmeyeceksin ya?

Tüylerim dimdik olmuştu. Ben kendimi hiç de çocuk sanmı-
yordum. On beş yaşıma henüz basmakla beraber evimizin her
masrafını ben görüyordum, evi ben idare ediyordum. Askeri
Rüştiyenin son sınıfında idim. Dershanede çavuş, teneffüsler-
de de nezaretçi olarak Dahiliye zabitlerimize bile vekalet edi-
yordum. Bütün bu mevkilerini kafamda şimşek hızıyla canla-
narak bana şunları söyletti:

—Mektepte ve evde bütün işleri görürken koca adam
oldun, diyorlar ya! Ne olur şu "İttihat ve Terakki"ye de alı-
versinler!

Ağabeyim gülerek şu cevabı verdi:

—Yirmi yaşından önce askere almadıkları gibi bu cemiye-
te de almazlar! Bundan başka bu cemiyete kayıt muamelesi-
nin nerede yapıldığını da bilmiyorum. Sen dediğim gibi beli-
ne kılıç takıncaya kadar ağzına cemiyetin adını alma! Sonra
hepimize yazık olur. Şimdi bana tekrar söz ver bakayım kar-
deşlerine bile bu gazetelerden ve cemiyetten filan bahsetme-
yeceksin, değil mi?

Yeminle sözümü tekid ettim. O da bana, gelen gazeteleri
okumaya müsaade etti ve şunları anlattı:

—Ahmet Rıza ve Mehmet Murad Beylerin Abdülhamid'e
ıslahat için layihalar verdiklerinden padişah kızmış, onla-
rı mahvetmek istemiş, onlar da Avrupa'ya kaçmışlar ve ora-
dan fikirlerini serbest neşrederek memleket içinde fikir sahibi
insanlar yetiştirmeye çalışıyorlar ve Sultan Hamid'in istibda-
dı ile mücadele ediyorlarmış. Murat Bey Mülkiye Mektebi'nde
okurken tarih hocaları imiş. O zaman İstanbul'da Mizan Gaze-
tesi'ni çıkarıyormuş. Çok kıymetli ve hür fikirli bir adammış.

Günler geçtiği halde ara sıra gazete gelmekten başka ses

seda duyulmuyordu. Gelen gazetelerde de İstanbul'da ve Edirne'de bazı evlerin basıldığı ve zabit, doktor, hoca, memur birtakım hür fikirli vatandaşların sürgüne gönderildiği uzun uzadıya yazılıyor ve Sultan Hamid hakkında ağır sözler sarf olunuyordu. Mithat Paşa ve Damat Mahmut Paşaların Sultan Hamid'in emriyle Taif'te şehit edildikleri hakkında cemiyetin eserler de yazdığı ilan olunuyordu. Ağabeyimle hasbıhallerimde, cemiyet sözü üzerinde durmamak şartıyla, her şey görüşebiliyordum.

Fatih Askeri Rüştiyesi'nden sınıfımın en ilerilerinde olarak muvaffakiyetle şahadetnamemi aldım. Kuleli Askeri İdadisi'ne de (Lise) açılan müsabakada muvaffak olarak kardeşimle beraber girdik. (11 Nisan 1897 "29 Mart 1313")

Benden dört yaş kadar büyük olmasına rağmen kitaplarla benim kadar başı hoş olmayan kardeşim Hulusi ile aynı sınıftandık. Ağabeyim ve yakın arkadaşları biz iki kardeşe biraz nasihat verdiler:

—Sultan Hamid günden güne vehme saplanarak zulmünü arttırıyormuş. Mektep talebesinin bile hürriyet davasında bulunan gazeteleri okudukları ve cemiyetlere girdikleri hakkında jurnallar aldığından mektep çocukları arasından bile hafiyeler kullanıyormuş. Kuleli'den ve Harbiye'den bazı efendiler tard olunarak Fizan'a sürülmüş. Para ve nişan alacağız diye bazı sütü bozuklar arkadaşlarının ceplerine Avrupa'dan ve Mısır'dan gelen bu kabil gazeteleri koyuyorlar, sonra da zabitlerine haber vererek namussuzluk ediyorlarmış. Hafiyelik hem çok artmış, hem de namussuzca hareketleri pek ileri gitmiş. Dükkanlara bile girip paketlerin arasına evrak-ı muzırra adını verdikleri gazete vesaire koyarak jurnal ediyorlarmış.

Bunun için sık sık ceplerinize, yatak ve yastık altlarına bakınız, rastgele kimselerle konuşmayın, derslerinizden başka şeylerle katiyen uğraşmayın. Kaputların ceplerini dikseniz daha hayırlı olur.

Harbiye Mektebi üçüncü sınıftan Kandiyeli Hayrettin ve diğer bir arkadaşı Harbiye'deki cemiyet teşkilatına girmişler sonra da haber vermişler. Birçok talebe Taşkışla'ya hapsedilmiş. Bizim mektepten de makine muallimi Tavşan Kamil tevkif edilerek götürülmüş.

Ayrıca Hamdi ağabeyimin sıkı tembihleri ve hususiyle, Avrupa'dan gelen gazeteler hakkında hiçbir arkadaşımla görüşmemek hakkındaki nasihatlere ben çok ehemmiyet vermiştim. Söylemek değil kimseyi dinlemiyordum bile.

5 Nisan 1313'te (Harp ilanı 7 Nisan'dır.) Yunanlılarla harp başladı. Ve 6 Mayıs'ta da çabucak zaferle bitti, izinli çıktığımız günler büyük sevinçlerle zafer ilavelerini alır okurduk.

Ben Alemdar Ordusu'nu, Tarih-i Ata'dan defalarca okuyarak ezberlemiş gibi olduğumdan dimağımda sabit bir iz bırakmıştı, İttihat ve Terakki Cemiyeti'ni de gözümde pek büyütmüş olduğumdan bu iki tesir altında kalarak sanıyordum ki Yunanlıları mağlup ederek Teselya'yı işgal etmiş bulunan ordumuz da yakında İstanbul'a yürür ve istibdadı ortadan kaldırır.

Hafta izinlerimizde ağabeyimden böyle bir havadis almak için sabırsızlık ederdim. Fakat işler benim düşündüğüm gibi çıkmadı.

Perşembe akşamı eve geldiğim vakit ağabeyimi de pek kederli ve düşünceli buldum. Heyecanla boynuna atıldım ve teessürünün sebebini sordum. Şu cevabı aldım:

—Kazım! Bazı alçakların şimdiye kadar ne facialara sebep olduklarını birkaç kere sana anlatmıştım. İşte yine, hem de daha geniş mikyasta facialar oluyor. Birçok kimse sürgün ediliyor. Tıbbiye ve Harbiye mektebinden aylardan beri mevkuf bulunan birçok talebe ve zabitleri Taşkışla'da Divan-ı Harp adını taşıyan Sultan Hamid'in cellatları biçarelerin idamına kadar yürüyecekmiş.[6] Yine padişahın haydut çetesi işe hakim

---

6    Taşkışla Divan-ı Harbi 2 Temmuz 1897'de 81 kişi mahkum etmiş: 13 İdam, 22 Müebbet Kürek, diğerleri de muhtelif müddette hapis cezası. Mahkumlar 26 Ağustos 1313 (8 Eylül 1897)'te Şeref vapuruyla 78 kişi Trablusgarb'a nefyedilmiş. İdam cezalarını da padişah müebbet küreğe indirmiş.

oldu. Zavallı İttihat ve Terakki Cemiyeti'ni perişan ediyorlar. On yıllık emekler hepsi mahvoldu.

Ben şaşırıp kaldım. Neden Ermeniler gibi bizimkilerin de silah patlatmadıklarını ağabeyime sordum. Şu cevabı aldım:

— Ermeniler icraata geçinceye kadar işlerini gizleyebiliyorlar. Bizim içimizde nenin nesi olduğu belli olmayan sütü bozuklar çok da ondan. Sultan Hamid bu gibileri bol para ile köpek gibi kullanıyor. Memlekette ne kadar rezil, namussuz varsa onun hafiye teşkilatında. Bu alçakların bugün yarın bizim evi basmaları da muhtemeldir. Bugün sana her şeyi söylemek mecburiyetindeyim. Metin ol, böyle bir felaket başımıza gelirse sükunetini bozma, evi idare ve teselli et!

Gözlerimi ve kulaklarımı açarak dikkat kesilerek dinliyordum. Ağabeyim bana şu sırları tevdi etti:

Mademki saray her şeyi haber almıştır. Mademki arkadaşların bile çok şeyler haber almaktadırlar. Senin de her şeyi bilmekliğinde hiç beis görmüyorum. Esasen artık işi bilmen ve kavraman da lazımdır.

Ağabeyimin bugün bana bu kadar açık başladığı beyanatının hikmetini de söyledi:

Mensup olduğu cemiyet kolu dahi basılmış, reisleri ve daha bazı kimseler tevkif olunmuş, birçok evrakı da müsadere etmişler. Şu halde artık kendi hüviyetini gizlemek imkanı da kalmamış. Verdiği malumatın hülasası şunlardı:

Mülkiyeden 1305'te mezun olan en büyük ağabeyim İttihad-ı Osmanî Cemiyeti'ne 1892'de (1308) Küçük Mustafapaşa'da otururken girmiş. 121'inci Şubenin 11'inci numarasını haizdir (121/11). Rehberi komşularımızdan Bahriye Zabiti Alaettin Bey'miş.[7] Şubeler üçer kişi imiş. Üçüncü arkadaşları yine Bahriye Zabiti Hakkı Bey'miş.[8] Cemiyet 1894 (1310)'te İttihat ve Terakki adını aldıktan sonra kol kol teşkilatını büyütmüş.

---

7    Alaettin Bey Küçük Mustafapaşa'da komşumuzdu. Tekelilerin Alaettin derlerdi.

8    Hakkı Bey son zamanlarda Fenerler idaresinde emekli olarak bulunmakta idi.

Cemiyetin maksadı meşrutiyete yemin verdiği halde sözünde durmayarak keyfi idare ile milleti felakete sürükleyen Sultan Hamid'i indirerek Veliahd Reşat Efendi'yi geçirmekmiş. Yunanistan'a karşı zaferle biten bir harbin sonunda bu işi yapmaya karar verilmiş. Eğer muvaffak olunsa imiş, bir çıbanın cerahati gibi saray etrafında toplanmış bulunan mütereddi unsur temizlenecek ve yeni bir seçme muhitle Sultan Reşat meşrutiyet idareye başlayacakmış. Fakat gerek Avrupa'daki ve gerekse İstanbul'daki Cemiyetin faaliyetlerini Sultan Hamid de hafiyeleri vasıtasıyla bir düziye takip etmekte olduğundan cemiyet icraata kalkmadan ona müthiş bir darbe vurabilmiş. Ağabeyim bu darbeden kendisinin kurtulacağını hiç ümit etmiyordu. Çünkü mensup olduğu Aksaray şubesinin merkezi olan Oğlanlar Tekkesi basılmış ve bu şubenin reisi olan zat da tevkif olunmuş.

On sekiz bin azası olduğu ilan olunan İttihat ve Terakki Cemiyeti'nin hiçbir ses çıkarmadan bu suretle boğulmasına aklım ermemekle beraber çok acıdım. Ağabeyime de bir fenalık gelmesi ihtimalinden ise çok korktum.

\*\*\*

Neyse ki fırtına bizim eve dokunmadı. Merkezlerinde evrakı yakmak dirayetini gösterenler hafiyelerin, eline bütün teşkilatın geçmesine mani olabilmişler. Bazı kimseler de Avrupa'ya kaçabilmiş. Yalnız ileri gelenlerin tevkif olunması, sonra da sürgüne gönderilmesi ağabeyimin kolunun cemiyetle bir müddet irtibatının kesilmesine sebep oldu.

Aradan çok zaman geçmeden Hoca Osman Efendi adında biri bize gelip gitmeye başladı. Bu zat ağabeyimin Tapu Dairesi'nde kalem arkadaşı imiş. Bunun gelip gitmesiyle yine Avrupa'dan gazeteler gelmeye başladı. Meğer bu Hoca Osman Efendi vasıtasıyla, ağabeyimin kolu başka bir şube ile irtibat yapmış. Bu işe ben daha çok sevindim. Çünkü hem büyük fırtınadan kurtulmuştuk, hem de hafta izinlerimde büyük bir zevk ve heyecanla okuduğum gazeteler yine geliyordu. Yunanistan'daki muzaffer Ordumuzdan da hiçbir ses çıkmamıştı.

Teselya'nın Yunanlılara geri verileceği meselesi acaba ordu-da bir galeyan uyandırır da İstanbul üzerine yürür mü diye düşüncemi ağabeyim çocukça buluyordu. Çünkü Harbiye ve Tıbbiye mektebinde ve halk arasındaki cemiyet teşkilatını yine cemiyete girmiş bazı alçakların Sultan Hamid'e haber verdiği artık öğrenilmişti. Şu halde ordunun içinde de bu kabil kim-selerin eksik olmayacağını ve bu gidişle daha uzun müddet bir iş yapılamayacağı kanaatinde idi. Gelen Mizan gazetele-rinde Taşkışla mezalimi ve Nadir adında birinin hafiyelik etti-ği hakkında hayli malumat vardı. Sonraları tekrar okuduğum bu nüsha 26 Haziran 1897 tarihli idi. İkincisi ise Bastil başlığı altında şunları yazıyordu:

Yeni bir darülmezalim daha açıldı: Mehterhaneler, Zaptiye kapıları, Hasanpaşa ve Yıldız işkencehaneleri, hatta Marma-ra açıkları Hamid'in layıkıyla alat-ı seyyiat ve istibdadı olamı-yor. Bu kabilden Taşkışla politika müttehemleri için mahbes intihap edilerek orada bir Divan-ı Harb-i daimi teşkil edildi... Mahsusen inşa edilmiş dar localarda günlerce ayak üzerinde durdurmak, kuru ekmekten maada bir şey vermemek, gün-de defalarca sopa ile dövmek bu mezalimhanenin en adi icra-atındandır.

Ey pençe-i istibdad altında kıvranan civanmerd millet! Başınızı kaldırınız, gözlerinizin önünde cereyan eden vuku-ata nasb-ı nazarı dikkat ediniz...

Daha yirmi sene evvel İttihad-ı Osmanî'de bulunan Bul-garlar bugün Darülfünunlar, Darülterbiyeler, Kütüphaneler inşa ediyorlar...

Aynı gazetede bu satırlardan sonra bir fotoğraf ve altında: "Casus-u binamus Nadir habisi". Bunun altında da şu satır-lar görülüyordu:

Bir buçuk sene evvel ilan! Harp edercesine bir şiddet-le izhar ederek mülkün her tarafını bir mezbahaya çevirdiği zaman Nadir de —her hamiyetli Osmanlının yaptığı gibi— Fırkamıza dehalet etmişti... Sonra casusluk etti. Şimdi ağlaya-rak diyormuş ki:

"Ah ben ne yaptım!.. Ne yaptım!.. Ferik İsmail gibi bir habisin iğfalatına aldandım da arkadaşlarıma, vazifeme, yeminime hıyanet ettim!"

Aldanmak mı? Biz bu aldanmaya aldanmayız...

Resimden ve adından Nadir'in kim olduğunu ağabeyim tanıdı. Zaten de bu mesele cemiyet efradı arasında da şayi olmuş. Şöyle ki:

Numune-i Terakki Mektebi'nin müdürü olan Nadir Bey; Beyoğlu'nda Tokatlıyan Gazinosu'nda Askeri Mektepler Müfettişi İsmail Paşa ve bunun eniştesi Mazhar Bey'le otururken arkadaşı olan Mazhar Bey'i cemiyete almak istemiş! Muhavereyi işiten İsmail Paşa da Mazhar Bey'e bu teklifi kabul etmesini söylemiş! Mazhar Bey de kabul eder görünmüş. Nadir Bey de İttihat ve Terakki Cemiyeti'nden ve bunun hal kararının yakın olduğundan bahsetmiş ve birkaç isim de bildirmiş!... Gazinodan çıkınca İsmail Paşa ve Mazhar Bey; Nadir Bey'i mabeyne götürmüşler. Padişahın huzuruna çıkarılmış. Sorulan şeylere karşı bildiği şeylerin hepsini söylemek alçaklığını yapmış. Bunun üzerine gerek Nadir Bey'in evinde ve gerekse ortaya attığı kimselerin evlerinde araştırmalar yapılmış ve bu suretle yeniden birtakım kimselerin adı ortaya çıkmış. Hepsi tevkif olunmuş. Nadir Bey de ihanetine mükafat olarak nişanlara ve ihsanlara gark olunmuş. İsmail Paşa ve Mazhar Bey de Sultan Havnid'in daha çok gözüne girmişler ve büyük mükafatlar almışlar.

***

Her gazetesini okuyuşumda Murat Bey'i, kafamda büyük bir vatanperver gibi daima büyüttüm. Ağabeyim de onu çok sena ederdi. Onun "Turfanda mı Yoksa Turfa mı" adlı romanını büyük bir şevk ve takdirle okumuştum. Fakat "Casus-u bî namus Nadir habisi" yazısıyla Nadir'in resmini ve mahiyetini ilan ettiği gazetesini okuduğumdan bir hafta sonra mektep arkadaşlarımdan biri gizlice kulağıma fısıldadı:

Avrupa'ya kaçmış olan Murat Bey İstanbul'a gelmiş!

Bunu söyleyen samimi arkadaşıma önce inanmadım. O doğruluğunu, görenlerin şahadetiyle de temin edince kulaklarıma inanmadım.

Hafta iznimde bu acı havadisi ağabeyime yetiştirdim. O da dudaklarını bükerek dedi:

— Ben de duydum, inanmadım. Fakat dün kendisine Bonmarşede[9] rast geldim. Hocamızdı. Bana büyük teveccühü vardı ve beni pek iyi tanırdı. Bu sefer beni görünce başını çevirdi. Arkasından iki hafiyenin onu takip ettiğini görünce bu hareketini hoş gördüm.

Kazım Karabekir (Zeyrek)
Harbiye son sınıf, 1902

---

9    Şimdiki Kariman'ın bulunduğu yer.

Yeniden bazı tevkifler başladı. Ve "İttihat ve Terakki" Cemiyeti de son darbeyi yiyerek husufa uğradı. Artık Avrupa'dan da bize gazeteler gelmez oldu. (Keşke bu Avrupa'ya kaçma modası çıkmasaydı da birçok gençler onların çıkardıkları bir sürü lüzumlu lüzumsuz neşriyat yüzünden mahvolmasalardı. Ve yine bu tarzdaki neşriyatla Avrupa siyasetçilerinin de ekmeklerine yağ sürmeselerdi. (Bu husustaki mütalaamı Manastır'da yeniden gizli bir cemiyet kurulmak ihtiyacı sırasında zikrettim.)

## AZGIN İSTİBDAD DEVRİ

Cahil bir hükümdar; cinayetlerindeki muvaffakiyetleriyle milleti tamamıyla sindirdikten ve Yunanistan'a karşı ordunun kazandığı zaferle de avamın muhabbetini kazandıktan sonra neler yapmazdı!..

Kuleli Askeri İdadisi (Lise), Pangaltı Harbiyesi ve yine Pangaltı Erkan-ı Harbiye Mektebi (Akademi) ki her biri üçer yıldan ceman dokuz yıl gittikçe artan bir baskı altında ezile ezile Erkan-ı Harp Yüzbaşısı çıktık. Bütün cihan baş döndürücü bir hızla terakki aleminde yol alırken Sultan Hamid'in vehmiyle Türk milleti her yenilikten, her terakkiden geri kaldı. Gerçi ordunun ıslahı için bazı Alman muallimler getirtiliyor ve bazı yeni silahlar alınıyordu. Fakat bunlar da serbest bırakılmıyor, cahil ve mütereddi hafiyelerin bir düziye nezaretleri altında jurnal ediliyor ve her şey felce uğruyordu. "Hayatım" başlıklı eserimde mektep hayatımca gördüklerimi günü gününe kaydetmiş olduğumdan burada kısaca şunları yazmak kafidir:

— Vatan ve Millet kelimelerini söylemek ve yazmak yasaktır. Dinlemezseniz mahvınıza kafi bir sebeptir. Bunu bize Kuleli'de kitabet imtihanında zabit hocalarımız şöyle ihtar etmişlerdi: "Patrie" ve "Nation" kelimelerinin Türkçelerini katiyen yazmayacaksınız! Mesul olursunuz!

"Murat" demek yasaktı, Mir'at denirdi. Hamid yerine de Hâmid, Yıldız yerine de Yaldız kullanılırdı.

Bir istida, bir eser muhakkak padişaha dua ile başlayacaktır. "Velinimet-i biminnetimiz" diyerek her şeyi "saye-i şahanesine" bırakacaksınız. Aksi takdirde başınıza her bela gelebilir.

Gazete ve kitaplar neşrinden önce sansüre tabi tutulur. Zararlı şeylere bakılır. Mesela 1318 Mayısında Çemberlitaş hamamı külhanında 150 çuval kitap ve evrak yakıldı.[10]

Akşamları bütün ordu ve askeri mektepler üç defa "Padişahım çok yaşa!" diye haykıracak eğer can ve gönülden bağırmıyor diye jurnal edilirseniz başınıza bir bela gelir.

Miralay rütbesine kadar zadegan sınıf arkadaşlarınız vardır. Sınıfın ilerisinde misiniz, bunlara ders öğretmeye mecbur kalırsınız, içlerinde korkunç şirretleri de vardır. Mülazım, yüzbaşı rütbesindeki sınıf zabitleri ve muallimler bile bunların şerrinden korkarlar. Mesela Kuleli'de ahlaksızlığından dolayı mektepten kayıtları silinen Ebülhüda namındaki padişahın bir mutemedine mensubunu az sonra biz Beyoğlu'nda cuma selamlık alayından arabayı kurulmuş bir halde dönerken gördük: Göğsü, kolları sırmalar içinde idi. On yedi yaşındaki bu yakışıklı genç rütbe-i bala ricalinden olmuş!... Yine kendisi gibi olan arkadaşı da hünkar yaveri üniformasıyla saray atlarından biri üzerinde bir yere irade tebliğine gidiyordu!

Bir gün Fransızca'dan tercüme ettiğim ve bir çocuk mecmuasının bastığı (Kral ve Çoban) makalesi az kaldı felaketime sebep oluyordu. Bir daha neşirden men edildim.

Harbiye mektebinde muhafız kıta neferleri mavzerli idi. Talebeye ise köhneleşmiş martin tüfekleri ve ağır kasaturaları taşıtılıyordu. Bir gün Kağıthane Poligonu yanından geçerken bir arkadaş boş bir şarapnel kovanı bularak mektebe getirmişti. Az kaldı istikbali mahvolacaktı. Apteshaneye attırarak çocuğu kurtardım.

---

10    Kitap ve evrak yakmak Türk tarihinin en lekeli sahifelerini teşkil eder.

Harbiye son sınıfta Kazım Zeyrek (Karabekir),
Hulusi Zeyrek (Karabekir), Seyfi Firuzağa (Düzgören)

Zabit çıktığımız yıl 1902 (1318) Direklerarası'nda kardeşi-
mi tevkif ederek Bekirağa Hapishanesi'ne götürdüler. Meğer-
se birkaç gün sonra padişah Hırka-i Şerif'e gidecekmiş, yeni
zabitler ortada dolaşmasın denilmiş. Ne kadar yeni zabit var-
sa hepsini tevkif etmişler. Kardeşim de bu arada muhafaza
altında İstanbul'dan çıkarıldı. Teyzemin oğlu Bahriye Zabiti
Mehmet Kaptan'ın kayınbiraderi Rıza Kaptan Yeniköy'de bir

ecnebi ahbabının evine girerken jurnal edilmiş, bir yıl kendi, üç ay da eniştesi diye Mehmet Kaptan hapiste yattılar. Bereket versin eskiden bir arada otururken hayli zamandır ayrı evlerde ve birbirimizden uzaktık.

Erkan sınıflarında artık kafalarımız da olgunlaşmış, mühim bazı hadiseler de vukua gelmişti. Baskı da pek ziyadeleşmiş olduğundan tahsilimiz daha çok tehlike içinde geçti. Almanlardan askeri dersleri görüyor ve yeni silahları öğreniyorduk fakat bir telefon, bir otomobil vesair elektrikli vasıtaları hep nazari okuyorduk. Hatta bir jip bile bize gösterilmiyordu. Jurnalcilik ise rekabet edilircesine artmıştı. Biz zabit üniformalı Erkan-ı Harp sınıflarına tıpkı Harbiye talebesi gibi muamele ediliyorduk. Maaş yılda ancak üç dört aylığa inmişti. Haftalık namıyla maaşın dörtte biri ayda, bazen daha uzun zamanda verilirdi. Bütçe açığı ordu ve memurların ve mütekait ve yetimlerin maaşından kapatılırdı.[11] Fakat mensuplar ve işini uyduranlar maaşlarını kamilen alırlardı.

Fakat hafiye teşkilatı, saray muhafızları, saray mensupları gittikçe artıyor ve bunlar muntazam maaşlarından başka sadakat göstermeleri derecesine göre ikramlar, ihsanlar, rütbeler, köşkler ve konaklar ihsan alıyorlardı. Paşa rütbesinde hafiyeler de vardı. Bunların konakları küçük birer saray halini almıştı. Muhafızların başlarındakiler en cahil fakat en kuvvetli adamlardı. Mesela Müşir Tahir Paşa, Arnavut kayıkçı, sonra da kaldırımcı idi, imzasını atamazdı. Kendisi gibi güçlü kuvvetli kaldırımcılar, hamallar Sultan Hamid'in, muhafız kıtalarının kumanda heyetini teşkil ediyordu. Bu muhafızlara tüfekçiler deniyordu. Neferleri bile ayda 10-25 liraya kadar maaş alıyorlardı. İçlerinde Türk'ü pek az olan Arap,

---

11    Erkanıharp Yüzbaşısı çıktığımız 1905 (1321) yılı bütçesinin masraf kısmı 22,981,107.76 altın iken, varidat kısmı 17,681,107.76 altın idi. Bütçe açığı 5,300,000 altındı. Bu açık maaşları vermemekle kapatılıyordu. Bütçenin diğer fasılları şöyle idi. 922,263,61 Sarayın (Fakat muhafızlar vesaire askeri ve mülki bütçededir.); 7,241,002.86 Düyunu Umumiye; 937,579.73 Tahsisat-ı Hayriye ve müteferrika (Tekaütler, muhtaçlar burada); 8,882,497.35 Askeri; 4,997,764.21 Mülki.

Rum mühtedisi, Arnavut vesaireden mürekkep mabeyncilerin en az maaşı yüz altındı. Harem ağalarının hayli masrafı vardı. Kızlarağası her masrafı ayrıca tesviye olunur ve ayrıca ayda 300 altın alırdı. Payesi de sadrazam hizasında fakat nüfuzu daha ziyade idi. Padişah bütçenin şu faslı, bu faslı tanımazdı. İstediği yere istediğini verirdi ve aklına geleni de masrafa bakmayarak yaptırırdı. Mesela Yıldız'da mükemmel bir tiyatro vardı. Her taraftan gelen ecnebi artistler huzurda oynarlar ve nişanlar ve ihsanlar alırlardı. Hamid'in bazı kaprisleri de vardı. Bunun için Yıldız'da marangozhane, çini fabrikası kurdurmuştu. Ecnebi ustalara bol para verdirirdi. Nişan faslı da çok israflara sebep oluyordu. Sarayda müneccimbaşı, seccadeci başı... namlarıyla birçok başlar da vardı. Sultan Hamid'in rüyalarının tabircileri vardı. Büyük satın almalarda Sultan Hamid'in en yakınları en büyük hırsızlığı yaparlardı. Bunun adı ancak suiistimal olabilirdi ve ortaya çıksa da sadık kullarından kimse ceza görmezdi. Çünkü bir padişaha dua olmazsa mabeyn kapısında köpek gibi havlama cezası af şöyle dursun üstelik ihsan-ı şahane veya rütbe, nişan da verilmesini mucip olurdu. Muhtar Paşa derste bize mauzer tüfeklerinin üçer buçuk altına alındığını halbuki Japonların aynı tüfeği ikişer buçuk altına aldıklarını ve sebebinin de Japonların gönderdikleri heyetler ne ziyafet ve ne de en ufak bir hediye kabul etmezlerdi. Bu hususa dair kafi emir alırlar ve yemin veriyorlarmış. Bizimkiler ise envai ziyafetleri ve adı hatıra olan hediyeleri ve apaçık zarf içinde gönderilen parayı bile kabul ediyorlarmış.

Sultan Hamid cahil ve haylaz olduğu halde[12] kendini ecnebi

---

12   2 Mart 1333 (1917)'de bastırıp yaydığı hatıratında halini şöyle tasvir etmiştir:
Ben saltanatta iken muntazam tahsil ve tetebbüe vakit bulamıyordum. Şehzadeliğim de büyük biraderim gibi kayıtsızlıklar içinde geçmişti. Ben Selanik'e gittikten ve hal ve tahavvülün icabettiği fütur iki üç ay zarfında zail olduktan sonra muntazam tahsil etmeye başladım. Edebiyat ile tarih en sevdiğim şu- abatı marifettendir. Ben istirahat gibi şan ve şerefin de büyük bir kısmını zamanı menkubiyetimde kazandım, işte bugün le- hülhamd fikrimi oldukça düzgün bir üslup ile ifade edebiliyorum. Fransızca'dan kulak dolgunluğuyla

gazetelerine medhettirmek için pek çok para sarf ederdi. Muntazam olarak Brüksel'de Orient Gazetesi ve ara sıra bazı kitaplarda bol para mukabilinde meddahlık yaparlardı.

Hükümet ve ordunun idaresi için Babıali ve Seraskerlik makamlarından başka Yıldız Sarayı'nda da padişahın emrinde birtakım teşekküller vardı. Bunlara da birçok muhassesat ve ihsanlar verilirdi. Mesela Teftiş-i Askerî Komisyonu 44 daimi aza ve 6 fahri azadan mürekkepti. Yaver-i Ekremlerin sayısı: 275'ti. Bunların 6'sı müşir, 10'u birinci ferik, 32'si ferik, 200'ü ümera ve zabit. Fahri yaverlerin sayısı 40'tı. Bunların 4'ü müşir, 7'si birinci ferik, 29'u ferik, 9'u mirliva, 40'ı ümera ve zabit.

Sarayda 40 aşçı ve bunun üç misli yamak var. Her gün sabah akşam 600 tabla yemek çıkıyor ve sarayın içinden başka Beşiktaş'ta birçok emektarların evine de tablalarla yemek gidiyor.

Hamid'in sadık bendelerinin ve hafiyelerinin etrafları da birer saray aleminin gittikçe küçülen bir örneği! Bu suretle birkaç bin kişinin refah ve israf içinde yaşamasına karşılık bütün Türk Milleti ve ordusu gittikçe sıkıntıya düşüyor ve halk fakirleşiyordu. Hükümete ve hatta mahkemelere düşenlerin vay haline, idi. İşler sürüncemede bırakılıyor, rüşvetle iş görülüyor ve halka iyi muamele olunmuyor, onlara hakaret olunuyordu. Sanki onlar müstemleke halkı idi. Zavallı halk Hint fakirleri gibi göbeğine bakıyordu ve Allah kimseyi Hükümet kapısına ve mahkemelerine düşürmesin diye dua ediyorlardı. Gayr-ı Türkler daha mesuttu, askere gitmiyorlar ve büyük devletlerin himayesine mazhar olduklarından boyuna çocuk yapıyorlar ve zengin de oluyorlardı. Avrupalılar, "Türkler adam olmazlar!" diyorlar ve Hıristiyan unsurun terakkisine her cihetten yardım ediyorlardı. Büyük devletler aralarında bir harp çıkmasına sebep olmadan "Hasta Adam" dedikleri Türklerin mirasını paylaşma planını çiziyorlardı.

---

birçok kelime bilirdim. Selanik'in uzun günlerinde bu lisanı muntazaman tahsil etmeye çalıştım. Şimdi okuduğum gazetelerle risaleleri kamusun muavenetiyle fakat suhuletle anlıyorum (!).

Türklerde de "Artık biz adam olmayız!" kanaati uyanmıştı. Çünkü yukarıdaki acıklı hallerden başka maneviyatı kıracak çok şeyler vardı. Mesela ordu gittikçe fenalaşıyordu, Balkan devletleri bile ordularını gençleştiriyor ve yenileştiriyordu. Türk ordusu ise ihtiyar ve beceriksiz kumandanlar idaresinde bırakılmış, manevra nedir bilmiyorlardı. Hatta atış talimleri bile yapılmıyordu. Erkan-ı Harbiye Heyeti masa başlarında çalışıyorlardı. Zabitanın çoğu alaylı idi. Hele asker vermeyen İstanbul'daki Hassa Ordusu'nun kadrosundan çok fazla paşaları ve zabitleri bir sürü cahil kimselerdi. Bu kıtalarda lüzumundan çok fazla küçük zabit de bulunuyordu. Sarayda padişahı avucu içinde tutan bir takım şüpheli adamlar da vardı. Bunlar başka devletler hesabına Türk milletini padişahları eliyle, istismar ediyorlardı. Mesela Arap İzzet 1311 nihayetlerinde (1895)'te Ebülhüda'nın tavassutuyla saraya girmişti. Beyrut'ta Cizvit mektebinden çıkmış bir cingözdü.[13] Daha evvel Hamid'e çatan Hamisi de aynı fasileden biriydi. Bunların oğulları, yeğenleri, mensupları... bir sürü para etmezler zadegan sınıfından sayılırlar ve Türk vezirleriyle bir hizaya giderlerdi. Bu gürühun aldığı Türk altınları ile Anadolu'da modern yüzlerce Türk köyü yapılabilirdi.

Bir taraftan da Yahudiler verilmeyen maaşları kırarak rüşvet yedirip tahsiline imkan buluyorlar ve ahlakı büsbütün tereddi ettiriyorlardı. Türk benliği gün geçtikçe eriyordu. Daha bu kabil fenalıklarıyla milletinin gözünden düşen Sultan Hamid; kendini Arap ve Arnavutlardan mürekkep sarıklı ve fesli Zuhaf Alayları ile ve tüfekçilerle muhafaza ettiriyor ve ayrıca Yıldız'ı bir sürü cahil zabitlerin kumandasındaki fırka ile de bekletiyordu.

Türk Ordusu bu haliyle dış tehlikeleri karşılayacak kudrette olmak şöyle dursun iyi ellere verilmiş olsa dahi uzun zamanlar bu kudreti kazanamayacaktı. Sınıfça Tophane'yi

---

13    Balkan Harbi'ni müteakip Avrupa'ya seyahatimde Arap İzzet ile Viyana sefaretinde Sefirimiz Hüseyin Hilmi Paşa nezdinde görüştüm. Türklükle hiçbir alakası bulunmayan bu adam kurnaz ve başka ellerin bir aleti olduğuna şüphe bırakmıyordu.

ziyaretimizde Karadeniz Boğazı için yıllarca evvel satın alınıp getirtilen uzun 24 santimetrelik topları bir çardak altında ve yerde gördük. Sebebi Rusya bunların Boğaz'a konmasını dostluk nişanesi bulmadığını Sultan Hamid'e söyletmiş!... Tophane ecnebi ustalar elinde ve iptidai bir halde... Hülasa devletin mülki ve askeri teşkilatı sultanın vehmi ve bilgisizliği ve ecnebilerin tesiri altında gittikçe fenalaşıyor.

## MÜRZSTEG PROGRAMI VE BULGAR İHTİLALİ

1903 (1319)'te biz Erkan-ı Harbiye Mektebi birinci sınıfında iken Trakya'da ve hususiyle Makedonya'da büyük Bulgarların ihtilaller yaptığını duyduk. Kardeşim bu esnada Selanik'te Merkez Kumandanlığı'nda idi. Sonra da ihtilalcilerin muhakemesini yapan Divan-ı Harb-i Örfî'de bulunmuştu. Sonra da Manastır'a tayin olunmuştu. Kesriye taraflarında takibatta da bulunmuştu. Ben büyük bir merakla bu yıl tatil devresinde onun yanına gitmek imkanını buldum. Selanik'te ve Manastır'daki hadiseleri yerlerinde kardeşimden ve arkadaşlarımızdan dinledim. Hülasa olarak hadisenin seyri şöyle: 28 Nisan 1903 yılında (15 Nisan 1319) Selanik limanından Marsilya'ya hareket etmek üzere bulunan Mesaj eri Maritim kumpanyasının Guvad-ül Kevir vapurunda bir cehennem makinesi ile infilak vuku bulmuş. Vapur henüz hareket etmemiş olduğundan insan ve eşya kurtarılmış fakat bu koca vapur yanmış. Aynı günün akşamı İstanbul'dan gelen yolcu trenine de suikast yapılmış. Burada da insan zayiatı olmamış. Ertesi gün ortalık tamamıyla karardıktan sonra Selanik şehri birdenbire karanlık içinde kalmış. Bulgarlar havagazı ve su borularının geçtiği bir köprüyü dinamitle havaya uçurmuşlar. Bunu müteakip Osmanlı Bankası havaya uçurulmuş, yanındaki Alman Kulübü ve Kolombo Oteli ve yakın binalar da hasara uğramış. Şehir içinde Bulgar Komitecileri sokaklarda ve evlerden bomba atmaya başlamışlar. Şehirdeki isyan bastırılmış. İki gün sonra İtalya ve Avusturya harp gemileri Selanik limanına gelmiş.

Osmanlı Bankası'nın altına iki yıldan beri tünel kazıldığı tespit olunmuş. Tünelin ucu bir bakkal dükkanındadır. Kimsenin haberi bile olmamış. Bu hadiselerden birkaç ay sonra da Trakya ve Makedonya ihtilalleri başlamış. Bunun tarihi de Bulgarların ilinden ve Hıristiyanların da Sent Eli dedikleri gün olan 2 Ağustos 1903 (20 Temmuz 1319)'te vuku bulmuş.[14] Manastır Rus konsolosunun bir jandarmamız tarafından katli de bundan az sonradır.

Ben Selanik ve Manastır'da hadise yerlerini hayret ve ibretle dolaştım. 1896 (1310)'dan beri bu ihtilal fikren ve fiilen hazırlanmış. Rus konsolosları himayesinde Rus erkan-ı harpleri ve siyaset adamları muhtelif nam ve kıyafetle köy köy dolaşarak köylüye "Türk boyunduruğundan kurtulmak lüzumunu ve nasıl kurtulacaklarını ve nasıl himaye göreceklerini" anlatıyorlar. Bir taraftansa Sofya mekteplerinde tahsil görmüş Makedonyalı veya Bulgaristanlı gençler köy mekteplerine gelip öğretmen oluyorlar ve halkı ihtilale hazırlamaya uğraşıyorlar. Parola, Makedonya Makedonyalılarındır. İlk hedef muhtariyet, sonrası da istiklal. Bizim Yunan harbi esnasında her şey mükemmel hazırmış. Hatta bundan iki yıl önce hükümet bu hazırlığı duyarak bazı depolar ele geçirmiş. Sonraları büyük ihtilale kadar çete faaliyetleri olmuş. 138 müsademede eşkıyadan ve askerden hayli zayiat da olmuş. 1902 (1318) Teşrinievvel'de (Yani biz Harbiye son sınıftan zabit çıkmak üzere imtihan olurken) Rusya, Babıali'yi kafi ıslahat yapmak için sıkıştırmış. Sultan Hamid de Hüseyin Hilmi Paşa'yı Müfettiş-i Umumi tayin etmiş. Vilayetlerin idari ve adli vesair işlerine müfettişlik bakacak. Fakat buna verilen talimatı kafi görmeyen Rusya, Avusturya'yı beraberine alarak mufassal bir proje yapmışlar ve Berlin Muahedesini imzalayan büyük devletlere de kabul ettirdikten sonra Babıali'ye vermişler. En mühim noktaları: Polis ve Jandarmanın tensiki için ecnebi mütehassıslar istihdamı, nüfus nispetinde Hıristiyanlardan da polis ve jandarma alınması, ekseriyeti Hıristiyan olan köylerin kır bekçilerinin Hıristiyan olması.

---

14     Hayatım, adlı eserimde tafsilat olduğundan kısaca yazdım.

Bunları hükümet kabul ediyor fakat silah toplamaya gelince Bulgarlar vermiyor. İş ihtilale kadar gidiyor. Bulgarların ezildiğini gören Rusya imparatoru, Avusturya imparatoruyla Mürzsteg (Viyana'nın 90 kilometre kadar cenubu garbinde bir kasaba)'de buluşuyor ve 9 maddelik bir program yaparak büyük devletlere tasdik ettirdikten sonra Babıali'ye veriyorlar. 7 Kanunuevvel 1903 (24 Teşrinisani 1319)'te Babıali de bunu kabul ediyor. Tatbiki için de henüz emir gelmişti, iş mahrem tutuluyordu. Bunun manası Makedonya'nın muhtariyetine yol açmaktı.

***

Benim bu seyahatimde gördüğüm yeisli bir şey de ordunun tabur kumandanlarından başlayarak yukarıya doğru alaylı veya işe yaramaz ellerde bulunuşu idi. Manastır'da Kırmızı Kışla'da birkaç sınıf arkadaşımla hasbıhal ederken tabur kumandanları alaylı binbaşı birdenbire odaya girdi ve aynen şöyle söyledi:

— Mektepliler, ne konuştuğunuzu ben biliyorum. Bizim Binbaşı eşeğin biri diye çekiştiriyorsunuz!

Fakat mektepli zabitlerimiz kıymetli amir ve mürşitlerden mahrum olduklarından sarhoşluk fena bir şekilde. Bir gece kışlaya gelirken konsolosların ikamet yerleri olan caddede iki mektepli sarhoş zabitin kavgasına rastladık. Biri palasını çekti. Arkadaşlardan biri cinayeti önlemek için aralarına atıldı fakat parmaklan doğrandı, öteki sarhoş da ayrıldıktan sonra rovelverini çekerek rast gele ateşe başladı. Kışladan da yine bir hadise var diye Nizam Karakolu fırladı çıktı. Biz kışlaya yatmaya geliyorduk. Hadiseyi anlatarak herkesi teskin ettik. Parmakları sarkan arkadaşa doktor getirttik. Bu halden çok teessür duydum. Erkan-ı harp zabitleri İstanbul'da, Selanik'te dairelerde toplanıyorlardı. Gerçi 1899 (1315)'dan beri kıtalarda iki yıl staj kabul olunmuştu. Fakat hâlâ birçokları kıtalara gelmiyordu. Asıl işin daha vahim ciheti bu yıl istibdal efradı toptan zabit yapılarak bu mıntıkada bırakılmış. Sebebi gidip memleketlerinde Bulgar ihtilalini anlatamasınlar imiş!

içlerinde üniformasının şerefini muhafaza edemeyecek derecede aptallar da var. Bunlardan birini Selanik'te sinemada çok çirkin vaziyette görerek Ordu Erkan-ı Harbiyesi'ne şikayet ettim.

Kardeşimle Manastır'daki hasbıhallerimde İttihat ve Terakki Cemiyeti hakkında biraz malumat vererek hiç gizli herhangi bir Türk cemiyetiyle temasa gelip gelmediğini ve bu ihtilaller içinde Türk köylüsünün ve Türk münevverlerinin hususiyle mektepli zabitlerin hallerini ve düşüncelerini sormuştum. Aldığım cevap şu oldu:

— Halkın korku ve heyecanda olduğunu ve bu felaketin çok geçmeden buraların istilaya uğrayacağı korkusu umumidir. Bulgarların gerisinde büyük devletler ve bilhassa Rusya ve Avusturya vardır. Mektepli zabitler bir araya gelince apaçık her şeyi konuşuyoruz, fakat hafiye dolu. Tanımadığınız birinin yanında ileri geri söylemek çok tehlikeli. Mesela bizim sınıftan Mülazim Beşiktaşlı İsmail Hakkı ile Salih, konsolosun vurulduğu gün gazinoda bilardo oynuyorlardı. Hadiseyi işitince: "İyi oldu, oh olsun kerataya. Nöbetçiye tokat nasıl olurmuş görsünler." diye birbiriyle hasbıhal ederken bir hafiye işitmiş jurnal etmiş. Hemen tevkif ettiler, Selanik'e götürdüler. Hâlâ da Tophane'de mevkufturlar. Gizli hiçbir cemiyet işitmedim.

\*\*\*

Küçük yaşlarımdan beri şark vilayetlerinde, Arabistan'da uzun seyahatler yapmış olmak ve küçük yaşta babamı kaybettiğimden hayatla mücadele zaruretinde kalmak beni çok pişirmişti. Fakat bu Manastır ve Selanik seyahati esnasında gördüklerim ve esasen de siyasi vaziyetimiz hakkında küçükten kulaklarımın dolgunluğu bana genç yaşımda büyük bir muhakeme kuvveti veriyordu. Zaten küçükten ataklığım vardı. Mektep sıralarında da medeni cesaretim kırılmamış artmıştı. Bunun için Selanik'te ilk işim bu iki kabahatsiz sınıf arkadaşımı ziyaret etmek ve onları kurtarmak oldu. Kimseden izin almadan bunların mevkuf bulunduğu yere geldim. Dışarı çıkarttım. Hemen doğruca Mabeyne acı yazmalarını ve benim de Ordu Erkan-ı Harbiyesi'ne vaziyeti anlatacağımı söyledim. Ve bunları felaketten kurtardım.

\*\*\*

İstanbul'a trenle döndüm. Bu seyahatten çok feyz almıştım. Artık gerek ağabeyime ve gerekse sınıf arkadaşlarımdan yakınlarıma çok şeyler anlatabiliyordum. Hususiyle erkan-ı harp sınıflarına da harbiye sınıfları gibi yoklamaya çıkma vesaire gibi tazyikler başladığından bunun aksi tesiri olarak bizlerde de kin ve nefret artıyordu.

10 Şubat 1904 (28 Kanunisani 1319)'te Japonlarla Ruslar arasında harp açılması hepimize nefes aldırdı. Hele ben ayrı bir sevinç duyuyordum. Çünkü Makedonya meselesi sürüncemede kalacak ve biz nasıl olsa diploma alarak o davada hazır bulunuruz diyordum.

Sınıfımın en ilerisinde bulunduğum gibi iç ve dış siyasi vaziyetlerimizi en iyi bilen de bendim. Sınıf arkadaşlarımdan Seyfi Firuzağa (General), Sadullah Galata (Seyr-i Sefain Müdürü, Mebus), Emin Halıcıoğlu (General) siyasi hasbıhallerde en yakınlarımdı. Sultan Hamid idaresinin bizi nerelere sürüklediğini görüşürdük. Bir de "Jeune jens!" parolası yaptım. Şüpheli biri geldi mi gören bunu söylerdi. Derhal laf değiştirirdik. Bu parolayı "Petit Parisien" resimli mecmuada görmüştüm. Her tarafta hafiyelerin kulak kabarttığını gösteriyor ve altında "Jeuns gens prenez garde aux choses que vous dites — Gençler söylediğiniz şeye dikkat ediniz!" yazıyordu.

Bu parola, bizim dörtlü cemiyetimizin adeta ismi oldu. Ben seneye yine Makedonya'ya kardeşimin yanına sılaya gitmek kararında oluşuma arkadaşlar da seviniyordu. Çünkü taze görgü ve havadislerle gelecektim. Haftaları izinli çıktığım zaman Beyazıt Kütüphanesi'ne gider ve kendi tarihimizi ve Osmanlı camiasından milli ayrılıklar nasıl başladı, nasıl seyrini takip etti ve şimdi ne haldedir tekrar tekrar bulabildiğim kadarını okuyordum. Evde de ağabeyimle bu esasta hasbıhallerde bulunuyordum.

Bizim sınıfta bir düzine Şamlı ve Bağdatlı vardı. Yazık ki

bunların arasında Araplık cereyanları ve Türk düşmanlığı apaçık görülüyordu. Biraz Arapça anladığım için aralarındaki bu kabil konuşmaları anlıyor ve çok müteessir oluyordum. Zavallı Türk, her vatandaş bizim mahvımızı istiyor diyerek ben de gün geçtikçe Türk'ten başkasına düşman oluyordum. Bu hususta bizim jön jan arkadaşlarımla da dertleşiyor ve Araplık cereyanından anlayabildiklerimi onlara da söylüyordum.

\*\*\*

Kardeşim Selanik'te On Yedinci Nişancı Taburu'na nakletmişti. Tatil zamanını üçüncü sınıfa geçtiğimiz 1904 (1320)'te dahi kardeşimin yanına gitmeye muvaffak oldum. Jön jan arkadaşlarımdan Emin Halıcıoğlu, akrabasından Selanik'teki Erkan-ı Harp Kolağası Cemal Bey'e (İttihat ve Terakki erkanından Bahriye Nazırı Cemal Paşa) büyücek bir gümüş ayna hediyeyi benimle gönderdi. Bu suretle Selanik'te onunla da tanıştım. Ve ahval hakkında hayli malumat aldım. Ben de geçen yıl Manastır'da ve Selanik'te gördüklerimi ve ordunun zayıf vaziyetini ve istikbalin tehlikeli olduğu hakkındaki düşüncelerimi söyledim. Ve Japonların Ruslara taarruzu başlaması felaketimizi geciktireceğini ve Japonların galebesinden emin olduğumu anlattım. Yalnız bizde hiçbir teşkilat olmadığı halde gayr-ı Türklerin cemaat ve komite teşkilatı çok kuvvetli olduğunu, Nişancı taburu kumandanının bile alaylı olduğunu, bunların ne vaziyetle ne de talim ve terbiye ile alakaları olmadığını, genç zabitlerimizin de gayr-ı Türk evlerinde pansiyon olduklarının zararlarını anlattım ve bu hususta hasbıhallerde bulunduk. Cemal Bey de benden İstanbul ve mektep hakkında sualler sordu. Sınıf birinciliğimi mütemadiyen muhafaza ettiğimi tebrik ve daha tahsil esnasında bu havaliye gelip gitmekle çok iyi yaptığımı takdir etti. Bu orduda hizmet arzumdan da çok memnun kaldı.

Cemal Bey'le görüşmelerimde Selanik'te hiçbir askeri veya sivil gizli bir cemiyet olmadığı kanaatim kuvvetlendi. Çünkü geçen yıl kardeşime ricam üzerine onun da bir yıllık araştırması menfi netice vermişti. Bunun gibi Müfettiş-i Umumilik

Erkan-ı Harbi İsmail Hakkı Bey ile (General Cafer Tayyar'ın kardeşi) temasımdan da netice buna varmıştı.

Makedonya'da Bulgarlardan başka Rumlar ve Sırplar da çeteler teşkil etmişlerdi. Her millet kendi mıntıkasını genişletmekle meşguldü. Her birinin gerisinde kendi ırkından bir küçük devlet ve bunların da gerisinde bir veya birkaç Avrupa büyük devleti vardı. Türklerin ise milli hiçbir teşekkülü yoktu. Bunları ancak Türk askeri muhafaza ediyordu. Selanik, Manastır, Üsküp vilayetlerinde Bulgar çeteleriyle müsademeler devamda idi. Eşkıya takibiyle uğraşmak üzere avcı taburları teşekkül etmişti. Askeri mıntıka müfettişlikleri ihdas olunuyordu.

Jandarmamızı tensike İtalyan feriki Dejorgie Paşa tayin olunmuş. Manastır vilayeti jandarmasını İtalyanlar, Serez'inkini Fransızlar, Selanik'inkini Ruslar, Draman'ınkini İngilizler, Üsküp'ünkünü de Avusturyalılar tensik ediyormuş!

Bunların bir kısmı bizim üniformayı, bir kısmı da kendi üniformalarını taşıyor. Bu zabitler evvelce Girit'te de bulunmuşlar! Yani gidecekleri yolu öğrenmiştirler. Umumi Müfettiş Hüseyin Hilmi Paşa'nın maiyetinde Rusya ve Avusturya sivil memurları da dolu.

Üçüncü Ordu ecnebi kontrolünde olduğundan maaşlarını tamamıyla alabiliyorlardı. Edirne'den gelenlerden şu faciayı öğrendim: Marko adında bir Yahudi, zabitlerin ve memurların maaşlarını yüzde 20-80 arasında kırıyormuş. Maaş sahipleri resmi olarak dört ayda bir maaş alıyorlarmış. Ramazan Bayramı'nda yarım maaş, Kurban Bayramı'nda diğer yarısı veriliyormuş!

\*\*\*

Bu yıl gördüklerim ve öğrendiklerim daha dolgundu. Ve beni çok olgunlaştırmıştı, İstanbul'a dönüşümde samimi muhitimi daha çok aydınlatabiliyordum. Rus-Japon harbi hakkındaki neşriyatı da merakla takip ediyordum. Tünel'in üst başında her zaman kitap aldığım bir Rum kitapçıdan güzel resim ve krokileri havi bir illüstrasyon aldım ve birçok kitaplara da baktım. Yanımda Seyfi de vardı. Girerken sınıf yüzbaşılarımızdan Halil Efendi kitapçının camekanına bakıyordu. Bizim içeri girdiğimizi gördüğü halde bize bir şey söylememişti. Fakat çıktıktan sonra bizi takip etti ve Tünel meydanında karşımıza geçerek:

— Üzerinizi arayacağım, sizde evrak-ı muzırra var! dedi.

Tafsilatını "Hayatım"da anlattığım çekişmeden sonra tabii zabit üniformasıyla üzerimizi aratmadık ve adama hakaret ettim. Çünkü kıyafeti de hizmetçi gibi idi. Bunu yüzüne haykırdım.

Meğer Tünel başındaki kütüphanelere girmek irade-i seniye ile (!) men edilmiş. Ben sılada bulunduğumdan haberim yoktu. Seyfi'nin de (Düzgören-General) bu iradenin tebliğinden haberi olmamış.

Sınıf zabitimiz bizi jurnal etmiş. Mektep Nazırı Rıza Paşa mektepte bizi çağırdı ve irade-i seniye ile men edilen kütüphaneye gidip öteberi alan bunlar mı? diye haykırmaya başladı. Ben sılada idim, haberim yok, deyince döndü sınıf zabitimize ve bizi huzurundan kovdu! Ona küfürler etti. Biz kurtulduk zannıyla sevinirken dörder hafta izinsizlikle ceza gördük.

***

İsmet Aksaray (İnönü) da bizim Jön jan grubunun samimi bir uzvu olmuştu. Bizim altımızdaki sınıftan olmasına rağmen akşamları içtimalarımıza gelirdi. Benim Makedonya seyahatlerim ve halimiz istikbalimiz hakkındaki anlatmalarıma Seyfi de bir takım kitaplar getirirdi. Bunları bazen ayrı ayrı okur, bazen bir kaçımız beraber okurduk.

Erkan-ı Harp sınıflarının her birinde bizim gibi kafadarlar üçer beşer gruplar halinde hal ve istikbal ile hasbıhal eden hamiyetli ve medeni cesaretli insanlar vardı. Ara sıra felaketler bu yüksek başların üzerine çökerdi. Fakat bu bize korku vermiyordu. Gençliğin ataklığının da bazen lüzumsuz belalara sebep olduğu da vakiydi. İşte biri de bizim başımıza çökmüştü. Şöyle ki:

İzinsizliğimiz esnasında bizim gayretli arkadaş Seyfi dört kitap getirtmiş. Biri Türkçe Namık Kemal'in vatan hakkında bir eseri, diğerleri Fransızca, ikisi Leo Tolstoy'un sosyalizm esaslarına uygun olarak yazmış olduğu Ou est l'issue, La guerre de Crimée, dördüncü kitap da Leş moenis militaires allemande (Alman Askeri Ahlakı) başlıklı Meç divan-ı harbinde tard edilen bir Alman mülazımının Alman Ordusu ahlakiyatı aleyhindeki bir kitabı.

Bunları ayrı ayrı okuduk. Türkçe ile kısa olan Ou est l'issue'yü bizim dershanede gece müzakereden sonra ben, İsmet, Seyfi bir arada okuduk. Bir Arap sınıf arkadaşımız bizi tecessüs ettiğinin farkına vardığımdan okuduktan sonra Türkçe'yi yırttım ve yaktım, diğerlerini yaktırmam diye Seyfi elimden aldı...

Bu gece dershane basılmış ve gözler aranmış. Seyfi'nin gözünden bu üç kitap da alınmış! Bu marifeti de diğer sınıf yüzbaşımız Sadri yapmış. Leo Tolstoy'un olduğu dahi mahvımıza kafi gelebilirdi. Hemen Dahiliyeye koştum. Ve Sadri Bey'i uzun uzadıya uğraşarak yola getirdim. Kendisi Fransızca bilmediğinden kitapların ismini yanlış tercüme ederse mahcup ve belki de mesul kalacağına kendisini inandırdım. Ve tercümelerini ben yaptım. Muharrirleri kendi hiç işitmemiş olduğundan bunlardan ben bahsetmedim. Kitaplara şöyle yakışık adlar bularak üstlerine yazdım:

1. — Kırım Harbi. 2. — Muhasarada Bulunan Sivastopol'da nereden çıkacağız? namıyla aynı muharrirlerin ikinci eseri. 3. — Alman Ordu Teşkilatı.

Eğer Namık Kemal'in vatan hakkındaki şiirlerini yakmasaydım berikileri bu suretle yutturmaya tabii imkan olamayacaktı. Evlerimizin aranmasına karar verildiğini Sadri Bey söyledi, fakat zararlı değil yalnız program dışı Fransızca kitap! Okumak büyük bir cürüm olmadığından yakayı kurtardık. Yalnız evde birçok güzel kitaplarımı, bir arkadaş vasıtasıyla yaktırdım. Bu kitaplar yüzünden yalnız sahibi Seyfi'ye dört hafta daha izinsizlik geldi. Bu mühim bir ders olmalıydı; fakat aradan bir hayli vakit geçtikten sonra Seyfi, Sultan Aziz'in hali ve Murat ve Hamid'in cülusları zamanlarına ait mükemmel bir Fransızca kitap eline geçirmiş. Fakat bunu ayrı ayrı evlerimizde okuduk. Bu kitap da az kaldı başımıza bir bela getirecekti: Ben okuduktan sonra izinli bulunduğumuz cuma günü bize gelen Seyfi'ye kitabını verdim. Sonra beraber Divanyolu'nda Arif'in kıraathanesine gittik. Bilardo oynadık. Bu esnada kitabın adresi olan sayfa nasılsa Seyfi'nin cebinden yere düşmüş. Etraftan da bizi seyredenler vardı. Ne ise kimsenin farkına varmadan bu sayfayı müşterek bir hareketle yerden aldık. Bu iyi ders oldu. Artık geçirdiğimiz tehlike ve heyecanlan kafi gördük. Evrak-ı muzirra sayılacak şeylerle uğraşmadık.

## YILDIZ'DA MÜTHİŞ BİR BOMBA PATLADI

21 Temmuz 1905 (8 Temmuz 1321) Cuma günü Yıldız'da Sultan Hamid camiden çıkıp arabasına bineceği sırada seyircilere mahsus arabalar arasından birinde boğucu gazlı bir cehennem makinesi infilak etmiş.

Ben bugün Sarıyer'de ağabeyime misafir gitmiştim. Dönüşte vapurda Harem ağalarının birbirine telaşla anlatırken öğrendim. Mektepte izinsiz arkadaşlar infilakı işitmişler, ölü ve yaralıların naklini görenler de olmuş. Günlerce bu hadise Sultan Hamid'in istibdadı ve Bulgar ve Ermenilerin Türk'ün zararına yaptıkları teşebbüsü aramızda konuştuk durduk. İşin tuhafı bize karşı tazyikin de artması idi. Artık Harbiye talebesi gibi namaz için camiye de zorla götürülüyorduk. Fakat bir taraftan da padişahın marangozhanesinde bizzat meşgul olduğu birer perger takımı ile gümüş liyakat madalyası dağıttılar.

Bomba hadisesinin faillerinden Belçikalı Juris yakalanmış. Muhakemesinde (Ayasofya yakınındaki Adliye binasında) bulunmayı çok arzu ettim. Bunu Seyfi'nin akrabasından bir hariciye memuru delaletiyle temin ettik, ilk tahkikatı Yıldız'da Necip Melhame'nin reisliğinde Necmettin Molla ve Nazif Süruri Beylerden mürekkep bir komisyon teşkil olunmuş ve birçok tahkikattan sonra Viyana yapımı bir araba tekerleği lastik parçasından araba ne zaman ve kimin tarafından gümrükten geçirildiği anlaşılmış. Gazeteler padişaha dualar arasında biraz malumat yazdılar ve arabanın resmini de bastılar.

Bir Türk padişahının Ermeni veya sair Türk olmayanlar tarafından öldürülmesini kendi tarihimiz bakımından çirkin bir hadise telakki ile hadiseye üzülmüştük. Çünkü ölümü gayr-ı Türklerin menfaati için lazım bir hadise gibi görülecekti. Halbuki vaziyet Türk milletinin gittikçe, bu cahil sultan idaresinde tehlikeye yürümesiydi. Şu halde mesele körü körüne Hamid'in öldürülmesi değil, daha ziyade idaremizde salah ve teceddüt temini idi. Bu da ancak Türk milletinin teşekkülleri ve planlarıyla olabilirdi. Üçü asker olmak üzere 23 kişi telef ve 58 kişi de ağır ve hafif mecruh olmuştu. Sultan Hamid, hayatı için bir sürü hafiye ve erbabı sadakat beslediği ve bunlara maaşlarından başka türlü ihsanlar verdiği halde ve bombanın atılacağı hakkında daha önceden de haber alındığına rağmen[15] bu hadisenin önlenememesine ve şimdilik faillerinin ele

15    İnfilakın vuku bulduğu 8 Temmuz'dan hemen iki ay evvel firari Ahmet Celalettin Paşa'dan (Murat Bey'i Avrupa'dan getirmeye muvaffak olan ve sonra da Diran Kelekyan ile birlikte kaçan) Sultan Hamid'e Mısır'dan şu malumat verilmişti.

Maruzu çakerkadimleridir
Kulları her ne kadar teveccüh-ü şahanelerinden mehcur ve bir takım kimselerin haysiyetine tecavüzleri yüzünden münkesir ve mağdur isem de pek küçük yaştan beri nimet-i hümayunlarıyla perverde olduğumdan Jön Türk ve Ermeni komitelerinin birleşmesi neticesi olarak Ceneve'den son verilen karar mucibince nefs-i hümayunlarına suikast için tertibat alındığını arz etmeyi kendime bir nimet borcu bildiğim ve bendegan-ı şahanelerinden Diran Kelekyan Efendi'nin bu haberi teyid ettiğini arz ederim. Ferman.

Kahire, 17 Mayıs 1321

Burada bir noktayı da hatırlamak lazımdır: Yine bu serhafiye Ahmet Celalettin Paşa ve Diran Kelekyan'dır ki bomba infilakı tarihi sıralarında Doktor Bahattin Şakir Bey'i Erzincan'dan kaçırmak için Trabzon'da adamlar ve vasıta hazırlamışlardı.
Aşağıdaki jurnalları da ibretle okuyalım:
Her ne kadar Osmanlı imparatoru bir ihtiyar Sultan Hamid Han Hazretleri sosyalist umdelerine karşı menfi hareket buyurmakta ise de Alman menfaatinin kendi şahsı ile alakası bulunması ve Alman sosyalistlerinin prensip noktasından umumi Alman menfaatine ha-

geçirilememesine çok üzülerek çok vehimlenmiş ve yetiştirdiği köpeklerin sadakatsizliğine çok kızmış ve ağzına gelen küfürleri savurmuş. İlk önce bu suikastı Veliahd Reşat Efendi'nin taraftarlarının yaptığına umumi bir zan ve hatta kanaat hasıl olmuş. Çünkü herkesin vehmi böyle! Birçok jurnal da bu mealde, Sultan Hamid de bu zanda! Sonra iş meydana çıkmıştır. Hadise hakkında sonraları aldığım doğru malumat şudur:

Rus Ermenilerinin hazırladıkları bir suikasttır. Eğer Sultan Hamid ölseydi Beyoğlu'nda birçok yerlerde bombalar patlayacak, kargaşalıklar çıkartılacak ve bu suretle Avrupa'nın dikkati şark vilayetlerinde Ermeni istiklali meselesine çekilmiş olacaktı.

Asıl failler bu işi İstanbul'da Belçika tebaasından Juris'in evinde birçok defalar toplantılar yaparak kararlaştırmışlardır. Juris ve karısı Ermenilere yataklık yapmıştır. Suikastı hazırlayanlar arabadan Yıldız'da indikten sonra başka bir arabaya binerek doğruca Sirkeci istasyonuna gelerek Avrupa trenine binmişlerdir. Hükümet vaka akabinde tedbir almadığından bunlar trenle kaçabilmişlerdir.

---

dim olması hasebiyle Jön Türk ve Ermeni ve Bulgar komitelerinin nefs-i şahane aleyhinde icrasını tasavvur ettikleri suikastin çok geçmeden ikama intizar icab eylediğini bildirmeyi kendime bir vazife bildiğimi arz ederim.

5/11/1904
Alman Sosyalistlerinden
Hanri Adolf

Rus ve Fransız sefaretlerine mensup Hacı Piyer adındaki bir Ermeni de ara sıra bazı haberler verirmiş. Ve ihsanlar da alırmış. Vakadan iki ay evvel —Aşağı yukarı Ahmet Celalettin ve Diran Kelekyan'ın haber verdikleri sıralarda— vasıtası olan Nafia Nazırı Zihni Paşa şu haberi veriyor:

Jön Türk komitesi pek yakında fiiliyata geçerek İstanbul'da bir vaka çıkarmak istediklerini sefaretlerden mütereşşih haberlere istinaden mahremane surette arz eylerim.

Bu Hacı Piyer İstanbul merkezi azasından avukat Baha Bey'in de itimadını kazanmıştı. Bizim Meşrutiyet'i kurtarmak için başlayan mücadelemizde ismi geçecektir, iki yüzlü çalıştığı ve bu suretle hem şahsi kazancını temin ediyor, hem de Ermeni komiteleri hesabına Sultan Hamid'e Genç Türkleri düşman gösteriyordu.

Sultan Hamid Yıldız'da büyük bir heyeti tahkikiye hazırlatarak işe adli kanaldan başlattığı gibi kendisine yağan jurnallarla da ayrıca uğraşmıştır. Bu mesele hakkında padişaha 8000 jurnal verilmiştir! Bunların bir tanesi Sultan Hamid'in kanaatine pek uygun gelmiş ve heyet-i tahkikiyenin dahilden ve hariçten birçok delillerle tespit ettikleri istikamete aykırı olmakla beraber bizzat günlerce uğraşmasına sebep olmuş. Şöyle ki:

Ümeranın da nöbetle cuma selamlığında bulunması irade edildiğinden Harbiye Mektebi muallimleri de sıra ile gitmeye başlamışlar. Hadise günü Harbiye kütüphane memuru Binbaşı Mustafa Bey ile baytar sınıflan muallimlerinden Kaymakam Ermeni Minas Bey de sırası gelenler arasında selamlığa gitmek üzere bir arabaya binerler. Minas Bey'in pelerini de varmış. Bunu sarılı olarak karşılarındaki oturma yerine koymuş. Yıldız'da her ikisi de arabadan inmiş. Pelerin arabada bırakılmış. Her biri rütbesinin bulunduğu yere gitmiş.

Hadiseden sonra o telaş içinde bu iki zat da yine buluşmuşlar; fakat o gürültü ve kargaşalık arasında arabayı bulmak kabil olamamış. Parçalanmış arabalar, kanlar içinde parçalanmış insan ve hayvan cesetleri herkese bir türlü telaş vermiş, kimi bulduğu araba ile, kimi yaya savuşmaktadırlar. Minas Bey de bu şaşkınlığa kapılarak Mustafa Bey'e şunu söylemiş:

— Aman ben pelerinimden de vazgeçtim, arabadan da. Sakın beraber araba ile geldiğimizi ve arabamızın da, pelerinimizin de bu gürültüde kaybolduğunu kimseye söylemeyelim!

Bu sözler Mustafa Bey'in şüphesini uyandırmış. Velinimeti saydığı bahriye feriklerinden Hüsnü Paşa'ya gidip aynen söylemiş. Şunu da ilave etmiş: Pelerinin içinde ağır bir cisim olduğunu Minas Bey'in ifadesinden sonra anladım. Çünkü pelerin hiç yerinden oynamıyor ve şeklini değiştirmiyordu. Hüsnü Paşa makul ve açık yürekli görülür bir zat olmasına rağmen bu hikayeyi hadisenin esası gibi kabul ederek güzel bir üslup ile Sultan Hamid'e jurnal eder ve jurnali da velinimeti bildiği(!) Kızlar ağasından biri vasıtasıyla Sultan Hamid'e takdim eder.

Sultan Hamid, heyet-i tahkikiyeyi bu işe karıştırmadan Binbaşı Mustafa Bey'i saraya çağırtır ve kendi usul ve itikadı veçhile abdest aldırıp iki rekat namaz kıldırdıktan sonra Kur'an-ı Kerim'e el bastırarak jurnaldeki ifadelerinin bir iftira olmayıp hakikat olduğuna dair yemin ettirir!

Artık sıra zavallı Minas Bey'e gelir. Kendi halinde ve mesleğine aşık, vazifesinden başka şeylerle alakalı olmayan bu zat muhafaza altında Yıldız Sarayı'na celbolunur ve cinayeti itiraf etmesi için hususi isticvaplara başlanır!

Belanın nereden başına geldiğini anlamayan bu yaşlı başlı muallim yeminlerle birşeyden haberi olmadığını anlatmak için çırpınır!

Nihayet iş heyet-i tahkikiyece duyulur. Halbuki onlar arabanın lastik ve tekerlek parçalarındaki markalarından arabanın Viyana yapımı olduğunu öğrenerek gümrükten ve Viyana sefaretinden arabanın nereden, ne zaman geldiğini ve kimin idaresinde olduğunu kafi surette öğrenerek işin Belçika tabasından Juris'in evinde Rusya'dan gelen birkaç Ermeni tarafından hazırlandığını ortaya çıkarmışlardır. Bu işte alakadar olanlar da yakalanıp tahkikat tamamlanmış ve hadisenin meçhul tarafı kalmamıştır, işte Minas Bey'in en ufak bir suçu bile bulunmadığını heyet-i tahkikiye Sultan Hamid'e bildiriyorlar. Sultan iradesi şu oluyor:

Nisbet-i askeriyesi kesilsin, on bin kuruş maaşla Şam'da ikamete memur edilsin!

Zavallı Minas uzun yıllık mesleğinden ve muallimliğinden ağlayarak ayrılırken ırkdaşlarından bu cinayeti irtikap edenlere de, kendisinin felaketine sebep olanlara da lanetler okuyor. Ucuzca kurtulduğundan da haline şükrediyor!

***

Juris hür fikirli bir sosyalistti. Hissine mağlup olarak müstebit bir padişaha karşı yapılmak istenilen suikaste yardım ettiği kanaatine varılmıştı. Müdde-i umumi Necmettin Molla faillerin gıyaben, Juris'in de vicahen idamını istedi. Juris sık

sık bir ufak şişe içindeki ilacını içiyordu. Bu mahkemeyi dinlemek çok istifadeli ve çok heyecanlı idi. Hususiyle Ermeni ve Bulgar ihtilallerinin iç yüzlerini yıllardan beri öğrenmiş ve kendi milletimizin de istikbalini düşünebilecek bir hale gelmiş olmak dolayısıyla benim ruhumda çok büyük tesirler yapmıştı. Gerek arkadaşlarla ve gerekse ağabeyimle bu mahkemede tatlı sohbetlere hayli esaslar kazandırdığından memnuniyetim büyüktü.

Mahkeme idam kararını vermişti. Fakat Sultan Hamid, bu adamı affettiği gibi yüksek maaşla da anarşistlerin kendi aleyhine hazırladıklarını işittiği suikastten malumat vermesi için onu hafiyeliğine de almıştı. Halbuki Juris anarşist değil sosyalist idi. Sultan Hamid ise anarşistlerle sosyalistleri aynı şey zannediyormuş.

\*\*\*

Sultan Hamid bu bomba hadisesinden sonra Yıldız'ın etrafına bazı yerlerde iki kat olmak üzere yüksek duvar çektirdi. Hafiye teşkilatı kuvvetlendirildi. Fehim Paşa kardeşi Miralay Tank ile Pangaltı Harbiyesi'ndeki Harbiye ve Erkan-ı Harbiye sınıflarını yakından kontrole başladı. Tank ve bir hayli maiyeti hemen her gün tramvay caddesindeki muhallebici (Bugünkü memşalarla (helalar) köşedeki dükkan arası)'nın önünde nargile içerdi. Mektebin kendi müdürü Rıza Paşa ve mektepler nazın Zeki Paşa ve müfettiş namıyla Hamid'in mutemedi İsmail Paşa hep birbirini kontrol ettiği yetişmiyor gibi bir de Fehim Paşa bu irfan müessesesinin üstüne baykuş gibi bakıyordu.[16]

Başhafiye Ahmet Celalettin Paşa'nın da gözden düşüp Avrupa'ya kaçması ve sonra Mısır'a gelerek padişaha bomba

---

16    Harbiye tahsilini ikmal edemeyen bu zadegan sınıfı yetiştirmesi Fehim Paşa, 1323 ortalarında ve 1323 Teşrinisani (1907)'de iki defa kendine mahsus bomba attırarak Sultan Hamid'in gözüne daha ziyade girmeye uğraşmıştı. Daha sonraları ecnebi tabanlarından da para almaya kalkışmıştı. Bir Alman tabaasının bir gemi kerestesini müsadere ve bir İngiliz tebasından da 700 altın istediğinden Alman ve İngiliz sefirlerinin tazyikiyle Bursa'ya sürüldü. Meşrutiyet'te halk parçaladı.

hadisesini bildirmesi ve firar arkadaşı Ermeni Diran Kelek-
yan da ismini jurnalde zikretmesi ve yine bu iki adamın Dok-
tor Bahattin Şakir Bey'in fırarını teminleri görülüyor ki şahsi
menfaat gören serhafiye bilmeyerek ve milli menfaat güden
Ermeniler bilerek Genç Türkleri müstebit padişaha hırpalat-
mak istemişlerdir. Eğer bomba hadisesinin failleri ortaya çık-
masaydı kim bilir ne kadar Türk çocuğunun hayatı veya istik-
bali mahvolacaktı.

Hele bizim safiyetle Jeune gens diye kullandığımız parola
da haber alınsa imiş kim bilir başımıza neler gelirmiş.

## İKİNCİ DEFA OLARAK İTTİHAT ve TERAKKİ CEMİYETİ NEDEN KURULDU?

Ben burada kendi bildiklerimi yani hatıralarımdan cemi-
yetle ilgili olanları kaydediyorum. Yalnız şunu kaydedeyim
ki Erkan-ı Harbiye sınıflarından ordulara gidenlerimiz, biz-
den üç yıl önce ordulara giden sınıf arkadaşlarımdan daha
olgun ve aynı zamanda Sultan Hamid'in idaresine karşı daha
dolgun bir nefret ve kinle İstanbul'dan ayrılıyorlardı. İstik-
balin milletimiz için çok korkunç hadiselerle dolu olduğu-
nu çok iyi anlamıştık. Ben ise iki defa ihtilal mıntıkasını gör-
mekle beraber olgun bir mürebbi olan büyük ağabeyimden
çok şeyler de öğrenmiş bulunuyordum. İki cümle ile bunların
hülasası mümkündü: İdaremizin her şubesi berbat bir halde,
çok geriyiz. Padişah cahil, zamanın icaplarını yapmak şöyle
dursun anlayacak bir halde dahi değildir.[17] Avrupa devletleri

---

17    Sultan Hamid'in kara cahil bir adam olduğunu işitir durur-
duk. Hakinden sonra Selanik'te kendi el yazısıyla yazdığı hatıratın-
dan şu satırları okumak insana hayret veriyor: "Ben saltanatta iken
muntazam tahsil ve tetebbua vakit bulamıyorum. Şehzadeliğim de
büyük biraderim gibi kayıtsızlıklar içinde geçmişti... Ben Selanik'e
gittikten ve hal ve tahavvülün icabettiği fütur iki üç ay zarfında zail
olduktan sonra muntazam tahsil etmeye başladım. Edebiyat ile tarih
en sevdiğim şuabat-ı marifettendir. Ben istirahat gibi, şan ve şerefin
de büyük bir kısmını zamanı menkubiyetimde kazandım. İşte bu-
gün de lehülhamd fikrimi
oldukça düzgün bir üslup ile ifade edebiliyorum. Fransızca'dan ku-
lak dolgunluğu ile birçok kelime bilirdim. Selanik'in uzun günlerin-

içimizdeki Hıristiyan unsurları yetiştiriyor, ihtilal yaptırıyor ve yavaş yavaş bizi paylaşmaya gidiyorlar.

## ÜÇÜNCÜ ORDU'YA GİDİYORUM

5 İkinci Teşrin 1905 (23 İlk Teşrin 1321)'de Erkan-ı Harp Yüzbaşılığı diplomasını birincilikle aldım. Uzun yıllardan beri bu mevkii muhafaza ediyordum. Sınıfın ikincisiyle aramda 61 numara gibi şimdiye kadar görülmemiş bir fark vardı. Sınıfımız 44 kişi idi. On üç kişi erkan-ı harp olduk, diğerleri erkan-ı harp namzedi oldular. Sınıfın ikincisiyle son erkan-ı harp arasındaki numara farkı benimle bu ikinci arasındaki kadardı. Umumi sınıfın sonuncusuyla benim aramdaki fark 449 numara idi. İlk olmak üzere bana altın maarif madalyası verildi ve kurada İkinci Ordu (Edirne) çıktığı halde mektepte bırakılmak istenildim. Ben bu teveccühten istifade ederek Üçüncü Ordu'da kardeşimin yanına gidebilmek imkanını buldum. Fakat bu ancak iki yıllık staj müddetimce mümkün olabilecekti. Çünkü mektep idaresinde bırakılmak emrine karşı kıtada iki yıl staj yapmak hakkındaki irade-i seniyeye imtisal etmek ve bu suretle orduda tecrübe kazanmak fırsatından mahrum edilmemekliğimi beni alıkoymak isteyen Ders Nazırına ve Mektep Müfettişine karşı söylemiş ve hakkımdaki teveccühlerini kardeşimin yanına göndermekle tecelli ettirmelerini rica ettim.

Müfettiş İsmail Paşa kızdı ve bu talebimden şüphelendi. Ders Nazırı Esat Paşa da benim arzuma karşı hayret etti. Fakat kardeşimin orada olduğunu her yıl oraya sılaya gittiğimi ve ailece orada toplanmak imkanını bulacağımdan bu ricada bulunduğumu anlatınca gevşediler ve stajımı Üçüncü Orduda yapmaklığım için delalette bulundular.

---

de bu lisanı muntazaman tahsil etmeye çalıştım. Şimdi gazetelerle risaleleri kamusun muavenetiyle fakat suhuletle anlıyorum..."

Dünya milletlerinin en karışık ve en tehlikeli meseleleri kendi iç siyaseti arasında bulunan ve bütün Avrupa büyük devletlerinin iştihasını çeken Osmanlı Devleti'ni, işte böyle bir padişah idare ediyordu. Yani hadiseler topyekün devletimizi bir uçuruma sürüklüyordu.

Dünya sanki benim olmuştu. Manastır'a gitmek orada samimi bir muhit kurmak, askeri tecrübelerimi de arttırmak ve ihtilal havası içinde milletime daha faydalı olmak mefkuresi yıllardan beri beni çıldırtıyordu. Bu emelimin esasına artık kavuşmuş bulunuyordum. Manastır'a gitmeyi herhalde Selanik'te temin edebilirim ümidinde idim. Fakat günler geçiyor, emrimi alamıyordum. Tam bir ay sıkı takip olundum. Sık sık Beyazıt Kütüphanesi'ne gider tarih okurdum.

Bir aralık 26 ikinci Teşrin 1905 (13 İkinci Teşrin 1321)'te Avusturyalı bir amiral kumandasında on gemiden mürekkep beş Avrupa büyük devlet donanmasının (Almanya iştirak etmiyordu) Midilli adasını işgal ettiği ve Kanunuevvel 18'de çekildiklerini işittim. Sebebi Makedonya mıntıkası bütçesinin açığını kapatmak için Babıali gümrük varidatına % 8-10 zammetmek istemiş. Büyük devletler de bu mıntıka maliyesi kontrolünü genişletmeyi teklif etmişler. Yani mevcut Rus ve Avusturya maliye memurlarına diğer büyük devletler de birer maliye memuru eklemek istemişler. Hatta bu memurları tayin ve müfettişlik maiyetine göndermişler! Babıali; bu hali hukuk-u hükümranî'ye muhalif bularak Üsküp'te bulunan Umumi Müfettiş Hüseyin Hilmi Paşa'ya bu memurları kabul etmemesini emretmiş. Büyük devletler de bunun üzerine Midilli'yi işgal ederek Çanakkale Boğazı'na karşı bir gösteriş yapmışlar. Abdülhamid korkmuş, teklifi kabul etmiş! Donanma da çekilmiş.

## SELANİK'E HAREKETİM

Bir ay sonra emrimi alabildim. Ağabeyimle son hasbıhalimi yaptım: Hayli zamandan beri fikrimde evirip çevirerek şekilleştirdiğim bir fikrimi açtım: Alemdar Ordusu gibi bir hürriyet ordusuyla Sultan Hamid'i devirmek. İki fırka bu işi mükemmelen becerebilirdi. Fakat bu nasıl olabilirdi? Bu işi yaparken hariçten bir taarruza uğrarsak halimiz daha mı feci olurdu? Üçüncü Sultan Mustafa'nın Tarih-i Ata'nın 4'üncü cildinin 67'nci sayfasında okuduğum şu feryadı beni, neye mal olursa olsun bu iş mümkünse yapılmalıdır kanaatine sürüklüyordu. Yüzlerce yıllardan beri erbabı saadette gezen hep hazele idi. Ve bunların elinde mahvolacaktık. Fakat onlar emsali müstemlekelerde görüldüğü veçhile yine saadette yaşayacaklardı. Şu halde ilk fırsatta bir hürriyet ordusu kökten bir temizleme ameliyesini yapmalıydı. Her tehdit karşısında gevşeyen Sultan Hamid günün birinde Makedonya'ya muhtariyet verebilirdi. Şu halde Makedonya'daki ordu da şimdiden fikren hazırlanırsa bu işi başarabilirdi.

Üçüncü Mustafa'nın (1717-1774) söylediği ve Alemdar'ın yaptığı: İşte saik ve işte örnek!

*Yıkılıpdır bu cihan sanma ki bizde düzele*
*Şimdi erbab-ı saadette gezen kep hazele*
*Devleti çarhı denî verdi mahvı müptezele*
*İşimiz kaldı hemen merhamet-i lem yezele.*

Tanıdığım ve sevdiğim Manastır'a gitmek ve orada zabitlerin seciye kuvvetine çalışmak, erkan-ı harp arkadaşlarla da bu vadide hasbıhaller yaparak hadiselerin inkişafına emniyetle bakmak ve eğer İttihat ve Terakki mensupları varsa onlarla da anlaşmak ve halkın fikrini yükseltmek gibi güzel kararlara vardım. İttihat ve Terakki mensuplarına karşı aile efradımızın çoktan beri hürriyet aşığı olduğunun delili olmak üzere ağabeyimin numarası olan 121/11'i kullanmak hakkını da ağabeyimden aldım. Diğer bir arkadaşım İzmit'te jandarma yüzbaşısı, diğer İstanbul'da bahriyeli, aynı sınıftan olan kardeşim de Makedonya'da jandarmaya geçmiş bulunuyordu. Büyük kardeşim Defterhane'de, iki teyzemin çocukları da İstanbul'da Bahriye Zabiti idi.

19 Şubat 1906'da Sirkeci'den trene binmek üzere Zeyrek'teki evimden ayrıldım. Trene binmeden önce eşyalarımı Mekke Şerifi kıyafetli iki Arap aradı. Birkaç hafiye ve kanun neferleri de beraberdi. Evde iken Bizans tarihinden imparatorlarının

ıssız ve hayırsız adalardaki cinayetlerine ve zulüm ve istibdadlarına dair yaptığım tercümeleri iyi ki yırtmıştım. Çünkü "Bir Türk Diplomatının Evrak-ı Siyasiyesi" başlıklı 1306'da basılmış olan ve Reşit Paşa'nın siyasi hayatına ait olan kitap bile Arapları gayrete getirdi. Mukaddemesini okudular altında Safiye Sultandrah Mehmet Selahattin imzasını da görünce birbiriyle görüştüler. Sonra biri bana dedi:

— Bu kitap yasaktır. Sizde ne arıyor?

— Yasak olan galiba bu mukaddemesidir diyerek bu sayfayı yırttım eline verdim ve kitabı sandığa attım. Ve Allah binaşrülsultan! diyerek telatin sandığı kapatıp hamalın sırtına yüklettim ve yürüdüm. Araplar bakışa kaldılar.

Selanik'e kadar kompartımanımda bir Yahudi yanımdan ayrılmadı. Fotoğraf ve musikiden dem vurmasına rağmen her ikisinden de haberi olmadığını gördüm. Yollarda arkadaşlarıma rast gelip konuştukça dinliyordu. Bir hafiye olduğunu ilk saatte tahmin ederek vaziyet almıştım.

Demiryolu bu yıl daha sıkı muhafaza altına alındığı görülüyor. Konuştuğum tanıdıklarımdan öğrendim ki her tarafta cüz'ü tamlar darmadağınık, talim ve terbiye geçen yıldan fena, atış talimleri yok, bölük talimi bile yapılamıyormuş. Herkesin kulağı kirişte. İşin en fenası da hat boyunda birçok yerler bataklık olduğundan sıtmadan askerlerimiz ve zabitlerimiz çok perişan imişler.

Berlin Muahedesi mucibince Türk muhacirlerinin Anadolu'ya gitmeleri şart olduğundan hat boylarına yerleştirilememiş. Buraları Rum ve Bulgar köyleriyle dolu bulunuyor.

Selanik'e yakın Kilindir istasyonunda kardeşim Hulusi beni karşıladı. Ondan en taze malumatı aldım. Selanik'teki 17. Nişancı Taburu'na mektepli bir kumandan gelmiş, daha iyi bir halde. Ordu Erkan-ı Harbiye Reisi Hasan Paşa'yı ziyaretimde bana tavsiyen var mı? diye sordu. (İstanbul'da iken tarih-i harp muallimimiz "Askeri Müze Müdürü" Ahmet Muhtar Paşa tavsiye vermek istedi, kabul etmemiştim.)

—Hayır efendim, böyle bir şey almayı küçüklük telakki edenlerdenim, dedim.

—Yarınki trenle Manastır'a gideceksin! dedi. Ben buna çok sevindim. Fakat bana kimse diplomana bakayım, demiyordu. Tavsiyenin kuvvetine göre rahat bir yere —ki başta Selanik geliyordu— kayıracaklardı.

Selanik'te birkaç sınıf arkadaşım vardı. Onlardan da ahval hakkında hayli malumat aldım. Yapılan tamimlerden Bulgar ihtilalcilerinin armasını gördüm: Bizim bayrak kırılmış, yere atılmış.

## MANASTIR'A HAREKETİM

26 Şubat 1906 sabahı Manastır trenine bindim. İki yıl önce tanıdığım yerlerden geçerken büyük sevinç duyuyordum. Kompartımanımda bir Rum zengini ile bir Bulgar papazı vardı. Rum Fransızca, Bulgar da Rusça biliyordu. Her ikisiyle de bu dillerle konuşarak ahbap olduk. Rum bir Matin Gazetesi okumaya başladı ve bana da Selahattin imzalı bir makale göstererek pek beğendiğini söyledi. Ben de okudum, hülasası şöyle:

Avrupa medenileri Bulgar, Rum, Ermeni... ilh. milletlerin Türklerden zulüm görmekte olduklarından feryad edip duruyorlar. Ve enva-ı mezalimi Türklere reva görüyorlar. Halbuki felakete sebep onlardır. Sanki Türkler diğer milletlerden daha mı bahtiyardır. Avrupalıların ve Hıristiyan tabanın zulmü yetişmiyor gibi padişahın zulmünden en çok ezilen de onlardır. Türkler Hıristiyanlar kadar bile hürriyetlerine mazhar değildirler.

Bulgar Papazı ilk istasyonların birinde indi. Türkçesi kıt Rum'la Fransızca daha serbest görüştük. Yüksek tahsil görmüş bulunan bu Rum ahvali mükemmel görüyor. Meydanı Bulgarlara serbest bırakmamak için Rumların da teşkilatlandığını ve silahlandığını yoksa Türk düşmanlığı taşımadıklarını apaçık söyledi. Avrupa devletlerinin emellerini, küçük milletlerden nasıl istifade ettiklerini, eğer körü körüne hareket ederlerse küçük milletlerin istiklallerini kaybedebilecekleri hakkındaki kanaatlerimi söyledim. Çok hislendi. Konuşmalarımızdan şu açık görülüyordu ki "Türkiye inhilaline" karşı meydanı Bulgarlara boş bırakmamak için diğer unsurlar da faaliyettedirler.

Florina'da bu Rum da indi. Ben bugünkü temaslarımdan ve yolculuğumdan çok memnun kalmıştım. Demek ki hür bir hava içinde istediğimi okumak, görüşmek ve daha iyi düşünmek imkanlarını artık elde etmiş bulunuyordum. Akşam Manastır'a vardım ve Belediye oteline indim, içimdeki sevincin büyüklüğünü şimdiye kadar tatmış değildim.

Acaba İstanbul'un pek sıkıcı havasından kurtulup pek uzakların hür havasını kokladığımdan mı? Yalnız başıma hayatla mücadeleye başladığımdan mı? Yoksa vatan ve milletime karşı burada daha büyük hizmetler görebilmek imkanını bulacağımdan mı?... Galiba hepsi bir arada bu kadar sevindiriyor.

***

Ertesi gün Ordu Kumandan Vekili ve Erkan-ı Harbiye Heyeti'ni ziyarete gittim. Asıl kumandan Selanik'te, ordu erkan-ı harbiyesinin bir kısmı da orada, Manastır'da da bir vekil kumandan ile erkan-ı harbiyenin bir kısmı ve levazım heyeti var. Güya bu suretle ahalinin ricası üzerine Manastır'dan ordu merkezi kalkmamış oluyor.

Büyük üniformam ile ziyaretine gittiğim kumandan vekili Nazif Paşa pek ihtiyar bir zat. Mahmuzlarımı çarparak sert selam verdim ve kendimi takdim ettim:

—Orduyu alilerinde vazife almak şerefiyle gelen Erkan-ı Harp Yüzbaşı Zeyrekli Kazım.

Sağ yan tarafında uzunca kır sakallı bir ihtiyar Paşa —Süvari Fırkası Kumandanı İbrahim Paşa imiş— gülerek dedi:

—Yavaş! Alman Erkan-ı Harbi! Ortalığı yıkacaksın! O ne mahmuz şaklatması, o ne ciddiyet!..

Nazif Paşa kıs kıs gülmeye başladı ve dedi:

— Yeni erkan-ı harpler hep artık Almanlar gibi demek. A canım alaturkalığı da unutmayın!

Bu yetmişi aşkın ihtiyarlar karşısında donakaldım. Her tarafı ateşler içinde yanan ve her yanından istilaya maruz bulunan bir mıntıkada bu ne hal?

Saltanat hırsıyla Sultan Hamid'in her yerde ve her işte görülen bu yıkıcı vehmine ve zihniyetine bir daha lanet okudum. Facianın dehşetini vazifeye başladıktan sonra gördüm. Şöyle ki:

Stajıma süvariden başlamayı, alayın üç bölüğünün Manastır'da, bir bölüğünün Florina'da, bir bölüğünün de Kökili'de olmasından dolayı arzu ettim. Talim ve terbiyelerine nezaret etmek üzere buraları dolaşmak imkânım olacaktı. Alay kumandanı; Manastırlı mektepli, fakat bölüklerinin mevcutlarını ve oturduğu ve talim ve terbiye ettikleri yerleri bilmiyor. Benim fırka Erkan-ı Harbiyesinde kalmaklığımı ve ara sıra talimlere çıkmaklığımı istedi. Hayvanların bir kısmı hasta, bir kısmı öte beride, talime her bölükten birkaç dizi çıkabiliyor. "Ben bile kendime bir iş istedim. Merkez kumandanı yaptılar", dedi. Mektepli Arap binbaşı da böyle söyledi. Güya talim filan yokmuş. İş güç öteye beriye müfreze şevki imiş...

Ben bölük kumandanlığını aldım ve bu sözlerin yalan olduğunu gördüm. Mektepli oldukları halde bu kumandanların bir gün olsun talimhaneye geldiklerini ve harita ile kitapla alakalarının bile kalmadığını anladım. Henüz süvari alayları Martin tüfekli, fişeklerin barutları çalınmış, dökülmüş, alayda tek sargı paketi yok. Atış talimleri yok, yara sarmasını bilen yok. Halbuki her ırktan komitecilerin elinde Manliher, sıhhi malzemeleri mükemmel. Acaba Sultan Hamid, süvari alaylarını İstanbul üzerine yürüyüverirler diye mi bu hale koymuş! Manastır'daki topçu kıtaları talimhane talimleriyle muntazam meşgul. Bunlar nispeten iyi bir halde. Piyade esasen darmadağınık. Fakat topyekün orduda ne harp kabiliyeti var, ne de sevk ve idare kabiliyeti...

Muhtelif sınıf zabitler arasında ayrılık gayrılık var. Drahor boyunda yan yana üç kahvehane sınıflar arasında ayrılmış. Her sınıftan bildiklerim var. Hele Avcı Taburunda üç de sınıf arkadaşım var, bunun için muhtelif sınıfları birbiriyle görüştürmek, birbirinin vakit geçirdiği yere götürmek suretiyle Manastır'da zabitler arasında ilk günden itibaren bir samimiyet bağı oldum. Mesleğime ait Fransızca mecmualara da abone oldum. Alay zabitlerine, küçük zabitlerine ayrıca dersler açtım. Suret-i umumiyede garnizonda sarhoşluk ve kumara nefret ve vazifeye ve samimi birliğe güzel bir çığır açtım.

Birkaç hafta içinde gördüğüm acı şeyler şunlardı:

Jandarmalar İtalyanların elinde, bunlar ve bütün konsoloslar bir düziye Hıristiyan halkı hükümetimiz aleyhine teşvik ederlermiş. Bulgarların hükümetle alış verişi kalmamış. Kendi gizli mahkemeleri ve icra kuvvetleri varmış! Sık sık tren dolusu Bulgar genci Amerika'ya gidiyormuş. Her yerde acenteler açılmış. Bunlardan para ve fikir kazanarak dönenler de başlamış. Bir gün istasyona giderek birkaç arkadaşımla ben de böyle bir kafilenin gidişini seyrettim. Tren kalkarken Bulgarca bir ağızdan "Yaşasın Bulgarlar!" diye bağrışıp durdular. Elbiseleri mükemmeldi. Hepsinin çanta ve bavulları da vardı. Sıhhatleri ve neşeleri de mükemmeldi. Halbuki Türk halkının sıhhati de, neşesi de kıyafeti de bunlardan çok aşağı idi. Bazen terhis edilmiş rediflerin halleri ise pek acıklı idi. Bu Amerika'ya gidiş ve orada her bakımdan kuvvetlenerek dönüş buralarda hakim yeni bir millet tipi yaratıyordu. Umumi müfettişlik bir ecnebi karargahına benziyordu. Jandarma yarı yarıya elimizden çıkmıştı. Birkaç yıl sonra bir harp çıkarsa halimizin neye varacağını arkadaşlarla hasbıhal ettim: Ordumuzun gerilerinde bu ihtilalci unsurun yapacağı fenalıkların derecesini düşünmek insana dehşet veriyor. Bir taraftan da Balkan devletleri ordularını muntazam surette yetiştirirken bizim ordu demiryolları, köprüler, karakollar muhafızı olarak darmadağınık, ilkbahar gelince bir de eşkıya takibi başlıyor. Tabur kumandanlarından yukarısı mesleğine ait bir şeyle uğraşmıyor. Teçhizat pek eksik. Bu hal düşünülürse bu da ayrıca elem veriyor.

Ben bu tahlili yaptıktan sonra ortaya iki sual attım: Bu gidişle Makedonya bizde kalır mı? Makedonya bizden ayrılırken bütün Türkiye'yi de beraber uçuruma sürüklemez mi?

Üst üste bazı vakalar zabitler arasında birliği ve düşünceyi kuvvetlendirdi, ona şekil verdi. Mesela 5 Nisan (25 Mart Rumi)'da bizim cephaneliklere yakın bir Ulah evi yandı. Bir çok mermi ve bomba patladı. Burası evvelce bir Bulgar'ın imiş. Bir gün evvel 29 kişilik bir Bulgar çetesi imha olunduğu haberi de geldi. Jandarmadan bir şehit, askerden bir yaralı varmış. Her yıl olduğu gibi yine irade-i seniye tebliğ olunmuş: "Bundan böyle hudutlardan tek komiteci geçirilmeyecektir. Bütün mevcut komiteler de az zamanda imha olunacaktır!"

12 Nisan (30 Mart Rumi)'da İstanbul'dan Işkodra'ya sürgün giden altı zabit Manastır'a geldi. Kuleli Ders Nazın Hasan Fuat Paşa da tard olunarak Rodos'a sürülmüş. Şehremini Rıdvan Paşa'yı vurduran Ali Şamil Paşa meselesinden daha birçok tard ve sürgünler varmış! 12/13 Nisan (30/31 Mart Rumi)'da sınıf arkadaşım Geredeli Hilmi kendi askerimizin pususuna düşerek şehit olmuş.

## 31 MART MANASTIR'DAKİ ZABİTLERİN APAÇIK BİRLİĞİNİ KURDU[18]

31 Mart (Miladi 13 Nisan) Cuma günü Manastır matem içinde idi. Bir Türk zabiti kendi kardeşlerinin kurşunuyla şehit olmuştu. Merasimle gömülecekti. Türk bayrağına sarılan bu şehit, zabit ve neferlerin ellerinde taşındı. Merasime büyük rütbeliler gelmediler. Bu isabetti. Bütün ruhumuzla kaynaşmaya onlar ancak hail idiler. Mezara gömdüğümüz bu şehit benim sınıf arkadaşımdı. Kendisini bütün arkadaşlarına da fedakarlığı ile vefakarlığı ile sevdirmişti. Mezarı başındaki yüzlerce zabitin o anda duyguları, düşünceleri birdi. Bunun kelimelerle de ifadesini yine şüphesiz ki hepsi istiyordu. Onu ben ifade ettim:

18    O zaman kullanılan Rumi tarihçe 31 Mart ne gariptir ki dört yıl sonra İstanbul'da mektepli zabitlerin öldürülmesi ve Meşrutiyetin kaldırılması için bir irtica günü oldu.

Hilmi! Seni daha şerefli bir ölüme salmak mümkündü.

***

Bu merasimden sonra yakın arkadaşlarımla Kırmızı Kışla'da toplandık Üç sınıf arkadaşımın bulunduğu Üçüncü Avcı Taburuyla, staja başladığım On Beşinci Süvari Alayı'nın iki bölüğü bu kışlada idi. Benim bölüğüm de burada idi. Alay zabitlerine burada derslere başlamıştım. Akşamları atlı gezmeler ve hususi toplantılarla bu kışlada az zamanda zabitler arasında çok samimi bir hayat başlamıştı. Bugün her zamankinden fazla ahval ile alakalı mevzu üzerinde hasbıhale başladık. Laflar dönüp dolaşıp şu cümlede karar kılıyordu:

Bunun sonu ne olacak?

1319 (1903) Bulgar ihtilalinde 30,000 kadar Bulgar ihtilalcisi öldürülmüş ve üç vilayet ecnebi kontrolüne alınmış. Şimdi yalnız Manastır vilayetinde 1320 yılında (1904) 27 Bulgar komitecisi öldürüldüğü halde 1321 (1905)'de 78 Bulgar ve 27 Rum komitecisi öldürülmüş. İlkbahar gelince faaliyet başlıyor. Manastır içinde bile iki hafta evvel caddede Rumlar bir Bulgarı öldürdüler. Ertesi gün de Bulgarlar iki Rum'u vurdular, biri öldü. Yaralanan diğer Rum Polistir! Artık yine çete takibatı başlamıştır. Ecnebiler ve bilhassa İtalyan jandarma zabitleri komitecilere yardım ettiğinden mahkemeye gitmek, mesul olmak, yaralanıp sakat kalmak, ölmek veya bir kazaya kurban gitmek... Hepsi hesapta. Fakat bunun sonu ne olacak?

Arkadaşların bu samimi hasbıhallerini ben de şöyle derleyip toparladım: (Bölük odamın duvarlarını Osmanlı muharebeleri levhalarıyla tezyin etmiştim. Bunları biz erkan-ı harp sınıfında okumuştuk. Arkadaşların daima gözleri önünde bulunmak ve ben de ara sıra izahat vermek üzere çok faydalı olmuştu.)

Kısaca Osmanlı Devleti'nin gerileme tarihini ve Osmanlı camiasından milli ayrılıkların nasıl başladığını ve nasıl bir seyir takip ettiğini ve Sırpların, Yunanlıların istiklal kazandıklarını gören Bulgarların da Rusların yardımıyla daha 1870'te Romanya'da "Bulgar İhtilal Komitesi"ni teşkil ettiklerini ve neşriyata başladıklarını ve Romanya'nın diğer Balkan milletlerine olduğu gibi Bulgarlara da re'sül hareke olduğunu ve buraya dayanarak ve Ruslardan da askeri yardım vaadini alarak Bulgarların da ilk ihtilallerini 21 Nisan 1876'da Yatak köyünde yaptıklarını ve orada bir milli hükümet teşkil ettiklerini gerçi ihtilal ve milli hükümet ortadan kaldırıldıysa da devletimizin karşısına İngiliz ve Rus hükümetleri çıkarak hadiseyi milletlerarası bir şekle sokmaya muvaffak olduklarını ve neticede de Rusların İstanbul karşısına kadar geldiklerini kısaca anlattım. Ve Ayastefenos Muahedesi Makedonyalılara Berlin Muahedesi'nin 61'inci maddesi de Ermenilere şark vilayetlerimizde istiklal mefkuresi verdiğini ve münevverlerin bu mefkurelerini şarkılar, marşlar ve her türlü yazılarla en cahil köylüye varıncaya kadar anlattıklarını ve gizli teşkilatın uzun yıllardan beri bu milletlerde ihtilal ruhunu ve kuvvetini vücuda getirdiğini, gördüğümüz Ermeni ve Bulgar ihtilallerinin sağlam kökleri ve dayanacak dış kuvvetleri olduğunu, Amerika'ya giden trenler dolusu Bulgarların daha sağlam fikir ve vücutla geri geldikten sonra daha vahim hadiselerle karşılaşacağımızın şüphesiz olduğunu, işin vahim ciheti İslam olan Araplar gibi diğer unsurların da aynı mefkurelerle zehirlendiğini ve bunların da Hıristiyan unsurları taklit ettikleri olduğunu izah ettim. Bundan sonra şu suallere münevverlerimiz cevap verdiği gün elbet bizim de istikbalimizden emin olacağımıza şüphe etmemeliyiz... Bu sualleri birbirimize soralım ve cevaplarında hem fikir olalım: Arkadaş!

1. İçinde bulunduğumuz vaziyeti etraflıca kavrayabiliyor musun?

2. Vatan ve milletin istikbalini nasıl görüyorsun?

3. Mesul kimlerdir?

4. Kurtuluşumuzun çaresi nedir?

Benim sözlerimi dinleyen arkadaşlarım ilk iki sualin sevaplarını bilmeyenlere öğretebilirler. Üç ve dörde gelince, üzerinde konuşabileceğimiz oldukça malum şeylerdir, diyerek vazifelerimizi bütün varlığımızla yapmaya çalışırken garnizonumuzda kuvvetli seciye sahibi olmak ve umumi durumu apaçık kavrama kudretini de yaratmak esasları üzerinde birlik yaratmalıyız.

Açtığım bu çığır arkadaşlarımı çok memnun ve hayran bıraktı. Şimdiye kadar erkan-ı harp zabitlerinin çekingenliklerinden şikayet ettiler. Benim erkan-ı harp üniforması dahi taşımayarak kendi aralarında farksız ve teklifsiz çalışmaklığımı takdir ettiler.

İşte sınıf arkadaşım Hilmi Gerede'nin haksız ölümü bu 31 Mart günü bize Manastır'da yeni bir hayat ve zabitler birliği esasını böylece kurmaya vesile oldu.[19]

\*\*\*

Kırmızı Kışla'nın bu feyizli hareketine yanındaki Beyaz Kışla'daki tanıdığım topçu zabitlerinden de iştirak edenler oldu. Bu suretle On Beşinci Süvari Alayı'ndan Yüzbaşı Rasim, Kamil, Emin, Baytar Recep, Üçüncü Avcı Taburu'ndan üç sınıf arkadaşım Tayyar, Tevfik, Cemal ve Yüzbaşı Niyazi, Süleyman, Topçu 13. Alaydan Mümtaz Yüzbaşı, Habip Bolu ve Ziya birinci derecede birliğin samimi varlığı idiler. Her şeyi apaçık bunlarla görüşebiliyor ve bu vasıta ile bütün garnizonda fikir hareketi işliyordu. Bunlardan Yüzbaşı Niyazi, Süleyman ve Rasim Beylerin eski İttihat ve Terakki Cemiyeti'nin Harbiye Mektebindeki şubesi hakkında malumatları var. Bir ikisi buna girmiş de. 1895 (1311)'te Harbiye Mektebi'nde teşkilat iyice kuvvetli imiş fakat ikinci sınıftan Kandiyeli Hayrettin ve Tiranlı Abdullah adında iki talebe cemiyeti mektebin müdürü Rıza Paşa'ya haber vermişler. Bir çok tevkifler yapılmış, efendilerin dolapları aranmış. Evrak-ı muzirra denen yasak gazeteler kimde çıktı ise hapse atılmış. Gazeteleri getiren İnebolulu Mehmet Efendi Alaya çıkarılmış. 40-45 gün yatmış. Cemiyete dahil muallimler de varmış. Fransızca hocası Çürüksulu

---

19    İkna her teşebbüsün muvaffakiyet temelini kurduğuna ve vukuf ve seciye kudreti ile her işin başarılabileceğini, ilk Manastır'da, sonra da Edirne'de ve Erzurum'da bizzat çalışarak gördüm. Manastır hürriyetin alınmasında, Edirne irticaın ezilmesinde, Erzurum istiklalimizin kurtarılmasında Türk milletine üssülhareke olmasının sebebi hikmeti bundandır.

Binbaşı Ahmet Bey (Paşa) ve muavini Muhittin Bey efendilere (Paşa) nasihat ediyorlar, diyorlar ki: Aranızda Abdullah Tiran ve Hayrettin Kandiye gibi seciyesizler bulundukça böyle şeylerle uğraşmayın!

Bu iki muallim celadet göstererek hafiyelik eden Hayrettin'i de sınıftan döndürüyorlar.

Bu İttihat ve Terakki Cemiyeti hakkındaki müsahebemizde: Mektep talebesinin bu gibi işlere karıştırılmasının gençler için yazık olduğunu, yasak neşriyatın okunmasından gelen zararların faydasından çok olduğunu, İttihat ve Terakki Cemiyeti'nin bir şey yapamadan birçok kurban verdiğini hesaba katarak ne yapmak mümkün olduğu bahsinde karar kılındı. Herkes; mesulün doğrudan doğruya Sultan Hamid olduğunu ve bu öldürülmedikçe hiçbir şey yapılamayacağı fikrinde bulunuyordu.

Bütün samimi birlik yapanlar ve bunların da dalga dalga diğer samimi muhitlerinden gelen mütalaa da bu şekilde karar kılıyordu. Ben işin bu kadar basit olmadığını ve yalnız Sultan Hamid'in öldürülmesiyle işlerin bitmiş olmadığı kanaatinde idim. Başka milletlerin tarihinden misal aramaya ihtiyacımız yoktur. Kendi tarihimizde de birçok misaller vardır. Müstebit bir padişahın öldürüldüğü veya hal edildiği vakidir. Fakat işler düzelmemiş, daha fenalaşmıştır. Hususiyle şimdi Ermeni ve Bulgarlar hazırdırlar. Bizim ise hiçbir teşkilatımız yok. Neticede gayr-ı Türkler kazanır. Zaten herhangi bir fenalığın sebebi birdir ve onu kaldırmakla iş olup bitmiştir, zannının yukardan aşağı da misalleri vardır. Mesela Viyana bozgunluğunun sebebi Başkumandan Kara Mustafa Paşa'dır diye padişah onun boynunu vurdurmuştur. Fakat işler daha fena olmuştur. Bunun için 3 ve 4'üncü suallerin cevabını şöyle tespit ediyorum:

3. Mesul başta padişah olmak üzere askeri ve milli vazifesini hakkıyla yapmayanların hepsidir. Mesela süvari alaylarının elinde hâlâ Martin tüfeği var. Mermilerinin barutları dökülüyor veya çalınıyor. Halbuki komitelerin elinde Manliher var.

Bu apaçık bir cinayettir. Hem de milli bir cinayet. Böyle olduğu halde hiçbir kademe yukarısına bunu yazıp da silahlan değiştirmeyi teklif etmiyor ve yine bu cinayeti ele alarak, askere ve millete, aciz makamları ta padişaha kadar teşhir etmiyor. Değil ata, arabasına bile yardımsız binemeyecek derecede ihtiyar kumandanları hâlâ iş başında tutan makamlar da böyledir. Bunun gibi göz önündeki birçok fenalıkların mesulü elbette yalnız padişah değildir, öyle de olsa yerine gelecek veya geleceklerin daha büyük fenalıklar yapabileceğini hesaba katmak da lazımdır. Şu halde iş, vazifesini yapmayanlar gibi susanlar da suçludur. Ve başta padişah olmak üzere hepsi cezaya çarpılmalıdır.

4. Yapılacak işe gelince: Osmanlı camiasından ayrılan ve ayrılmak için uğraşan milletler gibi bizim de şuurumuz işlemeli, mefkuremiz olmalıdır. Ve milli bir marşımız, ruhlarımızı birleştirmelidir. Bir taraftan da vazifesini yapmayanlara karşı bir kuvvet hazırlanmalıdır. Bunlar olmaksızın Sultan Aziz'in istibdadına karşı hal etmek ve Meşrutiyet ilan etmek gibi büyük işler de tehlikeyi önleyemedi. Ve bize emniyetli bir hayat yaratmadı. Bugün daha fena bir vaziyete düştük. Bunun için askeri vazifelerimizi canla yapmakla beraber tarihimizi ve bizden ayrılan milletlerin tarihini iyi bilmekliğimiz lazımdır. Ben bu hususta bildiklerimi vakit vakit anlatıyorum. Bulgarlar hakkında hayli malumat vermiştim. Bugün de 1814'te Odesa'da teşekkül eden ve 1818'de merkezini İstanbul'a nakleden (Etniki Eterya) Rum cemiyeti (Tarih-i Cevdet'in 11'inci cildinden okudum) ve Sultan Aziz'in hal meselesini anlatayım (Fransızca eserden okuduğum gibi anlattım). Aradaki fark ne büyüktür, bizim bütün ihtilaller askeridir. Halk bir şey bilmiyor, ihtilali yapanlar dahi halka ehemmiyet vermiyor, ona inmiyor. Çok görüşelim ve çok düşünelim ve halkımızı ve askerlerimizi yavaş yavaş fikren yükseltelim. Ta ki günün birinde bir felaket karşısında kalırsak aramızda fikir ayrılıkları olmadan büyük bir kuvvet olarak ortaya çıkabilelim.

\*\*\*

Samimiyet ve ikna her işin başı. Kalplere hakim olan samimiyet, fikirlere hakim olan iknadır. Manastır tahminim gibi hadiseler mektebi, buradaki zabitler de onun fedakar talebesidir. Üst üste zuhur eden vakalar bize ameli olarak ders vermektedir. Ben bunlardan aldığım intibaı günü gününe yapmakla büyük bir vazife yaptığımdan vicdani haz duyuyorum. Sırası ile şu vakalar bize haylice feyiz verdi:

15 Nisan (2 Nisan Rumi) ilk defa olmak üzere üç bölükten 30'ar atlı ile civar köylerde komite aramaya çıktım. Her bölüğe bir köyü sardırdım. Sabaha kadar çamurlar içinde bekledik. Araştırma aydınlıkta yapılacaktı. Asker horuldayarak uyudu. Ben yanımda bir zabit (Fuat Paşa'nın oğlu Hayrettin) ve bir çavuş ve 30 atlı vardı. Neferlerin anlayacağı derecede içinde bulunduğumuz vaziyeti ve ordunun kumandasına ve silahlarına bakılmadığını anlattım.

İki gün sonra da her nefere onar mermi atmak emrini çıkardığımızdan atış talimlerine başladık. Martinler eski, fişekler eski ve bozuk; atışa hazırlık da esaslı surette yapılmamış olduğundan çok fena neticeler alınıyordu. Süvari zabitleri de iyi atamıyorlardı. Gra ile de tecrübeler yaptılar. 200 kademden hedefin aynasına kimse isabet yapamıyordu. En sonra benim de atışa iştirakimi istediler ve üst üste iki mermiyi aynaya isabet ettirdim. Bu umum üzerine çok büyük tesir yaptı. Martin tüfeklerinin derhal Mauzer filintalarıyla değiştirilmesini resmen yazdım. Fakat bir netice çıkmadı. 25 Nisan (12)'da bazı komitecilerin trenle sürgüne gönderileceğini işittik. Ve birkaç arkadaşla istasyona gittik. 41 Bulgar'la 4 Rum ikişer ikişer bileklerinden kelepçeli olarak trenlere bindirildi. Bir Bulgar Papaz beherine birer altın dağıttı, bir şeyler de söyledi. Tren hareket eder etmez hep bir ağızdan Bulgarca haykırıştılar:

Yaşasın bizim Bulgar milletimiz!...

Terhis olunarak memleketlerine giden askerler gibi şen idiler. Tren gözden kayboluncaya kadar haykırıştılar, el ve mendil salladılar. Biz de ibretle bunları seyrettik. Arkadaşlara dedim:

İşte milli mefkure! Bu varlığı gösterdiği gün milletimiz de kurtulmuştur. Osmanlı milleti diyoruz, gayr-ı Türklerin mefkuresini ve bu uğurdaki fedakarlıklarını görüyoruz.

Topçu zabitlerinin istirahat vakitlerinde toplandıkları Osman Usta'nın kahvesinde bazı gazete ve mecmua koleksiyonları vardı. Kırım seferinden bahseden eski mecmua-i askerileri okurken bir Rus diplomatının: "Zaten Türk milleti batacaktır. Vaktiyle taksimi makul olur" yazısını okuyunca kızdım, ben de yanına şöyle yazdım:

Türk milleti ölmeyecektir ve Rus devletinin battığını görecektir.

Bir de bir Amerikalının şu ifadesini ibretle okudum:

Türkiye'de her şey onu yapan şahsın nüfuz veya hayatı müddetince devam eder

Bu makaleleri bütün arkadaşlara okuttum ve bu vesile ile benim "Türk milleti ölmeyecektir" vecizesi üzerinde de hasbıhallere yol açtım. İçimizde başka bir milliyet iddia eden yoktu, fakat göğsünü gererek kimse de ben Türküm demiyordu. Manastır'da birkaç Arap ve Arnavut zabit vardı. İtalyanların Başkıtcılık (Arnavutluk) cereyanı ile gizlice uğraştıklarını da duyuyorduk. Fakat kıtalarda Arnavut efrad çoktu. Gelen acemi efrad arasında tek Türkçe kelime bilmeyenler vardı. Benim bölüğümde bile Arnavutlar çokluktu. Anadolulu birkaç kişi idi. Bunlar kendilerinin ezildiğinden bana şikayet de etmişlerdi. Ben zabit arkadaşlara açtığım yeni münasebetlerimle Fransa Büyük İnkılabı'ndan sonra artık milliyetçilik cereyanının her tarafa kök saldığını ve Osmanlı camiasında Hıristiyanların çoktan bu mefkureyi benimsediklerini, Arapların da Türkleri katiyen sevmediklerini küçük yaşımdan beri gördüğüm misalleriyle (Arabistan'da Türklere Nasranî-Gavur dediklerini ve düşmanlık güttüklerim bizzat görmüştüm) anlattım. Ve netice olarak dedim ki, eğer Makedonya elimizden giderse ve hususiyle o esnada vatanın diğer kısımlarında bir sarsıntı olursa, bizi kurtaracak biricik mefkureyi "Türklük"te bulurum. Arnavut olsun Arap olsun zabitler ancak Türk ordusunda bir melce' bulabilirler. Bu devlete hizmet etmiş olan ve Türküm diyen Türk'tür. Ben en son bu çareyi düşünebildim. Ve lüzumunu evvelce de söylediğim marşı da kabul ettim. Bunu alayın metruk bandosunu da ihya ederek ona öğretiyorum. Birkaç gün sonra, artık her akşam kışlamızın duvarlarını şu parolanın çınlattığını işiteceksiniz:

## BEN BİR TÜRK'ÜM

Ben böyle bir marş yapmaya da özendim.[20] Fakat şair Mehmet Emin Bey'in Yunan Harbi sıralarında yazdığı şiirler arasındakini hale daha uygun buldum. Çünkü hem kuvvetli idi, hem de basılmış, neşrolunmuş ve yasak edilmemişti. Bestesi şiddetli olmamakla beraber sözler güzeldi. Ben bunu kendim öğrendiğim gibi, alayımızın bandosuna da öğrettim. Bölüğümün neferlerine de dörder mısra halinde bellettim ve 28 Nisan (15) Cumartesi akşam yoklamasından sonra hem bando ile ve hem de ağızdan trennüm ettirdim. Arnavut neferlerinin dahi zevkle haykırdığı bu satırlar aynen şöyledir.

(Buradaki Türk'üm sözünü Arnavutlar İslam diye Türk neferleri gibi benimserlerdi.)

*Ben bir Türküm, dinim, cinsim uludur*
*Sinem özüm ateş ile doludur*
*İnsan olan vatanının kuludur*
*Türk evladı evde durmaz giderim.*

*Yaradan'ım kitabını kaldırtmam*
*Osmancığın bayrağını aldırtmam*
*Düşmanımı vatanıma saldırtmam*
*Tanrı evi viran olmaz giderim.*

---

20  İstiklal Harbinde karşılaştığımız tehlikeleri ve milli duyguları "Türk Yılmaz" ve "ya istiklal, ya ölüm" marşlarıyla tespit ve terennüm etmekten kendimi alamadım.

*Bu topraklar ecdadımın ocağı*
*Evim, köyüm hep bu yerin bucağı*
*İşte vatan! İşte Tanrı kucağı*
*Tanrı evi viran olmaz giderim.*

*Tanrım şahit, duracağım sözümde*
*Milletimin sevgileri özümde*
*Vatanımdan başkası yok gözümde*
*Tanrı evi viran olmaz, giderim.*

*Hangi Türktür gerdenine urgan, kemend vurdurur*
*Hangi Türktür mescidine canlı kule kurdurur*
*Milletimiz köle olmaz, böyle günde kim durur*
*Biz Türkleriz, kızıl ırmak olur, böyle taşarız.*

Bu marşı yazdırıp zabit ve efrada dağıttırıyordum. Her akşam da bando ile ve ağızdan terennüm ettiriyordum. Yasak edilmesine karşı padişahımızın bunu çok beğendiğini ve huzurunda sık sık çaldırdığını propaganda ettim.

"Ben bir Türk'üm!.." parolası ayrılık değil, ümit veriyordu. Günde birkaç defa ben bir Türk'üm! diyecek şeyler görüyor veya işitiyordum. Mesela palabıyık bir İtalyan yüzbaşısı herkes gibi benim de her gün gözüme ilişir, ben bir Türk'üm! dedirtirdi. Bu adam geçen sene bir jandarma müfrezesiyle köylerde gezerken bir Bulgar çetesine rast gelmiş. Çete zaifmiş. Türk jandarma çavuşu ateş ettirmek istemiş. Bu palabıyık mani olmuş. Çete ile konuşmuş ve selamlaşıp ayrılmış! Çavuş Manastır'a dönüşünde şikayet etmiş fakat haksız çıkmış! Palabıyık yine jandarmamızı tensik vazifesinde namus ve şerefle (!) çalışıyor.

İkinci bir çete takibine daha çıktım ve üçüncüsünde bir Bulgar çetesiyle müsademede bulundum: Kışlada nöbetçi yüzbaşı idim. Mıntıka kumandanlığından erkan-ı harp kolağası Fethi Bey geldi. Enver Bey'in[21] Lisola köyünde bir Bulgar çetesiyle müsademeye tutuştuğunu, çabuk ne kadar atlı çıkarabilirsem, müsademe yerine yetişmekliğimiz emrini getirdi. Tafsilatı "Hayatım" başlıklı hatıramda yer tutan bu müsademe; benim ilk ateş vaftizim olduğu kadar Enver Bey'le samimi anlaşmazlığımıza sebep olduğundan bence çok kıymetli bir hatıradır. Enver, Fethi, ben, üç erkan-ı harp bir kagir kule içindeki komitelerle aramızda sekiz adım mesafede sabahladık. Birkaç el de ben ateş ettim. Bu 17 mayıs 1906 (4 Mayıs 1322) Perşembe günü di. 13 Bulgar komitecisi tepelenmişti.

### ENVER İLE HASBİHALİMİZ

Müsademeden sonra üç gün takipte Enver'le beraber bulundum. Manastır'a beraber döndük ve benim pansiyonumda bir kahve içirdim. Çok iyi anlaştık. O, bende çok tesir bıraktı. Benim de kendisine büyük itimad verdiğimi söyledi. Benim kışladaki resmi ve zabitan arasındaki hususi mesaimi takdirle işittiğini söyledi. Ben de mesaimin hülasasını ve sual cevaplarımı, "ben bir Türk'üm" parolasını anlattım. Zabitlerin, erkan-ı harplerin gururundan ve kendileriyle temassızlığından şikayetlerini de söyledim ve vaktiyle teşekkül eden İttihat ve Terakki Cemiyeti'nin tek tük azalarının münferid bir halde bulunduklarını, karşılaşacağımız büyük tehlikeye karşı erkan-ı harp arkadaşlarımızın aralarında anlaşarak planlı hareket etmekliğimiz lüzumunu anlattım. Ordunun başı yoktur. Halkın ve onun çocukları olan efradın ve hatta zabitlerimizin ahvalden haberleri yoktur. Silah ve teçhizatımız, teşkilatımız, talim ve terbiyemiz Balkan devletlerininkinden çok aşağı olduğunu izah ettim. (Bulgar ordusu hakkında zabitlere de kışlada bir konferans vermiştim.) Sözün kısası kurbanlık koyunlar gibi gözü bağlı bir tarafa gidiyoruz. Kumandanlar ihtiyar, korkak, bilgisiz ve tecrübesiz. Ben kendi hesabıma tecrübesiz en genç bir erkan-ı harbim. Ben de bir yol tutturdum,

---

21    Fethi Okyar, Enver Paşa.

gidiyoruz. Sık sık birleşip bir program çizsek. Makedonya yangınının bütün memleketi uçuruma sürüklemesinden korkmalı ve buna göre hazırlıklı bulunmalıyız. Ermeni ve Bulgar ihtilalleri ve Avrupa'nın tazyiki karşısında her şeyi kabul edebilir ve Makedonya'daki kontrol memleketin diğer kısımlarına de teşmil olunabilir ve bu hal memleketin taksiminin ilk safhası demektir. Eğer memleket hakkındaki karar sarayın değil milletindir diyebilecek kadar bir hazırlığımız olmazsa aceze elinde bulunan ve harbe hazır bulunmayan, ordu Bulgar ordusunu bile durduramaz. Orduda, eğer İstanbul'a saray idaresini milli idareye kalb edebilecek bir "Hürriyet Ordusu" çıkarabilecek bir hazırlık da yaparsak yaklaşan tehlikeden kurtulabiliriz kanaatinde olduğumu söyledim.

Enver Bey mütalaalarımı çok kuvvetli bulduğunu, fakat bu tedbirlerin nasıl temin olunabileceği hakkındaki düşüncemi sordu. Ben de şöylece söyledim:

Sultan Hamid'in idaresi o kadar keyfi, haksız ve o kadar da bilgisiz ve idaresizdir ki her yerde herkes, hatta köylüler ve neferler bile bu idareden nefret etmekte ve uçuruma sürüklenmekte olduğumuzu görmektedir. Hayatlarının bu cahil idare altında hiç uğruna sönüp gittiğini gören genç zabitlerimiz sistemli bir surette tenvir edilirse az zamanda her şey mümkündür. Zaten içlerinde İttihat ve Terakki Cemiyeti mensupları da var ve bunların fikirleri olgundur. Doktorlar ve Mülkiye Mektebi mezunları da böyledir. Tehlike el ile tutulur bir şekle girdiği görülür görülmez derhal ordunun emir ve kumandasını kudretli ellere almak, şerirleri tepelemek, acizleri işten el çektirmek ve milli idareyi yer yer kurmakla beraber İstanbul'a bir "Hürriyet Ordusu" göndermek hiç de zor olmaz. İttihat ve Terakki Cemiyeti'nin İstanbul'da yediği darbeden ibret alarak (Bu hususta bilgilerimi kısaca anlattım) vaktinden çok evvel teşkilat yapmamalıyız. Genç erkan-ı harp zabitleri teşkilat ve icraat planlarını pekala gizlice hazırlayabilir. Kıtaların irşadına gelince benim başladığım tarz münasipse aynen, değilse fikirlerimizi birleştirerek yeni program üzerinde yürüyebiliriz.

Mesela şimdi Manastır'da umumi müfettişlik Erkan-ı Harbi Binbaşı İsmail Hakkı Bey var, mıntıkada ise Hasan Tosun Bey, siz, Fethi Bey ve daha kıymetli arkadaşlar var. Ordu Erkan-ı Harbiye'sinde Remzi Bey, Selanik'te Cemal Bey ve daha emin arkadaşlar bulunabilir. Diğer orduda tanıdıklarımız emin arkadaşlarımız vardır. (Mektepteki bizim Jön jan grubundan Edirne'de İsmet ve Seyfi, Üsküp'te Emin Beyler olduğunu anlattım) kıymetli doktor ve sivil arkadaşlarla da sıkı bir temas yaparak hazırlığımızı kıtalarımız dışına kadar da uzatabiliriz.

\*\*\*

Enver Bey'le tamamıyla anlaştık. Bana karşı beslediği sevginin bugün çok daha arttığını[22] söyledi ve elbirliğiyle çalışmak için ilk esası tespit edelim, dedi ve benim esaslar üzerinde umumi müfettişlik Erkan-ı Harbi İsmail Hakkı Bey ile de bir arada görüşmemi muvafık buldu. Manastır'da eşraftan mülkiye mezunu Kolonyalı Hüseyin Bey'in de vaktiyle İttihat ve Terakki Cemiyeti'ne girmiş olduğundan sivil mesaide ondan da istifade edebileceğimizi (İlk Manastır merkezini Enver, ben ve bu Hüseyin Bey teşkil ettik. Aşağıda gelecektir), mıntıka erkan-ı harbiyesi mesaisini ve Selanik'teki arkadaşlarla teması da Enver üzerine aldı. Ben bütün Manastır garnizonu ve ordu erkan-ı harbiyesindeki Remzi Bey'i (Üçüncü Avcı Taburu Kumandanı Remzi Paşa) tenvir vazifesini de ben aldım. (Ordu Erkan-ı Harbiyesiyle mıntıka Erkan-ı Harbiyesinin arası açıktı. Remzi Bey takiplerin yalnız Avcı taburuna hasredilmesini istiyordu. Mıntıka ise yalnız Avcı taburu kafi gelmiyor diye diğer piyade ve süvari kıtalarımı da çete takiplerine sevk ediyordu).

İşte 20 mayıs (7 Rumi) Pazar günü Manastır'da Enver Bey'le

---

22    Cemiyet'in kuruluşundan sonraki mesai ve fikirlerimi çok takdir eden Enver, bana karşı o kadar büyük itimat beslemiştir ki, bana şu takdirli beyanatta bulunmuştur: "Kazım sana o kadar büyük bir itimadım var ki, daha açığı çok etraflı mütalaalarınla benim fikrime o kadar hakim oldun ki, hususi işlerimde bile seninle münakaşa etmeden karar veremez oldum." Enver'in hatıraları herhalde ortaya çıkarsa samimi işbirliğimiz hakkında belki de daha çok satırlar göreceğim.

çok feyizli bir anlaşma yapmış olduk. Çetelerin faaliyeti de arttığından staj yaptığım süvari alayı da sık sık köylere baskın yaparak çete aramaya gönderilmeye başlandı. Bu takip hareketlerinde efradı ve Türk köylülerini de tenvir etmek fırsatını buluyordum. 28 mayıs (15 Rumi) Kulepaç köyünde iki defa müsademeye girdim. Burada dokuz kişilik bir Bulgar çetesini tepeledik. Benim bölükten bir yaralı neferi kendi sargımla sardım. Sıhhiye müfrezemiz olmadığı gibi sargı da yoktu. Gerek bu ve gerekse çetenin Manliherine karşı bizim hâlâ martin tüfeğimiz idaremizin bozuk ve bakımsız olduğunu, bizim hayatımız bahasına uğraştığımız vatan davasına karşı İstanbul hükümetinin ve sarayın kendi keyiflerinde kayıtsız kaldıklarım apaçık söylemek fırsatım vermişti.

Sık sık yaptığımız baskınlar ara sıra bizi Rum veya Bulgar çetesi ile karşılaştırıyordu. 16 Haziran (3 Rumi)'da da Orhova köyünde bir inde saklanmış üç kişilik bir Rum çetesini yakladık.

Bu işler olurken esas vazifem olan staj vazifemi de görüyordum. Bütün alay zabitlerini ben yetiştirdiğim gibi kendi bölüğümün çavuş ve onbaşılarıyla istidadlı neferlerine kroki yapmak ve basit rapor yazmak kudretini verebilmiştim. Hiç okuma yazması olmayanlara mufassal harflerle okuma yazmayı çok kolay öğrettim.

Enver Bey'e Manastır'daki kıtaların harp kabiliyetlerini kontrol için karşılıklı tatbikat yaptırmalarını rica etmiştim. Benim bölüğün küçük zabitlerinden krokili mükemmel raporlar geliyordu. Tatbikat sonunda Enver Bey tenkidini yaparken şunu da ilave etti: Zabitlerin yazdıkları raporlara "Küçük Zabit" diye adres yazması doğru değildir. Zabit, imzasını zabit diye yazmalıdır.

Adreslerin hakiki hüviyetler olduğunu söyleyince inanmadı ve bunları yazanları göreyim dedi. Gördü ve sordu. Sonra da hem onları hem beni tebrik ve takdir etti. Nasıl muvaffak olduğumu umuma karşı söyletti.[23] Zabitlerin ricası üzerine

---

23    Enver Paşa'nın "Hurufu mufassala" (Eski Türkçe'yi, harfleri

kroki ve rapor üsulünü kendilerine de öğretmeye başladım. Bu, askeri mesaimizde bizi pek samimi kaynaştırıyordu. Artık neferlerimiz de bize fikren bağlanıyordu.

25 Haziran (8 Temmuz) talimhanede zabitlere at üstünde kılıç mübarezesi talimi yaptırırken atım yıkıldı, ben sağ dizimin üstünde sürüklendim. Kaç kerreler rica etmiştim ki talimhanede münavebe ile her kıtadan bir yardımı sıhhi heyeti bulundurulsun. İşte bugün de benim başıma geldi. Dizim fena sıyrılmıştı. Şehir içindeki hastaneye kadar bu halde at üzerinde götürüldüm. Burası bizim alayın idare ettiği ve içinde 130 hasta yatan bir hastane idi. Benim dizimi sarabilecek büyüklükte bir sargı bulamadılar! Araba ile eve geldim ve Merkez Hastanesi'nden bir operatör arkadaşa haber gönderdim, geldi dizimi sardı. Orduya yazı yazdım. Üç gün sonra bir tamim geldi: Her bölük ikişer tezkere yapacak! Fakat tahsisat olmadığından (!) ve köhne kaputlardan bezleri, cebel-i mubahtan (dağlardaki sahipsiz ormanlara verilen isimdi) de kolları!

Bütün bu rezaletler, zabitleri değil, azıcık işlemekle askerlerimizi dahi İstanbul hükümetinden ve padişahın idaresinden nefret ettirip gidiyordu. O kadar ki ufacık bir kıvılcım Manastır'da mükemmel bir Alemdar Ordusu hazırlar ve İstanbul idaresini yıkmaya koşturabilirdi.

Mesela 19 Temmuz (6 Rumi)'da hayatımız bahasına yakaladığımız Rum çetelerinden 36 kişi sürgüne gönderildi. İstasyonda Yunan konsolosu herkesin gözünün önünde bunlara para dağıtmış. Aynı günde şu haber de geldi: Grebene cihetlerinde Düyunu Umumiye memurlarından biri, maiyetindeki dokuz neferle Rum eşkıyasının pususuna düşmüş. Birkaç şehit varmış. Bu çifte haberi derhal efrada dahi anlattık. Herkes bu idareye lanet okudu. Gece yarısından sonra da, sanki dünkü hadiseleri tesid için imiş gibi Rum mahallesinde bir yangın

---

ayrı ayrı yazma üsulü) hevesi bundandır. Bu usulü Harbiye Nazırı iken emrettiği zaman bunun mahzurunu kendisine söylediğim zaman bana Manastır'da bununla muvaffak olduğumu hatırlatmıştı. Ben de hiç okuma yazma bilmeyenler için kullanmıştım ve bu nihayet bir köy yazısı olabileceğini, siz ise bütün ilim ve fen yazısı olarak, almakla işi zorlaştırdınız demiştim.

çıktı. Sanki bir cephanelik infilak ediyor. Şuradan, buradan da güya yangını ilan için diye birçok silahlar patladı. Bir şehrayin!

Bir taraftan da zabitlerimize iftiralar atıyorlardı. Manastır Mıntıka Erkan-ı Harbiye'sine tayin olunduktan sonra ilk olmak üzere beni, hakkında şikayet olunan Perister dağları arasındaki Malvişte köyündeki müfreze kumandanı Mülazım Atıf'ın tahkikine gönderdiler. 26 Temmuz (13 Rumi) gecesi misafiri olduğum bu zabit Atıf'tı. Mektepten yeni çıkmıştı. Vaziyetimiz hakkında lazımı gibi tenvir ettim. Şikayetçi Rum Papazına da bu zabitin kıymetli ve ciddi bir zabit olduğunu söyledim. İşin teşvik eseri olduğu anlaşıldı. Köyden bir mazbata da alarak Atıf'ı temize çıkardım. (Bu Atıf'ı Cemiyet'in teşekkülünden sonra ikinci bir mülakatımda cemiyete aldım. Şemsi Paşa'yı vurarak hürriyetin istihsaline pek büyük yardımı dokunan bu kahramandan aşağıda bahsedeceğim.)

İki gün sonra Florina kazasında bir Rum çetesinden 14 kişi öldürülmüş ve bir de sağ yakalanmış.

Bir hafta evvelki şehit neferlerimizin intikamı alındığına sevindik.

## DİVAN-I HARB-İ MAHSUSA VERİLEN ZABİTLER:

Üzerimdeki vazifeler yetişmiyor gibi, beni bir de Divan-ı Harb'i Mahsus katipliğine tayin etmişler. 24 Temmuz (6 Ağustos)'da topçu kışlasında işe başladım. Bir çuval evrak ve birçok zabit idama, tarda mahkum edilmek üzere buraya verilmiş. Bir kısmı daha evvel tard ve hapis cezası yemiş, fakat bu ceza az görülmüş! Tetkik ettim. Hepsi haksız yere mahkum edilmek isteniyor. Bir alaylı miralayla iki zabiti Metroviçe'deki Şemsi Paşa'nın[24] hışmına uğramış. Bunları kurtarmak için dedim:

---

24    Çete takiplerindeki faaliyetimden dolayı beni —Fethi Bey'in (Okyar) Mektep idaresine geçerek Edirne'ye hareketi olan 6 Temmuz (19 efrenci)'dan sonra Mıntıka Erkan-ı Harbiye'sine aldılar. Staja devam ve Divan-ı Harp'te katiplik de üzerimde. Üç vazifeyi bir anda bütün gayretimi sarf ederek başardım ve müddetimi doldurmadan da ateş altında terfi ettim.

— Kabahat dünyadan haberi olmayan, tüfekçilikten yetişen Abdi Bey'e o vazifeyi veren de, daha büyüğü de bu gibi adamları layık olmadıkları bu makamlara çıkaranlardadır.

Azadan bir Miralay kulağıma eğilerek:

— Oğlum, biz yaşımızı, başımızı aldık. Fakat sen daha gençsin. Hepimiz mahvoluruz. Sözüne dikkat et. Yalnız ona vazife veren Şemsi Paşa bile hepimizi uçurtmaya kafi gelir, dedi.

Ben bu Abdi Bey'le diğer arkadaşına benim beyanatım dairesinde verecekleri cevabı öğrettim. Aynen heyete karşı söylediler. Bunların beratına kararı temin ettim. Yanya'dan bazı zabitler müteaddit müracaatlarından bir şey çıkmayınca birkaç ay evvel toplu olarak doğrudan doğruya padişaha müracaatla; "Kaç aydır maaş alamıyoruz. Zaruret içindeyiz" diye yazmışlar. Padişah kızmış Seraskere havale etmiş, o da bunları Divan-ı Harb'e vermiş. Hepsi de mektepli olan binbaşı ile birkaç zabitin müşterek olarak padişaha müracaatları bir isyan mahiyetinde gösteriliyor ve şiddetli cezaya çarptırılmaları isteniyordu. Bunların ilk ifadeleri de kendilerini mesul edecek derecede fena idi. Bunlara da öğrettim ki Divan-ı Harb'e şöyle cevap verin:

"Padişah bizim babamızdır. Derdimizi ona bildirmek suç mudur? Her akşam yoklamasında üç defa zabitler ve neferler 'Padişahım çok yaşa' diye bağırmıyor mu?"

Bunlar da bu suretle berat kararına kavuştular. Daha bu kabil haksızlığa uğratılmış zabitlere ait evrakı ortadan kaldırarak Divan-ı Harb'in işlerini az zamanda temizledim.

## SULTAN HAMİD'İN HASTA HABERİ

Manastır'ın en zengin kitapçısı bir Rum'du. İki ecnebi askeri Röveye bunun vasıtasıyla abone olmuştum. Bana istediğim gazete ve kitapları da getirirdi. 27 (14 Rumi) Ağustos'ta bana şu haberi verdi: "16 Ağustos efrenci Paris gazeteleri Sultan Hamid'in ağır hastalığını yazıyor." Bir taraftan sevindim, bir taraftan da esaslı bir hazırlığımız ve hatta fikir birliğimiz olmadan böyle bir ölümün sebep olabileceği tehlikeyi düşünerek müteessir oldum. Bazı arkadaşlarıma da bu haberi verince, onlar da önce sevindiler. Fakat gayr-ı Türklerin haricin de teşvik ve yardımıyla umumi bir ayaklanması ihtimalini ileri sürünce düşünceye ve teessüre daldılar. Bütün tanıdıklarım Enver'le benden medet umuyorlardı. Hakikatte de böyle idi: İstediğimiz saatte piyade ve süvari kıtalarını istediğimiz yere götürmek için resmi salahiyetimiz vardı.

Enver Bey'e de bu havadisi yetiştirdim. Onda da ilk ve ikinci tesir aynı oldu. Türkler teşkilatsız ve programsız olduğu halde, gayr-ı Türkler böyle bir an için hazırlıkları olduklarına şüphe etmiyorduk. Hükümet ve ordu umumi bir ihtilal karşısında çok zor bir duruma girebileceği gibi, Balkan devletleri de kendi ırklarını himaye maksadıyla harekete geçerlerse işler büsbütün vahim bir şekle döküleceğini gözümüzün önünde canlandırdık. Böyle ani bir hadiseye karşı ne yapmaya karar verirsek Manastır mıntıkasındaki ordu zabitleri, bazı memurlar ve Resne Ohri gibi Türk kesafeti olan mıntıkaların bizimle birlikte yürüyeceğinden emin idik. Şu halde bütün Üçüncü Ordu'yu (Makedonya'daki) da birlikte harekete geçirebilirdik. Fakat ne yapmalı idik?

Bütün mesele ne yapmalı idik? Sultan Hamid'in hastalığının derecesini Umumi Müfettişlik'ten öğrenebilirdik. Sultan Hamid belki iyi olurdu. Fakat bu hastalığı bizi esaslı karara vardırmalı idi. Vaktinden önce hiç değilse yapılması muvafık ve mümkün olan işler üzerinde işlemek ve mutabık kalmak lazımdı. Yani işi planlamalı idik.

Enver Bey bir fikir söylemiyor, ne düşündüğümü soruyordu. Dedim: İki buçuk ay evvel Lisola müsademesinden Manastır'a döndüğümüz günkü hasbıhalimizde ben mütalaamı söylemiştim. O zamandan beri gördüğüm hadiselerden edindiğim tecrübeler de daha fazla bir şey öğretmedi. Rusçuk Yaranı gibi bir Manastır Yaranı ve Alemdar Ordusu gibi bir Hürriyet Ordusu ve uzun uzadıya vakit geçirmeden Sultan Hamid olsun olmasın İstanbul'a gider, sarayda esaslı bir temizlik yapar. Sıhhati ve ahlakı henüz tereddi etmemiş bir şehzadeye yüksek kudrette bir saltanat naibi işi ele alır. Bu şehzade de bir millet ferdi gibi ve tıpkı bizim gibi tahsil ve terbiye görür yani çekirdekten yetişir. Ben fazlasını düşünemiyorum. Bu işin maliyetini de ne olursa olsun işleri oluruna terk etmekten çok daha ehven bulurum. Şunu da söyleyeyim ki daha üstün bir plan buluncaya kadar bu fikrimde ısrar edeceğim. Bence vakit geçirmeden bizden daha tecrübelilerin ve hatta bizim hizamızdaki zatların da artık fikirlerini toplamalı ve muayyen bir program etrafında fikirlerimizi birleştirmeliyiz. Benim mütalaam nihayet, tarihteki Alemdar hareketini çok takdir ettiğimden ve İttihat ve Terakki Cemiyeti'nin İstanbul'da yıllarca lüzumsuz yere bir türlü fiiliyata varamayan teşkilatını mahzurlu bulduğumdan ileri geçmez. Daha kuvvetli bir fikre benim de hürmet edeceğim tabiidir.

Enver'le ikinci defa olarak tafsilatlı görüştüğüm bu milli meselede o daha alakalı bulundu. Ve Hamid'in sıhhatini öğrenmek ve bir fikir ortaya atmadan güvendiğimiz kimselerin fikrini toplamak hususunda mutabık kaldık. O mümkün olursa Müfettiş Hilmi Paşa'ya kadar hulul edecek Mıntıka Erkan-ı Harbiyesi'ni de o yoklayacak, ben de Manastır ve Selanik'te ordu erkan-ı harplerinden tanıdıklarımla temas edeceğim.

### SELANİK SEYAHATİM

Staj yaptığım süvari On Beşinci Alay'ın atış talimlerini ben idare etmiştim. Alayımızın Kökili'de de bir bölüğü vardı. Bununkini de nezaretim altında yaptırmak için Alay Kumandanı memnuniyetle emir verdi. 31 (18 Ağustos) Cuma günü trenle Selanik'e gittim. Ertesi gün Sultan Hamid'in cülusu şenliklerinde bulundum. Yapılan geçit resmi yürekler acısıydı. Hiç bir sınıfın harp teçhizatı yok. Hatta Numune Taburunun bile! Birer tüfek ve kasatura o kadar. Ne çanta ne kazma kürek, bir şeyleri yok. Süvari bölükleri başı bozuklar gibi ata biniyorlar. Hele koca Martinleri ve beli kuşatan koca fişekleri o kadar fena göze çarpıyor ki otuz yıl evvelki Türk-Rus harbine ait gördüğümüz resimlerden bin kat berbat. Süvari fırka karargahı da Selanik'te. Kumandanlığa da İstanbul Harbiye Mektebi muallimlerinden İsmail Paşa geleli iyidir. Bu geçit resmi Ordu Müşirinin ve Erkan-ı Harbiyesi'nin ve seyirci olarak gelen hayrete değer çoklukta yaldızlı elbiseli ecnebilerin huzurunda oldu.

Geçit resminden sonra, seyrettiğimiz faciayı Süvari Fırkası Kumandanı ve Erkan-ı Harbine söylediğim gibi ordu Erkan-ı Harbiyesi'nden Cemal Bey'e[25] de anlattım ve kendisiyle hususi görüşmek istediğimi de bildirdim. Üç gün sonra deniz alemleri yapılacağını, onu da gördükten sonra daha serbest buluşabileceğimi! söyledi. Tanıdığım bazı arkadaşlarım da bu eğlenceyi behemehal görmekliğimi arzu ettiklerinden Kökili'ye hareketi birkaç gün sonraya bıraktım.

## CEMAL BEY'LE HASBİHAL

4 Eylül (22 Ağustos) Salı günü akşamı pek tantanalı bir deniz alemi hazırlığı bütün rıhtım boyunca göze çarpıyordu. Gece çok parlak bir deniz eğlencesi yapıldı. Arkadaşlar bir sandal tutmuşlar, beni de aldılar. Yüzlerce sandal, birçok çalgı takımları, güzel sesler, rıhtımda askeri bando, varyete musiki her tarafı çınlatıyor ve akisler yapıyordu. Her taraf donanmış, envai donanma fişekleri eğlence sahasını aydınlatıyordu. Havaya kıvılcımdan çizgiler çizen havai fişeklerinin gökte patlayıp renk renk ziyalar saçması insanı ara sıra gök-yüzüne bakmaya mecbur ediyordu. Eğlence güzeldi. Hiç diyecek yoktu. Fakat ben bu güzellikler içinden üç gün evvelki geçit resminde gördüğüm elem verici manzarayı seyreder gibi olarak zevk yerine nefret duyuyordum. Biraz da Rıhtım gazinosunda oturmak üzere arkadaşlardan ayrıldım. Ve buralarda Erkan-ı Harp Cemal Bey'e mülaki olarak daha büyük bir hazla dertleştim.

Cemal Bey bana: — Eğlenceleri nasıl buldun? Manastır'da epeyce yoruluyorsunuz. Orada nasıl vakit geçiriyorsunuz? diye sordu. Ben de:

---

25    İttihat ve Terakki erkanından Cemal Paşa

— İnsanın başka düşünceleri olmasa hayatta ender bulunur bir gece, diye söze başlayarak Manastır intihalarını ve istikbalin tehlikelerle dolu olmasına karşılık, üç gün evvel geçit resminde gördüğüm elemli manzaranın ve bunun ordu merkezinde Müşirin ve Erkan-ı Harbiyesi'nin gözü önünde vukusunun daha ziyade insanı yeise düşürdüğünü ve hasta olduğunu haber aldığımız padişahın ölümüyle vukusu muhtemel isyanlara karşı endişemizi izah ettim. Askeri ve siyasi bir kalkınma veya bir silkinme için neler düşündüklerini sordum. Bizim heyecanımız ve bizim korkumuz derecesinde olmamakla beraber her aklı başında ve vicdanını satmamış insan gibi endişede, fakat yine herkes gibi işleri tabii cereyanına bırakmanın en iyi ve en mümkün çare olduğu fikrinde.

Herkesin ömründe nadir olarak kavuştuğu bu muhteşem eğlence gecesinde zevkini kaçırıyor gibi sıkılarak sabaha kadar tanıdıklarımdan ayrılamadım ve ertesi günü trenle Kökili'ye hareket ettim.

Buradaki bölük, Manastır'dan gelmişti. Bölük kumandanı Yüzbaşı İhsan ve Mülazım-ı Evvel Kamil Efendileri tanıyordum. Bu değerli arkadaşlar Manastır'ın ciddi ve samimi havası içinden çıkmışlardı. Ve bizimle fikir birlikleri vardı. Gelir gelmez bölüğü teftiş ettim ve üç gün bölüğün atış talimleriyle meşgul oldum. Burası da Manastır mıntıkası gibi ihtilal faaliyet mıntıkası. Buradaki arkadaşları ve kardeşim Hulusi Bey'i de vaziyet hakkında tenvir ettim.

8 Eylül (26 Ağustos)'de Selanik'e döndüm ve ikinci gün de trenle Florina'ya geldim. Buradaki bölüğün teftişini yaptım ve atış talimlerini idare ve zabitleriyle hasbıhalden sonra 12 Eylül (30 Ağustos)'de Manastır'a döndüm.

## ENVER BEY'LE HASBİHAL

Ordu merkezindeki kıtaların acıklı halini ve ordu Erkan-ı Harbiyesi'nin de lakaydisini anlattım ve vaziyetimizin selaha değil, daha berbat bir hale düştüğünü, bütün Balkan devletlerinin kendi memleketlerindeki harp hazırlıklarını ve

Makedonya'daki teşkilat ve çete faaliyetlerini, köy mektepleri kanalıyla da halkı bir düzüye irşadlarına karşı bizim faaliyetimiz ve vatani endişemizin tabur kumandanlıklarından yukarı geçemediğini bildirdim. Bu vaziyette işleri tabii cereyanına bırakmak düşüncesinde olan Selanik'teki ordu Erkan-ı Harbiyesi'nin halinin ve Abdülhamid'in hastalığına rağmen bu sakat düşüncenin devamının tehlikesini Enver Bey'e anlattım. O da müteessir oldu. Bu hale karşı benim bulduğum biricik çare Manastır'da teşebbüsü ele almaktı. Burada mıntıka ve ordu Erkan-ı Harbiyesinin genç unsurlarını ve bütün kıta zabitlerini ve sonra da bütün Türk halkı beraber sürükleyebilirdik. Ben bu hususta ısrar ettim. Enver Bey daha tedbirli hareketi muvafık buluyordu. Onun fikrince Manastır'ı toparlamak kolaydı. Fakat Selanik'teki ordu Erkan-ı Harbiyesi ve umumi müfettişlik karargahı ile daha önce anlaşmak lazımdı. Bu işi kendisi daha kolay yapabilirdi. Yakın tanıdıkları ve güvendikleri çoktu. Selanik'e gittiği zaman bu esas içinde temaslar yapacağını söyledi.

Ordunun en kıdemsiz erkan-ı harplerindendim. Enver, binbaşı idi. Herkesi daha eskiden ve daha iyi tanıyordu.

## KESKİYE KUMANDANLIĞI'NA TAYİNİM

Enver'le görüştüğümün ertesi günü 15 Eylül (2 Rumi) mıntıka Erkan-ı Harbiye Reisi Binbaşı Tosun Bey, bana Kesriye'yi medh ve sena ederek oranın kumandanlığını deruhte etmekliğimi teklif etti. Bu teklif beni çok müteessir etti. Bu Selanik seyahati beni Manastır'dan da mı uzaklaştıracaktı? Bu bir darbe mi idi, yoksa faaliyetimin kazandırdığı bir teveccüh mü idi? Her ne olursa olsun bu benim için iyiye alınacak bir teklif değildi. Pek sevdiğim mıntıka Erkan-ı Harbiye Reisimiz Hasan Tosun Bey'in biricik düşüncesi çete takiplerinde faaliyet göstermek ve bu suretle yüksek makamlara karşı boş durmadığımızı fiilen göstermekti. Halbuki biz işi bu dar zaviyeden seyretmiyorduk. Hususiyle ben aynı zamanda staj yapıyordum. Bir mevki kumandanlığı yapmak sırası benim değildi.

Kendilerine şu cevabı verdim:

— Ben henüz süvaride staj yapıyorum. Sonra Topçu Üçüncü Numune Alayı'na geçmek arzusundayım. En sonra da Üçüncü Avcı Taburu'nda bir bölük almak niyetindeyim. Bu suretle mesleğimde de lazımı gibi tecrübeleri kazanabilirim. Kesriye Kumandanlığı ancak stajını bitirmiş olanlar için muvafık olur.

Benim orada daha iyi inkişaf edeceğimi ve faaliyetimi Mıntıka Kumandanı Hadi Paşa'nın takdir ettiğinden böyle müstakil bir vazife verilmek istenildiğini söyledi. Askeri ve milli vazifelerim benim Manastır'dan ayrılmamaklığımı icap ettirdiği kanaatiyle bu vazifeyi kabul etmedim. Ortada staj meselesi olduğundan tabii ısrar da edemediler. Çünkü ben sırf bu staj işi için İstanbul'da Harbiye Mektebi'nde alıkonulmak arzusuna dahi karşı durduğumu ve benim staja devam etmediğimi mektep idaresi haber alır almaz, beni İstanbul'a kendi idaresine aldıracağını mıntıkaya alındığım zaman söylemiştim. Bunu bir daha anlattım: İşin teessüre değer diğer ciheti de mıntıka Erkan-ı Harbiyesinde hiç takibe ve hatta tahkikata çıkmayan bazı iltimaslı zatlar da vardı. Yani Manastır'da bile kendine göre iltizam ve iltimas devam edip gitmekte idi.

## YOLSUZLUKLARLA MÜCADELEDEN
## GERİDE KALMADIM

Hiç bir yolsuzluğa karşı susamamak benim bariz bir vasfımdı. Bu halimden büyükler pek memnun değildi. Fakat bu da benim umurumda değildi. Nitekim: 30 Eylül'de (17 Rumi) Harbiye Mektebi'nde neler nasıl okutulmalı? diye bir lahiya yazdım. Ve Manastır Harbiye Mektebi Ders Nazırına verdim. Esası şu: Mektepten çıkanların, erkan-ı harpler de dahil olmak üzere, çok az kısmı mütalaa ile meşguldür. Sebebi birçok ezber derslerden bıkıp usanıldığından, kimsede okuma hevesi kalmıyor. Orduda da kimseden ders ve konferans vermek vazifesi istenilmediğinden mütalaa zevki olmadığı gibi mecburiyeti de bulunmuyor. Bunun için lüzumsuz ve ezber derslerin kaldırılması ve ordu zabitlerine mütalaa zevki ve mecburiyeti verilmesi lazımdır.

1 Teşrinievvel (18 Eylül) günü de babası askerde olan bazı fakir aile çocuklarının dilenmekte olduğunu görerek, bu gibilere yardım yapılması için ordu ve mıntıkaya teklif yaptım.

5 Teşrinievvel (22 Eylül) Florina civarındaki köyler askerden şikayet etmişler. Tahkikata beni gönderdiler. Bulgar ve Rum köylerinde münevver adamlar ve kütüphaneler gördüm. Rosne köyünde Robe isminde münevver bir Bulgar Amerika'ya da gidip gelmiş. Birkaç yılda İngilizce de öğrenmiş. Beni evine davet etti. Hayli görüştük. Kendisi merkeziyet taraftan (Centraliste) yani Makedonya istiklalini isteyenlerden. Bulgaristan'a iltihak fikrinde olan (Virhoviste)'lara kızıyor. Askerlerimize iftira atmak için halkı teşvik edenlerin bunlar olduğunu ve tahkik ettiğim şikayetlerin aslı olmadığını söyledi.

Manastır'a dönüşümde intibalarımı her tarafa anlattım yani Bulgar ve Rum köylerinde gördüğüm uyanıklığı ve bunların amillerini izah ettim: Köy hocalarının çok kudretli ve sağlam seciyeli insanlar olduğunu, köylerdeki münevver insanların büyük şehirlerde ve hatta ecnebi memleketlerinde kazanmaya gittikleri halde, köylerinde mükemmel evleri, kütüphaneleri, bahçeleri bulunduğunu ve her yıl izin zamanını köyünde geçirerek muhitini yükseltmeye uğraştığını, Amerika'ya gidenlerin de bir kaç yıl sonra münevver ve iş yapar bir insan olarak yine köylerine döndüklerini ve kendileri ve muhitleri daha bilgili çalıştıklarını, arkadaşlarımın ve mafevklerimin gözlerinde canlandırdım. Ve ne kışlalarda, ne ordu Erkan-ı Harbiyesinde, ne belediyede kütüphanelerimiz olmamasının ayıplığını ve Manastır'da bir Türk kitapçısı dahi bulunamamasından kendi mesleki ecnebi mecmualarımızı bile gayr-ı Türk kütüphane vasıtasıyla getirtmek zorunda bulunduğumuzu da anlatarak, bizi bu hale koyanlara her yerde lanet okudum. Florina köyleri Manastır'dakilerden çok ileri idi. Eğer her tarafta gayr-ı Türkler bu hale girerse meselenin kendiliğinden hallolacağını söyledim.

Kazım Karabekir
Manastır'da, 1906

## DÖRDÜNCÜ DEFA OLARAK
## ÇETE İLE KARŞILAŞTIM

11 Teşrinievvel (28 Eylül) Üçüncü Avcı Taburuyla uzun bir takibe çıktık. Enver Bey müfrezeye kumanda ediyordu. Yüzbaşı Niyazi[26] ve Süleyman ve sınıf arkadaşlarım Tayyar[27] ile Tevfik ve Mıntıkadan mümtaz Kolağası Servet Bey'ler beraberdi. Bütün bu arkadaşlarla daha ilk günden beri her şeyi açık konuşur ve görüşürdük.[28] Takiplere ait hatıralarım "Hayatım" eserinde olduğundan burada kısaca kaydedeyim ki, harekatımızın on üçüncü günü Kaymakçalan dağının şimalinde orman içinde bir Rum çetesiyle müsademe ettik. Ve on bir kişilik çeteyi yok ettik. Bizden de bir şehit, yedi hafif yaralı vardı. Garip bir tesadüf bugün Ramazan'ın altısı idi. Şehit neferin adı Ramazan'dı ve kendisi de oruçlu idi.

27 Teşrinievvelde (14 Rumi) akşam Manastır'a döndük. On yedi gün süren bu takipte birbirimize güvenimiz olan hayli zabitin bir arada olması çok samimi seyahate ve çok vatani meseleleri görüşmeye de yaradı. Hele Enver Bey'le çok dertleştik. İki paralık çete mermilerinin milletimizin güzide evlatlarının başını yemesi ve daha da yemek için hazır bulunması karşısında sarayın cehil ve gafletini ve bu acı hayat hakkında en ufak bir vukuf ve teessürü olmaması karşısında artık zabitlerimiz bizlerden medet umuyorlardı. Ne desek yapacaklar, nereye desek koşacaklardı.

### FİKRİMCE YENİ BİR ALEMDAR ORDUSU LAZIM

Orduya verilen yağın numunesi Selanik'te tahlil olunmuş kaşkaval çıkmış! Kırçova ve Ohri'deki kıtaların yemekleri Ramazan olmasına rağmen pek fena imiş! Enver Bey'le birlikte tahkikat yapmak emrini aldık. 4 Teşrinisani (22 Teşrinievvel, 17 Ramazan) Manastır'dan Enver, ben ve iki emir neferi

---

26 Hürriyet kahramanı Niyazi.
27 Meşrutiyet devrinde Hürriyet ve İtilaf'a yardım için dağa çıkan.
28 Bütün bu arkadaşlar Manastır'da cemiyetin fedakar uzuvları idiler.

atlarla yola çıktık. Benim süvarideki stajım bitmişti. Bugün topçu stajıma başlayacaktım. Fakat yedi gün süren bu seyahat daha mühimdi. Pirplice - Kırçova - Pesoçan - Ohri - Resne üzerinden Manastır'a döndük. Askere verilen yağlar hele Ohri'de pek fena idi. Bu seyahatte Enver'le aramızda dikkate değer bir münakaşa oldu: Ohri'de Sultan Hamid'in; 1319 Rumi yılında tezkere sırası gelen neferlerin memleketlerine giderek Makedonya mıntıkasında gördükleri ihtilal hareketlerini halka anlatmalarından endişesi! Zabitlikle yine Üçüncü Orduda kalmalarına irade ettiği askerlerden Behçet isminde tam bir ahmak Ohri'de idi. Bunu ve emsalini Selanik'te kardeşimin yanına sılaya geldiğim zaman görmüş ve hatıratıma kaydetmiştim. Bu sefer Ohri'ye geldiğimiz zaman bu adamın arkasından birçok Bulgar çocuğu Behçet Bey, Behçet Bey! diye bağırarak alay ettiklerini gördük ve bu adamın ve emsallerinin nizamiye kıtalarından ve Rumeli'den alınarak Anadolu'da Redif kıtalarına naklini yazmıştık. 10 Teşrinisani (28 Teşrinievvel)'de Resne'den Manastır'a gelirken tam Gevat boynundan geçtikten az sonra Enver'le aramızda ahvale dair, her zaman olduğu gibi hasbıhal başladı. Enver bana sordu:

— Sultan Hamid'in hastalığı devam ediyormuş. Ne dersin? Bu sual şu muhavereye döküldü:

— Eğer işler şimdiye kadar olduğu gibi tabii cereyanına bırakılmakta devam ederse onun ölümü, dirisinden daha meşum olur kanaatindeyim. Bulgar çocuklarının bile alay ettiği bir ahmağı ve emsalini nizamiye kıtasından ve Rumeli'den olsun kaldırılmasını yıllardan beri kimsenin görmediği veya neme lazım diye başını çevirdiği bir hükümetin ve ordusunun düzelmesi için Sultan Hamid'in ölmesini bekleyecek ve bundan medet umacaksak neticede hiçbir şey olmayacak demektir. Ben defalarca fikrimi söyledim. Abdülhamid ölsün ölmesin esaslı bir temizlik yapılmadıkça, hiçbir işin olacağı yoktur. Bunu uzak yakın tarihimizde birçok misalleriyle gördük. Sultan Aziz için bile (Bir kere şu herif ortadan kalksın görürsünüz her şey nasıl düzelir ve milletimiz müterakki milletler hizasına çabucak nasıl gelir!) diyenler sonra kendi başlarını yumrukladılar. Ne hadiseler ne de yeni gelen padişahlar tahmin olunduğu gibi çıkmadı. Facia facia üstüne geldi. Neler kaybettik malum. Güya Meşrutiyet de ilan olunmuştu. Fakat Meşrutiyet onu ilan edenlerin hayatına maloldu. Padişah, Taif zindanlarına en kıymetli devlet adamlarını sürerken ve hatta en kıymetlilerini boğdururken, ne millet ve ne de orduda ufak bir kıpırdama bile olmadı. Alemdar vakası da bize ibret vermelidir. Ben bu hadiselere dayanarak çıkardığım neticeyi her fırsatta size söyledim. Yine de fikrimde bir değişiklik yoktur. Hele şu Behçet maskaralığını yeniden gördükten sonra hâlâ uyuduğumuza acıyorum. Bu ordu harp edemez, bu hükümet kendi şahıslarını ve muhitlerini kayırmaktan ve bunları zengin etmekten başka bir şey düşünemez. Kangren olan uzvun kesilmesi gibi kökten bir ameliye lazımdır. Alemdar ordusu gibi bir ordu İstanbul'a yürür, temizlik ameliyesini yapar, sonra işi defalarca söylediğim veçhile ehline usulü veçhile teslim eder.

Enver gülümseyerek bana bir selam verdi ve dedi:

-Sir!

Bu kelime hükümdarların vasfı idi ve Napoleon Bonapart için alem olmuştu. Enver'in şimdiye kadar ne zamandır ahvalden bahsetsek benimle hiç ciddiyetten ayrıldığı yoktu. Bugün ona ne oldu da benimle alaya kalkıştı, anlamadım, sordum:

— Ne münasebetle bana bu hitabı yaptınız?

— İstikbalde seni buna namzed görüyorum da ondan! Az zamanda müsademelerde gösterdiğiniz fedakarlık ve cesaret, en tehlikeli işlere karşı atılganlığınız, en mühimmi de müthiş bir planınız! Napoleon da gençliğinde senin gibi atılgan ve senin gibi muazzam planlarla meşgul olurmuş. Bunun için tekrar ediyorum: Sir!

— Enver Bey! Gerçi erkan-ı harp sınıflarında bazı saf arkadaşlarımız Napoleon'u taklide yeltenirlerdi. Fakat ömrümde bir kerecik olsun ona benzemek aklımdan bile geçmedi. Şimdi sizin bu iltifatınız da asla hoşuma gitmiş değildir. Bilakis müteessir oldum.

— Ben hakikati söylüyorum Sir!

— Affedersiniz biraz geç kavradım. Bu sefer Selanik'e gidip geldikten sonra sizde yeni bir inkişaf var ve bunun için galiba siz benden bu hitabı istiyorsunuz. Şu halde bundan sonra size artık Enver değil, "Sir!" diye hitap edeceğim. Keşki bunu daha evvel ve apaçık söylese idiniz, Sir!

İş bu kerteye gelince, bu sefer de Enver kızdı, ikimiz de surat astık. Kajani köyüne ininceye kadar birbirimizle görüşmedik. Burada mola verdik. Bir köprübaşı idi. Bakkal dükkanı kapalı idi. Ben tezgaha oturmuştum. Enver yanıma geldi. Gülümseyerek:

— Amma surat asıyorsun? Ben söz söylemesem dargınlığın çok uzun sürecek. Artık bu mesele bitsin! dedi. Barıştık. Bu Ramazanı birlikte takip ve tahkikatla geçirdiğimizden daha sıkı birbirimize bağlanmış ve kısa bir dargınlığın barışma zevkiyle de hususiyetimiz daha ziyade artmıştı. Buna rağmen Enver'in bu sefer Selanik'ten dönüşünde ortaya attığı "Sir!" hikayesinin sebebini bana bugün bir türlü söylemedi. (Selanik'te cemiyete girdiğini ikinci bir seferimizde açtı).

Birkaç gün sonra bayramdı. Mıntıka erkan-ı harpleriyle Nazif Paşa'nın evine tebrike gittik. Entarili, takkeli, tam bir ihtiyar manzarası. Yanında kedisi, bir çanak içinde süte ekmek doğramış yediriyordu! Ertesi günü de Kırmızı Kışla askeri tebrike gelen bu ihtiyar kumandanı arabasına binerken ve inerken emir çavuşu yardım ediyor ve askerin önünden geçerken kılıcını çavuş elinde taşıyordu.

Bu elemli manzaralar karşısında kin ve nefret duymayan tek bir zabit yoktu. Artık bir kıvılcım Sultan Hamid idaresini yakıp yıkabilecek bir kudret yaratacaktı. Muhitimizde herkes yeni bir Alemdar Ordusu'nun gönüllüsü olacaktı.

# İKİNCİ BÖLÜM

## İKİNCİ İTTİHAT ve TERAKKİ CEMİYETİ NASIL KURULDU?

Bu cemiyet ilk önce Selanik'te 1906 Eylülünde (1322) Osmanlı Hürriyet Cemiyeti adıyla teşekkül etmiş ve Manastır'da da bir şube açmıştır. Ertesi yıl adını Paris'teki cemiyetle birlik olmak için Terakki ve İttihat'a değiştirmiş ve 1908 temmuzunda Meşrutiyet'in ilanından sonra da ilk kurulan cemiyetin adı olan İttihat ve Terakki'yi kabul ederek siyasi faaliyete girişmiş ve Osmanlı Devleti'nin mukadderatını kendi elinde sona erdirmiştir.

Ben bu cemiyete, ilk adı ile anıldığı zamanında Manastır'da girdim. Rehberim Erkan-ı Harp Binbaşı Enver Bey (Paşa) idi ve Manastır merkezini beraber teşkil ettik. Şöyle ki: 18 Kanunuevvel 1906'da Selanik'te Hürriyet namı altındaki cemiyete girdiğini sonraları öğrendiğimiz Enver Bey'le birlikte 30 Kanunuevvel (17 Teşrinisani) Cuma günü Manastır şimalindeki Kukraçan ve civar köylerin araştırmasından dönerken Enver yine her zamanki gibi siyasi bir sohbet açtı. Ve işe latife ile şöyle başladı:

—Kazım, Sultan Hamid pek ağırlaşmış, ölüm haberi gelince Meşrutiyet'in ilanı için nasıl bir hareket düşünürsün?

—Derhal kuvvetli bir muhtelit müfreze ile Manastır dışına çıkmalı ve her tarafa Manastır'da Meşrutiyet'in ilan edildiğini ve böyle hareketi her taraftan istemeli ve İstanbul'a da derhal Meşrutiyet ilan edilmediği takdirde, mühim bir kuvvetin Manastır'dan harekete hazır bulunduğu hakkında mülki ve askeri ve beledi makamlarından telgraflar çektirmen'.

Bu işi sen yaparsan ve takibin için de emir gelirse ben de takibine çıkarım.

Herhalde kavga etmeyiz. Çünkü hazırlanacak kuvvet senin emrinde olacaktır. Takip emri de bana verilemez, çünkü ben de senin emrinde beraber çıkmış olacağım.

Enver bu cevaptan çok memnun oldu ve ciddi olarak dedi:

—Kazım ver elini! Bugün sana çok mühim bir sır vereceğim ve bir teklif yapacağım. Bu sırrı benden habersiz kimseye açmayacağına da namusun üzerine söz ver bakayım!

Atlarımız üzerinde yan yana gidiyorduk. Elimi uzattım. Enver elimi sıkarken istediği yemini verdim:

—Namusum üzerine söz veriyorum ki, söyleyeceğin sırrı senden habersiz kimseye söylemeyeceğim.

—Kazım! Sultan Hamid'in hastalığı gittikçe artıyormuş. Uzun yıllardan beri Sultan Hamid'in etrafına toplanan haşarat milleti emmekte devam etmek için Hamid'in ölümüyle beraber Şehzadesi Burhaneddin'i padişah yapmak istiyorlarmış. İstanbul'da bu iş için her türlü hazırlıklar yapılmış. Eğer muvaffak olurlarsa bu murdar idare yine bütün fenalıklarıyla devam edip gidecektir. Buna mani olmak ve veraset usulünün değiştirilmesine mani olmak ve Veliahd Reşat Efendi'yi padişah yapmak ve Meşrutiyet'i ilan etmek esası üzerine bir cemiyet teşekkül ettiğim Selanik'te bana da haber verdiler ve benim de bu cemiyete girmekliğimi teklif ettiler. Ben de kabul ettim ve cemiyete girdim. Senin de hürriyet ve meşrutiyet taraftarı olduğunu her fırsatta öğrendiğim için, sana da bu cemiyete girmekliğini teklif ediyorum. Bu suretle Manastır'da, birlikte, zaten mevcut olan fikir birliğini teşkilatlandırmış oluruz.

—Sana olan itimadım o kadar büyüktür ki böyle bir teklifi memnuniyetle kabul ederim. Yalnız bu cemiyet hepimizin bildiği İttihat ve Terakki Cemiyeti ise ben ona yemin etmişim ve numarasını da taşıyorum. Bunu size çok önceleri de söylemiştim. Bunun la beraber tekrar yemine lüzum varsa bir daha ne tarzda istiyorsan edeyim.

—Hayır İttihat ve Terakki Cemiyeti değildir. Bu tamamıyla yeni bir teşekküldür. Ve onunla bir münasebeti olmadığından onun mensuplarını da yeniden yeminle kendine alacaktır.

—Şu halde ben de bu şarta uymayı kabul ediyorum. Ancak

birkaç şey öğrenmek isterim. Mesela: Bu cemiyetin umumi merkezi nerededir? Siz Selanik'te yeni girdiğinize göre Selanik'te de bu cemiyetin faaliyete başladığı pek eski olmadığı anlaşılıyor. Acaba nerelerde merkez kurulabilmiştir? Abdülhamid'in ölümüne bağlı olan bu teşekkül onun hastalığından cüret alarak vücut bulduğuna şüphe etmiyorum. Fakat Hamid ölmez de iyi olursa cemiyet ne yapacak? Onun hayatı uzun sürerse her tarafa dal budak saracak olan bu teşekkülün uzun zaman gizli kalmasına imkan olmayacağından bu hale göre ne zaman icraata başlayacak? Yani bir cümle ile bu cemiyetin programı nedir?

—Kazım! Benim bildiğim Mefkez-i Umumi İstanbul'da imiş. Selanik'te emin olduğumuz arkadaşlar da yeni girdiklerine göre buna şüphe etmiyorum. Belki başka yerlerde de merkez kurulmuştur. Sultan Hamid ölmezse, öldürürüz. Ben senin kadar sık eleyip ince dokumadım. Bende Nizamname yok. Sen bu cemiyete girmeyi kabul edince Selanik'e gideceksin. Cemiyetin Nizamnamesini ve merasim vesaireye ait talimatını sana verecekler. Manastır'da buna göre teşkilata başlayacağız. Selanik merkezi beni olduğu kadar seni de tanıyor ve itimat ediyor.

—Enver Bey! Darılma ama aklıma tuhaf bir şey geldi: Bu Selanik Merkezi dediğin bu cemiyetin Merkez-i Umumisi ve sen, İsmail Hakkı ve Cemal Beyler de mesela başlıca azaları olmasın.

—Katiyen. Eğer böyle bir şey olsa herkesten önce bu işe seninle başlardık. Yalnız bu bahsettiğin arkadaşlar da benim gibi cemiyete yeni girmişlerdir. Selanik'e gidince sen de İsmail Hakkı Bey (Umumi Müfettişlik Erkan-ı Harbi Binbaşı) vasıtasıyla merkezle temas edebileceksin. Yani nizamname ve talimat vesaireyi bu arkadaşımızdan alacaksın. İstediğin suallerin cevabını da yine onun vasıtasıyla alırsın.

—Şu halde Selanik merkezini Müfettiş-i Umumi Hilmi Paşa ve bu ayarda zatlar mı teşkil ediyor? İşi İstanbul idare ettiğini söylediğinize göre orada da asıl işi yürütenler herhangi bir

Sadrazam, Serasker ayarında kimseler midir? Eğer iş böyle büyük ve geniş bir merkeze dayanıyorsa, biz de Manastır'da bizzat çalışarak ve diğer bazı mühim merkezlerdeki arkadaşlarımıza da haber göndererek az zamanda cemiyetin harekete geçebilecek bir kuvvet halini almasını temin edebiliriz. Artık İstanbul üzerine yürümek zor bir şey de olmaz.

— Sen zaten hazır olan planını gider Selanik'e anlatırsın. Şimdi sen esas maksadı Meşrutiyet'i ilan etmek olan ve benim yemin vererek girdiğim cemiyete girmeyi kabul ediyorsan bana yemin ver bakayım!

— Esas maksadı hürriyet ve Meşrutiyet'in ilanı olan Osmanlı Hürriyet Cemiyeti'ne girmeyi ve bunun fedai bir azası olmayı kabul ettim. Vallahi ve Billahi.

— Şimdi sana bir işaret vereceğim, diyerek sağ elinin baş ve şahadet parmağıyla göğsünün önünde bir hilal şekli yaptı. Dedim:

— Bu hilal! Tuhaf. Başka bir işaret bulamamışlar mı? İşin içinde İslamcılık cereyanı mı var?

— Her şeye itiraz ediyorsun. Parolasını söylesem, korkarım buna da bir kulp takacaksın. Cemiyete girmeyi kabul edince onun her şeyini itiraz etmeden kabul etmek lazımdır. Benim aklıma gelmeyen şeyleri nereden bulur da çıkarırsın? Kışlanın ortasında Alay bandosuna "Ben bir Türk'üm"ü çaldırıyor ve askerlere de söyletiyorsun. Elbette ki hilal daha şümullü bir işarettir.

— Rica ederim. Darılma! Parolayı da söyle. Her ikimiz de hayatımıza kıymet vermeyen ve onu milletimizin uğruna feda etmekten çekinmediğini defalarca ispat etmiş insanız. Fakat yine ikimiz de erkan-ı harp zabitiyiz ve Manastır'da bu cemiyetin bir merkezini açmak vazifesini üzerimize alıyoruz. Bu büyük itimadı hakkımızda besleyenler elbette ki bizden bir nefer mutavaatı değil daha ziyade fikir ve teşkilat kudreti bekleyeceklerdir. Mahzurlu gördüğümüz şeyleri birlikte münakaşa ederiz, teklif ederiz. Belki de takdirle karşılarlar.

— Peki! Parolası da (Mu'in)dir. Mesela ben başı "mim" harfli bir şey söylerim, Sen "ayn"lı bir şey ile cevap verirsin. Sonra ben "y"li bir şey söylerim, sen de "nün"lu bir şeyle ikinci cevabı verirsin. Yani ikimiz karşılıklı "Mu'in" kelimesini telaffuz etmiş olunca anlarız ki her ikimiz de bu cemiyetin azasıyız. Şimdi başlayalım. Benim verdiğim işareti sen de ver ve sözüme dediğim tarzda cevap ver: Manastır'a mı gidiyorsun?

İşareti aynen verdikten sonra:

— Ali Bey beni görmek istediği için oraya gidiyorum.

— Yeri uzak mı?

— Nerede oturduğunu bilmiyorum. Sora sora buluruz.

— Bravo! işte bu kadar. Buna da bir diyeceğin var mı?

— Enver Bey biz burada Bulgar, Rum, Sırp komite teşkilatının içinde yaşıyoruz. Bunların nasıl çalıştıklarını takip etmek de arazide çete aramaktan daha mühim bir vazifemiz. Bundan başka vaktiyle İstanbul'da teşekkül eden İttihat ve Terakki Cemiyeti'nin çorap sökülür gibi eridiğini gördük. Ben düşünce ve kanaatlerimi fırsat buldukça size de söylemiştim. Şimdi milleti hürriyete kavuşturmak ve bu suretle onu düşeceği uçurumlardan kurtarmak için madem ki en ağır yükü omzumuza almaya ve bu uğurda icap ederse öldürmeye ve ölmeye karşılıklı ahdleşiyoruz. Şu halde zekalarımızı da birleştirerek mutabık kalacağımız esasları cemiyetin merkez-i umumisine, yani dimağına ulaştırmamız da vazifelerimiz arasına girer. Benim düşündüğüm noktalar şunlardır:

a. Bu cemiyetin merkez-i umumisi nerededir ve kimlerdir bilmeliyiz. Çünkü iki erkan-ı harbiz ve Manastır'da bir merkez teşkili vazifesini bize verenlerin, herhalde bizden daha olgun, ve dolgun başlı kimseler olması lazım gelir. Aksi halde işin bütün ağırlık merkezi Manastır'ın üzerine çöker ve bütün yanlış hesapları başta seninle ben başımızla öderiz.

b. Nizamname ve program hakkındaki mütalaalarımızı serbestçe bildirmek ve teklif yapmak salahiyetimizdir diye sormaya lüzum görmeden kabul etmeliyiz.

c. Manastır, esasen fikren hazırdır. Bir taraftan teşkilata başlarız ve bunu Resne, Ohri mıntıkalarındaki halka da teşmil ederiz, diğer taraftan daha etraflıca halkımızı istibdad aleyhine doldururuz. Bütün bu işler birkaç ayda biter. Ondan sonra Hamid ölmezse de derhal harekete geçmek lüzumunu şimdiden Merkez-i Umumi'ye bildiririz. Manastır mıntıkası çok müsait olduğu gibi faaliyetimiz de burada "Hürriyet Ordusu" esasını hazırlar, işin uzun zaman sürüncemede kalması eskiden İttihat ve Terakki'ye karşı yapıldığı gibi yemden İstanbul'da vesair yerlerde cemiyetin duyulmasına ve Hamid'in yeni bir zulmüne sebep olabilir. Hususiyle muayyen bir işareti ve parolası olan bir cemiyetin azasını kolayca meydana çıkarmak mümkündür.

Şimdilik aklıma gelenler bunlar. Cemiyetin nizamnamesini ve programını aldıktan sonra beraber okur, münakaşa ederiz.

— Kazım Bey! Sen hazır ol, ilk fırsatta Selanik'e git! Biz bugünü Manastır'da Osmanlı Hürriyet Cemiyeti merkezini kurmuş sayarız. İkimiz için de kan kardeşliği tarihi sayılır. Yalnız şu hilal işaretine dokunman hiç de hoşuma gitmedi. Bu işaret herhalde "Ben Bir Türk'üm"den daha şümullüdür. Bu cemiyete yalnız Türkleri değil, İslam olan bütün Osmanlıları da alıyorlar. Arab'ı, Arnavud'u da girebilir, yeter ki hürriyet ve meşrutiyet taraftarı olsunlar. Hilal işaretiyle salibe karşı cihad açacak değiliz ya.[29]

Artık şehre girmiştik. İkimiz de yorgunduk. Evlerimize ayrılmak zorunda idik. Kısaca şu cevabı verdim:

— Enver Bey! Sizinle anlaşamayacağımız hiçbir mesele olmayacağı ümidini besliyorum. Hususiyle senin delaletinle yeni bir cemiyete senin gibi fedai olarak girmekle birbirimize daha çok yaklaştık. Manastır'da iki fedai arkadaşın kuracağı bir merkezin vatan ve millet için büyük basanlar temin

---

29  Manastır'da teşkilat ilerledikten sonra ısrarım üzerine cemiyetin hilal işareti de, parolası da kaldırıldı. İcap edenlere ayrı ayrı işaret ve parola verildi. Enver, hilal işaretine çok bağlı idi. Nitekim hürriyetin ilanında baza zabitlerle birlikte fesine hilal taktı. Meşrutiyet'in ilanından sonra İttihad-ı İslamcılık taraftarlarının başlarında Enver de vardı. Bu bahis Meşrutiyetten sonraki devrede görülecek.

edeceğine şüphem yok. Allah emeklerimizi ve fedakarlıklarımızı boşa çıkarmasın ve milletin hayır ve selametine bahşetsin. Mesai tarzımız hakkındaki mütalaamı yarın size izah ederim.

— Kazım! Dikkat et, kan kardeşi oluyoruz. Cemiyetin en güç ve en korkunç vazifelerini birlikte üzerimize alıyoruz. Allah yardımcımız olsun. Bugünü Manastır merkezinin başlangıç tarihi olarak kabul edelim. Biran önce senin Selanik'e gitmene ben de çalışırım, sen de çalış. Allaha ısmarladık.

## MANASTIR MERKEZİNİN KURULMASI

30 Kanunuevvel 1906 (17 Teşrinisani 1322) Cuma günü Osmanlı Hürriyet Cemiyeti Manastır Merkezi'nin teşekkülü tarihidir. Ertesi günü Enver'le birleşerek düşündüklerimizi şöylece tespit ettik:

1 Manastır merkezi kimlerden ibaret olacak?

2.Tahlif heyeti kimlerden ibaret olacak?

3.Uzaklarda merkezler teşkili için Selanik'e gönderilebilecek emin arkadaşlar hazırlamak.

4.Ben Selanik'e gidinceye kadar ki mesai programımızın tespiti.

5.Hazırlığımız ve mütalaalarımızı Merkez-i Umumi'ye bildirmek ve icap eden talimatı almak üzere benim Selanik'e gitmemi temin etmek.

\*\*\*

Hemen ertesi günü bütün bu esasları Enver'le birlikte tespit ettik. Hepsi beş maddelik bir program oldu. Enver'in teklifleri şunlardı:

1.Manastır merkezi Enver, ben ve Hüseyin Bey'den ibaret olmak üzer üç kişi olacaktık. Enver Selanik'te bu yeni cemiyete girmişti. Ben ve Hüseyin Bey de eskiden İttihat ve Terakki Cemiyeti mensubu idik. Ben de mutabık kalırsam Hüseyin Bey'i evinde ziyaretle yeni cemiyet namına Enver'le birlikte yemin ettirecektik. Hüseyin Bey, Kolonya eşrafından sivil bir zattı. Mülkiye mektebinden diploma almış, temiz ve seciyeli bir insandı.

Cemiyetin faal merkezi Enver'le ben olacaktık. Hüseyin Bey ihtiyat olarak işe karışmaz görünecekti.

2.Tahlif heyeti benim reisliğimde olmak üzere mıntıka Erkan-ı Harbiyesinde Mümtaz Yüzbaşı Server[30] ve Süvari Yüzbaşı Akif (general ve mebus) Beyler olacaktı. Bunlara da aynı suretle yemin ettirilecekti. Enver'in fikrine göre ben bu suretle ilk kuruluşta hem merkezde ve hem de tahlif heyetinde bulunmakla işleri istediğim gibi hızlı ve gizli yürütebilecektim.

Bu iki teklifi itiraz etmeden kabul ettim. Benim üç madde halindeki tekliflerim de şunlardı:

3.Köprülü, Kökili, Edirne, İzmir, Bolu'da derhal teşkilat yapabilecek fikren epeyce zamandan beri hazırladığım arkadaşları burada şahsen tahlif ederek Selanik merkezine takdim etmek ve bunlara, orada isterlerse bir daha merasimle yemin ettirip gidecekleri yerler için salahiyet vermek.

Köprülü'ye gitmek üzere olan benim staj yaptığım Süvari On Beşinci Alayından Yüzbaşı Rasim, Alay Baytarı Recep, (Kökili'de aynı alaydan mülazım-ı evvel Kamil ve kardeşim Yüzbaşı Hulusi aynı iş için hazırdır). Edirne için yine bu alayın Kolağası- Ferhad Bey, oraya izinli gidecektir. İzmir için Manastır Harbiye Mektebi Tabiye ve Seferiye Muallimi, sınıf arkadaşım, Mümtaz Yüzbaşı Hulusi Bey, oraya izinli gidecektir.

Bolu ve Kastamonu havalisi için staja başladığım Topçu Numune Onüçüncü Alay'ın Dördüncü Bölük Kumandanı Mümtaz Yüzbaşı Bolu'lu Habip Bey[31] oraya izinli gidecektir.

Enver bu teklifimi büyük sevinçle kabul etti. Selanik'te müfettişlik Erkan-ı Harbi Binbaşı İsmail Hakkı Bey'le aralarında "Çorap" kelimesi parola imiş. Bunu söyleyerek kendilerini

---

30    Albaylıktan emekli olan bu zatın cemiyet hakkında bildikleri bir rapor halinde kendi tarafından yazılmış olarak bu eserde görülecektir.

31    Birinci Mebusan Meclisi'nde mebus olan ve Cihan Harbi'nde bulgur kralı lakabı alan zat.

tanıtsınlar. Bunları sen dediğin veçhile yemin ettir ve talimat ver gitsinler dedi. Ve ilave etti:

— Eğer muvaffak olurlarsa çok mühim bir eserin olacaktır. Merkez-i Umumi bu teşebbüsünü çok büyük takdirlerle karşılayacağından hiç şüphe etmiyorum.

4.Manastır'da kenar bir yerde ben yeni bir ev tutacağım. Burası tahlif yeri olacak. Selanik'inki gibi yemin merasimi başlaması için benim gidip görüşmekliğim ve nizamname ve programı getirmekliğim zamanına kadar çok güvendiğimiz arkadaşları tespit etmek ve hazırlamak.

5.Merkezde ve gerekse takiplerde ve tahkikata gidişte halkı ve askeri anlayabilecekleri bir dille ahvalden ve istikbalin tehlikesinden ve bunu önlemek imkanından bahsetmek. (Ben Türk köy mekteplerine hediyeler götürmek ve halka memleket işleri hakkında hasbıhale çoktan başlamıştım.)

***

Enver ve ben ayrı ayrı bu programımızı tatbike koyulduk ve birkaç gün içinde esasları hazırladık, işin en güç cihetini benim Selanik'e gidebilmekliğim teşkil etti. Çünkü daha iki buçuk ay evvel Selanik'ten gelmiş bulunduğumdan mıntıka Erkan-ı Harbiye reisimiz Hasan Tosun Bey izin için bir şart koştu: Bir müsademe yapmak! Ancak bu suretle mükafat olarak Hadi Paşa'dan izin alabilirim, dedi.

Şu halde ara sıra takibe çıkmak ve komite aramak lazım geliyordu. Bu da zamanla olabilirdi. Bunun için Manastır'dan gidecek olan yukarda isimleri geçen arkadaşları cemiyet namına tahlif ettim, fakat parolaları öğretmedim. Enver Bey'den de Selanik'te İsmail Hakkı Bey'e bir mektup alarak bunlara verdim ve "Çorap" kelimesini parola olarak söylemelerini tembih ettim. Bunlardan süvari kolağası Ferhat Efendi'ye ayrıca Edirne'de sınıf arkadaşım mümtaz yüzbaşı Seyfi Bey'e verilmek üzere bir de kartımı verdim. Kartım şöyle idi: "Musa Kazım Zeyrek. Erkan-ı harbiye zabitanından." Arkasına yazdığım da şu idi: (Kardeşim Seyfi Beye: Kardeşim efendim. Bu kartı size verecek olan zat tarafından size sipariş edilecek hususi bir işin oraca bir an evvel tesviyesini istirham eylerim. Bu zatın ismi Ferhat Efendi'dir. Takdim etmekle müftehirim. 22 Teşrinisani 1322.)[32]

Ferhat Efendi aynı zamanda daha mektepten fikir birliğimiz bulunan yüzbaşı ismet Bey'le de görüşecekti. Eğer kartım kendisine sual sorabilecek bir ele geçerse sipariş ettiğim işin evlenmek olduğunu söyleyecekti.

\*\*\*

Kartvizit

Eh artık keyfimiz yerinde idi. Manastır'da merkez ve tehlif heyeti ve tahlif olunacak kimselerde de fikir hazırlığı yapıldığı gibi, Vardar boyunda oraya giden süvari On Beşinci Alaydan yüzbaşı Rasim ve baytar Recep Edirne'de Ferhad, İzmir'de mümtaz yüzbaşı Hulusi, Bolu ve havalisinde de mümtaz topçu yüzbaşı Habip Selanik'te tahlif olunarak bir anda cemiyetin muhtelif şubelerini teşkil edeceklerdi.

Artık iki işimiz kalmıştı. Biri tahliflere müsait olmak üzere benim oturmaklığım için münasip yerde bir ev bulmaktı. Şimdiki Drahor boyundaki evim bu işe müsait değildi. İkincisi de, sık sık komite takibine çıkarak bir müsademe yapmak

---

32    Benim bu kartımı Meşrutiyet'ten sonra Edirne'ye gittiğim zaman Seyfi'de buldum. Edirne Cemiyeti bahsinde Edirne de neden çok geç olarak Cemiyet teşekkül ettiği görülecektir. Seyfi: General Seyfi Düzgören, İsmet de İnönü.

ve bu suretle Selanik'e gitmek için mükafat izini alabilmekti. Avcı taburundan bir müfreze ile 5 Kanunuevvel (22 Teşrinisani, Rumi)'de Buf üzerinden Presbe - Resne - Gobeş mıntıkalarını taradık. Bir hafta süren bu takipte karlar içinde büyük zorluk ve tehlikeler geçirdik. İlk gece Buf'taki sabit karakolumuz bir Rum çetesiyle müsademe etmiş. İki maktul, bir de sağ ele geçmiş. Uzaktan silah seslerini duyduk, fakat bu müsademeye yetişmek mümkün olamadı. Tesadüf bir gün sonra olsaydı, işimiz uygun gidebilecekti. Bu müsademeyi tabii benim hesabıma saymadılar ve Selanik'e de izin vermediler. Halbuki bu takip az daha benim hayatıma mal oluyordu. Şöyle ki: Resne mıntıkasından Gevat boynuna çıkarken kar fırtınası çok azıtmıştı. Yol tamamıyla kapanmıştı. Yürüyüş kolu intizamsız perakende haline dönmüştü, önde gidenlerin izleri de anında karla örtülüyordu. Yolun sol tarafı uçurumdu. Birdenbire atımla birlikte karlara gömüldük. Atım uçuruma düşmüştü. Yalnız başı dışarda kaldı. Ben de belime kadar atımla birlikte kara saplanmıştım. Çabuk karar verip, yüzer gibi sağ yana uzanıverdim ve haykırmaya başladım. İki nefer beni şoseye çekti. Atın dizginlerini bırakmamıştım. Geriden gelenlerin de yardımı ile atı da kurtarabildik.

Bu takipte Resne Türk köylülerine ve müfrezeme başımızda dönen bu belaların nerelerden geldiğini anlayacakları bir dil ile ben ve zabit arkadaşlarım anlatmakla, az da olsa hayırlı bir iş yapmış olduk.

## MANASTIR TAHLİF MERKEZİ OLARAK MÜKEMMEL BİR EV BULDUK FAKAT:

Mümtaz Topçu Yüzbaşı Habib Bolu'nun birkaç arkadaşıyla oturduğu zindan altındaki kagir iki katlı ev, bir bahçe içinde ve tenha bir sokakta idi. Şehrin cenubundaki kışlalara yakın, Harbiye Mektebi'yle arada yalnız bahçe ve tarlalar vardı. Habib Bey yukarda yazdığım veçhile Bolu'ya izinli gittiğinden 15 Kanunuevvel (2 Rumi)'de ben avcı taburundan sınıf arkadaşım Yüzbaşı Tayyar'la bu eve taşındık. Fakat elimizde ne tahlif

sureti ve ne de cemiyetin nizamname ve talimatnameleri olma-
dığından merasimle tahlife başlayamıyorduk. Halbuki cemi-
yetin Manastır merkezi ve tahlif heyeti hazır olduğu gibi çok
emin olduğumuz fedakar zabitleri de hususi olarak yeminle
hazırlamıştık.

Enver Bey vaziyeti Selanik'e yazdı. 26 Kanunuevvel (13
Rumi)'de Erkan-ı Harp Binbaşı Cemal Bey[33] Manastır'a geldi.
Yeni gelen ve numune taburu vazifesini görecek olan nişancı
taburunun teftişi ve eksikliklerinin tamamlanması vazifesiy-
le diye. Fakat buna Enver ve benim görüşmelerimizden müs-
pet bir netice çıkmadı. Çünkü Cemal Bey'in cemiyetin teşkila-
tı hakkında fazla bilgisi olmadığı gibi Manastır için kendisine
bir selahiyet de verilmiş değildi. Bunun için benim behemahal
Selanik'e gidip icap eden evrakı almaklığım zaruri idi. Cemal
Bey bir iki günlük temaslarından o kadar güzel duygulandı
ki, kışlada koğuşları gezerken değil zabitlerden; askerlerden
dahi, sorduğu suallerin cevapları karşısında sözünün ölçüsü-
nü bırakarak: "Hür bir hava teneffüs ettiğimden dolayı haya-
tımın en mesut günlerine kavuştuğumu görüyorum." dedi.

Cemal Bey'in Manastır'a gelişinden biz istifade edemedik.
Fakat o büyük bir kalp kuvveti ve hayranlıkla Selanik'e dön-
dü. Henüz cemiyet hakkında reisimiz Hasan Tosun Bey'e de
malumat vermemiştik. Bunu Enver Bey sonradan temin ede-
cekti. Bunun için benim Selanik'e niçin gideceğimi reisimiz
bilmiyordu. O da, Hadi Paşa da beni vazifesine düşkün, çalış-
kan bir erkan-ı harp zabiti tanıyorlardı. Bu hakikaten de böy-
le idi. Çünkü iki askeri ecnebi mecmuaya da aboneliydim. Ve
zabitlere, küçük zabitlere ayrı ayrı dersler de veriyordum. Hat-
ta mecmualardan Rus-Japon harbi hakkındaki neşriyatı takip
ediyor ve Erkan-ı Harbiye tahsili görmüş arkadaşlara bundan
meseleler de veriyordum. Bunun için Hasan Tosun Bey hay-
retle dedi:

— Bu Kazım Bey'in Selanik'e sık sık gidişine bakınca insan
onun hovarda bir insan olduğunu sanacak. Halbuki burada

---

33    Bahriye Nazırı Cemal Paşa.

kitaptan, talimhaneden, kışladan ayrılmaz; üstelik de mıntıkamızın en faal bir erkan-ı harbi...

Dedim:

— Aziz reisim. Teveccühünüz olduğu gibi kalsın. Çünkü hakikat gördüğünüz gibidir. Ben Selanik'e gitmeyi istediğim orada eğlenmek için değil, Kökili'deki kardeşimi görmek ve bu seyahatten istifade ederek Köprülü ve Üsküp'e kadar uzanarak Rumeli hakkında daha geniş bir görgüye sahip olmak içindir. Maksadım askeri görüşlerimi genişletmektir. Selanik'te çok kalmayacağımı size vaad ederim.

Bu hoş bir netice verdi. Selanik derken Üsküp'e kadar da gidebilmek üzere izin kopardım. Ayın 30 (Rumi 17)'unda yola çıkacaktım. Fakat ortaya öyle bir aksilik çıktı ki yine ayrılmak mümkün olamadı.

Debre'de isyanımsı bir vaka olmuş. Bizzat Hasan Tosun Bey'in iki avcı bölüğü ile hareketine emir çıktı. Hasan Tosun Bey de benim, dönünceye kadar merkezden ayrılmamı muvafık bulmadı.

## BİR MÜSADEME YAPTIM VE
## GÖĞSÜMÜ GEREREK İZİN ALDIM

8 Kanunusani (26 Kanunuevvel Rumi)'de süvari 14. Alaydan bir müfreze ile ova köylerinde araştırma yaparken Çayırlı köyünde bir Bulgar çetesiyle karşılaştık. Müsademede 5'i ölü ve 3'ü sağlam olarak çeteyi mahvettik. Fakat bir evde ansızın karşıma çıkan bir komiteci, az kaldı rövelverle beni vuruyordu. Fakat kendi telef oldu. (Bu Rövelveri Manastır'da tahlif merasiminde kullandık). Bu müsademe pek makbule geçti. Hadi Paşa hem bana istediğim izni verdi, hem de beşinci rütbeden bir Mecidiye nişanı ile taltifimi inha etti. Manastır'a geleli daha bir yıl dolmadan; bu, benim beşinci müsademamdı.

## SELANİK'TE ÖĞRENDİKLERİM, SANDIĞIMIZ VE HAYALLERİMİZLE GENİŞLETTİKLERİMİZDEN BAMBAŞKA İDİ

22 Kanunusani (9 Rumi) Salı günü sabahı Manastır'dan büyük bir neşe ile yola çıktım, akşam üstü Selanik'e geldim. Ertesi günü Umumi Müfettişlik Erkan-ı Harbi Binbaşı İsmail Hakkı Bey'i[34] makamında ziyaret ettim. "Size güzel bir çift çorap getirdim" diye parolamızı da söyledim. Benim geleceğimi bilmekle beraber bu merasimi de yapmak bir zevkti. İsmail Hakla Bey çok samimi idi. Öğleyin evine gittik ve uzun uzadıya görüştük.

Benim anlamak istediğim şunlardı:

1. Osmanlı Hürriyet Cemiyeti hangi tarihte teşekkül etmiştir?

2. İttihat ve Terakki Cemiyeti de, aynı maksatla teşekkül etmiş iken, neden bu isimle yeniden hız almıyor?

3. Cemiyetin umumi merkezi nerededir?

4. Nerelerde cemiyetimiz şubeler açmıştır?

5. Manastır'dan gönderdiğimiz zabitlerin gittikleri yerlerde daha önceden cemiyet şube açmış mı idi; açmamış ise bu arkadaşlar muvaffak olabildiler mi?

6. Ben (Kökili'de kardeşimin yanına diye) bir hafta izin aldım. Fakat Üsküp'e kadar gidebileceğim. Ve iznimi birkaç gün daha uzatabilirim. Kökili ve Köprülü'de benim staj yaptığım süvari alayı bulunuyor. Buralarda hususi olarak tahlif ettiğimiz zabitler var. Buralarda teşkilatınız ne haldedir? Ve bu zabitler de teşkilata alınmış mıdır?

İsmail Hakkı Bey bu suallerin karşısında sendeledi, rengi uçtu. Dedi:

— Ben bu suallerin cevaplarını verecek mevkide değilim. Yalnız esefle söyleyeyim ki Manastır'dan gönderdiğiniz zabitler geldiler, benimle görüştüler. Fakat ne tahlif olunabildiler, ne de bir vazife alabildiler. Gittikleri yerlerde de henüz teşkilat

---

34    Cihan Harbi mütarekesinde Bursa valisi iken ölmüştü.

yapılmış değildir. Kökili, Köprülü ve Üsküp'te dahi daha teşkilata başlanılamadı.

Sordum:

—Kardeşiniz Cafer Tayyar Bey de Üsküp'te olduğu halde bu nasıl olur? Bu işi kimler, nerden idare ediyor? Biz Manastır'da birkaç haftalık mesai ile harekete geçebilecek kadar kuvvetliyiz.

Cevabı:

—Sultan Hamid'in hastalığı büyük ümit vermişti. Fakat iyi olmuş, yine eski habasetini icrada faaliyet gönderiyor. Galiba bunun için biraz bizimkiler faaliyeti kısıtlar. Bununla beraber sizin suallerinizin cevaplarını sekiz on gün sonra seyahatinizden dönüşte vermeye çalışırım. Sanıyorum ki işi burası idare ediyor.

—Şu halde şu teklifimi de yapayım, İstanbul'da vaktiyle teşekkül eden İttihad ve Terakki Cemiyeti'nin gerek İstanbul'da ve gerekse Manastır'da azaları vardır. Hatta İstanbul'da ağabeyim de dahildir. 121'inci şubenin 11 numarasını haizdi. Bu numarayı bir fedakarlık hatırası olarak ben de aldım. Bu yeni cemiyetin Sultan Hamid'in hastalığından ümitlenerek Selanik'te kurulduğu anlaşılıyor. Eğer faaliyetine devam etmeyecekse biz Manastır'da hayli ilerledik. Kökili, Köprülü, Üsküp'te de derhal şubeler açabilirim. İttihat ve Terakki namına faaliyete girişmek de pek mümkündür. Manastır çok müsaittir. Biz Enver Bey'le işe başlayalım; zaten gayrı Türk unsurların komite teşkilatı, müsademelerde şehitlerimiz, sivil ve askeri idaredeki beceriksizler, haksızlar Manastır'da kendiliğinden bir hürriyet aşığı cemiyet kurmuş gibidir. Tarihin "Rusçuk Yaranı" gibi az zamanda bir "Manastır Yaranı" kurmak ve her ne adla olursa olsun milli bir hürriyet ordusu ile harekete geçmek çok kolaydır. Aklı başında olan herkes memleketin parçalanması gününü beklemek taraftarı değildir. Geç kalmak aynı zamanda Sultan Hamid yaranının zulüm ve şenaatlerine yeni yeni kurbanlar vermek demektir. Harici tehlikelere karşı ise bugünkü ordunun vazifesini yapamayacağı bugünkü hükümetin de işi zamana bıraktığı, felaketlerin bizi hiçbir tedbir alamadan bastıracağı kanaati yayılmıştır. Son Çayırlı müsademesinde Bulgar komitesi mükerrer ateşli yeni Manliher filintalarıyla bizim süvariler ise köhne ve tek ateşli Martin tüfeğiyle mücehhez olarak yapmıştır. Üç şehit verdik. İkisi kendi silahlarıyla kazaya kurban gitti. Emniyet tetiği olmayan silahları dolu imiş. Bu vaziyet değil zabitleri, neferleri bile hükümete karşı lanet okumaya şevketti. Aciz kumandalar elinde her gün ordu biraz daha takatten düşüyor.

—Ne söylerseniz hakkınız var.

—Bugün genç erkan-ı harpler işi çarçabuk ele almazlarsa çöküntü birden ve umumi olacaktır. Edirne gibi toplu; İstanbul'a en müessir bir garnizonda güvenilebilecek arkadaşlarımız varken ve size Edirne, İzmir vesaire için insan gönderdiğimiz halde hiçbir iş yapılmaması beni çok müteessir etti. Asıl işin mühim ciheti de bizim (Sizlerin irşadiyle her tarafta faaliyete girdiğimizdir. Bizim artık bu işte geri çekilmemize imkan kalmamıştır. Arkadaşlarımız arasında ne Enver'in, ne de benim bir kıymetimiz kalmayacağı gibi bundan böyle kimsenin de artık bu gibi kurtarıcı hamlelere karşı güven ve inanı kalmaz. Tevekkeli değil Erkan-ı Harp Binbaşı Cemal Bey de geçende Manastır'a geldiği zaman cemiyete karşı bilgisiz ve alakasız görünmüştü. Ben yarın Kökili'ye hareket edeceğim. Köprülü'de ve Üsküp'te eski bildiklerim var. Yani nebülüs halinde teşkilat vardır. Herhangi bir nama teşkilat hiç de zor değildir. Biz sizlere güvenerek işi ele almamakla beyhude zaman geçirmişiz. Yoksa şimdi birçok yerlerde —hele Edirne'de— bir merkez yapabilirdik. Orada erkan-ı harp arkadaşlarımızdan İsmet, Seyfi, Hüseyin Kadri ve Manastır'dan gitmiş olan Fethi Beylerle teşkilat pekala mümkündü.[35] Size bir ricam var. Bu Selanik teşebbüsü sakın; siz, Cemal ve Enver

---

35 Nitekim "Terakki ve İttihat" cemiyetinin Edirne merkezinde: İsmet İnönü, General Seyfi Düzgören ve Hüseyin Kadri bulundular. Fethi Okyar da bir yıl sonra tekrar Selanik'e tayin olunduktan sonra burada İttihat ve Terakki cemiyetine girmiştir. Bunun rehberliğiyle de Mustafa Kemal Bey (Atatürk) bu cemiyete girmiştir. Biraz aşağıda fazla malümat görülecektir.

Bey yaptınız da beni hayli zamanlar büyük bir teşkilat varmış gibi aldattınız mı?

— Kazım Bey, katiyyen! İşler zannettiğiniz gibi değildir. Fakat ne söylerseniz hakkınız vardır. Sizden aldığım hızla arkadaşlarımla lazımı gibi görüşeceğim. Siz, seyahatinizde Manastır'daki gibi güvendiklerinizi hususi yeminle bağlayınız ve buraya dönüşte o isimleri bize bildirin. Derhal oralarda teşkilat yapmakta ısrar edeceğim. Yalnız cemiyetin isminden bahsetmeyin. Maksadın, hürriyet olduğunu söylersiniz. Sizin Manastır'dan getirdiğiniz ruhi kuvvet, bana çok güven verdi. Dönüşünüzde işleri umarım ki farklı bulursunuz.

\*\*\*

Bütün gece otelde düşündüm. Bu ne hal? Eh Enver! Eğer aldandınsa da; beni aldattınsa da yazıklar olsun. Teşkilatı her tarafta bulmak şöyle dursun, bizim önlerine koyduğumuz kolaylıklardan bile kaçınan iptidai bir teşekkül karşısında bulunduğumuz apaçık görülüyordu. Fakat bunlar kim olabilirdi? Neden Enver, İsmail Hakkı ve Cemal Beylerden başkası ortada görülmüyordu? Hele Selanik namına yalnız ortada İsmail Hakkı Bey vardı? Gerçi üç erkan-ı harp binbaşı bu işe pek ala başlayabilirdi. Hatta belki de Umumi Müfettişlik Erkan-ı Harbiyesi gibi en ziyade siyasi cereyanların geçtiği bir merkezde tek başına müteşebbis bir heyet dahi bu işi ele almış olabilirdi. Bu ihtimal bana çok kuvvetli geldi ve Erkan-ı Harp Binbaşı İsmail Hakkı Bey'in bizi oynattığı zannım kuvvetli geldi. "Eh" dedim, "Dönüşte bu perdeyi elbette açabilirim."

24 (11) Kanunusani'de Kökili'ye geldim. Burada jandarma yüzbaşısı kardeşini ve sınıf arkadaşım Mülazım-ı evvel Hulusi Bey'in yanında dört gün kaldım. Burada kardeşim ve eski alayımdan Mülazım-ı evvel Kamil'i; sonra da Üsküp'te sınıf arkadaşım Erkan-ı Harp Yüzbaşı Emin ve Mülazım-ı evvel İskender'i; Köprülü'de de yine eski alayımdan Yüzbaşı Rasim ve Mülazım-ı evvel Emin Beyleri hürriyet namına tahlif ettim. Yakında Selanik'ten teşkilat için bazı zatların geleceğini ve kendilerini isimle arayacaklarını söyledim. Köprülü'deki

süvari zabitlerinin elinde Paris'te Ahmet Rıza Bey'in çıkardığı Terakki ve İttihat Cemiyeti gazetelerini gördüm. Cemiyete girmek üzere hazırladığım arkadaşlara bunlarla meşgul olmamalarını ve askeri vazifelerini aksatmamalarını tembih ettim.

Vardar boyunca yaptığım bu seyahatten çok memnundum. Birçok yerler ve arkadaşlar görmüş, bir hayli şeyler öğrenmiş ve öğretmiş bulunuyordum. Her tarafta ecnebiler gayrı Türkleri ellerine almışlardı. Vaziyetimizin ne kadar feci olduğunu buralarda gördüm. Mesela Kökili'de Rus binbaşısı Frulof her işe hakimdi. Jandarma tensikine bu memurdu. Jandarma bölük kumandanı alaylı bir adamdı ve doğrudan doğruya yukarı makamlara Türklerden jurnal vermekle vazifedardı. Bulgarlar istedikleri zaman Rus binbaşısının evine girip çıkıyorlardı. Kardeşim de bunun emrinde olduğundan benim geldiğimi haber almış ve beni diğer jandarma Türk zabitleriyle yemeğe çağırmıştı. Mağdur diye gelmiş olan Bulgarlara yanımızda altın para dağıtmaktan çekinmemişti.

## SELANİK'TEKİ YENİ TEMASLARIM

Selanik'te bu sefer de iki gün kaldım. Bir haftalık iznim iki misli uzamıştı. Enver Bey vaziyeti bildiği için işi o idare edecekti. Selanik'te İsmail Hakkı Bey'le birkaç görüşme yaptım. Yemin ettirdiğim arkadaşların isimlerini not ettirdim. O, beni cemiyetin ileri gelenlerden bazılarını Olimpos Palas gazinosunda takdim etti. Daha doğrusu beni onlara takdim etti. Çünkü akşam üstü ben, tanımadığım bazı asker ve sivillerin bulunduğu loş bir köşede onlara takdim olunmuştum. Onlar bana tanıtılmamıştı. Pek az sonra da İsmail Hakkı Bey: "Haydi bize gidip görüşelim." deyince onlardan ayrılmıştım.

Gece İsmail Hakkı Bey'in evinde, sofrada oturduk. Kapısı açık, karanlık odada birkaç kişi vardı. Fakat seçilemiyordu. Benim suallerimin çoğu cevapsız kalmıştı. Fakat şunu apaçık anladım ki işe, yakın bir zamanda Selanik'te başlanmıştır. Fakat müteşebbisler başladıkları işin zorluğunu sonradan anlayarak işi sürüncemede bırakmışlardır. Manastır'da işin alıp yürüdüğünü, bizim de artık teşebbüsü elimizden bırakmayacağımızı görünce bir müddet bizim ne yapacağımıza karar vermişler gibi görünüyorlardı. Bu hissi bana verdiren sebepler iki idi: Suallerime ve bilhassa Sultan Hamid'e karşı bir milli hürriyet ordusu hazırlamak fikrime ve meşrutiyeti aldıktan sonra neler düşünüldüğü hakkındaki suallerime esaslı cevaplar alamayışımdı. Bana iki büyük kapalı zarf verdiler. İçlerinde Nizamname ve Talimatname, tahlif sureti ve bazı Paris gazeteleri bulunduğunu, bunu benim ve yalnız Enver'le birlikte açmaklığıma müsaade verildi.

Diğer zarfın da Saroviç İstasyon Kumandanı Binbaşı Naki Bey'e verilmesi söylendi. Naki Bey ilk azalarındanmış.

Benim, İttihat ve Terakki Cemiyeti'ne yeminli olduğum, 11 numarayı taşıdığım hakkında verdiğim malumattan ve esasen Enver Bey'e de yeni cemiyete girmek üzere yemin vermiş olduğumdan ayrıca yemin merasimine tabi tutulmaklığıma lüzum görülmediğini de merkez namına İsmail Hakkı Bey bana bildirdi.

Zarfları sırtıma iyice yerleştirip ayrılırken; İsmail Hakkı Bey —odadakilerle bir şeyler görüştükten sonra— yanıma geldi ve şu suali sordu:

—Selanik'te veya yolda veya Manastır'da senden şüphe edip de üstünü ararlarsa; zarfların ele geçmesi felaket olur. Bu hususta ne düşünüyorsun?

Dedim:

—Derhal buna cüret edeceklere karşı röverimle karşı dururum. Fakat böyle bir ihtimali yok kadar zayıf buluyorum. Hele Soroviç'ten sonraki bizim mıntıkada, şimdiye kadar dolaştığım yerlerde nasıl serbest gezdimse, sırtımdaki zarflarla da öyle dolaşacağım. Yani kimse halimden şüphe edecek değildir. Hususiyle röverimin sigortası ile zarflar emniyet altına alınmışken. Ben İstanbul'da Erkan-ı Harbiye sınıflarında iken bile Tünel'in üst başında üzerimi aramak isteyen sınıf zabitime karşı geldim ve aratmadım. Yalnız bu vesile ile şunu rica edeyim ki bu gibi vehimlerle Edirne, İstanbul, İzmir, Üsküp gibi yerlerde biran evvel teşkilata başlanmazsa İstanbul üzerine bir hareket pek zor bir iş olur. Biz de uzun müddet Manastır'da belki gizli kalamayacağımızdan münferit bir halde teşebbüse mecbur kalabiliriz.

—Elden gelen gayreti artık göstereceğiz, diyen İsmail Hakkı Bey'le vedalaşarak ayrıldım.[36]

## SOROVİÇ'TE NAKİ BEY'LE HASBİHAL

Ertesi gün Binbaşı Naki Bey'i istasyonda, odasında buldum. Kendimi tanıttım. Ona ait olan zarfı da verdim. Sıcak kanlı, kendisine sevgi ve saygı çeken bir ihsan. Zarfı açıp kendisine yazılan mektubu okudu. Gazeteleri de koynuna yerleştirdi. Sonra da apaçık bana şunu söyledi:

—Maşallah, bizimkiler yine gayrete gelmişler! Kazım Bey size samimi ve açık yürekle söyleyeyim ki eğer siz Enver Bey'le birlikte Manastır'da bir şey yapabilirseniz ne ala. İkinizin de cesaretinizi, faaliyetinizi işitip takdir ediyorum. Muhit de temiz ve müsaittir. Selanik'ten bir şey beklemeyin ve oraya bel bağlamayın! Bizim arkadaşlar ara sıra böyle gayrete gelirler, fakat işin sonunu getirmezler. Fakat madem ki bu sefer iş Selanik'ten dışarı çıkıyor ve hususiyle iş Manastır'da sizlere veriliyor, ben de ümitleniyorum.

Naki Bey'in bu açık yürekliğine hayran oldum. Selanik bana bu hakikati bildirse ve müteşebbislerden daha birkaçı kendini tanıtsa idi daha esaslı şeyleri münakaşa ye tespit edebilirdik. Şimdi trenin hareket zamanının müsaadesi nispetinde Naki Bey'den bildiklerini öğrenmekten başka yapacağım iş yoktu.

Dedim:

—Naki Bey, açık yürekliliğinizle beni kendinize bağladınız. Üzerimize aldığımız işin büyüklüğünü, tehlikesini ve şerefini takdir ediyorum. Esasen hürriyet aşkı, keyfi idarenin acısını

---

36  Talat Bey İstanbul teşkilatını en ehemmiyetli bularak birkaç hafta sonra oraya gitmiş fakat muvaffak olamamış. Burada vesair teklif ettiğim yerlerde.

tatmış bulunan ailemiz arasına çoktan girmiştir. Mülkiye mektebi mezunu olan büyük kardeşim İttihat ve Terakki'ye ilk zamanlarında girmiştir. Ben de pek küçükten bu cereyanlardan haber almış ve zabit olunca da fiilen karışmışımdır. Çok sevdiğim ve hürmet ettiğim Enver Bey Selanik'te, maksadı hürriyetin kurtarılması olan yeni bir cemiyete girdiğini haber verdi. Benim de girmekliğimi teklif edince tereddüt etmeden kabul ettim. Selanik'e eli boş gitmemek için Manastır'da her hazırlığı bitirdik. Hatta uzaklarda teşkilat yapabilecek zabitler de gönderdik. Fakat gördüm ki daha en yakın olan Kökili, Köprülü, Üsküp gibi mühim yerlere bile el atmamışlar. Halbuki oralarda tahlif ettiğimiz unsurlar bile mevcuttur.

— Kazım Bey! Mesele birçok münevverlerin ölüm dirim işidir. Vaziyeti iyi bilmeniz ve ona göre işi idare etmeniz lazımdır. Eğer Manastır'da kendinize güveniyorsanız işe başlayın; eğer Selanik'e bel bağlarsanız yaya kalırsınız. Selanik'te birkaç arkadaş hadiselerin verdiği tesirler altında toplanır; şöyle yapalım, böyle yapalım deriz. Fakat sonra her şey tavsar ve işler oluruna gider.

— Bu işin ilk başlangıcı ne zaman ve kimler tarafındandır. Bu yeni dediğiniz teşebbüs hakkında neler biliyorsunuz? Lütfedip bildirirseniz hürriyet davamıza en büyük bir hizmeti yapmış olursunuz. İşi olduğu gibi bilerek üzerimize almakla ancak muvaffak olabileceğimize ben de kaniim. Bu sırrın ancak yalnız Enver'le bende kalacağına da size söz veririm.

## NAKİ BEY'DEN ÖĞRENDİKLERİM

Naki Bey bana şunları anlattı: İlk teşebbüs 1318 (Miladi 1902) de başladı. Makedonya'da Bulgarların kaynaşmasını, Avusturya ve Rusya'nın da bunlara yardım ettiklerini görünce, bu devletlerin devletimizin iç işlerine karışarak işi daha vahim mecralara sürükleyeceklerine bir başlangıç telakki ettik. Öteden beri aramızda milli dertlerimizi görüştüğümüz sekiz arkadaş Selanik'te "Terakki ve İttihat" cemiyetinin bir şubesini açmayı kararlaştırdık. Bunlar Posta Memuru Talat, Binbaşı

Necmeddin, Binbaşı Nuri (Selanik Redif Fırkası'nda), Binbaşı Kemal (Jandarma), Ergerili Bayram Fehmi (Denizli mutasarrıflığından mazul), Binbaşı Naki yani ben, Yüzbaşı Asım (Selanik Redif zabitlerinden), İsmail Mahir (Selanik Darülmuailimin Müdürü) beylerdi. Paris'te Ahmet Rıza Bey'e bir mektup yazdık ve altını hepimiz imzaladık. Teklifimiz şu idi:

Vatanın maruz kaldığı tehlike karşısında Paris'teki Terakki ve İttihat Cemiyeti'yle irtibat yaparak onun bir şubesi gibi çalışmak.

Zaten bu arkadaşların bazıları eski İttihat ve Terakki mensupları idi. Paris'ten aldığımız cevap neşemizi kaçırdı. Ahmet Rıza Bey, Paris'teki bu cemiyetin bir heyuladan ibaret olduğunu ve Terakki ve İttihat namının ancak bir timsal olduğunu ve kendilerinden bir şey beklemeyerek memleket dahilinde müstakil olarak teşkilat yapılması lüzumunu bildirdi. Bulgar ihtilaline ait emareler görünmeye başladığı gibi 1319 ihtilalini de görünce büsbütün bize bir yılgınlık geldi. Acaba herhangi bir teşebbüs daha mı fena netice verir diye. Fakat ara sıra hemen her yıl başta Talat Bey olmak üzere bir kıpırdanma olur; fakat müspet hiçbir netice vermez. Ya bazı arkadaşlar başka yerlere nakledilir, yahut şu bu bahane işi tavsatır. Bu yeni bildirdiğiniz teşebbüsten benim haberim yok. Ne gibi bir hadise yine arkadaşları harekete getirdi! Ve yeni kimler bu cereyana karıştı!..

\*\*\*

Ben lazımı kadar aydınlanmıştım. Bu hadisenin Sultan Hamid'in hastalanması olduğu hakkındaki tahminimi kuvvetli olarak söyledim. Talat Bey'in en müteşebbis bir zat olduğu hakkındaki kanaatimi de Naki Bey'e sorarak kuvvetlendirdim. Naki Bey'e, Manastır'ın bu faaliyeti ele alarak işi yürüteceği hakkında kuvvet vererek bu samimi adama hürmetle veda ederek hareket üzere olan trenime bindim.

Artık buradan sonrası bizim mıntıkamız demekti. Emrim her yerde geçebilirdi. Asker ve halkın sevdiği ve saray hafiyeleri veya onun hürmetkarlarının ise yıldıklarından biri de bendim. Kompartımanımda da kimse kalmamıştı. Artık zarfı sırtımda değil elimde dahi taşıyabilirdim ve açıp okuyabilirdim. Bir istasyona kadar son ihtiyatı yapmak, aynı zamanda manzarasına doyulmayan Ustruva gölünün güzelliklerini dimağıma iyice sindirmek için etrafı seyretmekle vakit geçirdim. Sonra büyük sarı zarfı açtım, içinden bir takım Paris'ten gelme gazetelerle büyücek bir zarf çıktı. Zarfı açmadım, çünkü üstünde "Manastır Merkezine" adresi vardı. Bunu ancak Enver Bey'le açabilirdim. Bunu iç cebime yerleştirdim. Gazeteleri de serbestçe okumaya başladım. İlk elime aldığım İttihat ve Terakki Cemiyeti'nin Türkçe neşir vasıtası olan[37] Şurayı Ümmet gazetesinin 1906 Haziran 23 ve Eylül 15 nüshaları Naki Bey'in verdiği malumatı tamamlayıcı mahiyette idi. Yani cemiyetimizin faaliyeti pek yeni idi ve henüz de Selanik'e münhasırdı. O nüshanın başmakalesi "Hükumet-i Hamidiye, Memleketi Nereye Götürüyor" idi. Fenalıkları ve tehlikeleri belirttikten sonra şu neticeye varıyordu:

İnkiraz bulmakta olan bu devletle İslamiyet de beraber gidiyor.

Bu baş makale ile tehlike belirttikten sonra "teşkilat ve neşriyatın lüzum ve faydası" diye memleket içinde yer yer ufak gizli teşkilatın lüzumunu izah ediyor ve diyor ki:

... Bizde de eshabı hamiyet, erbabı dirayet eksik değildir. Lakin bunlar millette istinad edecek bir kuvvet göremeyince meydana çıkmıyorlar. Teşkilat ve neşriyat sayesinde vatanın her köşesinde hak ve zekayı; (icabında mağdurları) müdafaa edecek hakiki polisler teşekkül edince, şimdi en alçak bir hafiyeden korkan erbabı namus ve hamiyet, o vakit avaz-ı şikayetlerini Yıldız'a kadar çıkarmadan, hırsız memurları tarddan nameşru vergileri tediye etmemek için hep birlikte nümayiş icrasından korkmazlar... Rusya'daki büyük teşkilata da lüzum yoktur. Hafta geçmez ki Osmanlı taburlarının muhtelif mahallerde açlıktan, parasızlıktan isyan ettikleri haberi Avrupa gazetelerinde görülmesin. Eğer daha vatanda teşkilat ve neşriyatı

---

37    Fransızca neşir vasıtası da Meşveret idi.

vatanperveraneye layık veçhile ehemmiyet verilse idi, şimdi ordunun haysiyetini lekedar eden bu isyanlar; o teşkilat ve neşriyat sayesinde vatanın tahlisi ve selameti için ne büyük, ne mahalli kuvvetler teşkil ederdi. Görülüyor ki her şeyin ucu bu gizli teşkilat ve neşriyata ehemmiyet vermeye müncer oluyor.

Bu makale de şu netice ile bağlanıyordu:

Teşkilat ile neşriyat, selamet-i vatan için ilk atılacak hatvedir; dense, sezadır.

15 Eylül 1906 Şurayı Ümmet'in başmakalesi de böyle bir cemiyetin kurulduğunu anlatmak istiyordu. Bu makalenin başlığı "Abdülhamid'in Hastalığı, Veraset Meselesi" idi. Abdülhamid'in ağır hasta olduğunu anlattıktan sonra şöylece devam ediyordu:

Abdülhamid'in hastalığı kesbi vahamet ederek hayatını tehdit ve tahdit edince Avrupa'da veraseti saltanattan bahisler edilerek bazısı garip, bazısı muhik bir takım efkarı mütehalife görüldü... Hünkarın muhatara; hayat içinde bulunduğu anlaşılınca Almanya gazetelerinin ve bazı mehafil-i siyasiyenin veraseti saltanat bahsine girişmesi ve hatta türlü hukuk ve usulün haricinde olarak Burhanettin Efendi'nin namını lisana alması insana hayret verecek garibelerden, daha doğrusu Abdülhamid haininin Almanya'ya verdiği cür'etlerdendir. diyerek siyasi cereyanları da ele aldıktan sonra şu neticeyi memnunlukla kaydediyor:

Osmanlılar için fevkalade şayanı ibret ve mefharettir ki bu sefer Abdülhamid'in hastalığı ile Sultan Mehmet Reşat'ın memleketimizi tahlis edecek bir padişah olduğu, tebeddülü veraset ise sevgili vatanımızın düşmanlar elinde mahv ve yağma olunmasına sebebiyet vereceği tamamıyla zahir oldu. Yaşasın Sultan Mehmet Reşat! Yaşasın Vatan!..

1 Teşrinievvel 1906 nüshasında "Marazı Şahane" başlığı altında Almanyalı Muallim Bergman'ın tekrar İstanbul'a davet olunduğunu, 12 Eylül'de İstanbul'a gelen bu doktorun, padişahı ameliyata lüzum gösterdiğini, fakat Sultan Hamid'in razı olmadığını yazıyor. 30 Teşrinisani nüshasında yine "Marazı

Şahane" başlığı altında şu satırlar var:

... Maraz-ı Şahanenin daim ve biaman olduğu maalmesar İstanbul'dan bildiriliyor.

Bir de karikatür yapmış: Hamid hasta yatıyor. Ayak ucunda bir şehzade. Yanında bir takım iskeletler, üstüne de "dersi siyaset" diye yazmış.

16 Teşrinievvel 1906 tarihli bir İstanbul mektubunu da neşrediyor:

... Umur-u devlet şimdiki halde Burhanettin Efendi'nin tahtı riyasetinde teşekkül etmiş bir komisyon marifetiyle idare olunmaktadır. Fakat bir çocuğun tahsili, öyle umuru devleti idare edemez. Sadrazamın vesayeti tahtında yaşıyor... Mamafih bu meyanda Şamlı İzzet, icrayı habasetten geri kalmıyor.

"Erzurum'da İhtilal" başlığı altında da 23 Haziran nüshasındaki tavsiyesine bir örnek gösteriyor:

Hükümet-i zalimenin temettü vergisi namiyle ortaya attığı yeni bir usulü gasp ve sirkate mukabil ve itiraz eden iki vatanperver, Erzurum ahalisi beyninde bu defa selametbahş bir heyecan husule getirdi. Halk, hükümet konağına giderek bu iki menfinin tekrar Erzurum'a getirilmesini, tehdidkar bir lisan ile validen istedi. Vali bunu yapmadıktan başka, talip halkı silahı zulüm ve itisaf ile reddetmek de istediğinden halk hemen hücum, valiyi darp ve haps, alay beyiyle sair ümerayı, zabıtayı birçok polis efradıyla birlikte katil ve cerhetti.

1 Kanunuevvel 1906 nüshasında "Buhran!" başlığı altında şunları yazıyordu:

Yıldız, tebdili veraset meselesini bir tehalük-i azim ile takip ediyor... Zaten bugünlerde vücudu seyyiatmedarrı mezarına sürükleyen Sultan Abdülhamid, ölümünü dahi hun enşam bir facia, belki birçok faciat ile kızartmak veya bunu evladının hunu hederiyle devirmek istemezse bu mecnunane gayreti bulunduğu yerde terk ederek, tarihin uzak sahifelerinde mütevazi nisyan kalmış vekayiin, bu kanlı avdetinden olsun nefsi habisini tenzih edebilir.

23 Teşrinisani tarihiyle de İstanbul'dan iki havadis verili-yor: Biri:

Dün haydut Fehim yeni biç intikamı milletten kurtuldu. Akşam üzeri Beyoğlu'ndan konağına avdet ederken Mektebi Harbiye civarında arabasına bir bumbara atıldı.

Diğeri:

Daima hasta olan Sultan Hamid'i ve saray erkanını fevka-lade havf ve telaş ilka eylemiştir... Geçen devre-i buhranında doktorlar tarafından tahmin edilen ikinci nöbet bu hafta ken-disini gösterdi. Abdülhamid cihazı bevlisindeki evcaı elim-den pek muztariptir... Üçüncü defa İstanbul'a gelmesi doktor Bergman'dan rica ve iltimas edilmiştir. Yıldız, sükutu müthi-şin tarakkübü ile raşenaktir.

Okuduktan sonra bütün gazeteleri iç ceplerime sokuştur-dum ve düşünceye daldım. Bu gazeteleri ben Enver'e okut-tuktan sonra hemen yakılmasını münasip buldum. Selanik'i de ikaz ederek Avrupa'dan gelecek gazetelerin bizi, bize ina-nanlara dahi zayıf göstermekten başka bir işe yaramayacakla-rını anlatmayı muvafık buldum: İcap eden malumat cemiyet mensuplarına gizlice verilmeli ve ayrıca propaganda faaliye-ti yapılmalıdır.

— Kulakların çınlasın Naki Bey! Eğer sen de şimdi bu makaleleri okuyorsan, cemiyetimizin ne zaman ve ne sebeple teşkil edildiğini anlarsın! diye uzaktan telkin yaptım.

## MANASTIR'DA ENVER BEY'LE HASBİHAL

7 Şubat 1907 (25 Kanunusani 1322)[38] 10 Perşembe sabahı, benim yeni evde Enver'le buluştuk, gazeteleri ve beraber aça-cağımız zarfı kendisine verdim, önce kapalı zarfı açtık. Teşki-lata ve tahlife ait malumat, yemin sureti. Bunları okumadan evvel Enver'e dedim:

—Yemin ettirirken kaputlarımızı ters mi giyeceğiz?

—Ne münasebet? Bir şey anlamadım, diyen Enver Bey'e:

---

38    Rumi yılbaşı martta başladığından henüz 1322 yılı idi.

—Bir saniye müsaade! diyerek dışarı çıktım. İçi kırmızı atlas olan kaputunu ters çevirerek ve önünü arkaya getirerek giyip içeri girdim. Ve dedim:

—Selanik'te beni tahlif merasimine tabi tutmaya lüzum görmediler. Fakat gerek Erkan-ı Harp Binbaşı Cemal, İsmail Hakkı Bey'in ve gerekse Olimpos Palas gazinosunda loş bir yere oturmuş olan, takdim olunduğum zatların vestiyerdeki kaput ve paltolarının astarlarını hep kırmızı atlas gördüm. Bu gafletlerini ilk temasta kendilerine söylemeyi "ukalalık" derler diye söyleyemedim. Bu bir! İkincisi; oku şu Ahmet Rıza'nın makalesini!... Bu iki!... Şimdi beni dinle diyerek gördüklerimi, işittiklerimi, intibalarımı birer birer Enver'e anlattım ve şu neticeyi söyledim:

—Selanik'te sekiz on arkadaş ve başlarında yüzünü belki de gördüğüm fakat onun beni yakından takip ettiğine, dinlediğine hiç şüphe etmediğim Talat Bey adında bir zat vardır. Bunlar dört yıldır başlayıp bırakmak üzere bazı teşebbüslere girmişlerdir. Selanik'ten başka hiçbir yerde teşkilatı yoktur. Hatta Selanik dahi galiba eski teşebbüsleri gibi bu sefer de işten vazgeçmiş, temsili kalmıştır. Çünkü atalet tamdır. Benim ısrarımla Manastır'a teşkilat salahiyetini verdiler. Aynen söylediğim Naki Bey, bize tutulacak yolu apaydın göstermektedir. Ben bunu düşüne düşüne şöyle maddeledim:

1. İnsiyatifi elimize almak. Yani esaslı bir teşkilat ve icraat programları hazırlamak.

2. Selanik'te Talat Bey kimse, onunla ve diğer müteşebbis arkadaşlar ile doğrudan doğruya temasa gelmek ve kuvvetli bir merkezi umumi vücuda getirmek. "İsmail Hakkı Bey de müzakerelerde bulunabilir."

3. Paris'teki Terakki ve İttihat adındaki birkaç kişilik temsili cemiyeti de vatana bağlamak.

Beni hayretle ve sükunetle dinleyen Enver dedi:

— Eh Kazım! Dehşetli bir istihbaratçı imişsin. Ben senden önce kaç yıldır mıntıkada istihbaratla uğraştım. Fakat bu işte bu kadar ince malumat alamadım. Eğer dediklerin doğru çıkarsa müthiş bir şey!...

— Selanik'ten başka yerde teşkilat olmadığına mı şüpheniz var; Üsküp'e kadar gittim. Orada İsmail Hakkı Bey'in kardeşi Cafer Tayyar Bey bile daha cemiyete alınmamış. İsmail Hakkı Bey'i ayıpladım. Edirne ve İzmir'e, Bolu'ya giden arkadaşlarımız Selanik'te ancak İsmail Hakkı Bey'in birer kahvesini içmişler. Yakında bunlar gelecek. Şimdiden onlara karşı uyduracağımız yalanlan düşünsek iyi olur.

Sonra cemiyetin ne zaman kurulduğuna mı şüpheniz var? İşte Şurayı Ümmet'in makalesi! Bunu, bana Selanik merkezi; arkadaşlarımıza okut, diye verdi! Bundan başka cemiyetin yeni ismini ve faaliyetini Naki Bey benden duydu! Eh daha şüpheniz kaldı ise sen de bir Selanik seyahati yap! Yolda daha önce Naki Bey'le görüş!

— Hepsi inanılacak şeyler. Hususiyle bunları sen söylüyorsun. Ancak Selanik'in dediğin gibi sekiz on kişi olmasına inanamıyoruz. Çünkü benim numaram 152'dir. Halbuki ben tahlif olunalı şöyle böyle dört aya yaklaşıyor.

— Senin numaran neyi ifade eder? Mesela Manastır'da ilk numarayı 501'den başlamayı ben münasip görüyorum. Bu suretle ilk resmi tahlif olunacak arkadaş kendinden önce yüzlerce insanın bu cemiyete girdiğini sanır. Sonra dört ay zarfında belki de hiç kimse tahlif edilmiş olmayabilir. Bu kanaati bana veren de gönderdiğimiz üç arkadaşımızın tahlif olunmaması ve hiçbir yerde teşkilata başlanmış olmamasıdır.

Cafer Tayyar Bey Üsküp'ten Selanik'e çağrılıp tahlif olunamaz mı idi? Benim kanaatim kati olarak şudur: Sultan Hamid iyileşince, Naki Bey'in de bildirdiği gibi işler bilmem kaçıncı defa olmak üzere durmuştur.[39] Bence Sultan Hamid'in

---

39 Meşruriyet'in ilanından sonra öğrendiklerim: Emekli Subay İsmail Yörükoğlu'ndan:

93 Rus Harbi esnasında (1877-1878 Harbi) İsmail Efendi'nin babası; Cesri Mustafapaşa kazası mahkemesinde hakim Yörük Mehmet Efendi'dir. Talat'ın babası Cepeceli Ahmet Efendi de müstantiktir. Rusların gelmesi ile hakim çocuklarıyla Gelibolu'ya, Müstantik de

çocuklarıyla trenle İstanbul'a kaçıyor. Hürmetli'de doğmuş bulunan İsmail, bu esnada altı yaşında, Talat da kucaktadır. Harpten sonra Hakim; önce Hasköy'e, sonra Kırcaali'ye, Müstantik de Edirne'ye tayin olunarak çoluk çocuklarını da yanlarında bulunduruyorlar. Talat'ın babası 1888'de Edirne'de ölmüştür. Bulgarların Şarkî Rumeli'ni ilhaklarından Kırcaali bir müddet 12 kişi ile idare olunan müstakil bir Türk yurdu kalıyor. Edirne'de doğmuş bulunan Talat ilk ve orta tahsilini Edirne'de yapıyor. Alyans İzraeliyet mektebinde de iki yıl okuyor. Bir yıl da Türkçe hocalığı yapıyor. 18 yaşında iken Edirne telgrafhanesine memur yazılıyor. Hakim, oğlu İsmail'i Hürmetli köylerine, Kırcaali'ye iltihak için bir mazbata imzası için gönderiyor. Bulgarlar bunu yakalıyorlar. Neticede de Kırcaali Osmanlı Devleti'ne; fakat buraya iltihak isteyen 30 köy Hürmetli'ye bağlanarak Bulgaristan'a veriliyor. Hakim de Bulgar idaresinde kalıyor. Hürmetli yakınında çiftliği de vardır. İsmail'i Hasköy Bulgar kaymakamı iki yıl orada Bulgar ilk mektebinde okutuyor. Sonra Filibe Türk rüştiyesinde iki yıl daha okuduktan sonra Bulgar rüştiyesine giriyor. Filibe'de eşkıya takibine memur bir Bulgar zabiti delaletiyle Sofya Bulgar Har- biyesine giriyor. (1888'de). 4 yıl tahsilden sonra 1892'de mülazımlıkla Lumpalanka'da İkinci Süvari Alayı'na gönderiliyor. Burada bir gün, bir Türk kahvesinde otururken Türk halkının bir adama küfür ve hakaret ettiklerini görüyor. Bunun Bakkal Şükrü Efendi olduğunu öğreniyor. Ertesi günü bunun dükkanına giderek hakaretin sebebini soruyor. Ve öğreniyor ki bu adam Paris'te Bahattin Şakir Bey'le muhabere ediyor, "Osmanlı, Şurayı Ümmet" ve daha bazı bu kabil gazetelere aboneli olduğundan padişah taraftarı olan halkı bunu haber alarak kendisine hakaret etmişlerdir.

İsmail Efendi de bu gazeteleri okuyor ve "Osmanlı" gazetesine abone yazılıyor. Şükrü Efendi vasıtasıyla de Bahattin Şakir'le gıyaben tanışıyor, mektuplaşmaya da başlıyor. Bahattin Şakir destelerle birçok gazete ve risaleleri İsmail Efendi'ye bedava göndermeye başlıyor. İsmail Efendi de bunları Plevne, Varna ve Rusçuk'taki Türk cemaatine gönderiyor.

1892 yılı, bu suretle İttihat ve Terakki Cemiyeti neşriyatının Bulgaristan'ın her tarafına dağılması ve cemiyetin şubelerinin teşekkül ettiği bir tarih oluyor. Lumpalanka'da arlık İsmail Efendi bir tevzi merkezi oluyor. Bir aralık Türkiye'den kaçarak gelen iki Türk zabitini de Şükrü ve İsmail Efendi himaye etmişler ve sonra Rusçuk merkezine göndermişler. (İsmail Efendi en son Rusçuk cemiyet merkezinde çalışmış ve burasının mührünü Mithat Şükrü Bey'e vermiş, evrakı da Büyük Harp mütarekesinde kurtararak yakmış.)

Sultan Harnid Lumpalanka'dan bu gazetelerin Bulgaristan'a yayıldığını haber alınca Sofya Komiseri Necip Melhame'ye bunlara mani olmasını tebliğ ettiriyor. Necip Melhame, bu gazetelerin yayılmasına mani olması için Müftü'ye yazıyor. Bu da ihtiyar heyetine söylüyor. Bunlar da Şükrü Efendi'ye söylüyorsa da bu zat "Bu bir vazifedir, bırakamam" cevabını veriyor. Ömer Özkoç ismindeki bir hemşehrisi (Harbi umumide Berlin'de Konsolostu. Bir ameliyat sonunda öldü.) ve İsmail Efendi de Şükrü Efendi ile birleşerek üç kişi Lumpalanka'da cemiyetin neşriyatını Bulgaristan Türklerine yaymak için bir merkez teşkil ediyorlar.

İsmail Efendi, 1893'te Talat Bey'i görmek ve ona da bu gazetelerden getirmek üzere izinli olarak ve Bulgar üniformasıyla Edirne'ye geliyor. Ve Talat'ta misafir kalıyor. Getirdiği gazeteleri doğrudan doğruya Talat'a vermekten çekinerek evvelden beri ailece tanıştığı hemşiresi Kamile Hanıma ki sonradan bununla evlenmiştir — veriyor. O da Talat'a veriyor. Edirne Postahanesinde memur olan Talat bu gazeteleri okuduktan sonra İsmail Efendi'ye, bunlardan muntazaman kendisine de gönderilmesini rica ediyor ve Austriche Post (Avusturya Postası) Postrestant Ahmet Ağa adresine gönderilmesini söylüyor. Lumpalanka'ya döndükten sonra Bahattin Şakir Bey'in gönderdiği Şurayı Ümmet, Osmanlı, Mizan vesaireyi bu sahte adresle Talat Bey'e göndermeye başlıyor. Faaliyetini arttıran İsmail'i Lumpalanka ihtiyar heyeti ve ileri gelenleri tehdit ediyorlar ve İslamlığa ve Hükumetseverliğe yakışmadığım söyleyerek bu işten vaz geçmesini söylüyorlarsa da o, kulak asmıyor. Fakat aradan çok geçmeden Talat'tan aldığı mektupta, şu kötü haberi alıyor. "Biz yakalandık, hapishanedeyiz. Gazeteleri gönderme." Az sonra Talat hapishanede arkadaşları arasından topladığı yüz altını bir çıkın içinde elden gönderiyor ve bu parayı Paris'te cemiyete göndermesini rica ediyor. İsmail Efendi bu parayı cemiyet hesabına Bahattin Şakir'e gönderiyor. Bahattin Şakir buna teşekkürle beraber gazeteleri "Türkiye'nin başka tarafına da gönderebilir misin" diye soruyor. İsmail de "Evet!" cevabını veriyor.

Artık Lumpalanka'da İsmail Efendi'ye birçok gazeteler geliyor. Bu da ikişer üçer ayırıp paket yapıyor ve üzerlerine: "Bu paketleri Türk karakollarına veriniz." diye yazarak ve arkadaşları

Bulgar zabitlerine ayrıca bu hususu mektupla rica ederek Bulgar hudut karakollarına gönderiyor. Bulgar Hükümeti Türkiye aleyhindeki teşebbüs ve muhabereleri kendi lehine gördüğünden mani olmuyor. Bilakis memnun oluyor ve kolaylık gösteriyor. Aradan çok geçmeden Talat Bey'den bir mektup alıyor. "Ben Selanik'e geldim. Gazeteleri su adrese gönder: Avusturya Postası vasıtasıyla Chul (Sual) İsmail Efendi de göndermeye başlıyor.

1903 (1319) Makedonya'da Bulgar ihtilalinden az önce İsmail Efendi muvazzaf zabitlikten ihtiyata çıkarıldığından Sofya'ya gelmiş. Türklerle harp ihtimali olduğundan ne kadar Türk memur varsa hepsini geri hizmetlere ve ihtiyata çekmişler. İsmail burada da Bahattin Şakir'le muhaberesini temin ediyor. Gazete ve risaleleri dağıtmak için bir sevkiyat şubesi teşkil ediyor. 7/6/1905'te Sofya'da bir de "Şark Gazetesi" çıkarıyor. Bunun yarısı Türkçe, yarısı Bulgarca'dır. Bulgar hariciye nezareti de buna yardım ediyor. Hükümet lehine Bulgar Müslümanlarını kaşanmak ve reylerinden istifade etmek politikasıyla. Artık Paris gazetelerini Sofya merkezinden bütün Bulgaristan

Türklerine, Selanik'e, İstanbul'a göndermek İsmail için daha kolay oluyor. Hükümet kendisine, her tarafı kolayca dolaşması için bir de paso veriyor. Türkiye'ye gönderdiği paketlerin üzerine: "Arzu edenler Sofya'da Rakofski sokağında 12 numaraya müracaat etsin." diye de yazıyor. Komiteci Boris Sarafof İsmail'in arkadaşı imiş. Evrakı gönderemediğinden İsmail buna şikayette bulununca Bulgar postalarıyla göndermesini tavsiye etmiş ve Makedonya Bulgar komiteleri postalan ile Selanik, Manastır, İştip, Üsküp vesair yerlere gazeteler kolayca gitmeye başlamış. Koçarinova'da Karaman adında bir zabite de istemesi üzerine Bulgar hudut karakolu vasıtasıyla İsmail gazete göndermeye başlamış. Bir gün Bulgar karakoluna gelen bir Türk neferine verilen paketi nefes, Karaman'a yalnız iken vereceğine zabitlerin önünde atıvermiş. Zabitler de bu paketi Serez kumandanına göndermişler. Hudut komiseri Kiraz Hamdi Sofya'ya tahkikata gönderilmiş. Birkaç gün kalmış. Fakat bir şey anlayamamış.

Paris'teki İttihat ve Terakki merkezi Bulgaristan'a 8'inci şube namını vermişler ve mühür de göndermişler. Merkez Rusçuk'ta kurulmuş. Orada cemiyetten Tahir Lütfü Bey (Arnavutluk'ta sefirdi) Bulgarya adlı bir gazete de çıkarıyor.

1908 başında — Meşrutiyet ilanından altı ay önce — İsmail Efendi Talat Bey'le görüşmek üzere Selanik'e gelmeye ve hatta orada kalmaya karar veriyor. Selanik'te cemiyetin kuruluşundan haberi yoktur. Sofya'da komiser Sadık el-Müeyyet Paşa'ya müracaatla: Zaruretim var. Sofya'da oturamayacağım. Sela- nik'e gitmek istiyorum. Bana bir memuriyet verilmesi için delalet etmesini rica ediyor. O da umumi müfettiş Hüseyin Hilmi Paşa'ya bir tavsiye mektubu yazarak İsmail'e veriyor. Bulgar ihtiyat zabiti olduğundan bu sefer sivil olarak geliyor. Talat, Rahmi, Mithat Şükrü Beylerle Olimpos Palas gazinosunda toplanıyorlar. Sultan Hamid'in vesvesesini artıracak, dikkatini cemiyetin üzerinden başka tarafa çekecek tarzda, Ermeni ve Bulgar komitelerinin suikast hazırladıklarını, Sofya'dan İsmail isminde bir Bulgar ihtiyat zabitinin Selanik'e bunu haber vermeye geldiğini şifre ile ve Rahmi Bey vasıtasıyla mabeyne bildiriyorlar. Rahmi Bey Sultan Hamid'in emniyetini kazanmış olduğundan cemiyeti gizlemek için arkadaşlarıyla birlikte tertip ettikleri bu kabil şifreleri çekmekte imiş. Bu üç zat geceleri mason locasına gidiyorlar. İsmail mason olmadığından gitmiyor. Ertesi gün Hüseyin Hilmi Paşa'ya gidip tavsiye mektubunu veriyor. Hilmi Paşa'da, "İstanbul'a yazdım, cevap gelinceye kadar her akşam daireye geleceksin." diyor. İsmail bir ay Selanik'te bu suretle kalıyor. Sonra kendisine Bulgaristan'a geri dönmesi tebliğ olunuyor ve Sofya'ya gönderiliyor.

Meşrutiyet mücadelesi başladığı zaman Cavit Bey Talat'tan bir mektupla Sofya'da İsmail'e geliyor. Mektupta : "Cavit'in istediği kolaylığı göster." deniyor. Cavit de diyor ki: Manastır'da asker dağa çıktı. Maksat Meşrutiyet'i istemektir. Halbuki Avrupa gazeteleri "Maaş verilmediğinden zabitler isyan ettiler." diye yazıyorlar. Beni Bulgar gazetecilerine götür, onlarla görüşeyim! diyor. İsmail de götürüyor. Cavit Fransızca onlara vaziyeti anlatıyor. Oradan Viyana"ya gidiyor. Beş gün sonra da Meşrutiyet ilan olunuyor.

İsmail Bahattin Şakir'e yazıyor; "Meşrutiyet ilan olundu, ben de Türkiye'ye gideyim mi?" Aldığı cevapta: Meşrutiyetin ne şekilde ilan edildiği bilinemediğinden acele etmemesi bildiriliyor. Birkaç ay sonra gelen mektupta: "Biz Selanik yoluyla İstanbul'a gidiyoruz. İstersen sen de gel. İstersen orada kal, evrakı yanında muhafaza et." deniyor. Bir müddet sonra İsmail

Efendi de Türkiye'ye geliyor ve Edirne'de kalıyor. Burada askeri kulüpte Bulgarca muallimliği yaptı. Balkan Harbi'nden sonra Talat Bey'in eniştesi oldu. Kendisini Edirne'de tanıdım. Erenköy'de komşumdu, ara sıra da görüşürüm.

Talat Bey'in Edirne'de nasıl yakalandığını kendisinden şöylece dinlediğini anlattı: Talat, İsmail'in gönderdiği gazeteleri; Edirne arkadaşlarından Hafız İbrahim, Faik ve Sami Beylere de verir okuturmuş. Sami'nin arkadaşı Şeref (Avukat) Topçu Harbiye mektebinden alaya gitmiş, Edirne'de bir topçu alayında çavuştur. Arkadaşı Sami Bey'den eline geçirdiği bir cemiyet gazetesini kışlaya götürmüş ve arkadaşlarına göstermiş. Arkadaşları da, bunu kumandana verirsen seni zabit yaparlar diye teşvik etmişler. Belki de ondan önce haber veren de olmuş ki Şeref tevkif olunmuş ve gazeteyi kimden aldığı söyletilmiş. Bunun üzerine Hafız İbrahim İpekli, Faik Kaltakkıran ve Sami veya Selami ve Talat tevkif olunmuş, gazeteleri Talat'ın dağıttığı ortaya çıkmış.

***

Manastır'da stajım esnasında orada vali bulunan Bay Hazım Tepeyran (Niğde mebusu) Erenköy'de komşum olduğundan sık sık görüşür hasbıhaller ederdik. Ondan Talat hadisesini dinledim. Şöyle ki: 1896 (1312 Rumi) yılında İkinci Ordu Müşiri Arif Paşa aynı zamanda vali vekili bulunuyor. Hazım Bey de vali muavinidir. Arif Paşa bir sabah Hazım Bey'e şu malumatı veriyor :

"Bazı kimselerin evlerinde muzır evrak bulunduğu haber alındı. Derhal bunların evlerini arattırınız ve kimlerde bulunursa tevkif ediniz." diye mabeynden şifreli telgrafla bir emir aldım. Derhal evlerini arattım. Üç dört torba evrak bulundu. Birkaç zabitle altı sivili tevkif ettirdim. Evrakı bir heyet huzurunda tetkik edelim. Heyet kuruluyor ve getirilen evrak tetkik olunuyor. Çoğu Avrupa'dan gelen gazeteler. Birkaç da el yazısı. Mevkuflardan Talat, Şeref ve Faik (İkisi de Edirne meb'usu idiler), Necip adında bir pasaport katibi sevillerden; Kolağası Mustafa Bey de askerlerden göze çarpanlar. Talat'ın hiçbir yazısı bulunmuyor. Fakat Avrupa'dan gelen memnu gazeteleri bazı gençlere vermesi suçu var. Diğerlerinin el yazıları var. Hazım Bey heyetten maarif müdürüyle birlikte el yazılarının bir kısmını ceplerine koyup apteshaneye atarak suçu hafifletiyorlar ve Hazım Bey'in teklifi üzerine bunlar hakkında örfi bir muamele yapılmayarak ceza mahkemesine veriliyorlar. El yazılarından en ağırı Şeref Bey'in (Sonradan Avukat olmuştur). Kolağası Mustafa Bey'in de "Boğazımıza yağlı kementler de vurulsa hürriyetin istirdadına hizmet edeceğiz" gibi yazıları görülüyor. Necip Bey'in ise "Yıldız erbabı zekanın kasaphanesi olmuştur" tarzında basit bir şifre ile yazılmış yazısı bulunuyor. Bazı kelimeleri açık olduğundan Arif Paşa bizzat bunu alıp hallediyor.

Bütün mevkuflar bir seneden üç seneye kadar hapse, kalebendliğe mahkum ediliyorlar. Bu arada Talat da üç seneye mahkum olarak Edirne hapishanesine atılıyor. Fakat iki yıl sonra affolunuyor. 1898'de Selanik Manastır arasında seyyar posta memurluğuna, az sonra da Selanik telgraf ve posta baş müdürlüğü katipliğine tayin olunuyor. İşte bu esnada sekiz arkadaş Paris'te Ahmet Rıza'ya bir şube açmak üzere mektup gönderiyorlar (1902). Bir yıl sonra posta telgraf başkatipliğine tayin olunuyor. Paris'ten birkaç yıl önce gelmiş bulunan Selanik eşrafından Rahmi Bey'le de arkadaş oluyorlar. Talat idarenin ve hususiyle Sultan Hamid'in aleyhinde gördüğü kimselerle can ciğer ahbap olmaktadır. Paris'teki Terakki ve İttihat Cemiyeti'nin neşriyatı da kendisine Bulgaristan'ın mühim merkezlerinde kurulmuş olan bu cemiyetin şubelerinden eniştesi İsmail Yörükoğlu vasıtasıyla (Bu zat o zaman Bulgar Prensi Ferdinand'ın hassa süvari alayında yüzbaşıdır) gelmektedir. Rahmi Bey Selanik eş- rafındandır. Bu da ced beced Türk'tür. Selanik'te eski İttihat ve Terakki teşkilatına girmiştir. 1897 (1313) Yunan Harbi sıralarında Sultan Hamid'e suikast için Selanik merkezinden üç Tikveşli İstanbul'a yola çıkarılıyor. Fakat İstanbul, bu adamları şüphe üzerine yakalayıp Yunan hududuna gönderiyor. Seianik teşkilatını bilen biri de Rahmi Bey'i mabeyne jurnal ediyor. Rahmi Bey İstanbul'a getiriliyor ve Taşkışla Divan-ı Harbi'nde sorguya çekiliyor. Daha bazı zabitler de burada Divan-ı Harp olunmakta iken Serhafiye Ahmet Paşa'nın Paris'e giderek Murat Bey ve diğer firarilerle uyuşması neticesi birçok mevkuflar gibi Rahmi Bey de Serhafiye Ahmet Paşa'nın delaletiyle İstanbul'da kalmak şartıyla tahliye olunuyor. Fakat Rahmi Bey korkuyor ve Avrupa'ya kaçıyor. Orada üç yıl kalıyor. Sonra 1900 (1316)'de Selanik'e geliyor. Bir müddet sonra Talat Bey'le tanışıyor. İkisi de aynı fikirdedirler. Fakat Sultan Hamid'e karşı bir şey yapmaya cüret etmekten yılgın olduklarından bir teşebbüse girişmiyorlar. Her yerde herkes gibi Sultan Hamid'e ve günahkar muhitine lanet okuyup duruyorlar. Fakat bunu okuyanlar çoğaldıkça ve Paris gazeteleri de elden ele yine Talat Bey vasıtasıyla dolaştıkça, dert ortaklarını tehlikeden korumak düşüncesiyle mason localarına girerek orada bir nüve yapmaya karar veriyorlar. Karasu (Musevidir), Talat, Rahmi ve arkadaşlarının mason locasına girmelerine ve orada istedikleri gibi çalışmalarını temin ettiğinden emniyetini kazanıyor. Artık locada bu hürriyet cemiyeti nüvesinin bütün evrakını Karasu muhafaza ediyor. 29 Ağustos 1906 (16 Ağustos 1322)'da mason locasına hürriyet aşkıyla giren Türklerin sayısı 70'i bulmuştur. Talat Bey şu teklifte bulunuyor:

— Artık loca haricinde toplanalım ve bir cemiyet kuralım. Talat Bey'i bu karara sevk eden mesele: Sultan Hamid'in 18 Ağustos 1906'da ağır hastalandığını ve ölümünde dahi hürriyet ilan olunamazsa Avrupa devletlerinin Osmanlı Devleti'ni paylaşma tehlikesi karşısında kalacağımızı, bunun için yer yer, adı ne olursa olsun cemiyetler teşkil olunarak hazır bulunmaktan başka çaremiz kalmadığı hakkındaki Şurayı Ümmet gazetesinin yazdığı makaleler oluyor. Bu teklifi arkadaşları kabul ediyor ve hemen o gün toplanmaya karar veriyorlar. Fakat 70 kişiden yalnız 10'u bu toplantıya geliyor. Talat da gelmeyenler korkaklıklarını ispat ettiler diyerek cemiyeti bu 10 kişi ile kurmayı teklif ediyor ve karar altına alınıyor. Toplantıya gelen 10 zat yaş sırasıyla numaralanıyor. Sırasıyla şunlardır :

1. Tahir Bey (Selanik Askeri Rüştiye Müdürü-Binbaşı)

2. Naki Bey (Selanik Fransızca hocası - Binbaşı)

3. Talat Bey (Selanik Posta seyyar memuru)

4. Mithat Şükrü (Maarifte memur)

5. Rahmi Bey (Selanik eşrafından hukuk mezunu)

6. Kazım Nami Bey (Üçüncü Ordu Müşiri yaveri-Yüzbaşı)

7. Ömer Naci Bey (Mülazımıevvel)

8. Hakkı Baha Bey (Mülazımıevvel)

9. İsmail Canbolat Bey (Mülazımıevvel-Merkez kumandanlığında)

10. Edip Servet Bey (Yüzbaşı)

Vaziyeti münakaşa eden bu zatlar (Serdengeçtiler) diye bir cemiyet yapalım münakaşasına girişiyorlar. Fakat Rahmi Bey böyle kalabalık içtimain tehlikesini belirttiğinden bir karara yaramadan dağılıyorlar. Ortada dört zat kalıyor: Talat, Rahmi, Mithat Şükrü, Canbolat. Rahmi Bey diyor ki: "Bu dört arkadaş baş başa verip çalışalım. Diğerleriyle kalabalık halinde bir iş çıkaramayız. 'Serdengeçtiler' diye bir cemiyet kurmak da meşrutiyet davasına uygun bir şey olmaz."

Dört arkadaşın ittifakıyla bu teklif kabul olunuyor ve yeni cemiyetin adı ve nizamnamesinin tertibi Rahmi Bey'e bırakılıyor. Rahmi Bey yalnız başına düşünerek cemiyete "Hilal" adını ve işaretini uygun buluyor. Bir de nizamname hazırlıyor. Bu aralık Sultan Hamid'in hastalanması cemiyetin hayat bulmasına yardım ediyor. 1322 (1906) Eylülünün birinci Cuma gecesi bu dört arkadaş ikinci içtimalarını yapıyorlar. Hilal adını ve nizamnamesini ittifakla kabul ediyorlar. Bu suretle ilk Selanik merkezi; Talat, Rahmi, Mithat Şükrü ve İsmail Canpolat'tan mürekkep olarak teşekkül ediyor. Bundan sonraki faaliyette artık Rahmi Bey de bulunmuyor. İşler üç arkadaşın eline kalıyor.

1322 (1906) 5 Eylülde Alatini köşkü karşısındaki Ömer Naci Bey'in evinde toplanıyorlar. Hilal yerine "Osmanlı Kürriyet Cemiyeti" adını kabul ediyorlar. İlk içtimaa gelen on zatın cemiyetin müessisi olarak kabulüne ve bunlara yaş sırası 1 -10 numara vermeye ve müessislerin 10'uncu numarasından sonra yüz atlayarak lll'den itibaren numara vermeye ve bu suretle cemiyetin kuvvetli gösterilmesine karar veriyorlar. Cemiyete alınacak zatların İslam olması — Dönmeler dahi alınmayacak— kumar oynamaz, fazla içmez yani sarhoş olmaz, evhamsız, cesur ve seciyeli kimseler olması şartlan nizamname icabındandır. (5 Eylül cemiyetin kuruluş günü kabul olunduğundan İttihat ve Terakki kongreleri de bugün toplanmaktadır.)

İlk esaslı tahlif 1322 (1906) Teşrinievvelde başlıyor. İlk tahlif heyeti Talat, Mithat Şükrü ve İsmail Canbolat oluyor ve Mustafa Necip (Mülazım) tahlif olunuyor ve 111 numarayı alıyor. Manastır merkezi teşkil olununcaya kadar Selanik'te 42 zat tahlif olunmuş bulunuyor. Bunlardan tanınmış kimselerden bazılarının numaraları şunlardır:

116. Manyasi zade Refik Bey (Merhum-Avukat)

132. İsmail Hakkı Beşiktaş (Maiyetimde tümen komutanlığı ve Şark cephesinde levazım reisliği yaptı. Merhum Albay)

133. İsmail Hakkı (Erkan-ı Harp binbaşı. Valiliklerde bulundu. Bursa valiliğinde öldü. General Cafer Tayyar Eğilmez'in kardeşi)

135. Çolak Faik (Erkan-ı Harp binbaşı. Kolordu komutanı iken Cihan Harbi'nde Şark cephesinde şehit oldu.)

136. Hüsrev Sami (Mebus)

137. Tevfik Selanikli (Erkan-ı Harp kolağası-Merhum)

138. Halil (Mümtaz yüzbaşı. Geçen Cihan Harbinde ordu komutanlıklarında bulundu. Enver Paşa'nın amcası -emekli general)

150. Cemal (Erkan-ı Harp binbaşı. Cihan Harbi'nde Bahriye Nazırı ve Dördüncü Ordu kumandanı-Cemiyet erkanından Cemal Paşa)

152. Enver (Erkan-ı Harp binbaşı. Cihan Harbi'nde Harbiye Nazırı ve Başkumandan vekili Enver Paşa)

Cemiyet bu sırada hayli duraklamıştır. Cemiyetin tahlif yeri de Yalılar'da tuğla fabrikası civarında daha müsait bir Yahudi eviydi. Topçu Rasim Bey tarafından kiralanan yere naklolunuyor. (Bu ev hürriyetin ilanından sonra kongre kararıyla cemiyetçe satın alınmıştır.) Bir müddet sonra alman: (Cemiyetin de adı "Terakki ve İttihat" şekline çevrilmesi de bu numaralardadır.)

155. Necip Draga

156. Fethi (Mümtaz yüzbaşı)

158 Rasim (Topçu yüzbaşı. Sultan Hamid'in muhafızlarından. Mebus-Merhum)

165 Hafız Hakkı (Erkan-ı Harp binbaşı "Sarıkamış faciasında 9. Kolordu Komutanı Hafız Hakkı Paşa-Merhum)

171 Karasu (Bundan sonra cemiyete bazı dönme, Ulah, Ermeni ve Yahudi de alınmıştır. Bir kısmı zabit veya doktordu)

185. Zinnun (Süvari yüzbaşı) 1323 (1907) Eylülünde girmiştir.

186. Eyüp Sabrı (Ohrili. Meb'us) 1323 (1907) Eylülünde irmiş- tir.

187. Abdülkadir (Mümtaz yüzbaşı. Asılan) 1323 (1907) Eylülünde girmiştir.

190. Süleyman Fehmi (Süvari yüzbaşı) 1323 (1907) Eylülünde girmiştir.

191. Ali Fuat (Erkan-ı Harp kolağası. General Cebesoy) 1323 (1907) Eylülünde girmiştir.

195. Mustafa Kamil (Süvari mülazımı) 1323 (1907) Eylülünde girmiştir.

196. Mühendis Salim (İstanbul merkez azasından) 1323 (1907) Eylülünde girmiştir).

Daha sonraları alınanlardan da:

204 Hasan Rıza (Topçu miralayı. Bağdatlı Hasan Rıza Paşa- Merhum)

238 Baytar Recep (Staj yaptığım alayın baytarı, yüzbaşı idi. Bir yıl önce Manastır'da hususi tahlif etmiştim.)

280 Vasıf (Mülazım)

295 Cavit (Maliye nazırı. Asılan) 1323 Şubatta girmiştir. (O zaman yılbaşı mart olduğundan şubat 1323 denirdi. )

322 Mustafa Kemal (Atatürk) 1323 Şubat'ta girmiştir.

362 Cemil (Maiyetimde süvari alay komutanlığında ve ordu süvari müfettişliğinde bulunmuştur. Erzurumlu. Merhum Cemil Bey) 1323 Şubat 24 (9 Mart 1908)'te girmiştir.

385. Ulah Yesarya Efendi

386. Ulah Çele Efendi

387. Reşit Paşa (Serez mutasarrıfı, İstiklal Harbi'nde Sivas valisi-Merhum).

Burada İttihat ve Terakki Cemiyeti'nin tarihi için mühim bir hakikati de kaydediyorum. O da Mustafa Kemal Bey'in (Erkan-ı Harp Kolağası. Atatürk) cemiyetle münasebetidir. Terakki ve İttihat namını aldıktan hayli sonra ve 1324 (1908) Şubat'ında cemiyete Fethi Bey'in (Merhum Okyar) delaleti ile girmiş ve 322 numarayı almıştır. Suriye'de 1906 Teşrinievvelinde "Vatan ve Hürriyet Cemiyetini" teşkil etmiş. Selanik'e gelerek orada da bir şube açmış, işbu şube de sonra kendisine Terakki ve İttihat ismini vermiş... diye 1931'de basılmış olan tarihin III. cildinin 141'inci sayfasındaki yazılar hakikate uygun değildir. Bu hususu, merkezi umumi azalarından da ayrı ayrı tahkik ettim. Esasen böyle bir şey olsa ne diye yıllarca sonra arkadaşı Fethi Bey'in delaletiyle giriyor; resmi tahlif olunuyor ve bir de sıra numarası alıyor? Fethi Bey'in cemiyete girişi tarzı da Manastır teşkilatımızda yazılmıştır.

Cemiyetin fedailik işlerinde adı geçen Yakup Cemil Bey de 1324 (1908) Haziran'ın ilk günlerinde cemiyete girmiştir. Artık cemiyet,

iyileşmesi azmimizi kırmamalı ve başlayan bu güzel teşebbüsü durdurmamalıdır. Manastır ve havalisinde bütün kuvvetlerimizi sarfederek teşkilatımızı tamamlayacağımızı, Selanik'in işe hız vermesini ve Paris'teki Terakki ve İttihat namı altında çalışan birkaç vatansever zatları da bir şube gibi telakki ve idare etmelerini Manastır merkezi namına Selanik'e teklif edelim. Gerçi teşkilatın mühim merkezlere teşmilinde 'gecikmemelerini ben söyledim, fakat Merkez namına tekidi de lüzumlu görürüm. Teşkilatımız tamamlanınca bir de icraat programı yapar, teklif ederim.

Enver Bey sözlerimi can kulağıyla dinledi ve samimi olarak da kabul etti. Ve dedi:

— Tahlif malzemesi olarak bir masa, bir röver, bir kama, bir Kur'an, üç kırmızı önlük, üç de siyah peçe lazım. En mühimi numaraları biner atlayarak vermeye başlamıştır. Bu suretle yeni girenler mühim bir kuvvetin teşkilatlandırdığı zannına varıyormuş. Bu suretle cemiyet haziranın ilk günlerinde 6000'i aşmış şeklini bulmuş. En son, Meşrutiyet'in ilanından bir iki gün önce Miralay Nurettin Bey (Müşir İbrahim Paşa'nın oğlu merhum Nurettin Paşa) 6436 numara ile cemiyete girmiştir.)

Meşrutiyet'in ilanı gününe kadar Selanik'te tahlif olunanlar üç bölük halinde tensik olunmuştur:

| Zabit | Sivil | (İlmiye, memur ve serbest meslekler) |
|---|---|---|
| 136 | 224 | (Birinci Bölük ) |
| 4 | 103 | (İkinci Bölük) |
| 179 | 59 | (Üçüncü bölük ve perakendeler) |
| 319 | 186 | Ceman 505 zat Selanik'te tahlif olunmuştur. |

Fakat bunların 145'i 10 Temmuz Meşrutiyet ilanında başka yerlerde bulunduğundan Selanik'te cemiyete girmiş 38 zat mevcut idi.

Tanınmış zatlardan Hacı Adil Bey, Meşrutiyet'in ilanından sonra cemiyete girmiştir. Önce yapılan teklifi kabul etmemiştir. Erkan-ı Harp Miralayı Ali Rıza Bey (Hareket Ordusu Erkan-ı Harbiye Reisi) girmemiştir.

Meşrutiyet'in ilanında merkezi umumi kasasında 80 Mecidiye varmış. Merkezlerden aldıkları paralarla röver vesaire alınmış. Bizim Manastır'dan benim elimle gönderdiğim 23 altın idi. Manastır teşkilatında görülecektir.

de tahlif için, üç kişilik tahlif heyeti.

Ben — Tahlif için en müsait benim oturduğum evdir. Buna zaten karar vermiştik.

Enver — Tahlif heyeti de sen ve mıntıkadan Servet de Akif (mümtaz yüzbaşı, süvari yüzbaşısı. Servet kurmay albaylıktan, Akif generallikten emekli) ilk olarak işe başlarız ve ilk tahlifi; sınıf arkadaşım Azir Kahire'yi (mümtaz yüzbaşı, sonraları birçok maceralardan sonra Mısır Ordusu müfettişi oldu. Bazı hadiselerde ismi geçecektir.) bir hatıra olarak bizim evde tahlif ederiz. Sonra sizin evde istediğin ve kolayına geldiği gibi bir tahlif heyeti ile işe devam ederiz.

Ben —Pekala! Hususi surette yemin ettirdiğimiz ondan fazla arkadaş var. İşin tabii şekilde devamı için Kökili'deki kardeşim Yüzbaşı Hulusi Bey'i Manastır'a naklettiririz. Aynı evde iki kişi oluruz. Lazımına göre bir arkadaşı eve alırım. Heyeti tahlifiye bu suretle daha seri ve ameli işleriz. Ara sıra diğer arkadaşlarla ve başka yerlerde de şaşırtmaca tahlif yaparız. Son müsademede az kaldı katilim olacak olan şu röverle, benim kamam hazır.

Enver — Ben de evden bir Kur'an alırım. O halde gidelim, önlük ve peçeleri alalım.

Bu karardan sonra Selanik'ten getirdiğim ikinci zarfı açıp okuduk. Tahlif nutkunu pek uzun bulduk. Bunu, ben ezberlenecek veçhile daha kısa ve açık yazdım. Enver Bey de bunu muvafık buldu. Sonra birlikte çarşıya gittik. Büyük bir Rum mağazasından dört metre kırmızı bez aldık. "Bir metre de siyah ver." deyince Enver kulağıma:

—Bunu da başka yerden almalı idik. Diye fısıldayınca yaptığım falsoyu tashih için satıcıya dedim:

—Ay yıldız için de bir metre beyaz patiska ver!.. Bölüğüm için de evvelce bayrak malzemesi vesair lüzumlu şeyleri buradan aldığımdan Manastır tahlif heyetinin örtülüğü için aldığımız bezler tabii bir vaziyette pakete sarıldı. Dükkandan çıktıktan sonra Enver Bey gülerek şu iltifatta bulundu:

—Zekana diyecek yok, ama biraz daha basiretli olalım. Manastır'da dahi bir sürü hafiye dolu.

Ben — O halde bir iş de bunları tespit ve listesini tanzim olacak. Bunu da siz lütfedersiniz.

Akşamüstü, Enver bir Kur'anla birlikte benim eve geldi. Kırmızı kumaştan üç önlük, siyahtan da üç peçe kestik ve gözlerini oyduk. Yemin yeri olmak üzere benim evin alt katındaki taşlığı, düz ayak olduğundan muvafık bulduk. Buraya benim geniş cibinliğimi gererek tahlifi bunun içinde yapacağız. Talimattan okumakla beraber Enver bizzat da Selanik'te gördüğü veçhile bir provasını yaptı: Masanın üstüne benim hatıra röverle kamamı çapraz koyduk, bunun sağına da Kur'anı koyduk. Tahlif heyeti olan üç zat kırmızı önlük ve siyah peçeleri nasıl takacaklarsa öylece Enver'le karşı karşıya taktık. Tahlif olunacak zat geceleyin gözü kapalı olarak rehberi vasıtasıyla getirilecek ve masanın yanındaki sandalyeye oturtulacak. Önce ben nutku okuyacağım. Kalın ve sert sesle okuduğum zaman benim olduğu fark olunmadığını tecrübe ettik. Sonra yemin edecek zata ayağa kalkması söylenecek ve sağ eli Kur'an'ın, sol eli de röver ve kamanın üstünde olduğu halde yemini tekrar etmesi ihtar olunacak. Yemin bittikten sonra gözlerini açması söylenecek. Bu suretle bu heybetli manzarayı bir müddet seyrederken numarası bildirilecek. Hilal işareti ve Mu'în (Eski harflerle MUÎN) parolası öğretildikten sonra tekrar gözleri bağlanacak rehberi vasıtasıyla evden çıkarılacak. Münasip bir mesafeye kadar bazı zigzaglarla götürüldükten sonra, geldiği evi bulamayacağı kestirildikten sonra, gözleri açılarak serbest olarak rehberiyle veya yalnız gidecektir.

Enver bu ameli tarifinden sonra, dedi:

—Kazım, artık kan kardeşi oluyoruz.

—Evet, Enver! Kan kardeşi olduk. Üzerimize aldığımız mesuliyetin büyüklüğünü ben, Soroviç'te Naki Bey'le konuştuktan sonra büsbütün anladım. Şu halde bu vaziyette karşılıklı bir söz vermekliğimiz lazım: Eğer Selanik bu teşebbüsü yürütmez de yine duraklarsa teşebbüsü elimize alarak bütün hızımızla bu davayı yürütmek, icap ederse beraber hayatımızı feda etmek üzere kan kardeşi oluyoruz.

— Bütün manasıyla evet.

## İLK MANASTIR MERKEZ TEŞKİLATI

8 Şubat 1907 (26 Kanunusani)'de Enver, ben, bir de Enver Bey'in çok güvendiği, icabında nüfuzundan memleketinde istifade edebileceğimiz; eski İttihat ve Terakki mensuplarından Kolonya eşrafından ve Mülkiye Mektebi (Siyasal Bilgiler) mezunlarından Hüseyin Bey ilk merkezi teşkil ettik. Enver Bey'le bu zatın evine gittik. Enver onunla beni tanıştırdı, ilk aylık aidatı olmak üzere bir çeyrek lira verdi. Verdiğimiz karar şu oldu: Hüseyin Bey hiç işe karışmayacak. Bu suretle yedek merkez azası olarak bulunacak. Enver'le ben faaliyete başlayacağız. Cemiyetin maliye, hakimler heyeti ve fedai teşkilatı kuruluncaya kadar ben parayı muhafaza edeceğim. (Azanın aylık gelirinden yüzde ikisini alırdık. Bu parayı altın yaparak boynuma asılı bir beyaz patiska kesede taşıdım). Fedai şubesi bana bağlı olacak. Tahlif heyetini de ben idare edeceğim. Cemiyete rehberliği şimdilik Enver'le ben yapacağız. Cemiyete alınacaklar hakkındaki kararı ikimiz vereceğiz. Hüseyin Bey'le ben temasta bulunmayacağım. Enver, ona ara sıra icabı kadar malumat verecek.

Enver sevinçle dedi: İki ittihatçı arasında bir hürriyetçi elbette onların tecrübelerinden ve cesaretlerinden feyiz alacaktır.

Dedim:

—İttihatçıların maksadı hürriyetti. Hürriyetçilerin maksadı da ittihattır. Herhalde önce ittihat, sonra hürriyet gelecek. Yalnız eski İttihat ve Terakki mensupları memleket içinde olsun, dışında olsun bu yeni cemiyete alınmalıdırlar. Aksi halde onlar da ayrı faaliyete kalkarlarsa fikirler ve fiiller birbiriyle çarpışabilir. Mesela Avrupa'dan gelen ve Selanik'ten bana verilen gazetelerdeki makaleleri okuyacak cemiyetimiz mensupları, bunlardan iyi fikir almayacaklardır.

Bu gazeteler hakkında hayli münakaşalar yaptık ve neticede bunların cemiyet mensupları tarafından okunmaması, hele taşınmaması teklifim kabul olundu. Bunları "Merkezi Umumi" okusun, icap eden tamimleri yapsın teklifinde bulunacağız. Bize gelecekleri de biz okuduktan sonra kimseye vermeyerek imha edeceğiz. Bugün her münevver kimse, hele zabitlerimiz ordunun çöktüğünü, Haliç'te donanmanın çürüdüğünü biliyor. Kumandanlar ihtiyar ve aciz olduklarını bir sürü damat beyler ve paşaların gayet seri terlilerle hak ve emek tanınmayarak vazife başında yetişen arkadaşlardan çok ilerilerde ve İstanbul'da dairelerde yığıldıklarını görüyor, Kapitülasyonlar ve Düyunu Umumiye gibi belaların milletin hayatını söndürdüğünü biliyor. Adalet cihazının bozukluğu ve fikir hürriyetinin boğulduğunu, bu gidişle memleketin uçuruma sürüklendiğini anlatmak için birkaç söz herkese kafi tesiri yapıyor ve hürriyete kavuşturacak bir cemiyete girmeye can attırıyor. Bunu Manastır muhitinde çoktan beri gördük. Şu halde hemen yarın akşamdan itibaren tahliflere başlamaya karar verdik.

## MERASİMLİ TAHLİFLERE VE
## TEŞKİLATA BAŞLADIK

Manastır'da numaraların 500'den başlamasını ve bu suretle cemiyete girecek arkadaşların mühim bir kuvvete katıldıklarını zannetmelerini ve Manastır'ın 11'inci numarasının da tarihi bir hatıra olarak benim; İttihat ve Terakki'den ağabeyime ve onun da bana hediye ettiği numaraya karşılık bana ait olmasını Enver'e teklif ettim. Kabul etti. O da, ilk tahlifin kendi evinde yapılmasını ve kendisinin rehberlik ettiği mümtaz yüzbaşı Aziz Kahire'nin (Arap istiklalinin ön ayaklığını yaptığından Balkan Harbi'nden sonra Divan-ı Harbi Örfi'ce idama mahkum edilen, fakat Enver Paşa nezdindeki tavassutumuzla kurtulan, bir takım maceralardan sonra Mısır Ordusu umum müfettişliği makamına kadar çıkan) ilk olarak tahlifini, tarihi bir hatıra olarak teklif etti. Buna göre her hazırlığı yaptık.

Pek güvendiğimiz ve hususi yemin ettirdiğimiz arkadaşların bir daha merasimle yeminine lüzum görmedik. Bunlardan mıntıka Erkan-ı Harbiyesi'nde Mümtaz Kolağası Servet (Emekli Albay) ve Süvari Yüzbaşı Akif (General ve mebus) ve ben ilk tahlifi Enver'in evinde geceleyin yapmak üzere orada toplandık. Enver de gözleri bağlı olarak kolunda Aziz Kahire'yi getirdi. Ufak bahçeden tahlif yeri olarak hazırlanan mutbağa girdik. Sesimi tanınmayacak derecede kalınlaştırabiliyordum. Kısalttığım yemini ezber okudum ve Aziz Bey'e tekrar ettirdim. Manzara hakikaten heybeli idi: Biz üç arkadaş siyah peçe ve kırmızı önlüklerle ayakta, önümüzde kırmızı örtülü bir masa. Üstünde bir Kur'an-ı Kerim, az açığında bir röverle-kama, birbiri üstünde çapraz vaziyette. Aziz'in sağ eli Kur'an üzerinde, sol eli silahların üstünde olarak yemini tekrar etti. Sıra gözlerinin açılarak işaret ve parolayı öğrenmesine geldi. Enver de kapının yanında ayakta bize bakıyordu. Bu manzara karşısında gözleri açılacak Aziz Kahire'nin halini en ince noktasına kadar dikkatle takip ediyordum.

—Gözlerinizi açınız! Şimdi size cemiyetimizin işaret ve parolasını bildireceğin! dedim.

Aziz, merasimin nelerden ibaret olduğunu bilmediği için sevinçle gözlerini kapayan beyaz mendili başının üstünden çıkardı. Karanlıktan ziyaya çıkan gözlerini biraz alıştırdıktan sonra, gördüğü manzaranın ruhuna büyük bir tesir yaptığını her haliyle gösterdi. Ben de canlı cansız her varlığa dikkat edebilmesi için biraz bekledim. Sonra sağ elimin baş ve şahadet parmaklarını hilal haline getirerek ve yumruk tarafı göğsümün üstünde kendisine göstererek:

—İşaretimiz böylece Hilal'dir. Size bu işareti verecek zat, bundan sonra parolamız olan MUÎN kelimesinin M harfiyle bir söz söyler. Siz de cevabınızda (Ayn) harfiyle bir şey söylersiniz. O tekrar size (i) harfiyle bir şey söyler, siz de (n) harfiyle cevap verirsiniz. Bu suretle iki cemiyet arkadaşı tanışmış olursunuz. Şimdi tekrar gözlerinizi bağlayın! Sizi rehberinize teslim ederek buradan çıkaracağız, dedim; Enver'e teslim ettim.

Aziz Kahire üzerinde bu tahlifin çok tesirli olduğunu bizzat gördüğüm gibi bu merasimin benim ve arkadaşlarım üzerinde de ruhi tesiri büyük olmuştu. Maddi, manevi büyük bir işe artık fiilen de başlamış oluyorduk. Kendimiz gibi birçok genç vatandaşlarımızı da vatanımızın ve milletimizin selameti ve hürriyeti uğruna yeni fedakarlıklara sevk ediyorduk.

\*\*\*

Aradan çok geçmeden garip bir dikkatsizliğim, beni Aziz Kahire'ye tanıttı. Şöyle ki ona tahliften sonra hilal işaretini gösterirken serçe parmağında kırmızı taşlı küçük bir gümüş yüzüğün beni tanıtacağını hiç aklıma getirmemiştim. Enver vasıtasıyla tahlifin ne tesir yaptığını, kendisini kimin tahlif ettiğini kontrol ettiğimiz zaman; gördüğü heybetten çok heyecan duyduğunu, o manzaranın gözleri önünden gitmediğini fakat tahlifi yapan kimsenin sesinin kendi tanıdıklarından kimseye benzemediğini öğrenerek sevinmiştik.

Halbuki bir gün bir yerde otururken Aziz Kahire de yanımıza geldi. Konuşurken gözlerinin benim serçe parmağımdaki yüzüğe takılıp kaldığını ve Aziz'in bir düşünceye daldığını fark ettim. Ben de zor bir duruma düştüm. Fakat Aziz pek metin bir insandı. Hürriyete de aşıktı. Enver ise mektepten beri kendisini bu suretle tanıdığını söylemişti. Şu halde Enver'in de reyini alarak onun beni tanımasında bir mahzur görmedim. Bir aralık Enver Bey de yanımıza geldi. Beraber ayrıldık ve vaziyeti kendisine anlattım. Aziz Bey hemşehrisi bir zabiti cemiyete almayı Enver'e teklif etmiş imiş.

—Şu halde dedim, bu zatı Aziz'in evinde tahlif edelim. Fakat diğer tahlif heyeti azaları bulunmasın. Sen ve Aziz bulunun. Tahlifi ben yaparım. Şimdi Aziz'e kendimi tanıtayım. Fakat fiilen gördük ki işaret ve parola tehlikeli bir şey olabilir. Tanışması lazım gelen azaya hususi olarak başka işaretler ve parolalar verilmesini Selanik'e teklif edelim.

Enver teklifimi muvafık buldu. Dedim: "Şimdi Aziz'i de yanımıza çağıralım ve latife ederek kendimi tanıtayım." Aziz'i çağırdım. Yanımıza gelince tahlif esnasındaki bir sesle:

—Demincekten beri yüzüğüme bakarak neler düşündüğünüzü söyleyerek merakınızı gideriyorum, dedim.

Aziz[40] bundan çok memnun oldu ve:

—Çok teşekkür ederim. Bu ses değiştirmenize hayran oldum. Hele bu sırrı benden saklamadığınıza ise bütün kalbimle teşekkür ederim, dedi. Onun bir arkadaşım kendi evinde tahlif işini görüştük ve sonra da hallettik.

Bir aralık Enver Selanik'e gittiği zaman bu işaret ve parola mahzurunu oraya da kabul ettirdiğinden bunlar kaldırıldı. İttihat ve Terakki Cemiyeti Abdülhamid tarafından para ve ikna kuvvetiyle dağıtıldıktan ve Paris'teki gazetelerinin harfleri bile satın alındıktan sonra Ahmet Rıza ve arkadaşları Terakki ve İttihat Cemiyeti adını almışlardı. Paris'ten Selanik'e gelen bu cemiyetin ileri gelenlerinden Doktor Nazım şu teklifte bulunur: (Doktor Nazım 1907 Temmuzunda Selanik'e gelmiş, Hoca Mehmet adıyla sarıklı ve cüppeli; altı ay kalmış, İzmir'e gitmiş). "Avrupa bizim ismimizi tanıyor. Sizin isminizi duyunca, Türkler türlü cemiyetler yapıyor diyeceklerdir. Siz de bizimkini kabul edin..." Bu teklif umumi ittifakla kabul edildi. (Hürriyetin ilanından sonra da İttihat ve Terakki namı altındakilerin ayrılığını gidermek için İttihat ve Terakki şekli, yani eski ilk ismi kabul olundu. Cemiyetin ismine ilk "Hilal" denilmesi, sonra bunun işaret olarak kabulü, harice karşı da İslamcılık zihniyetini de göstereceğinden mahzurlu bulunarak kaldırıldığı halde; hürriyetin ilanını müteakip Enver Bey'in başına

---

40 Manastır'da ilk tahlif ettiğimiz bu Aziz Kahire'dir ki 31 Mart isyanının tedibinden sonra apaçık bana "Arap birliği" için çalıştığını, Türklerin mahvolacağını, fakat Arapların birlik yaparak yaşayacağını, bunun için Arapların yakasını bırakmaklığımızı söyledi. Ben de: Türklerin kendi varlıklarını muhafaza edecek kadar kuvvetli bir seciyeye malik olduklarını söyleyerek gittiği yolun tehlikesini, bunun Araplığı büsbütün yutmak isteyen devletlerin propagandası olduğunu uzun uzadıya anlattım. Bu Aziz Bey Trablusgarp muharebelerinde de Enver'le arası açılmış, Enver'in Harbiye Nazırlığı zamanında Divan'ı Harb-i Örfî ölümüne karar vermişti. Bunu haber alınca Enver Paşa'ya Manastır'da kendi evlerinde Hürriyet Cemiyeti için tahlif ettiğimizi ve ilk numarayı aldığını hatırlatarak bu vahim kararı önledim.

hilal takması birçok zabitlere de bu işareti başlarına taktırması şayanı hayrettir. Hayli sonraları da cemiyetin ileri gelenlerinden bir kısmı mason oldukları halde bir taraftan da ittihatı İslam siyaseti başladı. Enver Bey, Harbiye Nazırı, sonra da Cihan Harbinde Başkumandan Vekili olunca bu siyasetin basma geçti. Cihad ilanına kadar da yürüttü. Bunları aşağı bahislerde göreceğiz.)

## İLK HARARETLİ FAALİYET VE BİR DURAKLAMA

Enver'in önünde tahlif, tarihi bir hatıra olarak Aziz Kahire'ye inhisar edebildi. Enver'in annesi, babası, hemşiresi beraberinde olduğundan topyekun onların uzaklaştırılması bir defalık mümkün olabilmişti. Zindan altında, Manastır'ın en kuytu bir cihetinde, tahlif işlerine çok müsait olarak bulduğum kargir iki katlı bir evde işlere hız vermiştik. Bahçe kapısından girilen bu evde tahlifleri kolay yapmak için, sınıf arkadaşım avcı taburu yüzbaşılarından Tayyar'ı (Kalkandelenli) da almıştım. Ev altında, geniş cibinliğim içinde geceleri birkaç tahlif yapıyorduk.

Manastır'daki Avcı Taburu, Süvari Onüçüncü Alay, Topçu Onüçüncü Alay, Obüs Alayı, Piyade taburları vesair karargahlara adamakıllı el atmıştık. Hatta staj yaptığım Topçu Onüçüncü Alayın —Topçu alayının— tabur kumandanlarından Osman Bey bile Enver tarafından kuvvetimizden haberdar edilmiş bulunuyordu.

Birdenbire Mıntıka Kumandanı Hadi Paşa İstanbul'a istenildi. Bu zat martın 30'unda (Rumi 17) Manastır'dan hareket etti. Saroviç'e kadar Mıntıka Erkan-ı Harbiyesi kendisine refakat ettik. Hadi Paşa'nın acele İstanbul'a aldırılması bu Osman Bey'in bana talimhanede bir aralık şunu söylemesine sebep oldu:

—Gençler! Siz iş yapıyorsunuz, fakat Hadi Paşa'yı uçurdunuz! İstanbul herhalde teşebbüslerinizi haber almış olacak ki adamcağızı istediler.

Ben: —Evinden bir yere ayrılmayan Hadi Paşa'nın varlığıyla yokluğu arasında ne askeri ve ne de siyasi bir ehemmiyet yoktur. Herhalde yerine daha iyi birisi gelebilir. Teşkilatımız pek kuvvetlidir. Sakın benimle Enver Bey'den başkasına herhangi bir fikirde bulunmayınız. Derhal merkez haber alıp faaliyete geçebilir...

Osman Bey yumuşadı ve bana şu suali sordu:

—O halde beni tarihi misallerle ikna ediniz ki meşrutiyeti almak bizim için daha mı iyi olur, daha mı fena olur? İlk meşrutiyetin bize çok pahalıya mal olduğunu gördüğümüzden bu suali soruyorum.

Ben —Bizi ilk önce Rumeli'nden kovmak için büyük devletlerin nüfuz mıntıkalarım nasıl ellerine aldıklarını ve Bulgar, Sırp, Rumların kendi ırklarıyla meskun yerlerde hakimiyetlerini kurmak ve mümkün olduğu kadar bu hudutları genişletmek için de silahlı kuvvetlerin — ki biz bunlara çete diyoruz — faaliyetlerini görüyorsunuz. Rumeli'den çıkarken Anadolu'da barınabileceğimiz bu gidişle şüphelidir. Ordularımızın hali meydanda. Zaten yalnız ordu kuvvetiyle karşı koymak da mümkün değildir. Bir ümidimiz var, o da millet kuvvetini ortaya çıkararak Avrupa'ya bu kudretle görünmek. Bu da ancak hürriyetin ilanı ve meşrutiyet idarenin kurulmasıyla mümkün olur. Ucuz veya pahalı buna mecburuz, aksi halde topyekün çökeceğiz.

***

Osman Bey'e ait bu hatırayı kaydettiğimin sebebi böyle bir suale başka bir kimse tarafından muhatap olmadığımdan, Hadi Paşa'nın gidişi zamanına tesadüf edişindendir. Bu hadise üzerine bir müddet duraklamaya Enver'le karar verdik. Haziran 3 (Rumi Mayıs 20)'de Mıntıka Kumandanlık Vekaletine Süvari Feriki Giritli İsmail Paşa geldi. Pek centilmen olan bu zat, Ecnebi konsoloslarıyla sıkı temasta bulunur, onların belediye bahçesinde başladıkları tenis oyununu her akşam seyrederdi. Nihayet Hadi Paşa 28 Temmuz'da tekrar geldi.

## TEKRAR HIZ ALDIK

Sınıf arkadaşım Mümtaz Yüzbaşı Nuri Selanik (Conker) taburuyla Manastır'a gelmişti. Bunu da benim delaletimle ve benim evde yemin ettirerek cemiyete aldık. Bana yakın bir yerde tuttuğu evde de ara sıra tahlifler yaptık. Bunu gizlemek için de ara sıra toplanır yemek yer ve eğlenceler tertip ederdik.

Süvari On üçüncü Alay Kumandanı Kaymakam Sadık Bey (Hürriyet ve itilafın şöhret alan lideri) ve Ordu Erkan-ı Harbiyesi ikinci Şube Müdürü Binbaşı Remzi Bey (Üçüncü Avcı Tabur Kumandanlığı'nda şöhret alan, paşalıktan emekli olan) benim tarafımdan cemiyete alınmış, Nuri Bey'in evinde yemin ettirmiştik. Bu iki zatı dahi ben İstanbul'a ayrılırken Manastır merkezine aldığımızdan nasıl cemiyete aldığımızı ve nasıl tahlif ettiğimizi kaydediyorum:

Sadık Bey'i ara sıra Kırmızı Kışla'daki makamında, Remzi Bey'i de Drahor boyunda Ordu Erkan-ı Harbiyesi'nde makamında ziyaretle emniyetlerini ve samimiyetlerini kazanmıştım. Sadık Bey Fransızca felsefe kitaplarıyla meşgul olurdu. Kendisine askeri bazı eserler vererek mesleğiyle uğraşmasının ileride lazım olacağını söyledim. Her ziyaretimde içinde bulunduğumuz kötü vaziyetin gittikçe vahimleştiğini de açardım ve hasbıhaller yapardık. Artık her ikisi de olgun bir vaziyete gelmişlerdi. Enver Bey'e her ikisini de cemiyete almak kararımı bildirdim. Muvafık buldu. Yemin merasimi için Sadık Bey'i Enver'in, Remzi Bey'i de benim, Nuri Bey'in evine götürmekliğimizi, yemin merasiminde dahi bulunmaklığımızı kararlaştırdık.

Sadık Bey'i ziyaretimde hükümetin, milletin ve ordunun hallerini hasbıhalden ve Makedonya'da gayrı Türk siyasi faaliyetlerin gittikçe arttığını ve bu unsurların gerilerindeki Balkan devletlerinin ordularının bizden daha ileri olduğunu ve her birinin dayandığı büyük bir devlet de bulunduğunu belirttikten sonra sözümü şöyle bir sual ile bitirdim:

Ben —Peki, fakat bu işin sonu nereye varacak? Bizim halimiz ne olacak?

Sadık Bey —Kazım Bey, bizim için hiçbir surette kurtuluş imkanını göremiyorum. Dışarının bir düziye darbelemesi ve içimizdeki zaaf ve tereddi bizi mahvedecektir. Bu felaketin önüne duracak hiçbir kuvvet yoktur.

Ben — Ya varsa? Siz de o kuvvete katılır mısınız?

Sadık Bey — Nasıl kuvvet bu?

Ben —Bir Cemiyet, istibdadı yıkmak ve yerine meşrutiyeti yani milli kuvveti koymak için bir cemiyet, kuvvetli bir cemiyet, orduyu da içine almış bulunan bir cemiyet. Herhangi bir felaketi önlemek için yakında icraata geçecek olan bir cemiyet.

Sadık Bey — Böyle muhterem bir cemiyet varsa size itimadım ve samimiyetim olduğundan delaletinizle derhal girerim.

Ben — Yemin merasimle yapılmaktadır. Önce sizinle buluşuruz. Sizi birine takdim ederim, yemin yerine yaklaşınca gözlerinizi bağlamak usuldendir. Orada gözünüz açılır ve her şeyi görür ve öğrenirsiniz. Sonra yine gözlerinizi bağlayarak çıkarılırsınız. Sonra da gözleriniz açılır.

Sadık Bey — Her şartı kabul ederim.

***

Remzi Bey'i de ziyaretle aynı suretle konuşarak işi kararlaştırdık. Bunu ben götüreceğimi ve gözlerini bağlayacağımı söyledim. Bu da tereddüt göstermeden kabul etti.

Gece Enver Bey Sadık Bey'i, ben Remzi Bey'i tayin ettiğimiz yerlerden aynı zamanda alarak yola çıktık, Nuri Bey'in evine yakın gözler bağlandı. Orada hemen eve girmek orasını bu zatlara belli edebilirdi. Bunun için usulümüz üzere gözleri bağlı sokakta dolambaçlara başladık. Aksi istikametlerden geldiğimizden Enver'le Sadık Bey ve benimle Remzi karşılaştık. Gözlerini açıvermemeleri için Remzi Bey'e:

—Yabancı değil bizdendirler, gözünüzü açmayın, dedim.

Enver de Sadık Bey'in kulağına böyle fısıldadı. Biz ise Enver'le başımızı eğerek ve tebessüm ederek geçtik, önce Enver'le Sadık Bey aralık bulunan kapıdan girdiler. Tam bu sırada iki ayak sesi daha duyuldu. Karanlık yaz gecesi piyasasını biraz daha uzatmaya mecbur kaldım. Bizden başka kimse bu eve gelmeyeceği için Remzi Bey'in kulağına dedim:

—Gelenler yabancı olacaklar, gözünüzü açın.

O da hemen mendilini çekti çıkardı. Fakat hem hayli dolaşmış ve hem de bağlı gözleri henüz açıldığından bulunduğu yeri tayin edemedi. İki sivil Türk yanımızdan geçti. Az sonra tekrar gözlerini bağlayarak bir iki dolaştıktan sonra biz de eve daldık. Yemin merasimlerini yaptık, yine geldiğimiz gibi çıktık ve yerlerine götürdük. (Nerede ve kimler tarafından yemin merasimi yapıldığını ancak yedi ay kadar sonra ben İstanbul'a ayrılırken her ikisini merkeze aldığımız zaman kendilerine hikaye ettim.)

## NİYAZİ BEY'İN EVİNDE BİR TAHLİF

Cemiyete ilk olarak avcı taburunun biricik alaylı zabiti olan Abdullah Efendi de alınacaktı. Bunu müsademelerde görmüştüm. Cesur ve ağır başlı bir adamdı. Bütün tabur arkadaşlarının emniyetini de kazanmıştı. Fakat alaylı olduğundan en sona bıraktığımız gibi ihtiyat tedbir olmak üzere de kendine rehberlik eden Niyazi Bey'in evinde yemin merasimi yapmayı uygun bulduk. Tahlif heyeti olarak Niyazi, Süleyman (ikisi de avcı taburu bölük kumandanı) ve ben bulunduk. Sesimi değiştirerek ben okudum, işler bittikten sonra Niyazi dedi:

Bizim evde artık başka kimseye yemin yaptıramayız. Başıma az kaldı bir bela geliyordu, işin içinden güç kurtuldum. Bilmem ya belki daha tam da yakamı kurtarmış değilim.

—Hayrola! dedik.

—Be yahu! O sizden aldığım (benim evden) bu kırmızı önlükleri belime sarmıştım. Siyah peçeleri de ceplerime tıkıştırmıştım. Bizim hanımı (yeni de evlenmişti) da bu gece uzak bir komşuya götürecektim. Ben önceden merdiveni inerken baktım bizimki arkamdan bir şey çekerek bana; "Bu sallanan kırmızı da ne oluyor?" diye sormasın mı? Meğer örtünün biri çözülmüş, ceketimin altından sarkmış. Bizim hanım da bunu yakalamış merakla hem çekiyor, hem soruyor. Bir yalan uyduruncaya kadar yutkundum durdum.

Niyazi'nin kendine mahsus bir şive ile anlatmasına gülmemek mümkün değildi, fakat hadise pek gülünecek bir şey olmaktan ziyade düşünülecek bir şeydi. Sordum:

—Peki, ne yalan uydurdun!

—Belim ağrıyordu. Kışlada elime bu bayraklı bezler geçti, sıkıca sarmıştım. Nasılsa çözülmüş! dedim. Ama bizim hanım buna inandı da mı fazla bir şey sormadı, bilmem. Birazdan eve dönünce iş belli olacak. Alın bu örtüleri ve artık bizde bu işleri yapmayalım!

—Niyazi! dedim. Bir kırmızı sende kalsın. Çünkü sorarsa gösteriverirsin. Fakat ortadan yok olmuş görürse şüphesi artabilir. Sen dua et ki üstünü başını, ceplerini yoklamaya kalkmasın. Siyah maskeleri görseydi ne yalan kıvıracaktın?

—Vallahi hâlâ düşünüyorum. İkişer göz yeri olan siyah maskeye ne uydururdum, bilmem.

Dedim:

—Takibe giderken muhbirlerimizi tanımasınlar diye köyleri ararken yüzlerine takarız, diye atıverirdin!

—Vallahi şu erkan-ı harplik başka şey. Kırk yıl düşünsem bu incelik aklıma gelmezdi.

## TAHLİFLERE HIZ VERMİŞTİK, EMNİYETTE İDİK

Artık Ohri'den Resne'den ve etraftan halktan da tahlillere başlamıştık. Kökili'deki kardeşim yüzbaşı Hulusi Bey'i Manastır'a naklettirdik. Bu suretle iki biz, bir de yüzbaşı Tayyar Kalkandelen benim evde işe koyulduk. Fakat Tayyar'ın henüz çocuk olan yeğeni biraz güçlük veriyordu. Yemin geceleri bunu bir tarafa savıyorduk. Bunun için cemiyete almaya karar verdiğimiz Mümtaz Yüzbaşı Samı Yahya'yı, Tayyar'ın yerine eve arkadaş aldım. Yukarda üç odada ayrı ayrı idik. Bir müddet Sami'yi savarak yemin merasimini yaptık. Birkaç gece sonra Sami Bey'i yemin ettirdim. Nerede ve kimin tarafından yemin ettirildiğini anlayamadı. Ancak kendisini de tahlif heyetine aldığımız zaman vaziyeti görerek hayretler içinde kaldı, insan gözleri bağlı olarak aynı sokakta birkaç dönüş ve muhtelif istikametlere yürüyüşle bulunduğu yeri şaşırıyor.

## CEMİYETİN TENSİKİ

Manastır'da pek çoğalmıştık. 3-5 kişilik gruplar halinde teşkilat yaptık. Her grubun bir başı bulunuyor ve bunlar benimle temasta oluyorlardı. Bir de fedai grubu yaptık. Enver'le ben fedai grubunun esasını teşkil ediyorduk. Kardeşim Yüzbaşı Hulusi, avcıdan Yüzbaşı Niyazi, Süleyman, Tayyar, Mülazım Tevfik, İbrahim, topçudan Ziya en güvendiğimiz arkadaşlardı (Atıf henüz cemiyete alınmamıştı). Fakat merkez teşkilatımız hâlâ olduğu vaziyette kalmıştı. Yeni gelen nizamnamemiz veçhile ayrı bir tahlif heyeti, bir maliye heyeti, bir de hakimler heyeti bulunacaktı. Bu teşkilat Enver'in hoşuna gitmiyordu. Onun fikrince bu merkez teşkilatı işlerin hükümetçe haber alınmasına sebep oluyordu. Ben ise gündüz topçu alayındaki staj vazifemden, geceleri de evimde yemin işlerinden yoruluyordum. Maliye işleri de üzerimde olduğundan cemiyete girenlerin aylık gelirlerinin yüzde ikisini rehberleri vasıtasıyla topluyor, biriken paraları altın yaptırarak boynumda asılı bir beyaz kesede taşıyordum. İsimleri ve numaraları birer aşırı harflerle ayrı ayrı kitaplara yazıyorduk. Bu kitapların biri Enver'de biri de bende idi. İkimiz bir araya gelmeyince numaralar belli olmuyordu.

Enver'in Selanik'te Istıtlaat komisyonunda aza olmasından sık sık oraya gitmesi, bu hususta beni zor duruma koyuyordu. Bazen bir arkadaş numarasını unutur sorardı. Enver Manastır'da bulunmadığı zaman işi savsaklamak lazım geliyor; bu da tuhaf oluyordu. Bunun için riyaziye düsturları halinde bir eser gibi ve numaraları bir deftere yazdım. Bunu Enver'le benden başkasının anlamasına imkan yoktu. Bundan sonra rahat ettim. Eğer ben Manastır'dan ayrılırsam bu defteri Enver'e bırakırdım. Üçüncü merkez arkadaşımız Kolonyalı Hüseyin

Bey ayda bir altın çeyreği aidatını verir, bir şeye karışmazdı. Enver Bey de bunu böyle istiyordu.

## UMUM MÜFETTİŞ HÜSEYİN HİLMİ PAŞA GELDİ VE ENVER'LE BENİ ÇAĞIRTTI

Hilmi Paşa Türk ve ecnebi kalabalık maiyetiyle yazları Manastır'a gelirdi. Bu yıl da 16 Haziran (3 Rumi) de Pazar günü yağmurlu bir havada Manastır'a geldiler. Silindir şapkalı Avrupalı müşavirleri, bizim için Sultan Hamid aleyhine orduyu ve halkı nefret ettirmek ve yakın tehlikeyi göstermek için iyi bir vesile oldu. Bunların ve İtalyan üniformalı jandarma erkanının mağrur bakışları herkesin kalbine bir hançer gibi saplanıyordu.

Ali Nadir Paşa[41] ve bir kaymakamdan mürekkep bir Erkan-ı Harbiye heyeti de Manastır ve Pirlepe'de dolaşmakta idiler. Bunlar da bugün Manastır'a döndüler ve ertesi gün İstanbul'a gittiler. İstanbul'dan gelen heyetlerin bir maksatla geldikleri kanaatiyle onları göz altında bulunduruyorduk.

Hilmi Paşa geldiğinin ikinci günü Enver Bey'le beni çağırttı. Hükümet konağındaki (Bir tarafı da ordu Erkan-ı Harbiyesi idi) makamına gittik. Bize samimi davrandı ve şunları söyledi:

—Enver Bey'i tanırım. Seni de yalandan görmek istedim. Her ikinizin müsademelerdeki muvaffakiyetlerinizden memnunum. Yalnız siyasi vaziyetimiz naziktir. Çok şiddet göstermek ve hele müsademelerde silahsız halktan da ölenlerin bulunması bizi çok zor vaziyete düşürüyor. Sizler vaziyeti kavrarsınız. Diğer silah arkadaşlarınızı da irşad etmelisiniz. Bunu sizden daha çok isterim diye bana hitap etti. Ben de bu vaziyeti elimizden geldiği kadar yaptığımızı —hiç de yalan olmamak üzere— cevaben söyledim. Şunları da anlattım:

—Müsademeler köylerde olunca her iki taraf kurşunuyla bazen silahsız kimseler de vurulduğu gibi esasen her köyün de silahlı komitesi de işe karışmakta, sıkıya gelince kadınlar

---

41 Mütarekede İzmir'i Yunanlılara mukavemetsiz teslim eden.

ve çocuklar bile silahları sakladığından silahı elinde vurulanın da silahı bulunmamaktadır. Bu hal benim dahi başıma geldi. Mahkemeye dahi çağırıldım. Bu hal bütün zabitlerin şevk ve gayretini kırmaktadır. Ben bir Erkan-ı Harbim ve henüz kıta stajımı yapıyorum. Ara sıra takiplere ve tahkiklere gönderiliyorum. Bunun tehlikesini memleket aşkına hiç görüyorum. Fakat üstelik mesuliyete çarpılmak düşüncesi pek acı geliyor. Bu işlere ne zaman son verilebilecektir. Çetelere silah ve paraca yardımı yapan büyük devletlerin konsolosları ve güya asayişi kontrole memur olan heyetleridir. Sonra suçlu biz kalıyoruz.

Hilmi Paşa gözlerini yere dikti. Enver de dirseğiyle kolumu dürterek pek ileri gitmemekliğimi işaret verdi. Biraz sonra Hilmi Paşa bana şu vazifeyi verdi:

— Bugünlerde Rum çetelerinin faaliyeti malum. Her tarafta Bulgar köylerini yakıyorlar. Birçok da Bulgar öldürüyorlar. Civar müfrezelerin yardıma koşmamaları bunu bizim de hoş gördüğümüz manasını çıkartıyor. İşte Manastır'ın burnunun dibindeki Sırpça köyü yakıldığı zaman Gobeş'teki müfrezemiz bu köye kadar geldiği halde çeteyi takip etmemiş. Bunun sebebini müfettişlik Erkan-ı Harbi İsmail Hakkı Bey'le birlikte gidip tahkik edeceksiniz...

Bize çok iltifatlarda bulunan Hilmi Paşa'dan ayrıldıktan sonra Enver'e dedim:

— Bu işlere son verecek olan işimizi başarmaya bakalım. Bu adamlardan bize hayır yok. Çetelerin kurşunuyla ölen veya mahkemelerimizce mesul edilen genç zabitlerimize acımıyorlar da masa başı düşünceleriyle bizi avutuyorlar. Ben yarın tahkikata giderken hıncımı İsmail Hakkı Bey'den alacağım. Manastır her harekete hazırdır. Bakalım Selanik ve daha başka yerler ne haldedir.

Enver — Sükunetli ol Kazım. Her şey yoluna girer elbet, İsmail Hakkı Bey'le görüş, fakat sakın çıkışma! Dönüşte üç kişi beraber esaslıca konuşuruz.

## İSMAİL HAKKI[42] BEY'LE BAŞ BAŞA

19 Haziran (6 Rumi) Çarşamba günü güzel bir havada atlı olarak İsmail Hakkı Bey'le Gobeş yolunu tuttuk. Çok defalar geçtiğim ve gezdiğim bu yolun doyulmaz manzarası vardır: Perister dağının şahane kuruluşu. Manastır'dan ayrıldıktan sonra İsmail Hakkı Bey'e dedim:

—Biz hazırız. Bakın tahkikatına gittiğimiz sınıf arkadaşım Selanikli Mehmet Ali de cemiyettendir. Merkez teşkilatı tamamlanmıştır. Etrafa da kol salmıştır. Bu vaziyet uzun müddet süremez. Bu yakıp öldürmeler, arkasından zabitlerimiz aleyhine tahkikat, mesuliyet, müsademelerde ölüm, yaralanma tehlikeleri hep müstebit idarenin kötülükleri olduğuna herkes kani olduğundan bu halin devamı cemiyetimizin prestijini sarsar ve mensuplarının da maneviyatını kırar. Bundan başka Sultan Hamid bu işi haber alarak insiyatifi eline alabilir.

İsmail Hakkı Bey — Çok doğru söylüyorsunuz ama, biz sizin kadar kuvvetli değiliz.

Ben — Bu ne demek? Selanik Manastır'dan önce işe başladığı halde neden kuvvetsizdir. Sonra Üsküp'te, Köprülü'de, Kökili'de ben bile altı ay önce sizinle de görüşerek tahlifler yapmış ve ilk hazırlıkları yapmıştım. Edirne'ye bile kol atmıştık. Anadolu'ya izinli giden arkadaşlarımızı da size gönderiyorduk. Nerelerde ne kadar kuvvetimiz var, söyleyin. Biz ilk harekete geçer ve çığ gibi yürüdükçe büyük kuvvetleniriz ve nihayet de istibdat yuvasını ezeriz.

İsmail Hakkı Bey — Sakın ha! Daha ne İstanbul'da ve Edirne'de ve hatta ne de Üsküp'te bir merkez teşkil etmiş değiliz. Selanik dahi henüz pek zayıftır. Siz burada çok hızlı gitmişsiniz.

Ben — Benim kanaatim şudur: Sultan Hamid hastalanınca bazı siyaset adamları hazırlıklı bulunalım diyerek işe başladılar. Baktılar ki padişahın öleceği yok, işi gevşetiverdiler. Bu vaziyete bakarak iddia edebilirim ki bizi idare edenlerin arasında insiyatif sahibi, ateş altından geçmiş erkan-ı harp

---

42    General Cafer Tayyar Eğilmez'in ağabeyisi.

zabitleri ve hatta böyle zabitler dahi yoktur. Burada tahki-
kata, takibata mutlaka erkan-ı harp zabit gönderildiği halde
işi neden bunların ele almadığına hayret ediyorum. Dönüş-
te Enver'le de bir arada görüşelim. Böyle giderse Manastır'ın
yalnız başına bırakılacağından korkarım. Sonra size şunu da
sormak isterim. Üsküp bu kadar zaman ihmal edilmeli mi idi?
Sultan Hamid'in dayandığı şimali Arnavutları tutacak, onla-
rı iyilikle veya zorla icabında yola getirecek orasıdır. Karde-
şiniz Cafer Tayyar da oradadır. Sınıf arkadaşım Erkan-ı Harp
Yüzbaşı Emin Bey'e (General mütekaidi) ise altı ay evvel açtı-
ğımı, Köprülü'de Kökili'de de yemin ettirerek hazırladıkla-
rımı size daha o zaman bildirmiştim. Benim fikrim şu: Eğer
Selanik şu veya bu mütalaa ile işi durdurduysa bizim duracak
halimiz yoktur. Yakında kendi kendine bu iş bir patlak vere-
bilecek istidadı almıştır.

İsmail Hakkı Bey — Ne söyleseniz hakkınız var. Fakat
Manastır'daki kuvveti gördükten sonra dönüşte Enver Bey'le
de görüşerek Selanik'te icap edenleri sıkıştırırız.

\*\*\*

Akşam Gobeş'e vardık. Latif ormanlar arasındaki bu Ulah
köyünde iki gece kaldık. Müfreze kumandanı Mehmet Ali'nin
geçen ki hadisede bir kusuru olmadığını tahkik ettik. Sırçpa
köyünün yandığını görünce müfrezesiyle oraya gitmiş. Fakat
geldiği zaman Rum çetesinin daha önce çekilmiş olduğunu
görünce icap eden yardımlarda bulunduktan sonra yerine
dönmüş. İsmail Hakkı Bey'e dedim:

— Arslan gibi, hürriyet aşığı bir zabit ve onun gibi askerler.
Vazifelerini de lazımı gibi yapmışlar. Bunlar değil mesul edil-
mesi hatta haklarında tahkikat bile ne kadar güçlerine gider.
Geçende Manastır'da ben tahlif ettim. Gözümün içine bakıyor
ve hiç şüphe etmiyorum ki "Bu belayı daha ne zamana kadar
çekeceğiz?" diye kalp yolundan bana soruyor. Manastır'daki
kıtalar değil; böyle dağ başındaki müfreze zabitleri de cemiye-
te girmişler ve her gün bir hareket emri bekliyorlar. Selanik'te-
ki arkadaşlar bu vaziyeti iyi kavramalıdırlar.

İsmail Hakkı Bey — Allah razı olsun sizden. Ne söylerseniz haklısınız.

\*\*\*

21 Haziran sabahı Gobeş'ten Tırnova-Magarova'ya geldik. Tahkikatı tamamlayarak Manastır'a döndük. Bugün Filorina'mn 20 kilometre cenubu garbinde Ostima'da bir Rum çetesiyle bir müfrezemiz müsademe yapmış. Biri Yunan topçu mülazımfevvel elbiseli olmak üzere Kumlardan üç ölü, askerimizden de iki şehit var.

## ÜÇÜNCÜ AVCI TABURUNA GEÇİYORUM[43]

Benim topçu alayındaki stajım bitti. 22 Haziran (9 Rumi) de avcı taburunda staja başlamak için orduya istidamı verdim. Bu vaziyet mevkiimizi çok kuvvetlendirecekti. Üçüncü Ordu bizim ana kuvvetimizi teşkil ediyordu. Mıntıka müfettişi sıfatıyla esasen bunun üzerinde resmi nüfuzumuz vardı. Hemen bütün zabitleri de cemiyete alınmış olduğundan ve bir kısmı da zaten sınıf arkadaşım olduğundan manevi nüfuzum da çoktu. Fakat şimdi oraya bir bölük kumandanı sıfatıyla gireceğimden gece gündüz ve resmi ve hususi bir arada tek vücut olacaktık.

Bu düşünce bende o kadar büyük bir tesir yaptı ki istidamı verir vermez elden emrimi alarak doğruca Beyaz Kışla'daki Topçu On üçüncü Alay arkadaşlarıma, kumandanlarına vedayla ilişiği kestim. Hemen de Kırmızı Kışla'daki Üçüncü Avcı Taburu'na gelerek işe başladım.

Bütün zabitler çok sevindiler. Bir bölüğün değil bütün taburun kumandanı ve muallimliği senin olsun kararını verdiler. Tabur kumandanı bulunan Galip Bey'in askeri kudreti de pek mahdut olduğundan stajımı bir bölük kumandanı değil bir tabur kumandanı olarak yapmak fırsatını bulmuş oldum.

---

43  Bu kahraman tabur, hürriyet hareketlerimiz için bizim güvendiğimiz bu askerlerin hürriyetin ilanından sonra büyük gafletler içinde istibdada nasıl alet olduğunu ve 31 Mart hadisesini çıkardığını göreceğiz.

Bunu, akşam Enver ve İsmail Hakkı Beylere de müjdeledim. Onlar da çok sevindiler.

## ENVER, İSMAİL HAKKI BEYLERLE
## MÜNAKAŞA VE KARARLARIMIZ

22 Haziran akşamı bizim evde üç arkadaş önce memleketin siyasi vaziyetini sonra da cemiyetin vaziyetini inceleyerek, ne zaman ne yapabileceğimizi münakaşa ettik. Enver'le İsmail Hakkı Beyler Sultan Hamid'in ölümünden önce hürriyetin alınmasına imkan görmediklerini izah ettiler. Ne yapıp yapıp bu adamı ortadan kaldırmaktan başka bir çare olmadığını ileri sürdüler. Uzun müddet teşkilatın gizli kalamayacağı fikrini onlar da kabul ettiler. Şu halde Üsküp ve Vardar boyu teşkilatıyla İsmail Hakkı Bey bizzat meşgul olacağına söz verdi.

Ben şu mütalaada bulundum: — Meşrutiyet idareyi kurmak ve emniyetle yürütmek için onun baş düşmanı olan ve bu düşmanlığını milleti aldatarak, hürriyetseverleri boğarak cihana göstermiş olan Sultan Hamid'in ortadan kalkması fikrini ben de kabul ediyorum. Fakat işe bu adamı ortadan kaldırdıktan sonra başlamak fikrini kabul edemiyorum. Şimdiye kadar Avrupalıların da yardımını gören Ermeniler bile kaç teşebbüs yaptılar. Muvaffak olamadıklarından ezildiler. Bulgarların ve Rumların da bir şey yapamadıklarını ortadaki vaziyet gösteriyor. Bütün kesafetini İstanbul'da toplayan eski İttihat ve Terakki cemiyetinin de bu yanlış düşüncesi mahv ve perişan olmasına sebep olmuştu. Benim öteden beri fikrim Rusçuk Yaranı'nın yaptığı gibi İstanbul'a bir Alemdar ordusu göndermek ve bu suretle Sultan Hamid'i devirerek işi kökünden halletmektir. Biz böyle bir ordunun esasını Manastır'da toplar, burada ve mühim merkezlerimizde hürriyeti ilan ederek harekete geçirebiliriz. Tabii mahdut bir mana gösterecek olan Manastır Yaranı, Alemdar ordusu gibi namlar vermeyiz. Hareket cemiyetimiz namına başlar ve ordunun adı da "Hürriyet Ordusu" olur. Ohri, Resne ve Manastır vesaireden birçok gönüllüleri de beraberine alarak bu ordu sırf askeri değil bir halk ordusu manzarasını gösterir. Benim ilk günden beri Edirne'ye ve Üsküp'e ehemmiyet verelim diye ısrarım ve hatta oraya kendi insiyatifimle kol atmaya çalışmaklığım bu düşüncemden ileri gelmiştir. Fakat yazık ki bu işin başında bulunanlar Sultan Hamid'in ölümüne, —hem de eceliyle ölümüne— bel bağlamışlardır. Bence böyle bir düşünce bir plan değildir. Plansızlık Sultan Hamid'e, hürriyetseverlere karşı kanlı bir zafer daha kazandıracaktır.

Enver — Kazım'dan bu fikri, daha Hürriyet cemiyetinden haberi olmadan önce de dinledim. Onun fikrince göller mıntıkasında (Ohri ve Prespe gölleri) bir hürriyet ordusu nüvesi toplamak ve Manastır-Selanik-İstanbul yolunu tutturmak ve bu kuvvetle Sultan Hamid'i ve taraftarlarını devirmek mümkündür. Ve başka çare yoktur. Ben bu planı göller mıntıkasından beraber geçerken dinledim ve aklıma birdenbire kendisine "Sir", diye hitap etmek geldi. Hatta biraz da çekiştik. Kazım'ın planını ara sıra dinlerim. Çok parlaktır ve çok da çekicidir. Fakat ne dereceye kadar tatbik imkanı vardır, ben kestiremiyorum. İsmail Hakkı Bey mütalaasını söylesin.

Ben — Eğer bugünkü durumumuza göre münakaşa edeceklerse imkansız olduğunu ben daha önce söylerim. Ben, böyle bir planı esas olarak kabul ederek cemiyetimizin teşkilatını kurmak, vakit geçirmeden harekete geçmeyi teklif ettim ve ediyorum da. Halbuki cemiyetin "Hürriyet" adı bile "Terakki ve İttihat" şekline döndürülerek "Hürriyet Ordusu"nun adı bile önlenir gibi oldu. Rusçuk'tan çıkan bir ordu İstanbul'a kadar geliyor da bizim Selanik'te toplayacağımız bir hürriyet ordumuz neden gidemesin? Bugün millette ve orduda istibdada ve hele Sultan Hamid'e karşı o kadar büyük bir nefret duygusu vardır ki böyle bir hareketin muvaffak olamaması için bir sebep yoktur. Avrupalılara gelince onların bu işi memnunlukla seyredeceklerine şüphe etmiyorum. Çünkü milli bir hareketi, hürriyetsever ileri milletler de hoş göreceklerdir. Aralarındaki rekabet ise gayrı Türklerin yıllardan beri sürüp giden kanlı ihtilalleri karşısında dahi hiçbirini kendi başına harekette serbest bırakmamaktadır. Yalnız yine tekrar ederim Üsküp'te teşkilatımız olmalıdır. Yanımızı korumak için Edirne'de teşkilatımız olmalıdır. Yolumuzu açık tutmak için, İstanbul'da teşkilatımız olmalıdır. Karşı koyacak orduyu ve donanmayı irşad etmek, kuvvetten düşürmek, bazı terörlerle müstebidleri sindirmek ve aynı zamanda halkı kazanmak için. Beş altı ay içinde neler yapamazdık? Fakat burnumuzun ucunda bulunan Üsküp'e bile daha el uzatmamışız! O, Üsküp'e ki bundan tam beş ay önce Selanik'te bizzat bu İsmail Hakkı Bey'e ehemmiyetini söyleyerek gitmiş ve elimden gelen gayreti göstermiştim. Üsküp, Köprülü, Kökili'deki kıtalarımızın hürriyet aşığı zabitleri bu ihmale ne mana veriyorlar acaba? Bunun için İsmail Hakkı Bey mütalaasını; planın esasına ve buna göre teşkilatın hazırlanması lüzumuna göre söylemelidirler. Eğer planın esası çürük bulunursa veya Selanik'te bizi idare edenler böyle bulmuşlarsa ilk önce bir plan çizmelerini, ondan sonra teşkilatı onun icaplarına göre yapmalarını tavsiye ederim. Bugünkü durumumuz gelişi güzel bir gidiştir. Sultan Hamid hastalanınca ölecek, aman çabuk teşkilatımız bulunsun demişler. Herif iyileşince işleri gevşetmişler. Ama biz burada işi böyle düşünmedik ve teşkilatımız bir düziye genişlettik. Nitekim Ohri ve Resne mıntıkaları da yakında kuvvetli birer merkezimiz olacaktır. İşler böyle gidemez. Manastır mıntıkası korkarım yalnız başına bir patlak verir. Ve bu plansız hareket nasıl bir sona varır kestirilemez.

İsmail Hakkı Bey — Kazım'ın düşüncelerini ve teşkilat yapmaktaki kudret ve basiretini yakından da görmekle kendisine karşı güvenim sonsuz olmuştur. Evet Üsküp, Edirne, İzmir ve hatta Anadolu içerilerine kadar teşkilatımızın kökleşmesi için nasıl çırpındığına ve daha ilk günlerde Manastır'dan kıymetli arkadaşlar gönderdiğine ben de şahidim. Bunları icabeden zatlara da anlattım, işi gevşetmek hususunda Kazım'ın ithamlarına hak vermemek mümkün değildir. Üsküp'te kardeşim Cafer Tayyar da bulunduğu halde hâlâ teşkilat yapmamaklığımızın kusuru bana da teveccüh edebilir. Vaad ediyorum, bunu artık yaparız. Plan hususunda ben de Enver de Selanik'te arkadaşlarla tekrar görüşmeliyiz. Evet Hamid'i öldüremeyeceksek başka bir şey de yapamayız mı?

Enver — Şu Manastır teşkilatını cemiyetimiz Kazım'a borçludur. Bunu her zaman söyleyeceğim. Fikirlerini de ilk günden çok takdir ettim. Hatta Napoleon da olsa bu kadar düşünür. Hem fikirce kuvvetli hem de ateş altında cüretli bir insan olarak takdir ederek kendisine "Sir" dedim. O, alay ediyorum sanarak bana kızdı. Fakat bu işe bir son vermek üzere Selanik'te İsmail Hakkı Bey'le birlikte teşebbüslerde bulunacağımızdan artık müsterih olsunlar.

Ben — Teveccühleriniz çok kıymetlidir. Benim endişem, aradan bu kadar yıllar geçtikten sonra, cahil bir hükümdarın erkan-ı harplerin elinde teşkilatlandırılan hürriyetseverler cemiyetine ikinci bir darbe daha vurarak milletimizi büsbütün sindirmesin! Eğer Selanik işi bundan böyle de yavaş alırsa Manastır Merkezi Umumilik vazifesini üzerine almalıdır. İsmail Hakkı Bey bu sefer bizim içimizde çalışır ve Selanik'le yine irtibat yapar. Ben bu kadar da ileri varılma tehdidiyle Selanik'in faaliyete geçirilmesine çalışılması fikrindeyim.

Biraz daha hasbıhalden sonra üç erkan-ı harp, üç hürriyetsever arkadaş aşağı yukarı fikir birliğiyle, sevgi ve saygı ile münakaşalarımıza son verdik.

### BÜYÜK TEHLİKE — ŞEMSİ PAŞA GELİYOR

Heyecanlı münakaşalarımızın ertesi günü resmi bir haber: Şemsi Paşa acele Metroviçe'den atlı olarak İlbasan'a gitmiş. Birkaç gün sonra Manastır'a gelecekmiş. Geleceği gün ihtiyaten benim Filorina'ya gitmekliğimi kararlaştırdık. Bugünlerde Bulgarlar Rum köylerini, Rumlar da Bulgar köylerini yakmakta idiler. Filorina mıntıkasında bir Rum çetesiyle müsademe oldu. Rumladan on bir ölü, askerlerimizden iki şehitle bir yaralı var. Hem bunun tahkik ve hem de hükümet ve mektep binalarının açılış merasiminde bulunmak üzere 28 Haziran Cuma günü trenle Filorina'ya gittim.

Şemsi Paşa da bugün Manastır'a geldi. Ertesi günü trenle Selanik'e geçti. Müşirle dargın olduğundan görüşmemek için Selanik'ten bir istasyon önce inip Üsküp trenine binmiş. İlbasan'a çok süratle gittiğinden rahatsızlanmış, bunun için Manastır üzerinden trenle dönmüş, dediler. Biz bu seyahatin daha çok bir şüphe üzerine hem Şemsi Paşa'ya bu havaliyi tanıtmak ve hem de Sultan Hamid aleyhinde bulunacaklara bir göz dağı vermek için olduğu kanaatinde idik. Bu adam padişahın güvendiği mühim bir kuvvetti. Cahil bir Arnavut. Maiyetinde bir sürü haydut. Sultan Hamid'in, as kes dediğini, canavarlar gibi şuursuzca yok edecek bir kuvvet.

Ali Nadir Paşa heyetinden sonra, Şemsi Paşa'nın gelişi benim, "İşimizi Sultan Hamid haber alır ve iş günün birinde Manastır'da başımıza kalır" dediğimin haklı olduğunu Manastır'a dönüşümde Enver Bey de İsmail Hakkı Bey de hak verdiler. (Bir ay sonra Hadi Paşa vazifesi başına dönünce İstanbul'un neler haber aldığını ve Şemsi Paşa'yı seyahate çıkardığını göreceğiz. Aynı zamanda bir yıl sonra Manastır'da Şemsi Paşa'yı öldürmesi mukadder olan Hürriyet kahramanı Atıf'ı, cemiyete nasıl aldığımı da göreceğiz.)

Bu Şemsi Paşa, cemiyetin bir numaralı düşmanı idi. Eğer bu gelişinde cemiyetimize karşı ufacık bir hareketi görülseydi Manastır mıntıkasında yok edilmesi için tertibat almıştık.

## ÜSKÜP'TE TEŞKİLAT BAŞLAYACAK MÜJDESİ

İsmail Hakkı Bey bize şu müjdeyi verdi: "Üsküp'ten Vali Mahmut Şevket Paşa, Mektupçu Beyi (Sonraları birçok valiliklerde bulundu) Müfettiş-i Umumilikte bazı işleri takip için göndermiş. Çok emin olduğum bir adamdır. Bunun vasıtasıyla Üsküp'te bir merkez açabiliriz. Yakında Selanik'e gidecektir. Orada icap eden talimatı alıp Üsküp'e gidecektir."[44]

---

44    Mazhar ve Cafer Tayyar Beylerden aldığım notlar: Mazhar Bey, haziranda Manastır'dan geliyor. Birkaç gün sonra Selanik'e gidiyor. Talat Bey'le arkadaşlığı olduğundan İsmail Hakkı Bey kendisine onu tavsiye etmiş. Onunla görüşüyor, tahlif olunuyor. Üsküp'e teşkilat yapabileceğini vaad ediyor. Merkezi umuminin İstanbul'da

## BULGARLARLA BÜYÜK BİR ÇARPIŞMA
## BÜYÜK TEHLİKELER VE TERFİM

Bulgaristan'dan yeni bir takım asker çeteler geldiği ve Tikveş'le Pirlepe arasındaki dağlarda mühim Bulgar çete reislerinin müzakereler yapmak üzere toplanacakları haberi üzerine bunları orada bastırarak yok etmek vazifesi Enver'le bana verildi. Daha Rum çetelerini takipten yeni gelmiştim. Bu mühim takibe Enver Bey'le birlikte Üçüncü Avcı Taburu ve biraz da süvari alarak 10/11 Temmuz (Rumi 27/28 Haziran) gecesi Manastır'dan Pirlepe'ye yola çıktık. Pirlepe, Köprülü, Tikveş'ten çıkarılan müfrezelerle taramaya başlayarak 16 Temmuz sabahı Pirlepe'nin 20 kilometre kadar şimal doğusundaki Rakle köyünün hemen şimalindeki tepelerde bu Bulgar çeteleri grubunu yakaladık. Burada ve daha sonraki günlerde

bulunması fikrinde bulunuyor. Talat Bey Üsküp'te en emin arkadaşı kim ise Selanik'e göndermesini söylüyor. Jandarma Kumandanı Galip Bey'i (Paşa) almayı teklif ediyor. Üsküp'e gider gitmez Galip Bey'in bir vazife ile Selanik'e gitmesini temin ediyor. Fakat Galip Bey Selanik'te anlaşamadığından tahlif olunmadan Üsküp'e dönüyor. Tekrar Mazhar Bey'le hayli münakaşadan sonra kabul ediyor, ona yemin veriyor. Üçüncü olarak Necip Draga'yı alıyorlar. Adliyeden Süreyya Bey de Selanik'ten tahlif olunarak Üsküp'te vazifesine geliyor. Yine bu aralık Üsküp'le Manastır'ın Helyosta teşkilatı için Pirlepe'de Enver Bey'le bulunan Cafer Tayyar Bey'i (General Eğilmez) de Enver cemiyete almış bulunuyor. Müfettişi Umumi Hilmi Paşa Üsküp'ten Selanik'e ayrılırken — Ağustos nihayetlerinde belki de eylül içinde — İsmail Hakkı Bey diyor ki "Artık beş kişi oldunuz. Artık bugün Üsküp merkezini kurmalısınız." İlk ictimayı bugün Necip Draga'nın evinde Mazhar, Galip, Cafer Tayyar, Necip Draga, Süreyya Beyler toplanıyorlar. "Terakki ve İttihat" cemiyetinin Üsküp merkezini kuruyorlar. Artık faaliyete koyuluyorlar. Altıncı olarak Topçu Yüzbaşı Recep Bey (Kalkandelen - Cihan Harbinde ileri harekette topçu kumandanımdı) Cafer Tayyar Bey'in evinde tahlif olunuyor. Yedinci olarak da dava vekili Necip Bey Üsküp (Merhum) sonra da Recep Bey vasıtasıyla sınıf arkadaşım Erkan-ı Harp Yüzbaşı Emin Bey (Dokuz ay kadar önce Üsküp'e seyahat yaptığım zaman kendisine açtığım, hususi yemin ettirdiğim) cemiyete alınıyorlar. Sonraları Emin ve Cafer Tayyar Beyler birlikte bir ev tutarak burada tahliflere devam ediyorlar. Müddeiumumi Asım Bey, Emin Bey Kalkandelenli ve bazı Üsküp eşrafı, Adliye ve Maliye müfettişleri sırasıyla tahlif olunuyorlar. Üsküp binden başlayarak numara veriyor. Merkeze vergi müdürü İslam Bey'i de alarak nizamname mucibince altı kişi oluyorlar.

muhtelif yerlerdeki müsademelerde ceman doksan dört Bulgar komitecisi öldürüldü. En meşhur çete başları bu arada yok edildiğinden Meşrutiyet'in ilanına kadar artık Bulgar komitelerinin faaliyeti görülmedi.

Pirlepe Şimaliyle Brod-Kırşova arasında arazide faaliyette bulunan Sırp çetelerini de günlerce aradık. Bunlarla karşılaşma olmadı. 27 Temmuz akşamı Manastır'a döndük.

On sekiz gün süren ve birkaç günü Bulgar çeteleriyle çarpışma ile geçen ve birkaç tehlike de geçirdiğimiz bu takip hareketimiz her tarafta pek parlak akisler yapmıştı. Şimdiye kadar bu kadar muvaffakiyetli bir hareket görülmemiş olduğundan herkes bizi tebrik ediyordu. Rumlar pek memnundu, Bulgarların ise ağızlarını bıçak açmıyordu. Bu benim çetelerle yedinci müsademmemdi. Birkaç zabitle benim terfim inha olundu. Hatıra olarak birer de Manliher filintası aldık. Canlı olarak bir de çoban köpeği yavrusu aldım. (Kolağalığa 17 Ağustos'ta terfi olundum.[45] Usulen erkan-ı harp yüzbaşıları iki yıl sonra kolağası olurlardı. Ben bu suretle altı ay kadar önce ateş altında terfi etmiş oldum. Hatıra filintayı Terakki ve İttihat cemiyetinin ilk çetesinin bir numaralı silahı olarak Ohri'ye götürdüğüm aşağıda gelecektir.)

## İSTANBUL, MANASTIR'DA GİZLİ
## BİR CEMİYETİ HABER ALMIŞ

28 (Rumi 15) Temmuz'da Hadi Paşa eski vazifesi başına, Manastır'a geldi. Süvari Feriki İsmail Paşa da Selanik'e fırkası başına gitti. Hadi Paşa Arnavut eşrafından birinin genç bir kızıyla evlendi. Hadi Paşa'nın Yemen'e kumandanlıkla gönderilmek kararıyla Manastır'dan alındığını öğrenmiştik. Böyle ani olarak geri gelmesi ve yaşıyla uygun olmayan bir Arnavut kızıyla acele evlenmesi çok garibimize gitmişti. Kendisi Bağdatlı Arap olduğundan Sultan Hamid'in siyasetine yani işine

---

45    Hayatımın garip cilvesidir. Rütbelerimin çoğunu; paşalığımı (General) ve ordu kumandanlığında ferikliğimi ateş altında ve vaktinden önce kazandım. Vaktinden çok önce de askerlikten tekaüden ayrıldım: 44 yaşımda!

elverişli olabilirdi. Biz bu teşhisi koyduğumuzdan bu sefer dikkatimizi daha çok sarf etmeye başladık. Az sonra Hadi Paşa güvendiği Erkan-ı Harbiye Reisi Binbaşı Hasan Bey'e şu mühim malumatı verdi:

"İstanbul, Manastır'da geceleri zabitlerin gizlice tahlif edildiklerini haber almış. Gözler bağlanıyormuş. Tahlif olunanlar Arnavut zabitleri imiş. Avusturya Konsolosu tercümanın evinde tahlif olunuyormuş. Hatta avcı taburu yüzbaşılarından Niyazi Bey'in dahi gözleri bağlı olarak gittiği görülmüş. Hadi Paşa'yı İstanbul'a bunun için istemişler. Aylarca tahkikat yapılmış. Şemsi Paşa'nın ve diğer bazı kimselerin Arnavutluk'ta ve Manastır'da dolaşmalarının sebebi bu gizli cemiyet hakkında malumat almak maksadıyla imiş. İpucu bulamamışlar. Bunu ancak Mıntıka erkan-ı harbiyesi ortaya çıkarabilirmiş!.."

Cemiyete tahlife girmemiş bulunmakla beraber kendisine vaktiyle teklif olunduğundan faaliyetimizi bilen ve hatta Selanik'ten gelen evrakı biz takipte iken muhafaza ederek dönüşümüzde bize teslim eden ve karşılıklı sevgi ve güvenimiz çok büyük olan Hasan Tosun Bey, işi Enver'le bana tevdi etti. Yani Sultan Hamid korktuğu bir işi tam ehillerinin eline vermiş bulundu. Bir Arnavut kızıyla evlenmesini de belki Sultan Hamid tavsiye etmişti. Çünkü kayın biraderi sık sık mıntıka Erkan-ı Harbiyesine gelir, aramızda otururdu. Oldukça tahsil görmüş olan bu genç fotoğrafa çok meraklıydı. Güzel bir makine almış fakat daha onu açmasını bile bilmediğinden kendisine bildiklerimi ve makinesini kullanmasını öğrettim. İyi arkadaş olduk!. Enver'le bu yeni vaziyeti ne suretle halledeceğimizi düşünürken 31 Temmuz (18 Temmuz Rumi tarihli)[46] Ohri Kumandanı Kaymakam Rıza Bey'den bir rapor geldi. Hülasası şu: Arnavut komiteleri Bulgar çeteleriyle birleşerek Türk köylerine zulüm yapmaya başlamışlardır.

---

46   Bu zamanlarda Rumi tarih kullanıldığından o zamanın vesikaları veya yazılmış hatıralarıyla karşılaştırıldığı zaman güçlük çekilmemek için ara sıra kerre içine bu tarihi de kaydediyorum. Kaydetmediklerim efrenci tarihtir.

## JURNALİ KİM VERMİŞ OLABİLİR?

İstanbul'a jurnali veren kimse; ya Niyazi benim evde tahlife gelirken görmüş, fakat iyi takip edememiş; veyahut Niyazi'nin evinde bir kerre yaptığımız tahlifi yanlış bir şekilde haber almış; veyahut Niyazi'ye bir düşmanlık olarak yapmıştır. Bunu Niyazi Bey'e de bildirdik o da bu ihtimalleri kabul etti. Arnavut zabitlerinin tahlifine dair bir şey de ortada yoktu. Kalkandelenli Tayyar, sınıf arkadaşımdı. Benimle birlikte oturuyordu. Ara sıra tahlif heyetine de alıyorduk. Çok emindik. Bunların iki taraflı hareketine imkan yoktu. Ordudaki zaptüraptan daha fazlasını cemiyet teşkilatında tatbik etmiştik. Şu halde bu jurnali veren, Şemsi Paşa'yı İlbasan ve Manastır'a kadar göndermeye sebep olan ve Hadi Paşa'yı yerinden oynatan herhalde kendisine Sultan Hamid'in kıymet vereceği bir şahsiyet veya bir makam olmalı idi. Bunu İtalyanların yaptığı kanaatine vardık. İtalyan veya Osmanlı üniformalı İtalyan zabitlerinin Sultan Hamid'e sadakatle çalıştıklarına bir misal oluyordu. İşe Avusturya Konsoloshanesi katibinin de karıştırılması, İtalya ve Avusturya'nın Arnavutluk'un paylaşılmasındaki rekabetten ileri gelmiş olacak. Avusturya-Macaristan şimali Arnavutluk'u, İtalyanlar da Manastır'da beraber olduğu halde cenubi Arnavutluk'u benimsiyorlardı. Bunların hudutlarında ve bazı kabile veya şahsiyetlerin elde edilmesinde menfaatleri çatışıyordu.

Bulgarların vaziyetine gelince, Yunanlıları İngilizler tuttuğundan İtalyanlar Bulgarları çok tutuyorlardı. Ohri mevki kumandanının raporu doğru idi. İtalyanlar Arnavutlarla Bulgarların dost geçinmelerine ve hatta birlikte hareketlerine çalışıyorlardı.

## BU VAZİYET KARŞISINDA KARARIMIZ

1. İstanbul'un vehmini doğru göstermek ve bu suretle kendi cemiyetimizi perdelemek.

2. Teşkilatımıza hız vermek.

3. Hareket planımızı katileştirmek ve Selanik'i vaziyetten haberlendirerek işe hız vermelerini istemek.

Bunlardan birincisini inandırıcı bir şekilde yapmak için Manastır, Resne ve Ohri mıntıkalarında tahkikat yapmak lüzumunu Hadi Paşa'ya bildirdik. Enver Manastır'da, ben de Resne ve Ohri'de tahkikata memur edildik. Bu suretle ben müsait müfreze zabitlerimizden cemiyete henüz girmemiş olanlarım da alabileceğim. Yani ikinci madde de aynı zamanda olabilecek.

İstanbul'u sabırsızlandırmamak için de Hadi Paşa'ya şunu yazdırdık:

Arnavutların bazı gizli tahlifleri haber alınmış ise de şiddetli takip dolayısıyla devam edememektedirler. Bu hususta ziyadesiyle müteyakkız bulunuyoruz.

Ohri'den alınan haberde Arnavut ve Bulgar komitelerinin müşterek harekete başladıkları ve Türk köylerine zulüm yaptıkları bildiriliyor. Yerinde tahkikata başlanmış ve esaslı tedbirler alınmış olduğu.

Üçüncü madde üzerinde Enver'le çok durduk. İstanbul bir gün de hakiki vaziyeti haber alabilir de cemiyet icraata geçmeden önce şiddetli tedbirler almaya kalkışırsa ne yapacağız?

Şiddetli tedbirin ne olabileceğini Şemsi Paşa'nın seyahati bize biraz olsun gösterdi. Bu adam beraberinde Arnavut kıtalarıyla gelebilir, başka yerlerden Nizamiye veya Redif taburları da gönderilebilirdi.

İstanbul'dan Selanik'e donanma da gelebilir. En hafifi işin başında bulunanları uzak yerlere naklettirebilirler.

Bu halleri düşünmek; bizim her zaman için meşrutiyeti açıkça istemeyi ve Manastır mıntıkasında hürriyeti ilan ederek İstanbul üzerine bir hareket hazırlamak lüzumunu bir defa daha gösteriyordu. Ben bu husustaki fikrimde ısrar ettim. Buna hazırlık olmak için Resne ve Ohri Redif tabur kumandanlıklarına oraca halkın sevgi ve güvenini kazanmış, yani oranın hemşehrisi olan ve cemiyetimize girmiş bulunan kimseleri tayin ettirmek[47] oralarda birer merkez kurmak. Civar müfrezelerin zabitlerinden cemiyete henüz girmeyenleri bu seyahatimde yemin ettirmek ve Manastır'a getirip merasimle yemin ettirerek onlara tesir yapmak. Bir de bir hürriyet marşı hazırlamak hususlarını Enver'e söyledim.

Enver Bey — Hepsini kabul. Fakat bu marş ne olacak ve kim yapacak? dedi. Ben — Marşın ne olacağını Bulgarların "Makedonya bizimdir!" diye bağırarak halka ve bizzat bunu haykıran komitecilere ne kadar tesir yaptığını ve kuvvet verdiğini görüyoruz. Fransızların Marseyyez (Marseilleise)'i ihtilalcilere ve hatta bugünkü Fransızlarla yaptığı tesiri işitmiyor muyuz? Böyle bir marş hürriyet isteyenlere kuvvet vereceği kadar Sultan Hamid'e ve taraftarlarına manevi tesir yaparak onları korkutur ve sindirir. "Ben bir Türküm" marşı insana nasıl heyecan veriyor. Böyle bir şey yazmak hiç de zor olmaz sanırım. Böyle bir şey yazacak birini elbet buluruz. Enver Bey vaziyetin gittikçe nazikleştiğini kabul ederek Selanik'in sıkıştırılmasını kendi üzerine aldı.

## HÜRRİYET MARŞI

Göller mıntıkasında bazı Bulgar ve Rum çetelerinin faaliyeti haber alındığımdan oralarda araştırma vazifesi bana verildi. 31 Temmuz (18 Rumi) sabahı atla —her zaman olduğu gibi— Manastır'dan yola çıktım. Pelister dağının pek sevdiğim görünüşü, ara sıra zabit arkadaşlarımla kiraz yemeye gittiğim Brosnik bahçeleri ve dağların yeşil yamaçları, nihayet Gevad boynunun Manastır ve Resneye bakan geniş ve latif manzarası, cemiyetimizin yakında muvaffakiyetle hürriyeti ilan edeceği ümidi bugün benim şairlik damarlarımı kabarttı. Kuleli, Harbiye ve hatta erkan-ı harp sınıflarında edebiyat derslerimiz vardı...

Ben de edebiyata olduğu kadar musikiye de meraklı olarak

---

47    Resne'ye benimle beraber müsademeden terfi eden Kolağası Niyazi, Ohri'ye Selanik'te tahlif olunan Eyüb Sabri Beyler getirildi. Meşrutiyetin ilanında bu tayinlerin isabeti görüldü.

bazı şiirler yazmıştım.[48] Hürriyet marşı olarak şöyle bir şey karaladım:

*Biz hep bütün Osmanlılar*
*Artık hürriyet isteriz.*
*Yeter kanlı yaşlarımız*
*Mutlak hürriyet isteriz.*

*Vermezseniz almak kolay*
*Biz birleştik alay alay.*
*Dağıtmalı menhusları,*
*Toplamalı meb'usları.*

*Belli değil alan, satan*
*Tehlikede güzel vatan.*
*Bütün millet bir olmalı*
*İstibdattan kurtulmalı.*

*Artık hürriyet isteriz.*
*Mutlak hürriyet isteriz.*
*Vermezseniz almak kolay*
*Biz birleştik alay alay.*

İlk olarak Resne'de kışla inşasına memur avcı taburu yüzbaşılarından Manastır'da cemiyete aldığımız Ziver Bey'e okudum. Çok beğendi. "Yarın sokaklarda çocukların bile ağzına verebiliriz" dedi. Bir suretini yazdırdım ve mahrem tutmasını, bu veya daha iyisini ancak hürriyet mücadelesine başladığımız zaman haykırırız dedim. Bugün için; "Resne ve Ohri'de halktan merkezleri faaliyete geçirmek, etrafındaki müfreze

---

48    Biri çocuklar için "Hareket Oyunları" diğeri de "Duygularım" adlı manzum iki eserim vardır.

zabitlerinden henüz cemiyete girmeyenleri cemiyete almak, günün birinci vazifesidir" dedim. Ertesi gün için İlbasan'a gidecek taburdan tanıdıklara yemin ettirmek ve yol boyunca köyleri aramak işini hazırlattım.

Ertesi gün araştırma ile uğraştık. Ziver Bey'le birlikte Bukova adındaki Türk köyüne geldiğimiz zaman köylüye sordum:

—Köyünüze bir Türk çetesi gelirse ne yaparsınız?

Köylüler birbirlerinin yüzüne baka kaldılar. Korktuklarını ve ne diyeceklerini şaşırdıklarım anladım. Dedim:

—Ne korkuyorsunuz? Türklerden başka bir milletin çetesi kendi ırkdaşlarının köyüne gidince besleniyor, yer buluyor, itibar buluyor. Yıllardan beri askerle uğraşıyoruz. Bunları temizleyemiyoruz. Belki biz de böyle çeteler çıkarırız da bu işlere bir son veririz. O zaman siz de bunlara katılırsınız. Hep beraber işlerimizi düzeltiriz.

Köylüler canlandılar, beraber olursanız o zaman biz de yardım ederiz dediler. Köylülerde, şehirlilerde yıllardan beri devam eden emniyetsizlik ve asayişsizliğin sona ermesini candan istiyorlardı. Bunlara "Hürriyeti ilan edelim ortalık düzelir" gibi kısa bir söz kafi idi. Bunu her yerde görüyorduk. Şu halde kendilerini silah altına çağırmak ve istediğimizi yaptırmakta bir zorluk yoktu. Resne'den ve Ohri'den Manastır'da tahlif ettiğimiz zatlar bu günlerde faaliyete başlayacaklardı. Bu göller mıntıkası istediğimiz bir hareketin başlangıç mıntıkası olacaktı.

Ziver Bey'le bunları hasbıhal ederek Resne'ye döndük.

## MÜLAZIM ATIF'IN CEMİYETE GİRİŞİ[49]

Prespe gölü etrafında Rum çetelerini takip vesilesiyle etraftaki müfrezeleri de toplamıştım. Bu arada Malvişte'den de Atıf gelmişti. 4 Ağustos Pazar günü Prespe gölü kıyısını takip ederek göl şimalindeki Podmaçan'a gelirken Atıfla

---

49    Şemsi Paşa'yı vurarak birinci derecede bir vazife gören kahraman.

hasbıhale başladım. Zaten geçen yıl hakkındaki şikayeti tahkik için, müfrezesiyle bulunduğu Malviş'te köyüne gittiğim zaman tanımıştım. Vaziyeti izahtan sonra Avrupalıların devletimizi parçalamaya hazırlandıklarını, bu beladan kurtulmak için hürriyetin ilanıyla meşrutiyet idareyi kurarak Avrupalılara, kendileri gibi bizim de milli mevcudiyetimiz bulunduğunu göstermekten başka çaremiz kalmadığını anlattım. Atıf içinde bulunduğu vaziyetin tehlikesini herkes gibi görüyordu. Bunun için kısaca sordu:

— Hürriyeti kim ilan edecek? Cevap verdim:

— Biz ilan edeceğiz. Kuvvetli bir cemiyet her tarafta hazırlanmalıdır. Her vatansever fedakarlar bu cemiyete girmektedir.

Atıf — O halde rica ederim, beni de bu cemiyete alınız. Ben de her fedakarlığa hazırım.

Ben — Cemiyetin ayrıca fedai şubesi de var. İcabında ölümü gözüne alarak tek başına dahi hürriyetin ilanına mani olacaklar her kim olurlarsa olsunlar onları öldürmek vazifesini alacaklardır.

Atıf — Beni bu fedai şubesine yazınız. Tek bir hemşirem var. Onun istikbali temin olunsun, ben her fedakarlığı yaparım.

Ben — Teşekkür ederim Atıf. Senden de bu cevabı bekliyordum. İnşallah en şerefli bir vazife hissene düşer. Ben birkaç gün kaldıktan sonra Manastır'a döneceğim. Sen de gel ve beni gör. Tahlif merasimini yaparız. Yalnız bana şimdi şu yemini tekrar et: "Şeref ve namusum üzerine yemin ederim ki Terakki ve İttihat Cemiyeti'ne ve onun fedai şubesine girmeyi kabul ettim. Bunu bir sır olarak izinsiz kimseye söylemeyeceğim. Vallahi, Billahi."

Atıf sözlerimi aynen tekrar ederek bana karşı yeminini verdi. Atıf'ın coşan duygularını yüzünden, sözlerinden ve ümitle parlayan gözlerinden görüyordum. (Manastır'da birleştiğimiz zaman Enver'e de bu fedai zabiti takdim ettim ve tahlifinde Enver'in de bulunmasını rica ettim. Kendim yemini okudum. Kendisine çok güvendiğim Atıf on bir ay sonra sultan Hamid'in en güvendiği Şemsi Paşa'yı ortadan kaldırarak hürriyet davamızda en büyük bir vazife gördü).

## OSMANLI UHUVVET ÇETESİ VE İLK ÇETEMİZ

7 Ağustos (25 Temmuz) yatsı vakti Manastır'a geldim. Ertesi günü öğleden sonra mıntıkaya gittim. Daha raporumu vermeden ve Hürriyet marşımı Enver'e okumaya fırsat bulmadan Erkan-ı Harbiye Reisimiz Hasan Tosun Bey hiddet ve telaşla söze başladı:

—Hoş geldin. Fakat hemen yarın Ohri'ye gideceksin! Her makam telaş içinde'. İstanbul, Umum Müfettişlik, Vilayet soruşturup duruyor, sefaretler Babıali'yi sıkıştırıyorlar. Ohri'de "Osmanlı Uhuvvet Çetesi" adıyla bir cinayet işlenmiş. Bir Bulgar daskalı (Muallimi) Ohri kasabası kenarında öldürülmüş. Göğsüne bir yafta yapıştırılmış. Üzerinde şu yazı var: "Osmanlılar arasında fesat çıkaranlara ibret olsun. Hepsi bu akıbeti görecektir." Yazının altına da büyücek bir mühür basılmış. O da şöyle: "Osmanlı Uhuvvet Çetesi" Arnavutlar gizli teşkilat yapıyorlar, Arnavut ve Bulgar çeteleri birleştiler Türk köylerine zulüm yapıyorlar derken işin büsbütün başka bir mahiyette olduğu anlaşılıyor. Git de pirincin taşını ayıkla!..

—Bu, bizim için de pek zararlı bir cinayettir. Herhalde yapanları ortaya çıkarmalıyız, dedim. Ohri kaymakamlığı ve mevki kumandanlığından gelen raporları okudum. Sabah yola çıkmak üzere hazırlığa başladım. Benim hürriyet marşımdaki "Biz hep bütün Osmanlılar"la "Osmanlı Uhuvvet Çetesi" arasında münasebet bulurlar endişesiyle marşı kimseye açmadım.

Fakat Resne ve Ohri merkezlerinin faaliyete geçmesinin, Ohri'de de bir çetemiz bulunmasının, herhangi bir arkadaşımızı gizlemek veyahut ani olarak herhangi bir kararımızı tatbik mevkiine koydurmak için, lüzum ve ehemmiyetini Enver Bey'e anlattım kabul etti. Bu seyahatimde bu işleri yapmak vazifesini ben aldım ve Rakla müsademesinde hatıra olarak aldığım filintamı da çetemizin ilk silahı olarak hediye ayırdım. Selanik merkezinin de işe hız vermesini ve düşüncelerini bize bildirmesini de düşündük. Bu işi de Enver üzerine aldı.

9 Ağustos Cuma sabahı Manastır'dan atla seyahate çıktım. Kıymetli bir hatıram olan Manliher filintasını da sırtımda büyük bir zevkle taşıdım. Bol da cephanesini beraberime aldım. Akşam Resne'de kalarak buradaki merkezi faaliyete geçirttim. Manastır'da tahlif ettiğimiz Avcı Yüzbaşı Ziver, Belediye Reisi Cemal, Komiser Tahir ilk işe başlayanlardır. Ohri'de geçen hadiseden Resne'de henüz kimsenin haberi yok.

Ertesi günü Ohri'ye geldim. Eyüb Sabri Bey'in hemşiresinin evine misafir oldum. Gece Manastır'da yemin ettirdiğimiz Reji memuru Nufel, eşraftan Nimet ve Lütfü Beyler de geldiler. Lütfü'yü yeminle cemiyete aldım. Bu üç kişi Ohri merkezini teşkil ettiler. Lütfü bir suçundan dolayı hükümetten gizlenmiş bulunuyordu. Buna filintamı hediye ettim. Lütfü, Pesoçanlı Emin ve Paso üç kişilik gizli cemiyetimizin Manastır merkezine tabi çetesi olarak vazife aldılar. (Daha sonraları Belediye Reisi Sinan, Bankacı Halil, memurlardan Hamdi, Posta memuru Haydar Ağazade Selim Efendiler Ohri merkezini idare ettiler).

Burada icap edenlerden "Osmanlı Uhuvvet Çetesi" hadisesi hakkında malumat sordum. Hadise şayi olmuş fakat kimlerin yaptığı kestirilemiyordu. öldürülen Bulgar daskalının komiteci bir adam tanınması; onun Bulgarlar tarafından öldürülmüş olması ihtimalini zayıflatıyordu. Rumlar ise Ohri'de bir şey yapacak halde değillerdi. Ertesi günü Mümtaz Yüzbaşı Kahireli Aziz Bey aleyhine bazı şikayetleri tahkik için Ustruga'nın şimalinde Veleşte köyüne kadar gittim. Burası Arnavut köyüdür. Bir beyin evinde misafir kaldım. Daha ertesi gün Vehican Bulgar köyünde tahkikat yaptım. Bir hafta kadar önce Aziz Bey burada bir çete reisiyle birkaç avenesini müsademe neticesinde yok etmişti. Buradan Ohri'ye döndüm. Buradan da doğruca —Resne'de kalmadan— 14 Ağustos (l Rumi) Manastır'a geldim.

Mıntıkaya nasıl bir rapor vermekliğim lazım geldiğini Ohri ile Resne gölleri arasında Petrine karakolunda İstanbul'un Çamlıca'nın manzarasını andıran o latif yerde kahvaltımı yaparken kararlaştırmıştım. Hadisenin esası şu idi: Ohri civarındaki çeteleri idare eden Ohri daskalı imiş, Arnavutlarla uzlaşarak faaliyetini arttırmış. Bizim Manastır cemiyetinin ilk numarasını verdiğimiz ve ilk merasimle tahlif ettiğimiz Kahireli Aziz Bey Vehican'da bir Bulgar çetesini imha edince bunların merkezini teşkil ettiğini öğrendiği Ohri daskalasını da öldürtmüş ve üzerine "Osmanlı Uhuvvet Çetesi" diye uydurduğu bir mühürle malûm yazıyı yazıp bıraktırmış. Aklı sıra bu tehdit komitecileri sindirecekmiş!..

Kendisine işin aldığı vahim istikameti ve vakitsiz cemiyetimiz hakkında şüpheler uyandıracağını, esasen cemiyete mensup bir kimsenin kendi kafasından herhangi bir teşebbüste bulunamayacağını anlattığım zaman onun da ayakları suya erdi.

Raporumu, intikam kastıyla yapılmış bir cinayet olduğunu, fakat işe siyasi bir mahiyet vermek ve ecnebileri de tahrik için yapılmış olduğunu beyan suretiyle tertip ettim. Tabu Hasan Tosun ve Enver Beylere hakikati söyledim. Bu suretle cemiyetimizin ikinci bir şahsının dahi bu cinayetten haberi olmadığı hakikatini onlara anlattım.

(Hadi Paşa raporumu aynen umumi müfettişliğe gönderdi. Raporlar İstanbul'u tatmin etmemiş! Hüseyin Hilmi Paşa Ohri'ye sivil bir heyet göndermeye ve buna Enver Bey'i de katmaya karar verdi. Tabii benim tahkik raporumdan fazla bir malumat alamadılar.)

## SELANİK'İN KARARI BİR TERÖR YAPMAK

17 Ağustos (4 Rumi) Enver Bey memuriyetten geldi. Çok mühim bir meseleyi görüşmek üzere bizim evde buluştuk. Enver Bey, Merkez-i Umumi'nin şu kararını söyledi: "İstanbul'da bir tedhiş yapmaya karar vermişler." Sebebi, İstanbul'un bir müddetten beri cemiyetimiz hakkında malumat

alması ve buralarda bazı tahkikat yaptırmakta olması imiş. Sultan Hamid'i sindirmek lazımmış. Enver şunları da ilave etti:

—Arap İzzet'i öldürmek için karar verdiler. Kendisine ahbaplarından biri tarafından bir hediye gönderilecektir. Hediyeyi götürecek olan kimse maksadı bilmediğinden fedaimize tavsiye mektubu da verecek ve bu suretle onun Arap İzzet'in karşısına kadar çıkması temin olunacaktır. Fakat Selanik'te bu işi yapacak münasip bir fedai bulamadıklarından benden istediler. Ben de vaad ettim. Kimi göndermeyi münasip görürsün?

Ben — Bu gibi kararlarda mütalaamız alınsa daha isabetli olur sanırım. Mütalaalarımı kestirmeden ve apaçık söylemek adetim olduğunu bildiğiniz ve bunu bir latife diye söyledinizse biraz gülüşebiliriz.

Enver — Ne latifesi? Ciddi söylüyorum. Karar verilmiştir ve ben de bu kararı beğendim. Bunda gülünecek ne var?

Ben — O halde ağlayalım! Enver Bey kararda isabet görmüyorum. Gaflet görüyorum. Hele tatbiki için Manastır'dan fedai istenmesi ise gafletlerin şaheseridir. Fedai farz edelim ki arzu olunan işi basarsın. Netice ne olacaktır. Düpedüz: "Manastır'da bir cemiyet vardır ve oradan fedai gönderilmiştir." Şu halde Manastır'a karşı bütün istibdad kuvvetleri harekete geçirilecektir. Selanik bakalım Manastır ne yapacak diye seyirci mi kalacak? Manastır gibi uzaklardan gelecek bir fedai ve buralarda kurulacak bir cemiyet Sultan Hamid gibi tecrübeli bir müstebidi sindirir mi? Yoksa aksine ona "Bir oh! Hele İstanbul'da, Edirne'de ve hatta Selanik'te böyle zararlı kimseler yokmuş mu dedirir. Zulmüne daha çok mu cüret verir?

Enver — Mademki Selanik işini seninle anlaşarak ben üzerime aldım. Verdiğimiz karara senin de uyman lazımdır.

Ben — Karara uymak kolay bir iştir. Nitekim Selanik bu işi yaptırsaydı biz burada iş olup bittikten sonra haber almış olurduk. Fakat mademki fedaiyi biz göndereceğiz; elbette ki münakaşaya hakkımız vardır. Bütün akıbetleri hesaba katmazsak birçok arkadaşlarımızla beraber fena vaziyetlere düşebiliriz. En fenası belki de lanetleniriz. Hani İstanbul'da teşkilat vardı? Hani Selanik kuvvetli idi. Biz bütün arkadaşlarımızı buna inandırdığımız halde göndereceğimiz fedai arkadaşın aklına "Neden Manastır'dan bu iş için beni seçtiler" diye bir şey gelmez mi? Böyle bir fikir diğer arkadaşlarımıza yayılırsa vaziyet ne olur? Eğer bu fedai böyle bir şey sorarsa biz ne cevap verebiliriz. Enver Bey; bu mütalaalarımdan çok sıkıldı ve kestirme olarak dedi:

—Şu halde seninle aramızda kura çekeriz, hangimize çıkarsa o bu işi üzerine alsın!

Ben — Kuraya lüzum görmüyorum, iş buna kaldıysa ben giderim. Fakat ister sen git, ister ben gideyim, netice aynı olur. İstanbul ilk iş burada kalan birimizi yakalamaya ve Manastır'ı ezmeye kalkar. Selanik kendisi bile zayıf bir halde olduğundan, mühim merkezlerde cemiyet teşkilatı yapılmamış bulunduğundan Sultan Hamid bu sefer de cemiyeti ezerse artık Türk Milleti çok uzun yıllar için hürriyete kavuşamaz. Belki de Avrupalıların vatanımızı paralama ameliyatına cüretleri de artar. Türk Milleti ebediyen hürriyete veda etmiş olur. Bence asıl olan meselenin kendisini iyice münakaşa edelim. Selanik'teki arkadaşların yanlış düşündüklerini de kendilerine anlatarak, yapılması lazım gelen işler hakkında esaslı bir program kabul ettirmeliyiz.

Enver biraz yumuşadı ve dedi:

—Kazım, sana olan güvenim o kadar çoktur ki bir meseleyi incelediğin zaman gösterdiğin deliller karşısında hayranlıkla fikrimden vazgeçerim. Hususi hayatımda, aile işlerimde bile seninle münakaşa etmeden bir karara varamaz oldum. Bunu takdirle söylüyorum.[50] Söylediklerin tamamıyla doğrudur.

---

50 Meşrutiyet'in ilanından sonra irtica hadisesi karşısında olduğumuzu ve buna karşı alınacak tedbirleri ve daha sonraki iç ve dış meselelerimizi; vukuundan çok önce inceleyerek ortaya attığımdan dolayı pek yakın arkadaşım İsmet Bey de (İnönü) beni aynı suretle takdir eder ve (Eşhası iyi tetkik ettiğinden hadiseleri vukuundan önce görebiliyorsun) derdi.

Ben, karara tabi olacağımız zaruretini asıl olarak düşündüğümden bir itirazda bulunmak aklıma bile gelmedi. Benim için çok ağır olmakla beraber merkezimizin mütalaasıdır diye bir cevap verebiliriz. Fakat aklıma şu da geliyor: Acaba Selanik bizi denemek mi istiyor? Yani İstanbul'a gönderecek kadar fedai teşkilatımız kuvvetli midir? Bunu anlamak mı istiyor?

Ben — Denemek için Arap İzzet'i mi buldular? Sultan Hamid deselerdi, bunun için de sen veya ben ortaya atılsaydık, yakışık alır bir deneme olurdu. Ben şu fikrimde ısrarla duruyorum. Yarı tedbir daima büyük zarar getirir. İstanbul, Edirne, Üsküp ve hatta İzmir'de cemiyet merkezleri kurup teşkilatlanmadan işe başlamamalıdır. Hatta Sultan Hamid'i öldürmek teşebbüsü için dahi bu teşkilata lüzum vardır. Çünkü suikast muvaffak olmazsa netice yalnız cemiyetin değil birçok aydın kimselerin de felaketine sebep olur. Muvaffak olunsa bile işi bir merkezden idare çok lazımdır. Aksi halde türlü cemiyetler, türlü fesatlar sözü ayağa düşürebilir. Sözün kısası "Tam teşkilat, tam icraat." Fakat benim anladığım Selanik işi esaslı olarak ele almamıştır, işi Manastır'a yükletip seyrine bakmak isteyecek kadar sakat düşünüyor. Sen, İsmail Hakkı ve ben bir kere daha görüşerek Selanik'e kafi bir plan teklif etmeliyiz. İcabetlerse işi elimize de almalıyız.

Enver — İstanbul ve Edirne teşkilatını yapmak ve Sultan Hamid'i Ramazan'daki Hırka-i Şerif ziyaretinde öldürmek vazifesini biz üzerimize alalım. Sen veya ben, yahut her ikimiz. Buna ne dersin. Planda bu en kuvvetli bir madde olacaktır. Beşiktaş'ta bizim evin Yıldız'dan gelen yola bakan bir penceresi var. Bir tüfek tespit ettin mi mesele kalmaz ve bunu ben yaparım.

## SELANİK DE BİZİM FİKRİMİZİ KABUL ETTİ

Muvaffak olsun olmasın İstanbul'da bir terör yaptırmanın faydadan çok zarar vereceğini ve İstanbul'da kuvvetli bir merkez kurularak ordu ve donanmaya el atılmasını, aynı zamanda Edirne, İzmir, Üsküp'te de teşkilat yapılması ve bu suretle civar ordularla ve oralardaki hürriyetseverlerle temasta bulunulması hakkındaki mütalaamızı Selanik merkezi umumisi de kabul etti.

Bu günlerde aldığımız şu haber, Makedonya hakkında Avrupa büyük devletlerinin yeni bir karara hazırlandıklarını gösteriyordu: Jandarmamızı tensike memur olan Decarcis Paşa bir Yeşil Kitap yazarak İngiliz Parlamentosuna dahi göndermiş. Makedonya ahvalini tasvirden sonra Türk askerlerinin jandarmaları ifsad ettiğini bazı vakalar göstererek izah etmiş.

Bununla Makedonya'da yalnız jandarma kuvveti bırakılması hakkında propaganda yapılmak istenildiği anlaşılıyordu. Devletlerin herhangi bir kararından önce hürriyet ilan edebilmekliğimizi çok lüzumlu görüyorduk. Eğer Sultan Hamid kendi idaresi aleyhine Selanik ve Manastır'da bir cemiyet kurulduğunu haber alsa; Makedonya'daki orduyu terhisle zabitlerini Trablus'a, Yemen'e gönderebilmek için Avrupalıların "Makedonya'daki ordumuzu çekmek" teklifini Sultan Hamid'in memnunlukla kabul edeceğine şüphe etmedik. Bu düşünce dahi cemiyet teşkilatımızın biran evvel İstanbul, Edirne, İzmir mıntıkalarına da yapılması lüzumunda hemfikir olduk.

İstanbul teşkilatı için Enver veya ben gidecektik. Hangimiz muvaffak olursa...

## BİR TESADÜF BANA İSTANBUL YOLUNU AÇTI

20 Ağustos (7 Rumi) Rakle müsademesinden dolayı, 4 Ağustos Rumi'den itibaren kolağalığa terfi olunduğum telgrafı geldi. Artık Üçüncü Avcı Taburu'nun kumandanı vaziyetinde idim. Manastır Harbiye Mektebi de imtihanlarda beni mümeyyiz tayin ettiği hakkında davetiye aldım. 26 Ağustos (13 Rumi) Pazartesi günü mektebe imtihanlara gittim, İstanbul'dan müfettiş olarak gelmiş bulunan Topçu Kaymakamı Emin Bey beni görünce tebrik etti ve dedi:

— Vay, Kazım Bey sen burada mısın? Stajın bittiği halde

neden mektep idaresine haber haber vermedin. Mektep, seni kendi malı saymakta ve stajının bitmesini beklemektedir.

Emin Bey, Kuleli'de bizim Mantık hocamızdı. Sınıf birincisi olduğumdan daha o zamandan tanırdı. Askeri Mektepler Müfettişi İsmail Paşa'nın çok teveccühünü kazanmıştı. Askerlikten ziyade edebiyatla meşgul olur bir zattı. Erkan-ı harp yüzbaşısı çıktığımız zaman birinci olduğumdan ben altın, ikinci de gümüş Maarif Madalyası ile taltif olunmuştuk. O zaman yapılan merasimde okuyacağımız nutukları bu zat hazırlayarak bize okutmuştu, ikinciyle aramızdaki büyük numara farkından dolayı mektep idaresinin beni muallimlikle alıkoymak istediğini, benim de iki yıllık kıta stajımı bitirmeden faydalı olamayacağımı bildirdiğimi Emin Bey biliyordu. Bu güzel tesadüftü. Bundan daha geniş istifadeyi düşündüm ve şu cevabı verdim:

—Kıymetli teveccühünüze teşekkür ederim. Daha stajım bitmedi. Bir Bulgar müsademesindeki muvaffakiyetten dolayı vaktinden önce terfi ettim. Mektepten çıkar çıkmaz muallimlikle kalmadığıma çok isabet ettiğimi kazandığım tecrübelerle de anladım. Nitekim siz de buradaki talebeyi İstanbul'dakilerden üstün görmekle sebebinin, heyeti talimiyenin, pişkin, tecrübeli zabitler olduğunu tasdik buyuracaksınız, İstanbul Harbiye ve hatta Erkan-ı Harbiye Mektebi muallimlerinin bile çoğu Kağıthane sırtlarından ve derelerinden başka bir şey görmedikleri halde buralarda her varlığı olduğu gibi görerek ve ordunun içinde tecrübe sahibi olan heyeti talimiyenin kudretli talebe yetiştirdiği herkesin gördüğü bir hakikattir. Bunun için kıymetli delaletinizle buralardan İstanbul Harbiye mekteplerine muhtelif sınıflardan birkaç zabit naklettirilirse ordumuz için pek büyük bir hizmet yapılmış olur kanaatindeyim.

Manastır Harbiye Mektebi ders nazırı Erkan-ı Harp Miralayı Şevki Bey de, ben Ohri'de iken İstanbul'a naklolunmuştu. Şimdi bu vazifeyi Erkan-ı Harp Binbaşı Vehip Bey görüyordu. Dahiliye Müdürlüğünü de yeni gelmiş bulunan Piyade Binbaşı Kazım Bey yapıyordu. Bu zat bizim talim muallimimizdi.

Her ikisinin bana tevcecühleri vardı. Fakat biz bu zatları cemiyete almış değildik. Vehip Bey "Paşa" (Ben İstanbul'a geldikten sonra alınmış) benim sözlerimi tasdik ettiler. Emin Bey de bunları dikkatle dinledikten sonra dedi:

—Çok isabetli olan mütalaanı mektepten çıktığın zaman muallimlikle alıkonulmak istenildiği zaman dinlemiştim. Şimdi arkadaşlarımızı da aynı fikirde gördüğüm gibi bizzat senin bile ne kadar büyük bir tecrübe kazanmış bir insan haline geldiğini her halinden görüyorum. Hakikaten heyeti talimiyeler arasında çok fark olduğu görülüyor. Tabii bunların yetiştirecekleri talebe de böyle farklı olacaktır. İstanbul'a dönüşümde müfettişliği bu hususta lazımı gibi ikaz ederim. Şimdiden İstanbul'a nakletmek isteyecek arkadaşlar müracaat etsinler. Ben memnunlukla delalet ederim. Tabii artık seni de burada bırakmayız. Terfi etmişsin, stajın da bitmiş sayılır.

\*\*\*

Bu haberi ve şu tertibatımı Enver Bey'e söyleyince çok sevindi: Manastır Harbiyesi'nden cemiyete aldığımız zabitlerden Süvari Yüzbaşı Salih Efendi Topçu Emin Bey'in akrabası olduğundan onun İstanbul'a nakli kolaydı. Bir de Piyade Yüzbaşı Ali Efendi'nin naklini muvafık bulduk. Bunun kardeşi erkan-ı harbiye sınıfında tahsilde idi. (Ramazanda sılaya geldiği zaman cemiyete aldık. Fedai şubesine yazılan bu mert arkadaşın İstanbul teşkilatında adı geçecektir.)

Kardeşim Hulusi Bey de mektepte idi. Fakat onun Manastır'da kalmasını iki bakımdan tercih ettim. Biri onunla mektuplaşmak, ikincisi de onu vesile ederek icabında Manastır'a gelebilmek. Topçu alayından da İstanbul'daki Topçu Harbiyesine iki zabit almak, bu suretle İstanbul'a gider gitmez Pangaltı Harbiye Mektebinde ve Haliçteki Topçu Harbiyesinde birer şube açmış olabilirdim. (Topçudan Yüzbaşı Kazım ve Mülazımıevvel Davut Efendiler naklolundular. Eczacı Mektebinden Resneli Niyazi Bey'in kardeşi Osman Bey de Manastır'a sılaya geldiği zaman cemiyete fedai olarak girdiğinden İstanbul'a gittiğim zaman gerek bunlar ve gerekse Talat Bey tarafından İstanbul'da veya Selanik'te tahlif olunmuş birkaç arkadaş hazır bir halde idiler.)

## MANASTIR MERKEZİNİN TENSİKİ

Benim İstanbul Harbiye Mektebi Tabiye muallim muavinliğine tayin olunduğumu 21 Eylül Rumi gazeteleri yazdı. Fakat emrim 3 Teşrinisani Rumide geldi. Ben de 20 Teşrinisani Rumi'de Manastır'dan hareket edebildim. Bu zaman zarfında takiplere, tahkiklere gitmek ve Üçüncü Avcı Taburunda çalışmakla meşgul oldum. Resne'deki kışlanın açılış merasimine cülus günü olan 19 Ağustos Rumi'de ben gittim. Civar köylerde Rum çeteleri de aradık.

Ordu Müşirliğinden 9 Eylül Rumi'de gelen bir emirde, benim veyahut Enver Bey'in karaferye kumandanlığına tayinimiz hakkında emir geldi. Fakat ahvalin her ikimizin de ayrılmasına müsaade etmediği cevabı verildi.

Filorina'da tahkikattan henüz dönmüştüm ki Kırçova'nın Plice köyünde askerlerin birçok Bulgar'ı dövdüğü, yağma yaptığı vesaire hakkındaki şikayetleri yerinde tahkik için adliye ve mülkiyeden bir tahkik heyetiyle gittik. Bir de İtalyan jandarma zabiti tercümanıyla geldi. Dokuz gün süren, bu seyahatimde Debre dağlarındaki karakollarımızı da teftiş ettim. (Bu seyahatimin kayda değer notları ve İtalyanların Bulgarları tutmak ve ordumuzu kötülemek için sarf ettikleri gayretler hatıralarımda yazılıdır.)

Tahkikat için bir daha Filorina'ya gittim.

Rumi Teşrinievvel ortalarında Selanik'ten süvari yüzbaşısı Süleyman Fehmi Bey (Albay Mütekaidi Tuncay) Merkezi Umumiden mühürlü bir zarf getirdi. Bunda cemiyetin yeni nizamnamesi vardı. Bir de Manastır merkezinden ilk yardımı istiyorlardı. Zarfı Selanik'te İsmail Canbolat Bey (O zaman merkez kumandanlığında mülhak yüzbaşı idi. Mebus iken İzmir'de İstiklal Mahkemesi tarafından suikastla ilgisi var diye asıldı.) vermiş. O da muhabere merkezimiz olan Mıntıka

Erkan-ı Harbiye Reisi Hasan Tosun Bey'e vermiş. Enver Bey'le birlikte benim evde okuduk. Gönderebileceğimiz mevcudun dörtte biri olan yirmi üç altını cevap yazarak hazırladık. Selanik'e döneceği gün parayı ve cevabı benim evde Süleyman Fehmi Bey'e teslim ettim.

Süleyman Fehmi Bey'le hasbıhalde Manastır'ı çok kuvvetli bularak hayrete düştüğünü söyledi. Selanik'in henüz zayıf olduğunu da esefle bildirdi. (Bu yılın Eylülünde giden Süleyman Fehmi Bey'in numarası 190'dır. Selanik'te numaralar 111 den başladığına göre Merkez-i Umumi'de dahil olduğu halde cemiyet doksanıncı olarak girmiş demektir. Halbuki Manastır 200'ü aşmıştı.)

***

Manastır merkezi şimdiye kadar Enver, ben ve Kolonyalı Hüseyin Bey'den ibarettik. Hüseyin Bey hiçbir işe karışmaz, bir kenarda yedek aza idi. Bütün işler benim üzerimde idi. Enver Bey böyle idarede ısrar ediyordu. Çok kimsenin işi bilmesi zararlı olur, Selanik de böyle çalışıyor, diyordu. Merkez, tahlif, milli işler, muhakim (şimdilik bir işi yoktu) hep benim üzerimde idi. Şimdi yeni Nizamname bunları ayırmıştı. Merkez heyeti de altı kişi olacak. Üçü daimi, diğer üçü ihtiyat olacak. Hatta bunlardan biri asla toplanmalarda bulunmayarak herhangi bir felakete karşı yeniden merkez kurabilmek için gizli kalacaktı. Hüseyin Bey buna münasipti.

Şimdiye kadarki temaslarımızdan düşünce ve enerjilerine güvendiğim ve rehberleri olduğum şu dört zatı Enver Bey'e teklif ettim. O da münakaşa etmeden kabul etti:

Sadık Bey: Süvari On üçüncü Alay Kumandanı-Kaymakam.

Remzi Bey: Ordu Erkan-ı Harbiyesi'nde Şube Müdürü-Kolağası.

Habip Bey: Topçu On Üçüncü Alay'ın Dördüncü Bölük Kumandanı Mümtaz Yüzbaşı Bolulu. (Benim staj yaptığım bölük.)

Ziya Bey: Aynı alayın aynı bölük mülazım-ı evveli.

Enver Bey kendi sınıf arkadaşı Tevfik Efendi'ye de çok güveni olduğundan icabında bundan da istifade ederiz, dedi. Benim teklif ettiğim arkadaşlarla 22 Teşrinisani (9 Rumi) Cuma gecesi Enver Bey'in evinde toplandık. Bu arkadaşlara kendilerini idare eden ve tahlif eden kimler olduğunu söyledim.

Ordu, Mıntıka, Üçüncü Avcı, Süvari, Topçu, Obüs alayları, diğer piyade ve topçu taburları, Harbiye Mektebi, Redif, Jandarma, Hükümet ve halktan, Manastır, Pirlepe Filorina, hususiyle Ohri ve Resne'deki kuvvetli teşkilatımız ve Ohri'deki çetemiz hakkında malumat verdim. Hayranlıkla dinlediler. Mevcut paramızı da teslim ettim. Tahliflerde kullandığımız Nagant roverini de tahliflerde kullanılmak üzere bıraktım. Yalnız kamamı İstanbul için hatıra olarak aldım, İstanbul'a niçin ve ne suretle gitmeye muvaffak olduğumu da anlattım. Hüseyin Bey'in yine gizli merkez azası olarak kalmasını, bunun yeni merkez arkadaşlarınca dahi bilinmesine lüzum olmadığını Enver Bey istiyordu. Habip Bolu bu meçhul azalığa kızdı ve dedi:

—Bize merkezi teslim ediyorsunuz da bu arkadaşı gizliyorsunuz. Bu doğru değildir. Bu bize karşı da itimatsızlık demektir.

Enver Bey de bunun üzerine gıyaben Hüseyin Bey'i tanıtmak zorunda kaldı. Ben yakında hareket edeceğimden işlerimi yeni arkadaşlara devrettim. Yeni talimatnameye göre idari, mali, adli heyetlerin tayini ve yürütülmesi işlerini de onlara bıraktım. Yalnız bu işler yapılırken bu yeni arkadaşların gerek şahıslar ve gerekse saire hakkında soracakları şeyler için on gün kadar daha Manastır'da kalmaklığımı istediler. Ben de kaldım.

## MAKEDONYA DURUMUNA TOPLU BİR BAKIŞ

Türlü manasına gelen Masedoin (Macedonie)'a biz Makedonya diyoruz. Berlin muahedesiyle Balkan devletlerinin siyasi hudutları dışında ve hudutlarına yakın yerlerde kesafet o ırktan olmak üzere bilhassa Manastır vilayeti ortalarında Bulgar, Sırp ve Rumlar birbirine temas eder ve bazen birbiri içine girmiş bir durumda bulunur. Manastır şehrinin içi dahi böyle bir durumdadır. Manastır'da ve muhitinde Ulahlar da vardır. Garba doğru Arnavutlar da başlar.

Bulgarlar, Rumlar ve Sırplar mümkün olduğu kadar kendi mıntıkalarını genişletmek için çetelerini faaliyette bulundururlar, icap ederse köy yakarlar, insan öldürürler. Bunun için Manastır vilayeti çetelerin diğer vilayetlerden daha çok faaliyetlerine ve hadiselerine şahit olur.

Her ırkın kendi kurulmuş devletinden gelmiş ordu mensuplarından muntazam çeteleri olduğu gibi yerli halktan da yardımcı çeteleri vardır. Bunları idare eden teşkilat hükümetimizin içinde gizli bir hükümet halinde çalışırlar. Halkın davalarını bile gören gizli mahkemeleri vardır. Mümkün olduğu kadar halkı hükümetimizle temasa geçirmeye çalışırlar. Manastır'ın içinde bile sık sık cinayetler olur. Mesela bir Türk muhbirimiz olan Dülger Ali Ağa isminde biri bir gün bizimle takipte bulunmuştu. Köydeki mahalli çete teşkilatı tarafından tanınmış Manastır merkezlerine haber verilmiş. Adamcağızı güvendiği bazı komşusu Bulgarlar aldatarak bir eve götürmüş ve beynine çivi çakarak öldürüp şehir içinde Drahor deresi boyuna asmışlardır. Rumlar da yine bizimle takipte bulunarak eşkıyanın saklandığı yerleri gösteren bir Ulahı — Avcı askerimiz kıyafetinde olduğu halde— tanımışlar ve Manastır teşkilatına haber vermişler. Adamcağız asker elbiseleriyle kışladan çıkıp yakındaki bakkaldan aldığı ayranla zehirlendi. Bu kurtarıldı ve başka bir yere naklolundu.

Kendi ırklarından çetelerin tekliflerini kabul etmeyenler de öldürülür, veyahut diğer ırklardan işlerine engel olanlar da suikaste uğrar, işte Manastır'dan ayrılmak üzere olduğum şu günlerde 28 Teşrinisani (15 Rumi) Naguvan köyü papazı köy halkına vaazında kendilerinin Rum değil Arnavut ırkından olduklarını söylediğinden papaz Manastır'a geldiği zaman

Selanik Oteli önünde —Manastırın en işlek caddesi— güpegündüz iki genç Rum tarafından röverle öldürüldü. Vuranların biri yakalandı: On altı yaşında bir çocuk!..

***

Her ırkın gerisinde istiklaline kavuşmuş ve siyasetini bir büyük Avrupa devletininkine uydurmuş, ordusunun ve memleketinin kalkınmasını tanzim etmiş bir devlet var. Türklerden gayrisi biran önce Osmanlı idaresinden kurtularak kendi ırkından olan devlet idaresini kendi mıntıkasına getirerek kendisinin de o camiada yer almasını ideal olarak benimsemiş, varını, yoğunu bu uğurda sarftan zevk alıyor. Bir düzine müstakil memleketlerin edipleri, politikacıları Osmanlı idaresinde kalan ırkdaşlarını uyandırmakla, tahrik etmekle meşguller, Avrupa'nın büyük devletleri de kendi işlerine geldiği gibi Balkanlara şekiller vermek istediklerinden onların da kendi hesaplarına Makedonya halkına yardımlar, tahrikler bir düziye devamda. Selanik ve civarı Rum olduğundan buralardaki diğer unsur hususiyle Bulgarların işine gelen bir Makedonya muhtariyetidir. Fakat ırkçılık gayreti ve bunun Avrupa edebiyatındaki yeri daha üstün olduğundan bunu isteyenlerin fiiliyattaki eserleri zayıf ve meyve verecek gibi görünmüyor. Diğer unsur olan Ulahlar, Yahudiler vesaire Osmanlı idaresini daha hayırlı buluyorlar. Pek derin düşünen bazı diğer unsurlardan kimseler ve hele yaşlıları da. bu fikirde. Onlar, Osmanlı idaresi kalkınca Makedonya'nın bir mezbahaya döneceğinden korkmaktadırlar.

Bulgar, Sırp ve Rumlardan Türklerle arası en fena olan Bulgarlardır. Hele Rumlar hükümetimize ve askerimize karşı o kadar vahşi değildirler. Çok defa biz de onları korumak zorunda kalıyoruz. Bulgarlarla Türkler arasındaki büyük nefret 1903 (1319) ihtilalinden başlar. Üç ay kadar süren bu ihtilalde Bulgarlar zayıf buldukları yerlerde Türk halkını ve askerini bastırarak öldürmüşlerdir. Tabii ihtilali tenkil sırasında bunun cezasını vermişlerdir. Bulgarlar besledikleri emellerine kavuşamamışlardır. Hem Türklerle araya kan girmiştir, hem de Sırp ve Rumlar da aynı siyasi faaliyete başlayarak çetelerini Makedonya'ya göndermişler ve Osmanlı devletinin parçalanması veya Makedonya'nın paylaşılması ihtimaline karşı hazır bulunmuşlardır. Bulgarların yaptıkları ihtilallerde yaktıkları, yıktıkları eserler hâlâ yer yer görülüyordu. Ben ihtilalin akabinde Manastır'a geldiğim zaman onları sıcağı sıcağına görmüştüm. Anasını babasını kaybedenler, her iki tarafın da, birbirlerine karşı ebedi bir kin besliyorlardı. Bulgarlar milli marşlarındaki Makedonya bizimdir, İstanbul bizimdir!...

(Marş Marş Çarigrad naş, Marş Marş Makedonya naş!) sözleri de onlara karşı nefret ve kini genişletiyordu.

Bulgar ihtilali esnasında[51] Makedonya'da 239 müsademe olmuştur. Bunların 150'si Manastır vilayetinde vuku bulmuştur. 350.000 askerimizin Makedonya ihtilalini teskin ettiği, ihtilalcilerin 26.000 kişi oldukları biliniyor. Fakat halkın da sonradan kamilen dağlara çıkarak isyana karıştıkları hesap olunursa Bulgarların da yüz binleri aştığı anlaşılır. Yalnız Manastır vilayetini 17 ihtilal şubesi idare etmiş. Bunların emrinde 14.000

---

51    Ben Manastır'a gittiğim zaman orada vali bulunan Hazım Bey (Milletvekili Hazım Tepeyran) bana sonradan Bulgar ihtilali hakkında ibrete değer şu malumatı vermiştir: Dedeağaç'ta mutasarrıf bulunuyordum. 19 Mayıs 1896 oradaki Bulgar tüccar vekili Yoef adında biri, Trakya ve Makedonya İhtilal Komitesi namıyla gizli bir cemiyet teşkil ettiğini bana bildirdi. Hemen aynı tarihte Mabeyne şifre ile bildirdim. Kimse aldırış etmedi. Yedi yıl sonra 15 Nisan 1903'de Selanik'te Guadalkivir adlı Fransız vapuru Karaburun önlerine varmadan makine dairesine Bulgarlar tarafından konmuş bulunan bir bombanın çıkardığı yangın ile yandı. İki saat sonra saat 14'te Osmanlı Bankası'nın Selanik şubesine dinamit atıldı ve isyanlar başladı. Mabeyn Başkatibi ve Sadrazamın Bulgaristan'daki komiserliğimiz arasındaki şifrelerin hemen ertesi günü Bulgar kapı kahyası tarafından harfiyen elde edilmekte olduğunu da Yoef bana haber verdi. Bunu da Mabeyne bildirdim. Yoef'in haberleri hakkında Mabeyne yazdığım şifreler dahi Bulgar Hükümetinin eline geçmiş olacak ki bu adam Sofya'da —güya suiistimalinden— hapsedildi ve hapishanede —güya zehir içerek— intihar etti. İhtilalden üç yıl sonra, Manastır'da vali bulunur iken —Rusya sivil ajan muavininin evinde Fransızca "Hakikî Makedonya Meselesi" adlı ve 1901'de basılmış olan bir eserde, Makedonya işlerine dair Mabeyn başkatibi tarafından Sadrazama yazılmış olan bir tezkere ile Kosova ve diğer bazı Rumeli vilayetleri valileri tarafından Babıali'ye takdim olunan resmi tahriratın fotoğraflarını gördüm.

ihtilalci varmış. Asker ve Türk ahaliden ölenler 3087, Bulgarlardan ise 30.000'dir.

Çetelerin faaliyeti müzmin bir şekil aldığından ihtilalden bir yıl sonra 1904'te (1320 Rumi nihayetine doğru) mıntıka teşkilatı yapılmıştır.

Manastır mıntıkası teşekkülünden sonraki müsademelerde öldürülen komitecilerin sayısı şöyledir:

| Tarihi | Bulgar | Rum | Sırp | Ulah |
|---|---|---|---|---|
| 1904 (1320) | 27 | Yoktur | | |
| 1905 (1321) | 78 | 27 | | |
| 1906 (1322) | 74 | 133 | | |
| 1907 (1323) | 138 | 110 | 5 | 3 |
| | 317 | 270 | 5 | 3 |

Diri diri yakalanan Bulgarlar da ölünün % 10'u, Rumlarda % 401, Sırp ve Ulahlarda ise % 50'dir.

Ben Manastır'da iki yıla yakın kıta stajı için bulunduğum halde Mıntıka Erkan-ı Harbiyesinde dahi vazife verildiğinden birçok takiplerde ve tahkiklerde dolaştığım gibi üçü Rumlarla ve dördü de Bulgarlarla olmak üzere yedi defa çetelerle karşılaştım. Altısını müsademe ile imha ettik. Bir Rum çetesini de gizlendikleri bir inde yakalayarak teslim aldım. Hatıratımda teferruatıyla kaydettim. Rahat ve emniyet yüzü görmüyorduk. Bu müzmin yara askeri kuvvetten ziyade kuvvetli bir milli hükümetin vücuduna ihtiyaç gösterdiğini her gün ve her hadisede görüyorduk. Meşrutiyetle idare olunur tecrübeli bir hükümetin neler yapabileceğini beyan etmezden önce bütün Osmanlı diyarında Türklerle gayrı Türklerin ne halde bulunduklarını kaydetmeliyim:

Dağlar arasındaki ücra köylerde bile gayrı Türklerin mektepleri genç dinç ve çoğu mensup olduğu ırkın ordusunda ihtiyat zabiti olan malumatlı muallimler elinde bulunduğundan çocukların beden, fikir ve ruh terbiyelerine çok ehemmiyet veriyorlar. Köylerde ve Manastır'ın içinde muhtelif ırkların mekteplerini gördüm ve bizimkilerle mukayeseler yaptım. Aradaki fark insanın yüreğini sızlatıyor. Halka gelince, bir taraftan Amerika'ya ve Mısır'a gidip kafa ve kesece zengin dönenlerin ve bir taraftan da dünyayı ahretten daha iyi öğrenmiş ve milli duyguları haddinden aşkın bir hale gelmiş bulunan papazların bir düzine vaaz ve nasihatleriyle Türklerden çok ileri bir durumdadırlar. Bizimkiler ise her bakımdan acınacak bir halde. Daha vatan ve millet kelimelerini telaffuz bile bir cürüm, idari ve çeteler teşkilatı yıllardan beri yapılmış. Her gün biraz daha kuvvet bulduğundan bu hal de onlara çok kudret ve güven veriyor. Her ırkın arkasında günün birinde buraları istilaya hazır olan ve günden güne kuvvet bulan Avrupa benzeri orduları da var. Bu orduları idare edecek olan hükümetleri Livre Jaune, Affaire Macedoine (san Kitap, Makedonya işleri) adlı muntazam numara sırasıyla çıkan ve her dile tercüme olan kitaplardan, ayrıca kendi diplomatik heyetlerinden ve çete teşkilatından aldıkları raporlarla vaziyete hakim oldukları halde bizim ilgili makamlar ancak resmi raporları okuyabiliyorlar. Avrupa'da çıkan bu kabil eserler evrakı muzirre!..

Ordu günden güne askerliğini kaybediyor. Teçhizatı yok gibi. Süvari alayları hâlâ siyah barutlu mermi atan tek ateşli Martin tüfekleriyle mücehhez!.. Alaylardan yukarı kumandanlar ihtiyar veya cahil ve beceriksiz insanlar. Ordu tam manasıyla ancak bir ihtilale mani olabilecek bir kudrette, yani Jandarma! Sevkulceyşî hareketleri idare edecek kumandanlar yok, vasıta da yok. Hatta birkaç meydan muharebesini idare edecek cephane dahi.

Fakat Saray-ı Hümayun bu halleri anlayacak bir kabiliyette değil. O hakikati öğrenmeye de yanaşmıyor ve keyfinin kaçırılmasına karşı şahlanıyor. Babı-aliden ve Erkan-ı Harbiye-i Umumi'den gelen emirler yürekler acısı! Mesela bir emir gelir: Hudutlardan zinhar tek bir komiteci dahi geçirilmemelidir! Şu kadar gün zarfında memleketimizde komite kalmamalıdır!

Daha ne cahilane herzeler!.. Mektepten çıkar çıkmaz Damatlığa koşanlar veya mahdum beyler, Babıali gibi Erkan-ı Harbiye-i Umumiyeyi de dolduruyor. Ordularda güneş ve ateş altında veyahut buzlu ovalarda, dağlarda türlü mahrumiyetler içinde didişen arkadaşlarından bir kaçar rütbe ileride gidiyorlar. Orduyu, halkı, memleket arızalarını asla tanımadıklarından bir nevi Mabeyin şaklabanlığı yapıyorlar. Cahil padişahın keyfi idaresine kuvvet veriyorlar ve milleti avutup uyutuyorlar.

Yakın bir zamanda Balkan devletlerinin de yardımıyla vukuunu muhtemel gördüğümüz bir ihtilal ordumuzu ve Türk halkını mahvedecek ve Avrupalıların bu hezimeti fırsat bilerek belki de bütün memleketimizi paylaşacaklardır.

Bu halleri göz önüne alınca meşrutiyetin bir an evvel kurulmasından ve mesul bir hükümetin işi ele almasından başka bir çare akla gelmiyor. Tez elden idareyi, orduyu aciz veya hırsızlıklardan kurtararak orduyu hazırlamakla beraber siyasi tedbirlerle de felaketi önlemek ancak cahil ve müstebit bir idareden kurtulduktan sonra mümkün olabilecek işlerdir. Siyasi olarak neler yapılabileceğini kavramak için Rumeli'nin ırklara göre nüfuslarına bir göz atmak lazımdır:

Bizim resmi rakamlarımıza göre: Manastır, Kosova, işkodra, Yanya vilayetlerinin nüfusu:

| İslâm | Hristiyan | Irkı |
|---|---|---|
| 900.000 | — | Türk |
| 2.600.000 | — | Arnavut |
| — | 520.000 | Bulgar, Ulah |
| — | 500.000 | Rum |
| 20.000 | — | Çingene |
| 3.520.000 | 1.020.000 | Yekun |
| 95.000 | | Yahudi |
| 4.635.000 | | Hepsi |

Selanik ve Edirne vilayetlerinin nüfusu:

| İslâm | Hristiyan | Irkı |
|---|---|---|
| 1.298.000 | — | Türk |
| — | 330.000 | Bulgar, Ulah |
| — | 640.000 | Rum |
| — | 35.000 | Ermeni |
| 67.000 | — | Çingene |
| 1.365.000 | 1.005.000 | Yekun |
| | 198.000 | Yahudi |
| | 2.568.000 | Hepsi |

Görülüyor ki Türkler ve İslamlar her vilayette çokluktadır. Makedonya mıntıkası (Selanik, Manastır, Kosova kısmen) nüfusunu ecnebi kaynakları şöyle gösteriyor:

| Yekun | İslâm | Hristiyan | Irkı |
|---|---|---|---|
| 1.179.000 | 147.000 | 1.032.000 | Bulgar |
| 498.000 | 498.000 | — | Türk |
| 225.000 | 14.000 | 211.000 | Rum |
| 78.000 | — | 78.000 | Ulah |
| 125.000 | 116.000 | 8.500 | Arnavut |
| 55.000 | 45.000 | 10.000 | Çingene |
| 70.000 | — | — | Yahudi |
| 22.000 | — | 22.000 | Diğer Unsurlar |
| 2.252.000 | 820.000 | 1.361.500 | Yekun |

Bu rakamların doğru olmadığına şüphemiz yok. Fakat bu esasta kitaplar, haritalar, grafikler cihana yayılmaktadır. Osmanlı Hükümeti ise vaziyete seyircidir. O yalnız elinde silahıyla gezenlere çete veya komite der ve ancak bunlarla müsademeye müsaade eder. Biz mıntıkaca en tehlikeli Bulgarları görüyor ve Rumlarla daha dost bulunuyorduk. Çünkü Rumlar da Bulgar istilasından korkuyorlar ve bize daha yakın bulunuyorlardı. Sırplar da öyle idi.[52] Şu halde meşrutiyetin ilanıyla beraber iyi valiler ve memurlarla ıslahat yapılması, ordunun kuvvetlendirilmesi, Yunan ve Sırp hükümetleriyle anlaşma imkanları ümit verici bir durum yaratabilirdi. Olmasa dahi herhangi aleyhimizde bir karara karşı milli bir mukavemet göstermekle vatanın geri kalan kısımlarını paylaşmaya kimse kolay kolay cüret edemezdi.

Bugünkü durum birçok memurları da hırsızlığa sürüyordu. Çünkü umumi kanaat şu idi. Bu devlet yaşamaz, yakında batacaktır. Bari biz kendimizi kurtaralım. Kurtarmak da uzun yıllar aileleriyle ferah fahur yaşayabilmek için çalıp çırparak para yığmak demekti.

Burada şu hoş hikayeyi kaydetmeyi yerinde bulurum. Bir gün topçu kışlasında yüksek rütbeli zatlarla hasbıhal ederken bu kötü zihniyetin ne zaman başladığına söz geldi. Obüs alayı kumandanı bize şunu anlattı: 1878 (1294) Rus mağlubiyetinden sonra Trablusgarp'a ıslahat için mühim bir para ile bir heyet gönderilir. Heyet reisi hırsızlığa başlar ve azaya da biraz tutmaları için hırsızlık yapmalarını teklif eder. Azadan biri itiraz eder ve der:

—Bu millete yazıktır. Emanet edilen parayı yerine sarf etmeliyiz.

Heyet reisi bu doğruluğa hayretle şu cevabı verir:

—Millet dediğin hasta adamdır. Yakında ölecektir. Hiç olmazsa biz yaşayalım!..

Hırsızlığa arkadaşlar da bularak namussuzluğuna devam eder. Birkaç yıl sonra bu herif ağır hastalanır. Yaşamasından ümidi kesilince arkadaşlarına şöyle söyler:

—Sağlam olan ben ölüyorum. Fakat hasta adam dedikleri

---

52    Balkan Harbinden önce Sırplar Cafer Tayyar Bey (General Eğilmez) vasıtasıyla bizimle ittifak yapmayı dahi teklif etmişlerse de hükümet ilgi göstermemiş.

millet yaşıyor. Vicdan azabı da bir taraftan beni kıvrandırıyor. Kimse benim gibi kötü düşünmesin ve kötülük yapmasın. Bu milletin öldüğünü kimse görmeyeceğine kani oldum. Fakat iş işten geçtikten sonra...

\*\*\*

Fertleri sağlıklarında bu hakikate inandırmak Sultan Hamid'in bilgisiz, adaletsiz haysiyetsiz ve tabiatı ile hırsız idaresinde mümkün değildir. Bu ancak hürriyet idealiyle ve Türklük aşkıyla temin olunabilir, işte bu aşk bizleri genç yaşımızda, en parlak bir meslekte her tehlikeyi göze alarak vatanımızı parçalamak isteyenlere müsademelere ve Sultan Hamid'in istibdadını yıkmak için de Terakki ve İttihat cemiyetini kuvvetlendirmeye ve onu istibdadın mihrak noktasına kadar götürmeye sevk ediyor.

## HAZIRLADIĞIM PLAN

İstanbul, Edirne, İzmir'de (Üsküp ve Serez'de merkezler faaliyete geçmiştir) şu maksatlarla hemen birer merkez açmalıdır:

1. Hürriyet mücadelesi başlar başlamaz bu merkezlerden kuvvet sevk olunmak ihtimalini şimdiden göz önünde bulundurarak ordu içinde teşkilata başlamak, bu suretle icabında zabıtan ve efradı davanın meşruiyetine inandırarak müsademeye meydan vermemek.

2. Daha faal hareketle bu kıtaları da hürriyet davasında beraber yürütmek.

3. İcap ediyorsa istibdada alet olan kumandanları yok etmek.

4. Teşkilat zayıf ise cemiyet mensupları asker kıyafetinde ordu içine girerek bilhassa topların iğnelerini veya nişangahlarını saklamak.

(İstanbul için donanmaya el atmak en başta gelir.)

5. Üçüncü Ordu İstanbul'a yürüyor, hürriyet ilan olunmazsa, padişahın hal olunacağı hakkında şayialar çıkarmak. Bunu

saraya aksettirerek korkudan sindirip herhangi bir karşı dur-
mayı önlemek ve hürriyetin ilanına zorlamak.

***

İstanbul'da münferit cemiyet mensupları bulunduğu gibi
Manastır'dan Pangaltı ve Haliç Harbiye mekteplerine ikişer
zabit gitmekte olduğundan çabuk birkaç merkez hazırlaya-
bilirdim.

Bu esasları ve hürriyet marşını Enver'e okudum. Esaslar-
da zaten evvelce de görüşmüş olduğumuzdan muvafık buldu.
Teferruatın Selanik'te hallini kararlaştırdık. Hürriyet marşının
bestesini de olmazsa "Ey Gaziler"e uydururuz. Fakat daha
güzel bir marş hazırlansa elbet daha iyi olur.[53]

Manastır'da Enver Bey'le muhaberemizin Selanik'te her-
hangi bir zatla muhabereden daha emin olduğunu kararlaş-
tırdık. Sıhhat haberlerimiz ve havai havadisler açık yazılacak.
Cemiyete ait malumat iki şekilde verilecek. Biri Kod usulü
yani açık şifre ile. Mesela:

Almanca'ya başladım: Cemiyet teşkilatına başladım. (Mek-
tepte Rusça okumuştum. Manastır'da Almanca'ya başlamış-
tım.

Şu kadar lügat öğrendim: Sayımız şu kadar oldu.

Filan ile çorap gönderdim: Gönderdiğim cemiyete alınmış-
tır.

Bunların dışındaki havadisleri de gizli yazı ile yazışacak-
tık. Mektubun neresine limon suyu ile yazacağımızı da tespit
ettik. Limon suyu ile yazı görünmüyor. Ateşe tutunca yavaş
yavaş kızararak yazılar belli oluyor. Haberler çok mühim olur-
sa imza rastgele bir isim olarak yazılacak. Enver'in bana yaza-
cağı; Harbiye adresime, benim ona yazacağım da Mıntıkadaki
adresine olacak. Enver'le samimiyet ve hukukumuzu herkes
bildiğinden mektuplar resmi adreslerimize geldiğinden tabii
kimse şüphelenmeyecek. Bu suretle Enver Bey Selanik'e benim

---

53    Hürriyetin ilanında bizimki unutuldu. "Yaşasın Niyazi En-
verler" diye isimler üzerine bir şey çıktı. Bu marşı ileride garip bir
zihniyetin ifadesi olarak göreceğiz.

verdiğim haberleri bildirecek. Kardeşim Hulusi Bey'le muhaberemiz daha çok dikkati çekeceğinden ona yalnız aile mektubu göndereceğim. Cemiyet mensuplarından hiçbir kimse bana, ben de onlara yazmayacağım. Manastır'dan ayrılırken Enver'le kardeşimden başka istasyona cemiyete mensup hiç kimse gelmeyecek. Yalnız Ulah doktoru samimi dostum Mise Selanik'te tahlif olunmak üzere aynı trende bulunacak.

## MANASTIR'DAN AYRILIŞIM

3 Kanunuevvel (20 Teşrinisani) Salı günü Manastır'dan trene bindim. Enver'le ve kardeşimle öpüşerek mukaddes yolumuzda muvaffakiyetler dileştik. Bu ayrılık bana çok acı geldi. İlk gençliğimin en enerjili zamanlarım geçirdiğim Manastır'ı çok sevmiştim. Küçüklüğümden beri vatan aşkıyla çırpınan ruhum burada istediği gibi bir çalışma sahası bulmuştu. İstediğim fedakar bir muhiti burada yapmıştım.

Geceli-gündüzlü üzerlerinde dolaştığım iki taraflı yüksek dağlar, uzun ovalar, aradığımız, konakladığımız köyler, türlü tehlikeler geçirdiğimiz müsademe yerleri sinema şeridi gibi süzülüp geçerken yeni askeri ve milli vazifem dahi dimağımda hemen aynı hızla tekrar tekrar gelip geçiyordu.

Filorina'dan sonra artık Manastır ovası bitiyordu. Kaymakçalan ve Perister'in muhteşem manzaraları beni kendilerine çekti. O, 2500 metrelik yükseklikleri ruhumla bir daha dolaştım, oralara da vedamı yaptım.

Ostrova gölünü dolanırken, Vodina şelalesini seyrederken, her zamanki gibi her düşünceden sıyrılarak doya doya bu manzaraları seyrettim. Dimağımdaki güzel albüm serisindeki yerlerini kuvvetlendirdim. Nihayet Karaferye'yi de geçtik ve akşam üstü Selanik'e vardık. Bir otele indim.

Ertesi günü Umum Müfettişlikte, Erkan-ı Harp Binbaşı İsmail Hakkı Bey'i ziyaret ettim. Bu gece kendi evinde görüşüleceğinden yemekten sonra buluşmayı kararlaştırdık. Manastır'dan aynı trenle gelen Ulah doktor Mişe'yi de İsmail Hakkı Bey'e takdim ettim, ayrıldım.

# ÜÇÜNCÜ BÖLÜM

## TEŞKİLATIN GENİŞLETİLMESİ VE HIZLANDIRILMASI

4 Kanunuevvel (21 Teşrinisani) Çarşamba akşamı yemekten sonra İsmail Hakkı Bey'le buluşarak evine gittik, iki katlı ufak bir evdi. Yukarı çıktık. Bizden önce gelmiş bir sivil ile bir de sarıklı, cübbeli bir hoca vardı, İsmail Hakkı Bey beni bunlarla tanıştırdı:

— Talat Bey ve Doktor Nazım Bey; fakat şimdilik Mehmet Hoca. Onlar seni çoktan tanır. Buyurun bakalım, dedi.

Talat Bey benim Manastır'daki faaliyetimi büyük takdirlerle yad ettikten sonra kendilerinin bir aralık, bizim hakkıyle tenkidimiz veçhile, durakladıklarını; fakat Manastır mıntıkasının harekete hazır bir hale gelmesi, tekrar kendilerini de gayrete getirdiğini; Üsküp, Serez, Drama vesair Üçüncü Ordu mıntıkasında merkezler teşekkül ettiğini; İstanbul, Edirne, İzmir gibi mühim yerlerde ve Anadolu'da henüz teşkilat yapamadıklarını anlattı. Doktor Nazım'ın İzmir teşkilatını üzerine aldığını, yakında hareket edeceğini, sizin de İstanbul ve mümkünse Edirne merkezlerini teşkil etmek gibi çok tehlikeli bir işi üzerine almanız bize büyük kuvvet verdi, diyerek İstanbul hakkında şu malumatı verdi:

— Ben, geçen kış İstanbul'a bizzat gittim. Orada tanıdığım bazı zatları şahsi olarak yeminle cemiyete aldım. Fakat bir merkez kuramadık. İstanbul'da böyle bir cemiyet sarayca çabuk duyulur. Çok fena neticeler verir. Bu vaktiyle de bir kere tecrübe olunmuştu, dediler. İşte bir yıla yakın zamandır orada vaziyet böyle. Siz bir düzine İstanbul ve Edirne teşkilatının yapılması lüzumunu ısrarla istiyorsunuz. Bunun ehemmiyetini biz de takdir ediyorduk ve bizzat ben gidip uğraştım. Şimdi bu iş senin üzerinde. Eğer Manastır'daki maharet ve cüretin İstanbul'da da muvaffak olursa kazancımız pek büyüktür.

Fakat yakalanırsan saray, etlerini cımbızla yolar. Bu da gözümün önüne gelince sana acıyorum. Talat Bey'in bu ifadelerindeki ve halindeki samimiyet beni kendisine çok bağladı. Doktor Nazım da peltek fakat tatlı konuşmasıyla bana çok yakınlık verdi. İsmail Hakkı'yı ise öteden beri candan sever ve sayardım. Onların da Talat Bey'in -belki de daha önceleri de tekrarlanmış bulunan- bu fikrini vaz ve halleriyle doğru gibi göstermeleri üzerine ben de şu cevabı verdim:

— O halde ben Manastır'a geri döneyim. Talat Bey telaşla:

— Bu nasıl olur? İrade-i seniye ile İstanbul Harbiye Mektebi'ne muallim gidiyorsun. Selanik'e geliyorsun. Sonra; vazgeçtim Manastır'a dönüyorum; diyorsun. Buna ne derler? Derhal seni tevkif ile muhafaza altında İstanbul'a götürürler ve...

Ben — Öyle şey yok! Ben Manastır'a dönünce derhal harekete geçeriz. Manastır, Resne, Ohri merkezlerinden "Hürriyet istiyoruz!" diye padişaha telgraflar yağdırmaya ve istibdad taraftarlarını da yok etmeye başlarız. İstanbul inat ederse Cihan Seraskeri kumandasında Hürriyet Ordusu olarak da yola çıkarız.

Talat — Sakın ha! Biz daha bu gibi işlere Selanik'te dahi hazır değiliz. Siz Manastır'da göller mıntıkasında, dağlar başında her şeyi yaparsınız ama kuvvetimiz bu halde iken işin sonu çıkmaz. Sultan Hamid'in Makedonya'ya muhtariyet vererek orduyu terhis ve zabitlerini uzak yerlere sürebilmek ihtimalini Manastır'dan mütalaa olarak siz bildirdiniz. Biz de kabul ettik. Ben size İstanbul'un tehlikesini belirtmek istedim. Şu "Cihan Seraskeri" de kim oluyor, bir öğrensek!.. diye biraz da işi latifeye boğdu. Ben de:

— Bir başkası bulununcaya kadar Enver Bey'dir, diyerek hikayesini anlattım.[54] İşin Alemdar ordusunun muvaffakiyetli hareketi gibi Manastırdan bir hürriyet ordusunun İstanbul

---

54     Enver Bey'e Cihan Seraskeri unvanını vererek ve benim Erkan-ı Harp kordonumu takarak köylüleri korkutmuş ve bir miktar silah toplamıştık. Enver Balkan Harbi'nden sonra Harbiye Nazırı ve Erkan-ı Harbiye Reisi olduğu zaman beni Erkan-ı Harbiye istihbarat şubesine almıştı, ilk temasta bu hadiseyi kendisine hatırlattım. Gülümsedi.

üzerine harekete başlamasını, Selanik ve yol boyunca bilhassa Edirne'den kuvvet alarak büyümesini, orduları ve İstanbul'daki seraskerlik makamını da şaşırtmak; sarayı dehşete salarak teslime mecbur etmek için Kumandanına Cihan Seraskeri unvanının verilmesini düşünüyorum.

Talat — Yahu, Kazım yamanmış be! Seni arkadaşlar çok cesur ve çok da düşünceli derlerdi. Bunu karşımda kendim görüyorum. Bize çok kuvvet veriyorsun. Eğer İstanbul'da teşkilat yapmaya muvaffak olursan sana icabında buradan birkaç fedai de göndererek terörler de yaptırabileceğimize inanıyorum. İstanbul'da sana üç arkadaş tanıtayım. Avukat Baha. Galata'da Osmanlı Bankası karşı sırasında Tahtaburunyan Hanı üç numaradadır. Muharrir Mahmut Sadık. Bunu Baha Bey size bulur. Mühendis Salim. Nafıa Nezaretinde mühendistir. Bu, Selanik'te merasimle tahlif olunmuştur. İstanbul merkezi için bu üç arkadaş işinize yarar. Baha ve Salim Beylere, teşkilat yapmak üzere yakında bir genç zabitin İstanbul'a geleceğini bildirdik. Bunları yerlerinde bulursunuz. Ellerini sıkarken şahadet parmağınızın ucuyla bileğine basarsınız. Onlar da size aynı suretle kendilerini tanıtacaklardır. Bunlardan başka iki değerli zat daha var ama ben ikna edemedim. Korkutmadan sen muvaffak olursan çok işinize yarar. Biri Mercan İdadisi Müdürü Hüseyin Cahit Bey. Diğeri Şura-yı Devlet azasından Reşat Bey.[55] Bunları Baha Bey sizinle görüşmeyi temin edebilir.

Bizim ilk istediğimiz İstanbul merkezini teşkil etmeniz ve Manastır'da olduğu gibi bir de fedai şubesi hazırlamanızdır. Artık ümidimiz senin dirayetine bağlıdır. İstanbul'un Manastır gibi hatta Selanik gibi bir muhit olmadığını, ve her yerde hafiyelerin eksik olmadığını tabii hatırdan çıkarmazsın.

Ben — İstanbul için düşündüklerimin bir parçası olmuş gibidir. Pangaltı ve Haliç Topçu Harbiye mekteplerinde birer fedai şubesi kurulmuş gibidir. (Manastır'dan giden ve gidecek olanlarla sılaya gelip tahlif ettiğim hemen hepsi fedai olan

---

55    Reşat Bey ikidir. Erenköy'ündeki değil.

arkadaşlar hakkında malumat verdim.) Ben bütün gayretimi donanmadan bir harp gemisini elde etmeye çalışacağım. Buna muvaffak olacağıma eminim. Herhangi bir ihtimal ile yakalanmaya karşı da üzerimde daimi bir röverle bir de süblüme şişesi vardır. En ufak bir sırrın dahi faş olmayacağından emin olunuz. Yalnız İstanbul teşkilatını kolay ve tehlikesiz yapabilmek için bazı düşüncelerimizin kabulünü rica edeceğim:

1. Teşkilatı merkezin her uzvu kendi kolundan yapacaktır. Yani her kolun reisi aynı zamanda merkezin azasıdır. Bunlar kendi şubelerini nasıl idare mümkünse o sayı ve şekilde teşkil edeceklerdir. Bu kimseleri merkezin diğer azasının bilmesine dahi lüzum yoktur.

2. Tahlifler buradaki gibi merasimle olmayacaktır. Gözü açık ve örtüsüz olarak Şube Reisi ve rehberi tarafından yaptırılacaktır. Yemini esasen ben Manastır'da dahi kısaltmış ve ezberlemiştim. Bunu merkez arkadaşlarıma da belleteceğim.

3. Cemiyetin mensupları, üzerlerinde hükümetin evrakı muzırra sayacakları yazılı veya basılı şeyler bulundurmayacaklardır. Asla başkaları yanında cemiyetin varlığını anlatabilecek veya kendilerini tehlikeye sokacak şeylerden bahsetmeyeceklerdir.

4. Muhabereye Enver Bey vasıta olacaktır. Fakat ufak tefek işler için Avukat Baha Bey vasıtasıyla da görüşebiliriz. Herhangi icraat için tebligat behemahal bana yapılmalıdır. Bu tekliflerim kabul olunuyor mu?

Talat — Çok esaslı düşünmüşsünüz. Çok muvafık. Bu hususlarda istediğiniz gibi harekette serbestsiniz.

Ben — Şimdi belki daha mühim göreceğimiz meselelere geliyorum. Merkez çoğalacağına göre; Selanik vilayeti merkez heyeti ile Merkezi Umumi ayrı olmalıdır. Bendeki intiba buradaki işlerin de Enver Bey'in Manastır'da ısrarla istediği tarzda yani bir iki zata bağlı olması keyfiyetidir. Biz esaslı merkez teşkilatını benim hareketimden birkaç gün önce yaptık. Fakat kuvvetli bir merkez vücuda getirdik. Enver'le Remzi gibi iki değerli erkan-ı harp zabiti de merkezdedir. Selanik'in ve Merkez-i Umumi'nin arasında da müteşebbis, tecrübeli, zeki erkan-ı harpler ihmal olunmamalıdır.

Talat — Buna emin olunuz. Herhalde Manastır merkezi gibi kuvvetliyiz ve öyle de olacağız. Kıymetli erkan-ı harpleri Selanik'e nakle çalışıyoruz.[56] Merkezlerin ayrılması fikriniz de çok isabetlidir.

Ben — İkinci ricam planlı harekettir... Merkezi Umumi esaslı olarak planını tespit etmeli ve harekatı zamanında bir elden idare etmelidir. Ben bu husustaki mütalaamı İsmail Hakkı ve Enver Beyler vasıtasıyla sizlere bildirdim. Ben İstanbul'dan donanma veya ordu gönderilmesi ihtimaline karşı tedbirler alacağım. Bir fedai şubesiyle de emrinize hazır bulunacağım. Aynı teşkilatın Edirne'de de yapılmasına çalışacağım. Hatta Selanik Merkez Kumandanı Nazım Bey'den izin alabilirsem giderken Edirne'ye uğramak niyetindeyim. Orada Erkanıharp Yüzbaşı İsmet ve Seyfi (İnönü, General Düzgören) bu işe hazırdırlar. İşten haberleri de var. Fakat ya benim gitmekliğim veya sizin birini göndermeniz icap ediyor. Edirne'nin vaziyeti mühimdir. Bu merkezin hemen faaliyete geçirilmesinde daha ziyade vakit geçirilmemelidir. Doktor Nazım Bey de hemen İzmir'e hareketle aynı faaliyete koyulmalıdır.

Talat — Fikirlerinize iştirak ediyoruz. Asla acele etmeyeceğiz. Sultan Hamid'i kaldırıp yerine Sultan Reşat'ı geçirmedikçe

56    Ben Manastır'a geldikten bir müddet sonra, Edirne Harbiye Mektebi ders sazın muavinliğine giden Fethi Bey (Okyar) tekrar Manastır'a gelmişti. Kendisini Enver Bey cemiyete alacağını fakat şimdilik Kesriye mıntıka kumandanlığında bulunması muvafık olduğunu söylemişti. Ben İstanbul'da iken İsmail Hakkı Bey teftiş esnasında kendisine açmış. Fethi Bey Enver'e ve bana karşı bu hususta kırgınlık göstermiş ve nasıl olup da hiçbir taraftan haber alamadığına hayret ederek: "Demek ben uyuyormuşum." demiştir. Birkaç gün sonra Manastır'a gittiği zaman Enver Bey'in rehberliğiyle tahlil olunmuştur. Az sonra Selanik'e nakledilmiştir. Selanik merkez heyeti de bu sırada teşkil olunduğundan Fethi Bey de merkeze alınmıştır. Bu suretle Mithat Şükrü, İsmail Canbolat. Topçu Rasim, Hamdi ve Fethi Beyler merkezi umumiden ayrı olarak Selanik merkezini teşkil etmiştir. Bu aralık Mustafa Kemal Bey (Atatürk) de Selanik'e Ordu Erkan-ı Harbiyesine, Fethi Bey'in yanına nakletmiş olduğundan Fethi Bey'in rehberliğiyle o da cemiyete alınmıştır. Girdiği tarih 1906 Mart, numarası da 322'dir, merkezde bulunmamıştır.

meşrutiyet idaresinin kurulamayacağına da kaniiz. Bunun için Sultan Hamid'e muvaffakiyetli bir suikastla işi sağlama bağlamak için gelecek Ramazanı bekleyeceğiz. Sizin Beşiktaş'ta bir binayı hazır bulundurmanız bu bakımdan lazımdır. O tarihe kadar gerek Rumeli ve gerekse Anadolu merkezlerinde teşkilatımız tamamlanmış olur. Eğer hadiseler vaktinden evvel bizi harekete getirmeye mecbur ederse ona göre size de talimat göndeririz.

Ben — Beşiktaş'ta Enver Bey'in evi müsait olduğunu ve bu şerefli iş için kendisinin dahi o zaman gelmek tasavvurunda olduğunu söyledim. Benim ayrıca bir ev bularak cemiyetten birini oturtmaya çalışmaklığım muvafık olur. Enver'in evi de bir ihtiyat olur.

Talat — Desene işler çoktan yoluna girmiş. Yalnız Sultan Reşat'la temasa geçmek ve elinden meşrutiyete hizmet edeceğine dair bir senet almak da lazımdır. Bu nazik ve tehlikelidir. Bunu sonra düşüneceğiz.

Ben — Üçüncü bir mesele kalıyor ki ona Enver'le bir türlü karar veremedik. O da meşrutiyetin ilanından sonra ortaya çıkmış bulunan fedai zabitler veya diğer vazife alanlar ne olacak? Cemiyet mensupları siyasi fırkalara ayrılacak mı, ayrılanları nasıl tutabileceğiz? Cemiyetin vazifesi hürriyeti ilan ve meşrutiyetin kurulmasıyla bitecek midir? Enver'e göre işin gücü meşrutiyetin kurulmasıdır. Sonrası kolaydır. Şimdiden bununla fikrimizi yormayalım diyor. İstanbul'da bu sualler karşısında kalabilirim. Ne cevap vermeliyiz?

Talat — Ben de o fikirdeyim. Meşrutiyet'ten sonra açılacak bir kongrede sonrası için kararlar verilir. Şimdilik düşüneceğimiz Sultan Hamid'i ve idaresini devirmektir.

*** 

Birkaç saatlik sohbet ve münakaşalarımız samimiyetle sona erdi. Konuşan Talat Bey'le ben idim. Diğer iki arkadaşımız tek tuk söze karışmışlardı, İstanbul'daki zor, nazik ve tehlikeli vazifelerimizi fazla kimselerin bilmemesi hususunu da tespit ettik. Biz dört, bir de Enver Bey beş kişi kafi görüldü. Herhangi bir hürriyet ordusunun kuruluşunda kumanda meselesinde kıdem ve ehliyetin dikkate alınmasını da öne sürdüm. En değerli kumandanlardan birini iyilikle veya zorla işbaşına almanın cemiyetten ufak rütbeli bir arkadaşın kumandasına tercih edilmesi muvaffakiyetin temini için lazımdır, dedim. Üsküp'te Tatar Osman Paşa'nın bu iş için elverişli olabileceğini de ilave ettim.

Sarıştık, öpüştük, cemiyetimizin muvaffakiyetini diledik. Ben otelime ayrıldım.

## EDİRNE'YE GİTMEK TEŞEBBÜSÜM

5 Kanunuevvel Perşembe günü Merkez Kumandanı padişah yaveri Miralay Nazım Bey'i ziyaret ettim. Enver Bey'in eniştesi olduğundan, ondan selam getirdiğimi söyledim. Beni iyi kabul etti ve İstanbul'a gideceğimden tebrik de etti.

— Bir ricada bulunmak istiyorum, dedim.

— Mümkünse hemen yaparım, dedi.

— Edirne'de bir arkadaşım var. Hemşiresiyle izdivaç fikrindeyim. Geçerken uğrayıp bu işi görüşmek istiyorum, İstanbul'a gidince, yeni geldin diye izin vermezler. Bu müsaadeyi sizden rica ederim.

Nazım — Ben izin veririm. Bu kolay. Fakat Edirne'den bir gözü açık seni jurnal edebilir ve felaketine de sebep olabilir.

Ben — Beni ne diye jurnal edebilirler. Bu alçaklığı nasıl yaparlar? Ben ailevi bir işim için Edirne'ye gidersem ne diye jurnal edilebilirim? Hususiyle Manastır'dan İstanbul Harbiyesine nakledilmek teveccühünü kazanmış olduğum halde.

Nazmı — Senin bu işlere aklın pek ermez. Edirne'ye çıkar çıkmaz herhangi bir kimse şöyle bir jurnal verebilir: "Üçüncü Ordu'dan İstanbul'a tayin olunduğu halde Edirne'ye uğramasında bir maksadı vardır" ve seni orada takip ederler belki artık İstanbul'a değil, bu orduya bile dönemezsin! Bunu bil de öyle gitmeye kalk. İstersen ben izin verebilirim.

Nazım Bey'in bu hali bana onun iyi kalpli bir adam olduğu

hissini verdi. Hiç değilse Enver Bey'in hatırı için samimi arkadaşı olduğumdan bana acıdı. Fakat sarayla hususi münasebeti olduğuna; padişah yaveri ve genç yaşında Selanik gibi mühim bir şehrin merkez kumandanı ve arkadaşlarından çok ileri rütbede oluşu şüphe bırakmıyordu. Bu noktada durunca beni iskandil ettiğini kabul etmek lazımdı. Benim için bu son şıkkı kabul etmek lazımdı. Saf bir tavırla kendisine şu cevabı verdim:

— Çok teşekkür ederim. Edirne'den şimdilik vazgeçtim. İstanbul'a gittikten sonra artık mektepten izin alırım. Siz lütfen İstanbul için izin tezkeresi lütfediniz.

Nazım — Hayırlısı da bu! Teveccüh kazanmış İstanbul'a naklolunmuşsun. Nene lazım başını derde sokacaksın.

***

İstanbul'a izin tezkeremi aldım. Teşekkürle ayrıldım. Edirne'de Seyfi Bey'e, Manastır'da da Enver Bey'e Edirne'ye gidemeyeceğimi yazdım. İsmail Hakkı Bey'e de vaziyeti olduğu gibi anlattım. İsmail Hakkı Bey kararımı beğendi ve dedi:

— Çok akıllı hareket ettin. Belki ilk jurnali kendi yazar ve Edirne'nin de dikkatini çekebilirdi. Çünkü vazifeleri bu. Fakat samimi hareket etmiş, sen de iyi yapmışsın.

## İSTANBUL'DA İLK MERKEZ TEŞKİLİ

6 Kanunuevvel efrencî Cuma günü trenle Selanik'ten hareketle ertesi günü İstanbul'a geldim. Doğruca Zeyrek'teki evimize gittim. İlk işim en büyük ağabeyime cemiyetin kuvvet ve kudretini anlattım. İstanbul'da da teşkilatı yapılmış ve kuvvetli göstererek vazifemi ondan dahi gizlemeyi ihtiyatlı buldum. Onu -cemiyetteki kıdemine ve tecrübesine rağmen- merkeze almayı muvafık bulmadım. Çünkü çoluk çocuk sahibi ve evi ayrı idi. İstediğimiz yere istediğimiz saatte gelmesi kolay olmadığı gibi dikkati de çekebilirdi. Ondan daha ziyade donanmaya el atmak için istifadeyi düşünüyordum. Çünkü eski cemiyet arkadaşlarından bahriye zabitleri olduğu gibi

teyzemin oğlu Mehmet Kaptan (Bırak) onun yaşında idi ve iyi de arkadaştılar. Donanmaya bu suretle el atmak imkanı olup olmayacağını sordum. Aldığım cevap bu yoldan bir şey başarmak imkansızlığını gösterdi.

Şöyle ki: Mehmet Kaptan'ın kayınbiraderi Rıza Kaptan (Sonradan Bahriye Erkanı Harbiye Reisi) birkaç yıl önce Yeniköy'de ahbabı bulunan bir ecnebinin ziyaretine gittiği zaman jurnal edilmiş. Jurnalde "Basra'ya tayin olunduğu halde gitmeyerek ecnebilerle sıkı temasta bulunmaktadır" denilmiş. Derhal tersanede Camialtı'ndan hapse atılmış, evi aranmış. Eniştesi Mehmet Kaptan da alınarak hapse atılmış. Bir müddet sonra Basra'ya tayin olunan Rıza Kaptan'ın başka bir zat olup çoktan memuriyeti başına gittiği anlaşılmış ise de bir ecnebiyi ziyareti evrakı muzırra getirtmekte olduğu içindir diyerek hayli hapiste kalmışlar. Sonra çıkarılmışlar. Fakat sıkı tarassut altında imişler. Ağabeyimle de pek temasta bulunmuyorlarmış.

Şu halde başka yoldan yürümek zaruridir, diyerek ağabeyimin kimseye yeni teşkilattan bahsetmemesini rica ettim.

8 Kanunuevvelde Cağaloğlu'ndaki Nafıa Nezareti'nde Salim Bey'in bulunduğu mühendisler odasına gittim. Kapıcı ile kendisini dışarı çağırttım. Bize Riyaziye mümeyyizliğine gelmiş bulunduğu için kendisini tanırdım.

Elini sıkarken şahadet parmağımın ucuyla bileğine basınca sevindi ve aynı işareti vererek dedi:

—Sizi sabırsızlıkla bekliyordum. Kıymetli genç mühendislerimiz Anadolu'nun muhtelif yerlerine gittiler. Birkaç gün önce gelmiş olsaydınız onlardan da istifade ederdik.

—Zararı yok. Ben sizinle eskiden tanıştığımdan sizi ziyarete geldim. Yarın akşam bizim eve gelirseniz tafsilatlı görüşürüz. Avukat Baha Bey'i de yarın ziyaret edeceğim, dedim.

Salim Bey, Baha Bey'i tanımıyormuş. Evimizin adresini vererek yarın akşam bizde görüşmek üzere ayrıldım.

9 Kanunuevvel Pazartesi günü Pangaltı Harbiye Mektebi'ne

gittim. Resmi ziyaretlerimi yaptım. Tabiye muallim muavinliğine tayin olunduğumu ve yarın ilk dersim olduğunu öğrendim.

Mektepten dönüşte Bankalar önünde tramvaydan indim. Takip olunmadığımı gördüm. Tahtaburunyan Hanı 3 numarada Avukat Baha Bey'i buldum. Aynı işaretle tanıştık. Baha, bana Talat ve Manyası zade Refik Beylerden şikayet ederek dedi:

— Aylarca beyhude vakit geçirdik. Burada Selanik gibi merasimle tahlif olunur mu? İkinci günü baskına uğrarız. Anlatamadım, gitti. Teşkilata memur olarak geleceğinizi haber alınca sevindim. Fakat peşin söyleyeyim ki hâlâ işte ısrar olunuyorsa İstanbul'da böyle şey olmaz. Yok yere başımızı da başkalarını de belaya sokarız.

— Hayır, ben tam salahiyetle geldim. Ne teşkilat ve ne de tahlifler Selanik ve Manastır gibi olmayacaktır. Bu husustaki düşüncelerimi bildirmeden önce altı kişilik İstanbul merkezini teşkil etmekliğimiz lazımdır. Selanik'ten bazı zatları tespit ettiler. Bunlar içinde siz de varsınız. Reşat, Hüseyin Cahit ve Mahmut Sadık Beylerle beni siz tanıştıracaksınız. Ben yalnız Mühendis Salim Bey'le görüşebildim. Ara sıra ziyaretinize gelirim. Siz de bana gelirsiniz. Şimdi sizinle eskiden beri bir ahbaplık uyduralım.

Bu ahbaplığı tespit ettik. Baha Bey artık işler yürüyeceğinden emin olarak pek sevindi. Bu aralık bir zat onu ziyarete geldi. Şura-yı Devletten Reşat Bey imiş. Ne güzel tesadüf. Baha Reşat Bey'e dedi:

— İşte Selanik'ten beklediğimiz genç zabit!

Reşat Bey samimi bir hal ile elimi sıktı ve başını iki tarafa sallayarak dedi:

— Allah muvaffakiyet versin. Fakat bu işin İstanbul'da pek tehlikeli olduğunu sizlere söylemeyi vazife sayarım. Genç bir zabitsiniz. Cesaretiniz bu vazifeyi üzerinize aldırmış. Ancak burası Selanik, Manastır gibi değildir. Siz Sultan Hamid'in kuvvetinin ne olduğunu bilmiyorsunuz. Bu adamdan meşrutiyet alınamaz.[57]

— Ben de size şunu söylemeyi vazife sayarım ki Rumeli'de bütün ordular ve halk meşrutiyetin ilanı için yemin etmiştir. İcap ederse Alemdar ordusu gibi buraya gelip bu işi behemahal yapacaklardır. Siz de cemiyetin kuvvetini bilmiyorsunuz.

— Eh öyle ise biz de dua edelim. Fakat ben bu görüşte değilim. Beni mazur görün. Bir yerde ağzımı açmam. Elimden gelen yardımı da yaparım.

Reşat Bey gittikten sonra Baha Bey:

— Görüyorsun ya, İstanbul başka yerlere benziyor mu? Bakalım diğerlerinden ne cevap alacağız, dedi.

Birkaç gün sonra Hüseyin Cahit Bey de benimle görüşmesi hakkındaki Baha Bey'in teklifini kabul etmedi. Bunların cevapları da aşağı yukarı aynıdır: "Bir şey yapabileceklerini ümit etmem, hele İstanbul'da teşkilat doğru değildir" tarzındadır. Fakat Muharrir Mahmut Sadık cesaret ve samimiyetle bizimle beraber çalıştı.

Baha Bey Salacak'ta oturuyormuş. Birbirimizin adresini aldık. Cuma günü kendisine geleceğimi söyleyerek ayrıldım.

\*\*\*

Karaköy Köprübaşı'ndan bir sandala binerek Haliç'in İstanbul'a bakan o güzel manzarasını pek neşeli olarak seyrede ede Unkapanı'na çıktım ve eve geldim.

Akşam, Mühendis Salim Bey ziyaretime geldi, ilk iş merkezi teşkil edecek kanaat ve seciyesi kuvvetli arkadaşlar üzerinde görüştük. O, Fatin Hoca ile Topçu mektebinde muallim Binbaşı Nahit Bey'le öteden beri hemfikir olduklarını, bunları cemiyete alarak merkez azalığında bulundurmaklığımızı teklif etti. (Bunları biz de cemiyet namına tahlif ile işe başladık.)

---

57    31 Mart hadisesini tenkilden sonra Dolmabahçe Sarayı'nda Sultan Reşat'a biat merasiminde saraydan çıkarken bu Reşat Bey'le karşılaştım. Sordum:

— Nasıl beyefendi, dediğim çıktı mı? Birden şaşırdı ve sonra samimi ellerimi yakaladı ve ben takdir edememişim, dedi.

## İSTANBUL TERAKKİ ve İTTİHAD CEMİYETİ MERKEZİ VE TEŞKİLATI

Bir hafta içinde merkezi teşkile muvaffak olmuştum. Altı arkadaş cesaretle, gayretle ve samimiyetle işe başladık: Erkan-ı Harp Kolağası Kazım (Ben Karabekir), Mühendis Salim, Avukat Baha, Muharrir Mahmut Sadık, Fatin Hoca, Topçu Binbaşı Nahit.

Teklifim veçhile teşkilat şöyle başladı: Merkezi teşkil eden her arkadaş bir kol teşkil edecek. Bunları birbirimize bildirmek mecburiyetinde dahi değiliz.

Bu kolların başı kendimiz olacak, bir de lazımsa muavin intihap edeceğiz. Fedai Şubesini ben teşkil edeceğim ve bana bağlı olacak. İçtimalar ya benim evde veya Avukat Baha Bey'in evinde yapılacak. Fakat her içtimada bir iki aza bulunmayacak. Neticeyi haber vereceğiz. İçtimalar sık olmayacak. Selanik'le muhabereyi ben ve ikinci derece işler için Baha Bey yapacak. Tahlifler gözü açık ve bizzat; veya bir arkadaş huzuruyla yapılacak ve yemin sureti yazılı olmayacak. Kısaca benim yaptığım ezberlenecek. Cemiyet mensupları ne evlerinde ve ne de üzerlerinde hükümetçe evrak-ı muzırra sayılan şeyler taşımayacaklar. Talebe cemiyete alınmayacak. Yalnız erkan-ı harbiye sınıfları zabit olduklarından alınacaklar. Cemiyet kemiyetten ziyade keyfiyete ehemmiyet verecek. Bu suretle sözün ayağa düşürülmemesi ve hükümetin duyması önlenecek.

### PANGALTI HARBİYE MEKTEBİ'NDE TEŞKİLAT

Harbiye üçüncü sınıfına ilk tabiye dersini 10 Birinci kanunda vermiştim. Dahiliyede Manastır'da tahlif ettiğimiz iki fedai zabitimiz, Süvari Salih, Piyade Ali Beylerle Erkan-ı Harbiye ikinci sınıfından Ali Bey'in kardeşi Remzi ve Dişçi Mektebi'nden Niyazi Bey'in kardeşi Osman Bey ve Topçu Mektebindeki iki Manastır'dan gelen zabitler ayrı ayrı bana bağlı idiler. Topçu mektebindekileri Salim ve Nahit Beylere de tanıtmıştım.

Remzi Bey, sınıf arkadaşı olan Filibeli Rüştü'yü de bana

eve getirdi, tahlif ettim. Bu da fedai yazıldı. Remzi Reis, Rüştü muavini olarak Erkan sınıflarında bir şube açmalarına müsaade ettim. Bunların şubesinden bir de Mecit fedai olarak yazıldılar. Bu suretle altısı Pangaltı Harbiye Mektebi binasında olmak üzere dokuz fedai idik.

Yalnız muallimler arasından güvenip açtıklarım tehlikesini belirterek kabul etmiyorlardı. Ben de derhal eğer bunu başka birine açarsa şeref ve hayatını tehlikeye koyacağı tehdidini savuruyordum.

## EDİRNE'NİN İLK TAHLİFİ

Edirne'ye benim kadar kimse ehemmiyet vermiyordu. Bir yıl önce Manastır'dan bir kartvizitle İsmet ve Seyfi Beylere takdim ettiğim Süvari Kolağası Ferhad Bey, Selanik'in de gevşekliği üzerine Edirne'de bir şey yapamamıştı. Bir yıldır ne oradan biri Selanik'e getirilebildi ve ne de Selanik'ten oraya gönderilebildi. Aksi gibi ben İstanbul'a gelirken uğramak istedim, o da olmadı. Fakat teessürüm çok sürmedi. Ben İstanbul'a geldikten az sonra Edirne'den Erkan-ı Harp Yüzbaşı Hürrem Bey demiryolunu muhafaza eden taburu teftiş vazifesiyle drezinle Hadımköy'e kadar gelmiş. Oradan da İstanbul'a sıvışıp gelmişti. Evinde bir gece kalıp dönecekmiş. Çok eskiden beri tanıştığımızdan bana da uğradı.

Buna, tesadüfün bir lütfu olarak cemiyetimiz namına çok sevindim. Devletin siyasi durumunun tehlikesini ve buna karşı bir yıldır Üçüncü Ordu'nun gizli teşkilatla hazırlandığını hürriyetsever halk ve memurların da teşkilata alındıklarını, bir yıl önce Edirne'ye izinli giden Ferhad Bey vasıtasıyla yaptığım teşebbüsün neticesiz kaldığını izahla bu cemiyete kendisinin de girmesini ve Edirne'de Erkânıharp İsmet, Hüseyin Kadri ve Seyfi Beylerle bir merkez teşkil ederek hürriyet mücadelesinde Üçüncü Ordu'nun teşebbüslerini kolaylaştırmaklığımızı rica ettim. Hürrem Bey, cemiyete girmeyi kabul, Edirne'de bu arkadaşlara vaziyeti anlatarak çalışacağını vaad etti. Ferhad Bey teşebbüsten haberi olmadığını da söyledi.

Hürrem'i cemiyet namına yemin ettirdim. Kısa yeminin suretini de bellettim, ilk iş Selanik'e emin bir arkadaş göndererek Merkez-i Umumi ile nasıl temasa geçeceklerini söyledim. Edirne'de teşkilatın ne şekilde yapılabileceğini Merkezi Umumi ile karşılaştırılmasını rica ettim. Hürrem bütün bu tekliflerimi memnunlukla ve iftihar duyarak kabul etti. Üçüncü Ordunun İstanbul üzerine bir "Hürriyet Ordusu" göndermesi halinde Edirne'nin vaziyetinin ehemmiyetini belirterek oradan dahi bir kuvvet eklenmesinin Edirne Ordusu (2'nci Ordu) için bir şeref olacağını, eğer Edirne Sultan Hamid'in elinde sadık kalırsa bütün emeklerin heba olabileceğini ve yüz yıl önceki hürriyetsever Alemdar Ordusu kadar da bir iş yapamazsak maddi manevi bütün suçun birinci derecede biz erkanı harplerin olacağını izah ve İstanbul'da da icap eden hazırlıkların yapılmış olduğunu anlattım. Büyük sevinç ve ümitlerle ayrıldık.[58]

## MERKEZ-İ UMUMİYE RAPORUM

İstanbul'da merkezin teşkil olunduğunu ve altı koldan işe başladığımızı Edirne'den gelen bir arkadaşı da tahlif ettiğimi ve kuvvetimizi açık şifremizle, (Code) kısmen de limon

58    Ne yazık ki üç ay daha Edirne'de teşkilat yapılamamıştır. Bu geç kalmanın bedelini çok pahalı ödedik. Bu hususu Meşrutiyetin ilanı bahsinde göreceğiz. Geç kalmanın sebebini Hürrem Bey de Ferhat Bey'in aynı sözleriyle izah etti. Haber gönderdiğiniz arkadaşlar işi layık olduğu ehemmiyetle ele almadılar. Edirne teşkilatı 12 Mart 1908'de (Rumi Şubat sonları) Selanik'te tahlif olunarak 331 numara alan süvari mülazımı evveli Dimetokalı Refet Bey vasıtasıyla yapılabilmiştir. (Jandarma yarbayı iken İstiklal Harbi'nden sonra ölmüştür.) Bu zabit Edirne'ye gelince topçu mülazımı evveli İhsan Divitçiler'i (Bahriye Nazırlığı yapan) cemiyete almış ve her ikisinin gayretiyle Edirne'deki erkanıharplerden zaten cemiyetten haberi olan İsmet, Hüseyin Kadri, Seyfi, Alaettin ve Hürrem (İstanbul'da tahlif ettiğim) Beyleri ve çoğu topçu zabiti olmak üzere hürriyetin ilanına kadar sırt zabit olmak üzere on dokuz kişi olabilmişlerdir. Bunların arasında Alay Müftüsü Harun ve Doktor Kolağası Hüseyin Bey ve halen mebus olan o zamanki topçu mülazım-ı evveli İrfan Bey de vardır. Halktan kimse olmadığı gibi memurlardan ve diğer sınıflardan da kimse alınamamıştır. Yalnız üç piyade mülazımı alınmış, bunların da ikisi uzak yerlerdeki kıtalara aittir.

suyu ile gizli olarak kanunuevvelin ilk günlerinde Enver Bey vasıtasıyla Merkezi Umumiye yazdım. Birkaç hafta kadar sonra 11 Kanunusani 1908 (29 Kanunuevvel Rumi) de mektepte nöbetçi beyi iken cevabını aldım. Yatma zamanı odamın kapısını sürgüledikten sonra mektubun beyaz yerini mangala tuttum. Limon suyu sarardı. Enver Bey de kısmen açık ve kısmen de limon suyu ile cevap vermişti. Gayret ve muvaffakiyetime teşekkür ve dualar ediyordu. Merkezi Umuminin de teşekkürünü bildiriyordu. Kendilerinin de çalışmakta devam ettiklerini bildirerek müşterek davamızda muvaffakiyet diliyordu. Birkaç kere okuduktan ve Manastır'ın hür havasını, bu mektubu koklayarak, zevkle duyduktan sonra mangalda yaktım.

Birkaç gün sonra Erkan-ı Harp Binbaşı Vehip Bey'den (Merhum Paşa) de bir mektup aldım. Bu da Enver'le aramızdaki açık şifreyi kullanarak latife eder gibi sözler yazıyordu. Bana Almanca'yı kolay ilerlettiğimden çok memnun kaldıklarını kendisinin de Ulahça öğrenmeye başladığını bildiriyordu. Buna hayret ettim. Çünkü ben Manastır'da iken Vehip Bey'i cemiyete almamıştık. Sebebi de pek sır tutmayacağını söyleyenler olmuştu. Esasen biz de mektep müdürleri ve ders nazırlarını almaya pek cesaret edemiyorduk. Çünkü her akşam numune karavanası padişaha dua merasimiyle görülüyor, padişaha fazla bağlılık görülüyordu.

Acaba benden sonra Vehip Bey cemiyete alınmış mı idi? Ben başka bir mana veremiyordum. Fakat Enver beni ve şifremizi hemen Vehip Bey'e nasıl bildirirdi? Buna akıl erdiremiyordum. Mektubu ateşe tuttum, gizli yazı yok. Bir de bu olsaydı işler büsbütün tamamdı! Enver'in söylemesi kadar Vehibi'nin bana bu kabil mektup yazması gafletti.[59]

---

59    Kosova mektupçusu Mazhar Bey (sonradan vali olan) Üsküp Terakki ve İttihat Cemiyeti merkezinde aza iken heyet-i takibi- ye diye yapılan teşkilatta Enver Bey'le birlikte çalışmış. Kanunuevvel iptidalarında Manastır'a geldiği zaman Drahor boyunda hükümet karşısındaki heyeti takibi-ye merkezinde benim bu ilk mektubumu Enver Bey'le beraber okuduğunu şöylece anlattı: Mektupta "Dide- ye limon suyu tavsiye ettiklerinden artık kullanmaya başladım." cümlesini okuyunca Enver Bey'e dedim ki: Ateşe tut, belki malumat

Enver Bey'e bunu şikayet ettim ve cevap vermediğimi de bildirdim. Benim mevkimin pek nazik olduğu dikkate alınarak daha tedbirli hareketi kendisine rica ettim. Bir müddet sonra aldığım cevapta Vehip Bey'in de cemiyete alındığını ve samimi olduğunu, fakat mektup yazmasının doğru olmadığını kendisine de bildirdiğini yazıyordu.

Bunun bir başka türlüsü de başıma gelmişti, İstanbul merkezini teşkil ettiğimiz zaman cemiyetin esrarını vermemek için icabında kullanmak üzere yanımda bir süblüme şişesi bulunduğunu arkadaşlara kuvvet vermek için söylemiştim. Fatin Hoca bundan çok iftihar duymuş ve cemiyete aldığı bazı zatlara "Üçüncü ordunun gelen fedai zabitler ceplerinde icabında intihar için süblüme şişesi taşıyorlar" demiş. Bunu bizim Kuleli idadisinde hendese ve Kozmoğrafya hocamız Binbaşı Ahmet Ziya Bey de işitmiş, mektepte hendese derslerini bana takrir ettirdi. Manastır'dan gelen zabitler bunun akrabası Emin Bey vasıtasıyla gelmiş bulunduğundan Ziya Bey benim de bu arada geldiğimi biliyordu. Manastır'dan gelen Salih Bey de Ziya Bey'in yeğeni idi. Onunla bana haber gönderdi. Şehzadebaşı'ndan eve gelirken Salih'e rast geldim. Bana şöyle söyledi:

—Kazım Bey cebinizde bir süblüme şişesi bulunduğunu siz bana söylemediniz, fakat ben işittim. Ahmet Ziya Bey'in selamı var. Aynen Kazım'a şunları söyle dedi. Ben de aynen söylüyorum: Kazım cebinde süblüme şişesi taşımasın! ağzını da sıkı tutsun ve Manastır'da değil İstanbul'da bulunduğunu unutmasın!

## BÜYÜK BİR TEHLİKE DE ATLATTIK

İstanbul merkezinin kurulduğu ve teşkilatın altı koldan ilerlediği, fedai şubemiz ve Edirne'ye de el verdiğimiz hakkındaki raporumu Enver Bey alınca sevinçle Selanik'te Talat Bey'e gösteriyor. O da, eh artık işler yoluna girmiştir, diyor ve

---

vardır. Enver gülüyor ve biliyorum, diyor. Sonra ateşe tutarak ilk teşkilatı okuyorlar. Demek Enver, benim nazik mevkiimi, Manastır'ın havası içinde, pek düşünemeyerek iftihar makamında sağa sola okumuş.

gelecek raporları sabırsızlıkla bekliyor. Teşkilatın muvaffakiyetle devam ettiğini, Sultan Hamid'in hiçbir şeyden kuşkulanmadığını görünce yanına Manuel Karasu'yu alarak İstanbul'a geliyor. En tehlikeli işi bizzat yapmak ve benimle görüşerek alınacak tedbirleri tespit etmek istiyor.

Tehlikeli olan iş: Veliahd Reşat Efendi'den el yazısı ve imzasıyla hürriyete ve meşruti idareye sadık kalacağı hakkında cemiyetimize bir taahhütname almaktır.

Şuray-ı Devlet Temyiz Dairesi Reisi olan dostu Reşat Bey, Veliaht Reşat Efendi'nin süt kardeşi olduğundan onun vasıtasıyla bu taahhütnameyi yazdırıyor ve Talat Bey'e vermek üzere evinde saklıyor. Talat Bey Avukat Baha Bey vasıtasıyla bana da, Üsküdar'da Sultan tepesindeki Reşat Bey'in evinde buluşmaklığımız hakkında, zaman vererek haber gönderiyor. Ben de askeri kıyafette ve kış olduğundan kaputlu olarak vapurla Üsküdar'a çıktım ve Sultan Tepesi yolunu tutturdum. Halbuki bu gece mühim hadiseler olmuş, Talat'a haber verilmiş, Baha da benden evvel bu eve gelerek işi haber alıp evine savuşmuş. Ortada her şeyden habersiz ben kalmıştım.

Vaziyet şu: Paris'te çıkan Je sais tout (Ben her şeyi bilirim) mecmuası bu aralık Sultan Reşat'ın fotoğrafını basmış ve altına da hürriyetsever olduğunu ve padişah olunca adilane idare kurmaya karar verdiğini, sıhhatinin mükemmel olduğunu yazmış. Buna sebep de şu imiş: Paris Osmanlı Sefareti Fransız gazetelerine, Reşat Efendi sarhoştur, bunamıştır. Burhanettin Efendi veliahtlığa daha layıktır gibi propagandalara bir karşılık imiş. Hafiye Eczacıbaşı Refik, Sultan Reşat'ın resmi bulunan mecmuayı haber alınca şöyle bir jurnal vermiş: "Sultan Reşat'ın fotoğrafını Şurayı Devlet Temyiz Dairesi Reisi Reşat Bey Paris'te bulunan oğlu Nihat Reşat Bey'e göndermiş, o da bu Fransız mecmuasında o yazılarla birlikte bastırmıştır. Reşat Bey'in Sultan tepesindeki evinde daha mühim evrak bulunacağına şüphem yoktur. Araştırma yapılmasına müsaade buyurulsun."

Meşum bir tesadüfle oynayan bu Eczacıbaşı Refik 1903

yılında Hindistan'dan Beyrut'a dönüşünde Doktor Nihat Reşat Bey'i jurnal etmiş ve onu karadan Erzurum'a sürdürtmüş ve paşa da olmuştu. Nihat Reşat Erzurum'dan Paris'e kaçınca onun hareketlerini gözden kaçırmayarak bu sefer de bu yeni jurnali vermek fırsatını yakalıyor.

Baş Mabeynci Ragıp Paşa, bizim buluşacağımız günden bir gün önce bu jurnali almış ve Eczacıbaşı Refik'i çağırarak diyor ki:

—Sen deli misin? Reşat Bey akıllı bir adamdır. Evinde böyle bir şey bulundurmaz. Bir şey çıkmayınca da padişaha şikayet eder, kötü bir vaziyette kalırız.

Bunun üzerine Refik, Beyazıt'ta Reşat Bey'in kızı Hayriye Hanım'ın evinin aranmasını teklif ediyor ve buna karar veriliyor. Bu hanımın kocası da Posta ve Telgraf Nezareti havale kalemi Müdürü Şevki Bey'dir. İstanbul'da değildir, teftiştedir. Gece yarısı Eczacı Refik Paşa, Zaptiye Nezareti Heyeti Teftişiye Reisi Mehmet Ali Bey, dört beş sivil polis ve hafiye evi basıyorlar. Ellerinde tabancalar olduğu halde her tarafı arıyorlar. Döşemelere şişler sokuyorlar, mangalları alt üst ediyorlar, yatakları didikliyorlar. Üst başı arıyorlar. Bir şey bulamıyorlar. Bir şeyden habersiz ve yalnız bulunan Hayriye Hanım'ın korku ve göz yaşlarına bakmayarak çocuğunu da alıyorlar.

Hafiye Refik köpürüyor. Muhakkak bir şeyler vardır iddiasını ortaya çıkarmak için Hayriye Hanım'ın henüz küçük yaşta ve mektepte bulunan oğlu Rayet'i mabeyne götürüyor. Orada Ragıp Paşa ve Nazif Sürüri tarafından çocuk sorguya çekiliyor ve tehdit olunuyor:

—Senin büyük baban Reşat Bey Paris'teki oğlu ile muhabere ediyor, biliyoruz. Bu evrakı bul getir! Hangi vasıta ile muhabere ediyor? Öğren! Sana büyük mükafat verilecek, lütuflar göreceksin. Aksi halde döveriz, hapsederiz.

Çocuk ağlıyor ve diyor:

—Müsaade edin, eve gideyim, arayayım, ne bulursam çalıp getireyim. Ertesi sabah çocuğu bırakıyorlar. (Yani benim Talat

Bey'le buluşacağım gün) Çocuk da Reşat Bey'in yolunu tut-
turuyor.

***

Reşat Bey'in diğer damadı Niyazi Bey, Hayriye Hanı-
mın evinin basıldığını haber alır almaz gece yansı bir kayıkla
Üsküdar'a geçiyor ve Sultan tepesine Reşat Bey'e gelip, Eczacı
Refik'in kızının evini bastığını ve araştırma yaptıklarını haber
veriyor. Reşat Bey kendi evinin de basılma ihtimalini ve elin-
deki Reşat Efendi'nin taahhütnamesinin ele geçmesinin doğu-
racağı faciaları düşünüyor. Bu mühim vesikanın yakılmasını
da cemiyete karşı bir cürüm sayarak emin bir yere saklama-
ya karar veriyor.

Geceleyin Sultan tepesinin arkasındaki Bülbül deresinde
dönmelerin mezarlığına gelmeden önce Şeyh Camii yanında-
ki Bakkal Yorgi'ye -Bu adam Reşat Bey ailesinden çok iyilik-
ler görmüş olduğundan onlara karşı minnettardır- evindeki
mühim kağıtları götürüp emin bir yerde birkaç gün saklama-
sını istiyor.

Yorgi'nin memnunlukla ve sadakatle bir yağ tenekesi-
ne koyarak kapatıp dükkanının yanındaki kuyuya salladığı
ve iki hafta kadar burada muhafazasını üzerine aldığı kağıt-
lar şunlardır: "Veliaht Reşat Efendi'nin cemiyetimize verdiği
taahhütname, Nihat Reşat ve cemiyetle muhabereler, Manya-
si zade Refik'le muhabereler."

Sabaha karşı Reşat Bey yorgun argın eve dönüyor. Sabah-
leyin Mabeynde tehdit olunan torunu Rayet de gelip dün evin
nasıl basılıp arandığını ve kendisini Mabeyne götürüp nasıl
tehdit ettiklerini ve neler istediklerini anlatıyor. Reşat Bey,
Talat Bey'e hadiseyi bildirerek gelmemesini haber gönderi-
yor. Çoluk çocuk bugün kendilerinin de araştırmalar ve taz-
yiklerle hırpalanacakları endişesiyle sızlanmaktadırlar.

***

Benim bir şeyden haberim olmadığından Reşat Bey'in bah-
çe içerisindeki kapısını çalarken acaba Talat Bey (Sadrazam

Talat Paşa merhum) benden önce gelmiş midir? diyor ve görü-
şeceğimden seviniyordum. Kapıyı on yedi on sekiz yaşlarında
bir genç açtı. Kendimi tanıttım. "Buyurun!" diye karşılık bek-
lerken titrek bir ses ve ürkek bir eda ile bana şunları söyledi:

—Aman Kazım Bey! Çabuk gidiniz. Şimdi nerede ise bizim
evi de basacaklar. Belki sokakta polisleri, hafiyeleri de gör-
müşsündür. Gece Beyazıt'taki ablamın evini bastılar. Her tara-
fı aradılar. Mangalları bile döktüler, yatak yorganları söktü-
ler. Yapmadık bırakmadılar. Bugün bizim evi de basacaklar.

Üsküdar Ravza-i Terakki mektebinde bir talebe olan bu
genç, Reşat Bey'in küçük çocuğu Fuat Reşat'tır. Korku ve ızdı-
rap içinde beti benzi atmış bu zeki çocuğa şunları söyledim:

—Demek burada kiralık daire yok. Müstakil ufak ev veya
iki odalı bir daire arıyordum. Şu halde komşulara da sorayım,
olmazsa bekçiyi bulmalı... Soran olursa böyle söylersin, olmaz
mı? Allaha ısmarladık.

Dışarı çıkınca etrafa baktım, kimseler yok. Bir iki kapı daha
çalarak kiralık ev aradığımı tespit edecek şahitler de hazır-
ladıktan sonra yokuşu inerken bekçiye rastladım. Onu ihti-
yat olarak, benim kiralık ev aradığım bir erkan-ı harp zabiti
olduğuma şahit yapmış oldum. Doğru Salacak yolunu tut-
tum. Baha'dan tafsilat alabilecektim. Ona haber verdiler mi?
Verdilerse neden beni Üsküdar iskelesinde vaziyetten haber-
dar etmedi. Yoksa onun da mı başına bir bela gelmişti. Düşü-
ne düşüne evin kapısına geldim. Birkaç adım daha geçtikten
sonra takip olunmadığımı görünce geri dönerek kapıyı çal-
dım. Az sonra kapı açıldı ve başında beyaz bir çarşaf bulunan
bir hanım sordu:

—Kimi arıyorsunuz efendim?

—Avukat Baha Bey'i ziyaret etmek istiyorum. Ben arka-
daşlarından Kazım.

—Sizi takip eden var mı, efendim?

—Hayır, benden başka sokakta kimseler yok. Bu sözüm
üzerine başından çarşafı atarak Baha ortaya çıktı ve:

—Aman çabuk gir içeri! Hepimize geçmiş olsun. Yukarı çıkalım orada görüşürüz, dedi. Mükemmel bir hanım sesi ve kıyafetiyle Baha herhangi bir takibe karşı kendini saklamış!.. Hakikaten ben kendisini bir hanım sandım.

Hadiseyi Baha'ya da haber vermemişler. Baha benden az önce Reşat Bey'in köşküne gittiği zaman öğrenmiş. Onu da genç Fuat Reşat karşılayarak nerede ise köşkün basılacağı haberini vermiş. Baha'nın diz bağları çözülmüş ve soluğu evinde alarak kadın kıyafetine girmiş. Kendisini yakalamaya geleceğini hayallendirdiği polis ve hafiyelere karşı saklanmış!..

Dedim:

—Baha, ben hadiseyi haber alınca evime savuşmak hatırıma gelmedi. Seni aramaya koştum. Bu murdar idare elini senin evine kadar uzatınca kapıyı açanın bir hanım olduğunu görünce, döner gider mi? Elbette evi araştıracaklar ve seni de önlerine katarak saatlerce uğraşacaklarından seni de ortaya çıkaracaklardır. Gözünün önünde aileni alıp götürecekler. Senin kim olduğunu soracaklar ve belki de hırpalayacaklardır...

Baha — Ben, Reşat Bey'in evini arayacak heyetin belki senin geldiğin vapurda olduğunu tahmin ettim. Tabii bunları sen vapurda veya yolda görür işi anlarsın, dedim. Bu bir tesadüf mü yoksa nedir, bilmem. Bizim içtimamızı mı haber aldılar ne oldu, bir türlü anlayamadım.

Ben — Ben, Sultan tepesinde kapı kapı kiralık ev aradım şeklini verdim, Reşat Bey'in evine de tesadüfen bu arada uğramış oldum. Şimdi de ahbabım Baha'yı ziyarete geldim. Şöyle deniz görür bir ev belki bu civarda olabilir değil mi? Üst tarafını fazla düşünmeyelim.

\*\*\*

Reşat Bey'in köşkü aranmadı. Fakat bugün Reşat Bey'in teyzesi topal Fatma Hanım Beşiktaş'taki Hasanpaşa karakoluna götürülerek sorguya çekilmiş Fatma Hanım, Hasan Paşa'ya gayet güzel bir cevap vermiş:

—Padişahımız, benim gibi bir kadından mı korkuyor Paşa Hazretleri?

Hasan Paşa gülmüş. Zavallı kadın Adapazarı'na sürgün edilmiş. (Meşrutiyet'in ilanına kadar orada kalmıştır.)

\*\*\*

Talat Bey'le Manuel Karasu'ya gelince: Bunlar geldikleri günden beri takip olunmuşlar. Her ikisi de mason olduğundan bazı mason localarına gittikleri tespit olunmuş. Manuel Karasu'nun sıkıştırılarak Selanik'ten ne maksatla geldikleri hakkında malumat almak vazifesi Kabasakal Mehmet Paşa'ya verilmiş. Karasu'nun anlattığına göre:

Mehmet Paşa, Karasu'yu küçük bir vapura bindirerek Sarayburnu önlerinde sorguya çekmiş ve tehdit etmiş. Sanki onu denize atmak salahiyeti elinde imiş. Sorduğu şeyler:

"İstanbul'a sen ve Talat Bey niçin geldiniz? Talat kimlerle görüştü ve görüşecek?"

Karasu İspanyol tabasından ve Mason locasından olduğunu söyleyerek sırf mason localarını ziyaret maksadıyla geldikleri cevabını vermiş ve tehditlere kulak asmamış.

Ne garip tesadüf. Bizim Sultan Tepesi'nde toplanacağımız günü geçen bu hadisede Talat Bey de sıkı takipte imiş. Bu takip ve tazyiklerin ve diğer cihetten de Reşat Bey etrafında dönen araştırmaların felaketli bir neticeye varmasını düşünen Talat Bey, arkadaşıyla hemen Selanik'e dönmüştür. Almak istediği mühim vesika kendisine bir müddet sonra yine Reşat Bey vasıtası ile gönderilmiştir.

İlk günlerde cemiyete girmekten çekinen Reşat Bey korktuğundan fazlasını başına getirmek üzere idi. Bu vartadan sonra artık meşrutiyeti Hamid'in elinden alacağımıza inanmamakla beraber cemiyete girmiştir.

Selanik'le İstanbul arasında kuryelik vazifesini yapan Meveddet Hanım'dı. Selanik'te Manyası zade Refik Bey'in yanında kalırdı. Bunun vazifesini bilmeyenler tarafından bazı dedikodular olduğundan, Refik Bey de bu hanımı siyasi bir nikahla aldı. Bu hanımdan şüphe edilerek bir kere Sirkeci'de aradılar. Fakat her defasında üzerinde kağıt getirmediğinden kurtuldu. Refik Bey'in kaynanası Zişan Hanım da bu vazifeyi ara sıra gördüğünden şüpheyi çekmediler.

\*\*\*

Bu bahsi kapatmak için Talat Bey'in geçen kışın İstanbul'a gelişinde geçirilen tehlikeyi de burada kaydedeyim:

Selanik'ten Manyasi zade Refik ve Manuel Karasu'yu da beraberine alarak İstanbul'a teşkilat yapmaya gelen Talat Bey Üsküdar'a bunlarla birlikte vapurla geliyor. Burada Manyası zade Refik Bey kendilerini karşılayıp Avukat Baha Bey'in evine götürüyor. O zaman Osmanlı Hürriyet Cemiyeti'nin İstanbul teşkilatını yapmaya uğraşıyorlar. Fakat birkaç kişi tahlif etmekten ileri gidilemiyor. Avukat Baha Bey'den sonra, Moda'da Manyasızade Refik Bey'in evinde Selanik'ten gelen bu üç zat Manyasızade Refik (Galatasaray son sınıfında), İzzet (Aynı sınıftan. Cumhuriyet devrinde Almanya'da talebe müfettişi iken ölen), ve Ayet (Osmanlı Bankasında memur. Harbi Umumide Mısır cephesinde şehit oldu) Beyleri tahlif etmişlerdir. Talat ve Manyası zade Refik Beyler Reşat Bey'i de ziyaretle onun da cemiyete almaya uğraşmışlar. Bu ve daha bazı kimseler arasında Hüseyin Cahit Bey de kabul etmemişler. Bunları Talat Bey'in de bana Selanik'te anlattığını yukarılarda yazmıştım.

Bir akşam Baha Bey'in evinde içtima halinde iken ev basılmış. Fakat aynı zamanda saz eğlencesi de olduğundan; Talat ve Refik Beyler harem cihetine kaçabildiklerinden bir tehlike olmamış. Talat kendisinin İstanbul'da şüpheli olduğunu bildiği ve daha Edirne'de hapis edilmesinden beri takip olunduğuna ihtimal verdiği ve ilk gelişinde böyle bir hadise geçirdiği halde çok tehlikeli bir iş için kalkıp İstanbul'a gelmesi ve burada benimle dahi görüşmek istemesi cesaretten ziyade bir şeyle vasıflandırılacağı tabiidir. Çünkü bu iş için onun gelmesine hiç de lüzum yoktu. Eğer yakalansa idik, İstanbul teşkilatı ve belki de birçok yerlerdeki teşkilat, en hafif tabirle, sarsılabilirdi.

## ECZACIBAŞI REFİK'İN ÖLDÜRÜLMESİ KARARI

Talat Bey, Selanik'e gidince ve İstanbul'daki hadisenin elebaşısı olan hafiye Refik Paşa'nın öldürülmesine karar vermekle yeni bir hata yapmıştı. Baha Bey'e yazdığına göre: Selanik'ten Eczacıbaşı Refik Bey'i öldürmek üzere iki fedai gönderilecek imiş. Ben Refik'in nerede vurulması mümkün olacağını tahkik edecek ve fedailere bildirecekmişim. Sonra da İstanbul Fedai şubesinin yardımıyla bu fedailerin kaçmasını temin etmeli imişim! Nasıl kaçınacağı bile öğretiliyor: Fedailerin kaçtıkları istikametin tersine kaçtıklarını takip edecek polis veya saireye söyleyerek bu yapılabilirmiş!..

Bunu bana bildiren Baha Bey'e:

—Buna senin aklın erdi mi? Hatta İstanbul fedailerinden yardım istemeseler dahi bu iş doğru olur mu? diye sordum.

Baha Bey böyle bir teşebbüsün çok fena neticeler vereceği kanaatinde bulunduğunu söyledi.

—Şu halde Refik Bey'i takip ile icabında nerede kolayca yok edilmesi imkanını tahkik ederim. Fakat bu kabil münferit icraatın ve hele üçüncü beşinci şahsiyetlere tevcihinden bir şey çıkmayacağını ve herhangi icraatın Merkezi Umumi kararıyla olması lüzumunu ben icap edenlere yazarım, dedim.

***

Bir taraftan İstanbul merkez arkadaşlarımın da bu hususta mütalaalarını sordum. Hepsi benim düşüncemde bulundular. Yani İstanbul'da böyle ehemmiyetsiz bir şahsiyetin ortadan kaldırılması cemiyetin mühim şahsiyetlerinin ve beki de birçok kimselerin felaketine sebep olacağını, katillerin kaçırılmasının mümkün olamayacağı, zayıf bir ihtimal ile kaçırılabilse dahi kaçırmaya çalışanların onlarla müşterek olduğu anlaşılarak daha kötü neticeler doğurabileceği kararına vardık.

Aynı zamanda Eczacıbaşı Refik Paşa'nın her cuma günü Divanyolu'ndaki Arif'in kıraathanesindeki incesaz dinlemeye geldiğini de gördüm. Yanına yılışık adi tavırlı bir takım hafiyeler gelip gidiyor. Kulağına bir şeyler fısıldıyorlar. Kendisi de yanına gelip gidenler ayarında bir herif. Bunun ortadan kalkmasıyla yerine oturacak hergele çok. Bunun vurulmasının Sultan Hamid'e yapacağı tesir ancak onu kudurtmak olacaktır.

\*\*\*

Enver Bey'e bu mesele hakkında şikayette bulundum. Vaktiyle Arap İzzet'in vurulması kararının da Talat Bey'den çıktığına hükmettim. Mecbur edilmedikçe münferit suikastlar yapılmaması hakkındaki kararımızı hatırlattım.

Refik Bey hakkındaki malumatı ve kararımızı kendisi de Talat Bey'e bildirmesini Baha Bey'e söyledim. Bu iş de böylece kapandı.

## SULTAN HAMİD'E SUİKAST KARARI

Münferit suikastlardan sakınılması ve hele İstanbul'da böyle teşebbüslerin vaktinden önce cemiyetin ortaya çıkmasına ve belki de tehlikeli akıbetler doğuracağına Merkezi Umumide yeniden bir daha kani olmuş ki bundan vazgeçtiler. İş yine Sultan Hamid'e suikast yapılması kararına döndü. Bunun cuma selamlığında yapılması imkanı olmadığını bizzat sıram gelip de merasime davet olunduğum zaman gözümle gördüm. Şu halde, Ramazan'ın on beşinci günü Hırka-i Şerif ziyareti için şimdiden Beşiktaş'ta bir ev kiralanması hakkında yine Baha Bey vasıtasıyla Selanik'ten tebligat yapıldı. Bu hususu ben Manastır ve Selanik'te iken görüşmüş olduğumdan faaliyete geçtik. (Enver Bey'in Beşiktaş'ta, Yıldız'dan inen yokuşa bir şahniş penceresiyle bakan deniz cihetindeki evi ancak Enver kendisi gelirse kullanılabilecekti.) Beşiktaş'ta Baha Bey çok aramış. Zaten yol boyunca mahdut evler kamilen Sultan Hamid'in bendeleri tarafından tutulmuş bulunuyor. Fındıklı'da merkez arkadaşlarımızdan Topçu Binbaşısı Nahit Bey'in evi caddeye bakıyor ve çok münasipti. Nahifi ziyaretle bu evi tetkik ettim. Daha Ramazana çok var. İcabında istifade edebiliriz. Fakat uzun bir selamlık esnasında birkaç fedainin sokakta bu işi yapabileceğini bu iş için görüşmek üzere ben Manastır'a kadar gelmeye çalışacağımı Enver Bey'e yazdım.

## MANASTIR'A NASIL GİDECEKTİM?

İki teşebbüs aklıma geldi: Biri imtihanlardan sonra tatilde (Ramazandan birkaç hafta evvel tatil başlardı) sılaya gitmek isteyen zabit ve talebenin isimlerini ve nereye gitmek istediklerini beş altı ay önce sordular. Yerlerinde tahkikler yapılırmış. Ben Manastır'da bulunan kardeşim Hulusi Bey'in yanına gitmek istediğimi yazdım. Birkaç gün sonra Mektepler Müfettişi İsmail Paşa beni çağırdı. Yukardan aşağı süzerek dedi:

— Kazım Bey! Sen Manastır'dan geleli daha yarım yıl olmadı? Ne kadar çabuk yine oraları özledin, kimlerle görüşmeye gideceksin?

— Manastır Mektebi Harbiyesi'ndeki kardeşimden başka özlediğim yok. Onun yanına gitmek istedim, dedim.

— Ya, o halde işin kolayı, kardeşini bu Harbiyeye senin yanına getirmektir. Sen hiç zahmet edip yorulma. Yakında kardeşin de buraya gelir.

Bana, teşekkür ederek dışarı çıkmaktan başka yapacak bir şey kalmadı. Hakikaten de hemen yıldırım süratiyle birkaç gün içinde (21 Nisan -8 Nisan 1324-) kardeşim İstanbul'a geldi. Pangaltı Harbiye Mektebi dahiliye zabitliğine tayin olunmuş. Bu suretle Harbiye Mektebinde ve dahiliyede üçüncü bir kuvvetli fedai zabiti daha yanımda yer aldı. Bu surete İstanbul'da cemiyetin bir ailede üç kişi azası da olduk.

Bu tedbirim boşa çıkınca şu ikinci tedbire başvurdum: Müfettiş İsmail Paşa'nın iki çocuğu binbaşı rütbesiyle talebem idi. Ben kolağası idim. Mülazım rütbesinde dahi muallimler vardı!.. Bu iki kardeşten büyüğü Celal bana çalışkan ve daha zeki görünüyordu. Nöbetçi Bey'i olduğum bir gün onu yalnız yakaladım. Bütün talebe yemeğe gitmiş, o sınıfta ders çalışıyordu. Yanına gittim ve dedim:

— Ne kadar çalışkan ve zeki olsanız, iyi bir asker olmak için mutlaka İstanbul'dan uzakları dolaşmak mecburiyetindesin. Dağlar, nehirler, ormanlar görülmeden burada Çamlıca tepeleri, Kağıthane sırtları ve dereleriyle anlaşılmaz. Bak

ordularda hizmet etmeyenlerle, benim gibi ordularda hizmet eden hocalarınız arasındaki farkın büyüklüğünü görüyorsunuz. Sizin çalışkanlığınızı ve zekanızı takdir ediyorum. Fakat nazariyat içinde boğularak kuvvetli bir asker olamayacağınıza da acıyorum. Celal cevap verdi:

— Teveccühünüze teşekkür ederim. Fakat ben ordu mıntıkalarını nasıl görebilirim?

— O pek kolay, dedim. Edirne ve Manastır'da Harbiye mektepleri var. Ben Manastır'da iken Topçu Emin Bey oradaki imtihanları teftişe gelmişti. Şu halde bu yıl İstanbul imtihanları daha önce bitebilir ve siz de kardeşinizle bu teftişe memur edilecek zatların yanında vazife alabilirsiniz. Eğer yanınızdaki müfettiş daha önce oraları görmüş hocalarınızdan biri olursa az zamanda çok şey öğretir. Mesela seninle ben Manastır'a gitsek dönüşte seni herkes, değil arkadaşlarından, hatta hocalarından bile üstün bulur. Fakat bunu babana kendi düşüncen gibi söylersen hem gitmeye muvaffak oluruz, hem de zekana hayran olur

Kazım Karabekir

Celal bu telkinimden çok sevindi ve hemen bu akşam temin edeceğini söyledi ve teşekkürler etti. (Babası Manastır'ı münasip bulmayarak beni Edirne mektebi imtihanlarını teftişe memur etmiş. Çocukları da beraberimde gidecekler.)

## DONANMAYA EL ATTIM

İstanbul'da askerler arasında dahi teşkilat Manastır'daki gibi kolay olmuyordu. Ben Manastır'da kimi münasip görüp açtımsa hepsi büyük bir heyecanla hürriyet mücadelesine atılmak için cemiyete girmeyi kabul etmişti. Şüpheli gördüklerimize ise zaten açmazdık. Fakat İstanbul'da Harbiye Mektebi'nde kaç kişiye açtımsa vaziyeti ümitsiz buldukları halde cemiyetten bahsedince garip vaziyetler alıyorlardı. Fakat ordu teşkilat muavini Erkan-ı Harp Kolağası Selahattin Âdil Bey (İstiklal Harbi'nde Müdafaa-i Milliye Müsteşarı Emekli General) teklifimi tıpkı Manastır'daki arkadaşlarımızın gösterdikleri cesaret ve şevk ile kabul etti. Kendisini tahlif ettim ve donanmaya el atmak ihtiyacımızı da kendisine anlattım.

—Benim güvendiğim bir arkadaşım var. Görüşeyim, size söylerim, dedi. Birkaç gün sonra da:

—Peyki Şevket süvarisi Kolağası Rauf Bey'in cemiyete girmeyi kabul ettiğini ve ikinci süvari kardeşi olduğunu da bildirdi.

Zeyrek'teki ağabeyimin bahçesinde Rauf Bey'i de tahlif ettim.[60] Rauf Bey her türlü fedakarlığa hazır olduğunu, ikinci süvari Selahattin Bey'in kardeşi ve kıymetli bir arkadaş olduğunu, istenildiği zaman bütün gemisiyle emre hazır olduğunu bildirdi. Rauf bende çok değerli bir tesir yaptı. Bugün pek samimi bağlandık. (Bütün hayatımızca da bu samimi birliğimiz sürüp gitti.) Yalnız gemide mermi bulunmadığını söyledi. Dedim:

---

60   Rauf (Orbay) Bey'i tahlif ettiğim yerde 29.11.1918 yani Birinci Cihan Harbi mütarekesi başlarında Miralay İsmet Beyle (İnönü) İstiklal Harbi yapmak lüzumu hakkında münakaşamız geçmiş ve burada kendisine: Tek bile kalsam İstiklal Harbi'ne kalkacağımı ve tek dağ başı mezar oluncaya kadar uğraşacağımı söyledim.

—Mermi meselesi ikinci kalır. Asıl mesele Üçüncü Ordu harekete geçince Selanik'e bir filo gönderilirse onlara karşı durmak değil, onlarla birleşmek ve eğer İstanbul üzerine bir hareket olursa yine o tarafa geçebilmek birinci vazifemizdir. Şimdi yapılacak iş sözü ayağa düşürmeden ve işi hafiye güruhuna duyurmadan donanmanın mühim simalarını elde etmektir.

—Bu işi bana bırakınız. Çok kıymetli arkadaşlarımız var. Fakat şimdiden cemiyete alınmaları mahremiyeti kaybedebilir. Fakat hepsi hürriyet seven insanlardır. İcap ettiği zaman donanma cemiyetin emrine girebilir.

—Şu halde, dedim, ben ayrıca donanmadan kimse ile temas aramayacağım. Siz istediğiniz zaman bir şube açmakta salahiyetlisiniz.

(Miralay Vasıf ve Arif Beyleri "Amirallar" Rauf Bey'in delaletiyle hürriyetin ilanı akabinde cemiyete aldık. Rauf Bey ve bu arkadaşlarının himmetiyledir ki 31 Mart isyanına rağmen donanmamız Hareket Ordusu'na karşı koymadı, onun emrine girdi.)

Donanmaya el attığımı ve bir kruvazörün cemiyetin emrine hazır olduğunu Enver Bey'e bildirdim. Bu nisan ayının çok bereketli bir işi idi.

## HARBİYE TALEBESİ

Talebenin cemiyete alınmamasını ilk İttihat ve Terakki Cemiyeti'nin on yıl önceki tecrübesine dayanarak karar vermiştik. Fakat onları kendimize bağlamak için seciyelerini kuvvetlendirecek sözleri bir düzüye söylüyordum. Erkan-ı harbiye sınıflarındaki cemiyetin şubesiyle de kulaktan kulağa istibdad aleyhine lazımı gibi işliyorduk. Arazi üzerindeki tatbikatta tecrübesiz muallimlerle olan farkım bana muallimler ve talebe arasında büyük sevgi uyandırmıştı. Hele Erkan-ı harbiye birinci ve ikinci sınıflarda okutulan riyaziye derslerinin talebenin zihinlerini perişan ettiğini ileri sürerek Erkan-ı Harp

Kolağası Mümtaz Bey'le birlikte askeri maarif meclisinde bu derslerin lüzumsuzluğunu ispat ederek, hayli münakaşalara rağmen, kaldırmaya muvaffak oluşumuz Erkan-ı Harp sınıflarını da büsbütün bağladı.

Benim işi sıkı tuttuğuma rağmen birgün kardeşim Hulusi Bey şu malumatı verdi:

—Dahiliye zabiti Yüzbaşı Ali Bey, Harbiye ikinci sınıftan bir efendinin -Kahramanı hürriyet Niyazi Bey'in kardeşi İstanbul'da bana bağlı olan Osman Bey'in kayınbiraderi olan- dahiliye zabitlerinden biri tarafından tekdir edildikten sonra kapıdan çıkarken: "Yakında size göstereceğiz!" diye söylendiğini duymuş. Herhangi bir koldan cemiyete alındığını zannederek haber verdi.

Bunun nasılsa cemiyete alındığını öğrenerek kendisine rehberi vasıtasıyla şu haberi gönderdim: "Yakında size göstereceğiz!" tehdidiyle cemiyete girdiğinizi, sizi tanımayan bir cemiyet azası sizi tanımıştır. Eğer bunu bir hafiye işitseydi sen de ve belki daha birçok kimseler de senin yüzünden mahvolabilirdi. Talebenin cemiyete alınmaması kararına rağmen cemiyete alınmışsın. Fakat hiçbir arkadaşına bunu açmayacaksın. Seni takip ediyoruz. Bir daha bu gibi münasebetsizlik etme!

Çok hayrette kalan bu efendi bir daha hiçbir yerde ağzını açmayacağına namusu üzerine söz verdi.

Bu hadiseyi Mühendis Salim Bey'e anlatınca o da Topçu Harbiyesi (Mühendishane) üçüncü sınıf birincisi olan efendinin çok hürriyetsever ve fedakar olduğunu, bir düzüye kendisine bu esasta mühim şeyler sorduğunu, bunun da Topçu Mektebinden bir örnek olarak cemiyete almaklığımızı rica etti. Kabul ettim. Bu suretle her iki Harbiyeden birer talebe almış olduk.

## GOLÇ PAŞA'NIN MEKTEBİ ZİYARETİ

18 Mayıs (5 Rumi) Golç Paşa mektebi ziyaret etti. Bunu şu bakımdan kaydediyorum. Sultan Hamid ordusunu ıslah için

birçok Alman muallimler getiriyordu. Erkan-ı Harp sınıflarında askeri dersleri onlardan öğreniyorduk. Golç'ün himmeti ise çok büyüktü. O gelinceye kadar Erkan-ı Harp sınıflarında bile eski Fransız programları tatbik olunuyormuş. Kutu-u ahcar ve eşcar yani taş ve ağaçların kesilmesi, gülle istifi gibi bir takım dersler okutuluyormuş. Arazi üzerinde tatbikat bilinmiyormuş. Bu zat lüzumsuz dersleri kaldırmış ve arazide tatbikatı öğretmiş. Fakat Sultan Hamid'in zaten lüzumundan fazla olan vehmini etrafındakiler ve bunların avenesi hafiyeler bir düzüye körüklediklerinden Golç Paşa istediği gibi çalışamamış ve manevralar yaptıramamıştır. Zaten orduların hali, ayakları bağlı bir insanın yerinde zıplaması kabilinden bir terakki!.. Yani Sultan Hamid hem ordunun ıslahını istiyor, hem de korkusundan cahil kafasıyla ileri gitmesine birçok engeller yapıyor. (Meşrutiyetten sonra Edirne'de Fırka Erkan-ı Harbi bulunduğum zaman ilk manevrayı bize Golç yaptırdı. İlk haki elbise giyen benim fırka idi. Toplu bir halde Yanık Kışla şimalindeki talimhanede teftiş eden Golç beni de takdir etti. Cihan harbinde ben Fırka kumandanı iken o da ordumuzun kumandanı idi. Riva deresinden Şile'ye kadar Karadeniz sahillerinde fırkamın yaptığı tahkimatı ve fırkayı teftiş etti. Şile'de bir gece kaldık. Beni çok takdir etti. Ne tesadüftür ki Bağdat'a Altıncı Ordu Kumandanı olduğu zaman Erkan-ı Harbiye Reisliğine ben tayin olundum. Ve ölümünde yanında bulundum.)

### GARİP BİR MÜNASEBETSİZLİK

Bir gün Manastır'da Hasan Tosun Bey'den samimi bir kartvizit aldım. Zarf büyücekti ve açıktı. İçinde küçük bir zarf vardı. Üzerinde "Düyunu Umumiye Komiseri Sait Beyefendi'ye" yazılıydı, içinde de bir şey yoktu. Bunun manasını düşündüm. Dedim Hasan Tosun Bey galiba bu zatı tanıyor, cemiyetimize yardımı olur diye takdim ediyor. Birkaç arkadaşa bu zat hakkında malumat sordum. Bilen yok. İhtiyatlı davranmak şartıyla kendisini ziyarette mahzur görmedim. Düyunu Umumiye'de ziyaretine gittim. Beni nezaketle kabul etti. Dedim:

— Manastır'dan Hasan Tosun Beyefendi samimi selamlarını iblağa beni tavsit ettiler. Bu vesileyle ile teşerrüf etmek istedim.

— Çok memnun oldum. Ancak Hasan Tosun Bey kimdir, tanımıyorum, dedi!..

— Erkan-ı Harp Binbaşıdır. Mıntıka Erkan-ı Harbiye Reisidir, dedim.

Düşündü, dudaklarını büktü ve:

— Hiç hatırlamıyorum. Fakat madem ki samimi selam göndermişler. Çok memnun oldum, dedi.

— Belki zatıalilerini gıyaben hürmetkarınız olacak derecede tanımış olacaklar ki bu vazifeyi bana verdiler. Rahatsız ettiğimden affınızı dilerim, diyerek ayrıldım ve hayretler içinde kaldım. İyi ki adamcağız tanır görünerek biraz daha derinlere dalmadı. Hadiseyi Hasan Tosun Bey'e yazdım. O zarfı kendi koymamış ve o da bu zatı tanımıyormuş.

Demek postanede bu iş kendiliğinden olmuş. Sait Bey'in zarfının içindeki kart düşmüş ve zarfı benim adresim olan zarfa girmiş. Nazik işlere şeytanın karıştığı çok oluyor.

## SİSAM'A BİR FİLO GİDİYOR

Sisam adasında Rum ahali isyan ettiğinden Halil paşa kumandasında beş harp gemisi gideceği ve bunlar arasında Rauf Bey'in Peyki Şevket kruvazörü ile Hamidiye kruvazörünün de bulunduğunu haber aldım. Donanmanın cephanesi Zeytinburnu cephaneliklerinde muhafaza olunduğundan oradan cephane aldıktan sonra harekete geçeceklerdir.

27 Mayıs 1908 (13 Mayıs Rumi) de Peyki Şevket'le Marmara Gambotu yatsı namazından sonra yola çıktılar. Hamidiye bunlardan süratli olduğundan ertesi günü hareket etti. Hamidiye süvarisi Miralay Vasıf Bey de (Meşrutiyet'in ilanını müteakip cemiyete tahlif ettik) bizim fikrimizde olduğundan filonun Selanik'e de uğramasını çok istiyordum. Fakat 30 Mayıs'ta Sisam'a varan filo bombardımandan sonra Vati

limanında yirmi iki gün kaldı. 27 Haziran (14 Rumi) Peyki Şevket Midilli'ye gitti. Ertesi günü Hamidiye de oraya geldi ve Peyki Şevket İstanbul'a döndü. Cephanelerini tekrar Zeytinburnu'na çıkarmak için bu işe memur olan Kabasakal Mehmet Paşa, Peyki Şevket'in bu işine yetişemediğinden Rauf Bey. Sisam'da sarfolunan cephane miktarı İstanbul'ca bilinmediğinden her top için bir miktar cephane alıkoyarak Halice girmiştir.

Bu tarihte işler hayli ilerlemiş bulunduğundan İstanbul'da herhangi bir hareket için buna çok ihtiyaç vardı. Cephanelerin tahallülüne mani olmak için soğuk hava vermek, bunun için de geminin fayrap etmesi lazımdır. Rauf Bey, bunu geceleri gizlice, kazanları temizliyoruz diyerek yapıyor.

Meşrutiyet'in ilanında Hamidiye Midilli'de idi, kendiliğinden İstanbul'a geldi. Donanmanın en mühim şahsiyetlerini cemiyete alarak donanmayı tamamıyla ele aldık.

## SELANİK MERKEZ KUMANDANI
## NAZIM BEY İSTANBUL'DA

Mayısın ilk haftasında Sarıyer'deki ağabeyime gitmek üzere Köprü'den vapura binmiştim. Güvertede otururken Nazım Bey, Yaver kordonu ve üniforması ile göründü ve tam karşıma oturdu. Derhal selam verdim. Beşiktaş'a çıkıncaya kadar beni hayli dikkatinden geçirdi. Ben etraf manzaralarıyla meşgul olur göründüm. Nazım Bey herhalde Mabeyne eli boş gitmiyordu. Onun hal ve tavrından ve tam karşımda oturup benimle meşgul oluşundan kafasında geçenler bana da aksediyor gibi idi.

Derhal Enver Bey'e bu vaziyeti bildirdim. Nazım Bey'in sıkı kontrol altında bulundurulması lüzumunu da tavsiye ettim.

# DÖRDÜNCÜ BÖLÜM

## HÜRRİYET MÜCADELESİ
## BAŞLIYOR

Bu mücadelenin nasıl başladığını ve nasıl bir gidişle hürriyet ilan olunduğunu iki tablo halinde göreceğiz: Biri İstanbul'da bizim bildiklerimiz; ikincisi de hadise yerinde geçen hakiki vakalardır ki bunu Meşrutiyet'in ilanından sonra Selanik ve Manastır'da hürriyet mücadelesine fiilen iştirak eden cemiyet mensubu arkadaşlarımdan öğrendim.

## BÜYÜK DEVLET SEFİR VE KONSOLOSLARINA BİRER MUHTIRA VERİLMESİ

Avrupa matbuatında "Şark meselesinin artık halli gelmiştir. Bir Avrupa kıtası olan Makedonya'da kan ve ateş tufanının durdurulması için artık kati kararlar verilmelidir, gibi..." aleyhimize yayımlar Merkez-i .Umumi'yi tehlikeyi önlemeye sevk ediyor. Bir muhtıra hazırlıyorlar. Fransızca'sını da bastırıyorlar. Rusya'dan başka büyük devlet sefirlerine 28 Mayıs 1908 (15 Mayıs Rumi) de verilmesini Selanik, Manastır ve Üsküp'teki konsolosluklara da aynı günde verileceğini ve bunu merkez azasından Fransızca bilen arkadaşın yapmasını Merkezi Umumi bize yazıyor. Zişan Hanım'la Avukat Baha Bey'e gönderiyor.

Baha Bey bana haber verdi. Muhtırayı okuduk. Hülasası şu: "Şimdiye kadarki fenalıklar hep istibdad idareden ileri geliyordu. Artık millet karar vermiştir. Meşrutiyet idareyi kurarak bu fenalıkları ortadan kaldıracaktır. Ancak her zayıf zamanımızda fırsat bekleyen Rusya İmparatorluğu'nun müdahalesinden korkuyoruz. Milli hareketlerimiz sıralarında bize tecavüz etmemesine insanlık namına engel olunuz! Bu muhtırayı, Rusya'dan başka büyük devletler sefir ve konsoloslarına takdim ettik."

İçimizde Fransızca bilen Avukat Baha idi. Bu işi kolayca nasıl yapacağını biliyorlar ki ona vermişlerdi. Bunu kendisine de sordum:

Rus sefareti tercümanı Ermeni Haci Biyar masondur ve ahbabımızdır. Bu işleri memnuniyetle yapacağını Talat Bey de Manyasî zade Refik Bey de bildiklerinden işi bana havale etmişler. Fakat onunla ancak Gedikpaşa'daki evde görüşülebilir. Emanetler orada teslim olunabilir. Bunu da Salim Bey'in yapması daha uygun olur.

*** 

Salim Bey bu vazifeyi kabul etti ve muhtıraları alarak Fatin Hoca ile bir arabaya binerek Hacı Biyar'ın evinin yolunu tuttu. Birlikte oraya gitmeyi doğru bulmadıklarından Fatin Hoca arabadan indi: Salim yalnız olarak evinde Hacı Biyar'a muhtıraları verdi. O da bu vazifeyi memnuniyetle kabul etti ve yaptı.[61]

Artık Terakki ve İttihat Cemiyeti resmen kendini ilan etmiş olduğundan şimdiye kadarki zanlar ve tahminler açığa vurulmuş oldu. Ramazanın on beşinde yani eylül sonlarına doğru düşünülen hareket dört ay kadar önce başlamış oldu.

## HAREKET HAKKINDA TALİMAT YOK

Tabii Mabeyn işi hemen haber aldı. Cemiyetin kuvvet ve kudretini aramaya koyuldu, İstanbul'da, Sarayın burnunda dahi Terakki ve İttihat cemiyeti söndürülememiş, için için yanıyormuş. Bu işin Makedonya mıntıkasında dahi baş göstermesi şüphe yok ki Sultan Hamid'in uykusunu kaçırdı, ilk iş sıkı takip ve tarassutlar başladı.

Şimdiye kadar hiç takip olunmadığım halde Hacıkadın

---

61    Said Paşa hatıratında: (Sahife 390 ve 07) bu hadiseyi şöyle yazıyor:

14.05.1324'de Mabeyn'e çağrıldım. ittihat ve Terakki Cemiyeti'nin Manastır'da konsoloslara birer beyanname verdikleri, veyahut verecekleri haberi saraya aksettiği ve İstanbul'da dahi ahvalden şikayet için Düvel-i Muazzama sefaretlerine müracaat zehabı hasıl olmuş.

kahvesinin önünde oturan Harbiye Mektebi askeri kıtası zabitlerinden birinin bizim evin kapısını gözetlediğini gördüm. Ayrıca hafiyelerle takip başladı. Fakat ağabeyim Sarıyer'e sayfiyeye gittiğinden biz kilise camii mihrabı karşısındaki onların evine geçmiştik. Her gün aşağıdaki eve de uğradığımdan beni hala burada sanıyorlardı.

Beni tarassut ve takip uzun sürmedi. Birgün mektepte nöbetçi beyi iken sabahleyin erkenden iç bahçede mektebin emekli doktoru ihtiyar bir İtalyan olan Misel Paşa ile görüşürken Müfettiş İsmail Paşa geldi. Bahçeden dairesine geçerken bizi bir arada konuşur görünce ilk önce beni çağırdı. Beraber odasına gittik. Şüpheli bir eda ile sordu:

—Sabahleyin erkenden Misel Paşa ile ne konuşuyordunuz?

—Yazın ameliyatlara daha erken çıkıp sıcak zamanları istirahatte geçirmenin daha münasip olup olmayacağını sormuştum. Çünkü bizim talebeliğimiz zamanında buna dikkat olunmadığından güneş vurması ve sıcak çarpması neticesi çok hastalıklar oluyordu, diye mütalaasını sormuştum. O da bana hak veriyordu, dedim.

Misel Paşa'yı da çağırttı. Ona da sordu. O da aynı cevabı verince çok sıkıldı ve vazifemden başka şeylerle uğraşmadığımdan memnun olduğunu söyledi. Artık takip ve tarassutlar da kesildi.

Şimdi faaliyet sırası bana geldi. Selanik'ten hiçbir haber gelmiyordu. Halbuki ilk adım atıldığına göre yeni plana göre bize de talimat göndermeleri lazımdı. İstanbul'da henüz telaşlı hazırlıklara veya sevkiyata dair hiçbir şey görülmüyordu. Yalnız birkaç gün önce Sisam'a bir filo gitmişti. Bunun Selanik'e herhangi bir hareketi tedibe gönderilmesinden endişe etmiyordum. Çünkü bu filo cemiyetin elinde demekti.

Muhtıraların dağılmasından sonra eğer cemiyet hiçbir hareket göstermezse bunun birkaç kişinin gayretine atfolunması tabii olacak, bu da harice çok fena tesir edecekti.

Bu meseleleri Merkez-i Umumi ile görüşmek ve ne

mümkünse kararlaştırılmak üzere Selanik'e merkezimizden birinin gitmesine lüzum gördüm. Bu işi başaracak Avukat Baha idi. Çünkü, dikkati çekmeden işleri için diye gidebilirdi.

Ne güzel tesadüf. Baha Bey'in de Selanik'te mühim bir işi çıkmış. Ben ona düşüncelerimi söylerken o da bana bunu müjdeledi ve birkaç gün içinde gitti.

## BÜYÜK BİR SARSINTI GEÇİRDİK

Baha'nın dönüşünü sabırsızlıkla bekliyordum. Seyahati çok uzatmadan geldi. İyi haber almak ümidiyle Salacak'taki evine gittim. Kendisinden vaziyetin aydınlatılacağını beklerken çok elemli bir durumda kaldım. Uzun boylu bir mütalaa söylemeye lüzum görmeden dedi:

— Ben artık cemiyete çalışamayacağım. Çok zarar ediyorum. Selanik'te aylık alanlar var, Doktor Nazım bile İzmir'de aylık alıyormuş. Bana da cemiyet aylık versin.

Avukat Baha biraz delişmen mizaçlı olduğundan onu huyuna suyuna göre idare ederdim. İşi latifeye alarak idare ettim. Mevcut paramızın hepsini versek dahi kendisine esaslı bir yardım olamayacağını anlattım, ve:

— Bize ne havadis getirdin, onu söyle de onun pahasını biçelim! dedim.

Baha tam ciddi bir tavır alarak artık kendisinin bizimle çalışamayacağını, ancak kendi işleriyle meşgul olacağını kesin bir dil ile söyledi. Dona kaldım. Selanik'te olup bitenler nedir? Kimlerle görüşmüştür? Hiçbir şey söylemedi. Hiçbir hadiseden haberi yok, hiçbir şahsiyetle görüşmemiş gibi davrandı.

— Baha! Merkez arkadaşlarına bu fikrini açabilirsin. Fakat eğer hükümet teşkilatımız hakkında bir haber alırsa bunu senden bilerek tedbirlerimi alacağım, diyerek hayret ve teessürle ayrıldım. Baha'nın bu haline hiçbir mana veremiyordum. Selanik'in icraata başlayacağı hakkında haber aldı da yıldı mı? Yoksa hükümet teşkilatımızı haber aldı ve Baha da herhangi bir tarafla temasa mı girişti? Aklıma başka bir şey gelmiyordu.

Bu ikinci fikri kuvvetlendirecek iki sebep vardı. Biri herhangi icraata başlamak hususunda bize de tebligat yapılacağını tabii görüyordum. Sefaretlere muhtıranın Baha'ya korku verdiğini asla hissetmemiştim. Sebebin ikincisi, birkaç hafta önce birkaç merkez arkadaşımızla Baha Bey'in evinde içtima halinde iken Baş Mabeynci Ragıp Paşa'nın oğlu Abidin Bey'in geldiğini haber vermişlerdi. Ben Baha'ya kabul etmemesini söylediğim zaman, o, cemiyetimizdendir ve kendisine emniyetim vardır gelsin ne olur? demişti. Ben de kızarak o halde başka bir odaya al, yanımıza getirme demiştim. Baha bu zatı karşılamaya gidince ben de ihtiyaten de bir tarafa çekilmiştim. Çünkü ben üniformalı idim. Diğer iki arkadaşım sivildi, beni teşhis etmesi cemiyetimiz için çok da zararlı olabilirdi. Benim çekilmemi diğer arkadaşlar da istemişlerdi.

Az sonra Baha beni buldu ve mutlaka Abidin'i görmelisin, istediğin zaman sana bir fedai olur, diyerek kendi kolundan olan bu adamın yanına gelmekliğimde ısrar etmişti. Ben de, bizim merkez azası olduğumuzu sakın söyleme ihtarıyla gelmiş görüşmüştüm.

Baş Mabeynci Ragıp Paşa'nın oğlunun cemiyetimize hem de fedai olarak girmesi merakımı Baha şu izahla teskin etmişti: Bu çocuk bir kızla evlenmiş, babası buna mani olmak için çok ısrar etmiş. Hatta ihtimal hemşirenle evleneceksin! Seni evlatlıktan reddederim! tehdidini de yapmış. Fakat çocuk dinlememiş ve evlenmiş. Ragıp Paşa da dediğini yapmış: Evlatlıktan reddetmiş, mirasını iki oğluna ve bir miktarını da kızına bağışlamış. Abidin de babasından intikam almak için cemiyete girmiş.

Kendisiyle görüştüm, ateşli bir genç. İcap ederse babamı dahi, hürriyet uğruna öldürürüm, diyordu.[62]

***

---

62   Meşrutiyetin ilanından hayli sonra babası ölünce kardeşlerinden miras davası açan bu zavallı, davasını kazanamayınca intihar etmiştir.

Baha'nın bozgunculuk ettiğini merkez arkadaşlarına anlattım. Bir ikisinin kendisiyle görüşmesini ve bana söylediklerini duymamış görünmesini de teklif ettim.

Bir iki gün içinde birkaç arkadaşım da aynı cevabı aldıklarını bana haber verdiler. Bir toplantı yaparak tedbirler almayı kararlaştırdık. Şimdiye kadar hiç toplanmadığımız Fatih'te Fatin Hoca'nın evinde bir gece toplantısına karar verdik.

Bugünlerde Selanik Merkez Kumandanı Nazım Bey'in ayağından yaralı olarak Sirkeci'de trenden yardımla indirildiğini Mühendis Salim Bey görerek haber verdi. Bu, Baha'nın Selanik'te bir şeyler öğrenerek yıldığıma bir delil olabilirdi.

Haziranın, ilk ılık bir gecesinde Fatin Hoca'da; ben, Mahmut Sadık, Salim ve Nahit, beş merkez arkadaşı toplandık. Bu içtimanın tehlikeli bir sona varması ihtimalini önlemek için Fatin Hoca iskambil kağıdı bulunduralım, basılırsak kumar oynarız diyordu.

Dedim:

—Ceplerimizi arasalar kumarlık para bulamazlar. Haydi oynayın da görelim deseler ömründe kumar oynamamış insanlarız, yalanımız bu suretle de ortaya çıkar.

—O halde bir kadın bulundursak ta zamparalık için toplandık, desek! diye, Fatin Hoca daha cahili bulunduğumuz bir işi teklif etti. Buna hepimiz itiraz ettik. Yalanımız yine ilk soruda ortaya çıkacak gibi böyle herhangi bir kadın yok yere; başımıza korktuğumuz belayı getirebilirdi. Bunun için kısaca hepimizin şu cevabı vermesini teklif ettim:

—Ahbabız toplandık. Geç vakit hiçbirimiz evimize dönemeyiz, herkes uyumuştur. Bunun için havadan, tavadan sohbet edip duruyoruz! deriz, dedim, ve sohbet zeminini de çocukluk ve mektep hayatımızdan alarak bir kaçar hikaye konuşarak tespit ettik.

Esas meseleyi üç madde olarak öne koyduk: (1) Baha'nın çekilmesinin sebebi ne olabilir? (2) Herhangi bir kötü harekete cüret eder mi? Bu hususa dair kararımız ne olacaktır?

Bir daire üzerinde yoruyor gibi dönüp dolaşıp yanı yere geliyorduk. Nahit hukuk tahsili için Avrupa'ya gitmeye karar vermiş idi.[63]

İzin verilmediğinden kaçacaktı. Şu halde iş dördümüzün üzerinde kalacaktı: Ben, Fatin, Salim, Mahmut Sadık.

Bekçi bilmem kaçıncı defadır sopasını taşlara vurarak geçiyordu. Fatih minarelerinden dinlediğimiz ikinci ezandı. Yatsıyı dinlemiştik, yanık sesler sabah ezanını okuyorlardı. Artık ben kararımı vermiştim. Bunu arkadaşlarıma söyledim:

1. Bundan böyle merkezimiz dört arkadaş olarak işleri yürütsün. Fazla kimse almayalım.

2. Baha'nın bilerek veya bilmeyerek bir felakete sebep olması ihtimalini önlemek işini ben şu tarzda halledeyim: Bir fedai zabitle kendisini yazıhanesinde ziyaret edeyim ve şu ihtarda bulunayım: Meşrutiyet'in ilanına kadar hiçbir işe karışmamanı biz de uygun bulduk. Fakat Meşrutiyet ilanına muvaffakiyet hasıl olunca seni yine aramıza alacağız ve beraber eskisi gibi çalışacağız.

Bugünkü halinden Merkezi Umumiye şikayette bulunmayacağız. Fakat sen de hiçbir kimseye cemiyet hakkında, hele bizlere dair en ufak bir şey ağzından kaçırmayacaksın! Eğer hükümet bir haber alırsa bunu senden bileceğiz ve sen idama mahkum olacaksın! İşte bu hususta vazife alanlardan biri!

Bu teklifimi itirazsızca İstanbul merkezi arkadaşlarımız kabul etti. Ben de bir gün sonra kardeşim Hulusi Bey'le Baha'nın yazıhanesine giderek kendisine nezaket ve samimiyetle bu ihtarı yaptım. Şimdiye kadar hiç görmediği ve tanımadığı kardeşimi: "İşte fedailerden biri!" diyerek kısaca gösterdim.

Baha benim teklifimi pek samimi olarak kabul etti. Kendisinden asla şüphe etmemekliğimizi rica etti ve vaziyetten çok ürktüğünü de apaçık söyledi. Kendisine karşı gösterdiğimiz

---

63    Nahit Bey, Atina'da iken Manastır'da Şemsi Paşa'nın vurulduğu haberini almış, Paris'te Ahmet Rıza Bey'le çalışmış.

bu cemileye teşekkürle hürriyetin ilanı ile beraber kendisinin ve yazıhanesinin emrimize hazır olduğunu bildirdi.[64]

## İSTANBUL'DAKİ KUVVETİMİZ

Selanik'ten verilecek emirleri ne dereceye kadar yapabileceğimizi etrafıyla esasen Enver, İsmail Hakkı ve Talat Beylerle görüşmüştüm. Buna biz lazımı kadar hazırdık. Bunu kendilerine haziran başında bildirdim. Benimle beraber on altı fedai benim şubemde hazırdı. Diğer arkadaşlar da yetmişi aşıyordu: (Meşrutiyet'in ilanında biz onaltı, diğer şubeler de 78 kişi idi. Fedailerin isimlerini belli etmemek için Kazım Bey ve arkadaşları onaltı diye kaydolunmuştur.)

Fatin Hoca, yirmi bin numaradan başlamış ve ilk numarayı Kami Bey (Sonradan Darüşşafaka Müdürü olan) almış. Tevfik Fikret, Hüseyin Kazım Bey gibi şair ve edipler de bu kolda cemiyete alınmıştır. Tevfik Fikret Bey'e bir de Hürriyet Marşı (Hak yoludur tuttuğumuz yol...) yazdırılarak Selanik'e gönderilmiştir. (Meşrutiyet'in ilanından iki ay önce gönderilmişti). Musa Kazım Efendi (Sonra Şeyhülislam olan) önce kabul ettiği halde sonra çekilmiş, fakat cemiyete dahil gösterilmiştir. Kimyager Nurettin ve Erkan-ı Harp Yüzbaşı Sabit Bey, kozmoğrafya hocası Ahmet Rıza, ulemadan üç zat da bu koldandır. İstihkam Yüzbaşı Selim Sırrı Bey (Beden terbiyesi mütehassısı olan Ordu milletvekili) Nahit Bey'in kulundandır.

64    Bahattin Şakir Bey'in neşrolunan hatıralarına göre: İstanbul teşkilatı yapıldıktan bir müddet sonra Baha Şakir Bey Paris'ten gizlice İstanbul'a gelmiş. Avukat Baha'nın yazıhanesinde Paris ve Selanik merkezleri hakkında görüşmüşler. Paris merkezi, Selanik'ten ayrı olarak İstanbul'da bir şube teşkiline karar vermişler. Bunun için Baha Şakir Bey Silistireli İbrahim Paşa zade Hamdi Bey'le görüşerek Selanik'in İstanbul'daki faaliyetine karışmayarak neticeyi beklemek (Demek hazıra konacaklar!) için İstanbul'un tenha bir yerinde teşkilat yapmaya karar vermişler/ Beş kişiden mürekkep bir merkez de yapan Baha Şakir, Paris'e dönmüş. Bu doğru ise demek bizim Avukat Baha da bunların prensibine uygun olarak kenara çekilmiş! Merkez şunlardan mürekkep imiş: Daniş Bey (Şura-yı Devlet Katiplerinden) Ali Sedat Bey (Maliye katiplerinden), Hamdi Beybaba, İsmail Kaptan, Arap Mehmet Bey. Halbuki Hamdi Baba, Fatin Hoca delaletiyle 40 arkadaşıyla merkezimize bağlanmıştı.

Eski, Murat Bey zamanındaki İttihat ve Terakki'den kalma 40 kişilik bir grubu da Hamit Baba (Silistireli İbrahim Paşa zade) şimdiye kadar elinde tutabilmiş. Bunları tesadüfen Fatin Hoca vasıtasıyla öğrendik Selanik'e sorduk. Müspet cevap aldığımızdan merkezimize bağladık.

## HAREKAT BAŞLAMIŞ; FAKAT
## SELANİK'LE TEMASIMIZ KESİLDİ

9 ve 10 Haziran (27 ve 28 Mayıs Rumi) de Reval'de İngiltere kralıyla Rusya çarı arasında Makedonya'nın taksimi vesaire hakkında aleyhimize kararlar verildiğini haziran ortalarına doğru işittik. Enver Bey'e yazdığım mektuplara cevap alamaz oldum. Oralardan artık kimseler de gelmez oldu. Bildiğimiz bir şey varsa, Selanik Merkez Kumandanı Nazım Bey'in ayağından yaralı olarak İstanbul'a geldiği idi. Fakat bir kazaya mı uğradı vuruldu ise gayrı Türkler mi vurdu, yoksa cemiyet tarafından mı vuruldu? Bir türlü öğrenemiyorduk.

Hareket planımız böyle ikinci üçüncü derece insanlarla işe başlamak değildi. Şu halde acaba cemiyetin teşkilatı haber alınarak hükümet tarafından bazı tevkifler mi yapılmak istendi de cemiyet de zaruri bu kabil icraata geçti? Gidip gelmeler ve hatta mektuplaşmalar da bu yüzden yasak mı edildi? Bunları araştırıp dururken vaziyeti Mabeyn kanalından öğrenmeye başladık.

## NİYAZİ BEY'İN DAĞA ÇIKTIĞINI
## NEREDEN ÖĞRENİYORUZ?

4 Temmuz 1908 (21 Haziran 1324) sabahı Mektebe geldiğim zaman beni fedai zabitlerimizden Salih Bey karşıladı ve şu haberi verdi: Bu sabah müfettiş İsmail Paşa beni çağırttı ve şunu sordu:

— Niyazi Bey Resne'de bazı asker ve halk ile dün dağa çıkmış. Niyazi'yi tanıyor musun? Bu, ne maksatla bu hareketi yapmıştır?

—Tanımıyorum, maksadını da bilmiyorum, cevabını verdim.

—Kazım Bey Niyazi'yi tanır mı? dedi, ben de Kazım Bey Üçüncü Avcı Taburunda stajını yapmıştı. Niyazi Bey de aynı taburda bulunuyordu. Herhalde tanır; fakat arkadaşlıkları derecesini bilmiyorum, cevabını vererek tabii göründüm. Bu suretle şüphelenmesine meydan vermedim. Herhalde sizi de çağırıp soracağına şüphe etmiyorum, haberiniz olsun.

Salih Bey bunları anlatıncaya kadar koridor boyunca hastane merdivenine kadar gelmiştik. Bu aralık İsmail Paşa'nın mektebe girdiğini görünce Salih'e şunları söyleyerek hastahaneye çıktım:

—Havadise teşekkür ederim. Cevabınız gayet tabii ve güzel. Fazla malumat öğrenmeye gayret et!

\*\*\*

Hastanede nöbetçi doktorundan uydurma bir mide rahatsızlığına ilaç alarak muallimler odasına döndüğüm esnada İsmail Paşa'nın beni istediğini bildirdiler.

Üst katta Boğaz'a bakan odasında paşayı bularak:

—Beni emretmişsiniz, dedim. Bana şunu sordu:

—Kazım Bey'i Manastır'da Avcı Taburunda stajınızı yaparken orada bölük kumandanlarından Niyazi adında biri varmış. Şimdi Resne'de Tabur kumandanı, Kolağasıdır. Bu adamı tanıyor musun?

—Evet efendim, tanırım. Cesur, fedakar ve sadık bir zabittir. Cevabını verdim.

—Tanıdığınıza memnun oldum. Bu Niyazi Bey Resne'de asker ve halktan bir kuvvetle dağa çıkmıştır. Bunun sebebi nedir? diye sorarken alt çenesini de korkunç bir cevap alacakmış gibi sağa sola oynatıyordu.

Dedim:

—Paşa hazretleri! Niyazi Bey dehşetli Bulgar düşmanıdır. Salon askerle Bulgar çetelerini bitiremedik. Bari biz de çete halinde onlarla dövüşerek onları ortadan kaldıralım fikrine sapmasın? Bulgar çeteleri eğer Niyazi Bey'in herhangi bir mülkünü yaktılarsa veya yakınlarından birini öldürdülerse Niyazi'nin yapacağı, hiç şüphe etmem ki budur. İsmail Paşa aldığı bu cevaptan memnun göründü, geniş bir nefes aldı. Benden hiçbir şüphesini sezmiyordum. Kendisine tavrımla ve sözlerimle pek saf göründüğümden açık yürekle her sorduğuna dosdoğru cevap verdiğimi ve vereceğimi kabul etmiş görünüyordu. Soruşturmalarına devam etti:

—Peki! Ya bu Niyazi Bey'in Şevketmeap Efendimize karşı olan duyguları hakkında neler biliyorsun?

Bir lahza düşünmeden hemen şu cevabı yapıştırdım:

—Niyazi Bey'in ağzından Şevketmeap Efendimize karşı sık sık hayırlı dualar işitirdim. Eğer başımızda padişahımız bulunmasaydı daha 93 Rus mağlubiyetinden sonra Rumeli elimizden gitmişti. Allah onu üzerimizden eksik etmesin! dediğini de bu kulaklarımla duydum. Onun nasıl olup ta herhangi bir sebeple bir çete halinde dağlara çıktığına hayret ediyorum. Acaba sebebini kimseye söylemiyor mu?

İsmail Paşa halolunmaz görünen bir meseleyi halletmiş gibi sevindi, iki elini birbirine çarparak kavuşturdu, yüzü gözü güler bir eda ile dedi:

—Kazım Bey; cevaplarına çok memnun oldum. Demek Niyazi Bey'in Şevketmeabımız hakkında hiçbir kötü düşüncesi yoktu. Bilakis onu candan severler. Teşekkür ederim. Gidiniz. Ama icabederse belki daha bazı şeyler de sorarım.

—Evet, paşa hazretleri. Niyazi Bey'i padişahımıza sadık ve onu candan sever tanırım. Her ne zaman emrederseniz başka tanıdığım zabitler hakkında da malumat arz ederim.

Dedim ve fazla malumat ister gibi görünmedim. Merakım Enver Bey'in ne halde bulunduğu idi. Niyazi dağa çıktıktan sonra onun da artık fiili işe karışması muhtemeldi. Fakat onun hakkında bir şey sormadığına göre Niyazi gibi henüz dağlara çıkmış olmadığına hükmettim. Paşa hemen arabasına binerek saray yolunu tuttuğunu gördüm. Müjdeye gidiyordu!..

## NİYAZİ'NİN KARDEŞİ OSMAN BEY'İ
## KAÇIRMAK MESELESİ

Osman Bey'i Manastır'da bizzat tahlif etmiştim. İstanbul fedai şubesine girmişti. Ara sıra görürdüm. Bunun yakalanması hoş bir şey olmayacaktı. Gerçi benden başka kimseyi tanımıyordu. Fakat kendisine bir fenalık gelmesini dahi istemiyordum. Onu derhal vaziyetten haberdar ederek Selanik'e kaçırmayı ve bu suretle Merkez-i Umumi'ye şifahi de olsa vaziyetimiz hakkında bir rapor vermeye ve talimat istemeye karar verdim.

Derslerimi verdikten sonra doğruca Sirkeci'deki yattığı yere geldim. Takip olunmadığımı anladım. Eczaneden Osman Bey'in gelip gelmediğini sordum. Ne aksi henüz gelmemiş. Biraz dolaşıp tekrar gelmek üzere dışarı çıkar çıkmaz kendisiyle karşılaştım.

— Niyazi Resne'de dağa çıkmış. Harekatın başladığı anlaşılıyor. Henüz İstanbul hakkında talimat almadık. Şüphesiz seni tevkife kalkışacaklardır. Hemen şimdi Selanik'e gidecek İdare-i Mahsusa vapurlarından birinin ateşçiliğine[65] yazıl. Ocak başına geç, yüzünü gözünü de kömür tozlarına bula Selanik'e ve oradan Manastır'a yollan! Buralarda derhal cemiyet mensupları vasıtasıyla mühim malumatla İstanbul'dan geldiğinden, merkezle görüşeceğini söyle. "İstanbul hazırdır. Talimat istiyor. Niyazi'nin dağa çıktığını Mabeyn kanalından öğrendiler. İrtibatın teminini rica ediyorlar." Manastır'dan adresime uydurma bir imza ile de vaziyeti behemahal yaz.

Osman Bey hemen hareket etti. Az sonra odasını bastılar ve Osman'ı her tarafta aramaya başladılar. Bunu tanıdığım eczacıdan öğrendim. Birkaç gün sonra da bu hadiseden Hükümetin ve Mabeynin telaşa düştüğü haberini aldım. Manastır'da

---

65  İdare-i Mahsusa'nın pek garip olan bir hali vardı. Herhangi bir vapur hareket edeceği zaman eksik olan ateşçiliklere Sirkeci'den adam ararlardı. Fiyatça uyuşmazlıklardan veya adam bulamadıklarından vapurun hareketi günlerce kalırdı!.. Bunu, erkan-ı harbiye sınıflarında Selanik'e giderken bu yüzden bir gün vapurda beklemekle öğrenmiştim.

kardeşinin dağa çıktığını Osman'ın derhal nasıl haber aldığını ve İstanbul'un içinde nasıl ortadan kaybolduğunu inceleyen Hükümet ve Mabeyn İstanbul'da da cemiyetin faal teşkilatı olduğuna kanaat getirmiş. Demek sarayın kapısına kadar dayanmışlar!..

Çok doğru düşünmüşler, henüz sarayın içine ayak basamadık, fakat kulak vermiştik.

## ŞEMSİ PAŞA'NIN ÖLDÜRÜLMESİ VE YERİNE OSMAN PAŞA'NIN GÖNDERİLMESİ

Şemsi Paşa'nın cemiyeti tenkil için iki Arnavut taburu ile Manastır'a gittiğini; fakat aynı günde bir zabit tarafından öldürüldüğünü ve yerine Üsküp'ten Tatar Osman Paşa'nın tayin olunduğunu bizim Salih Bey vasıtasıyla yine Mabeyn kanalından vakadan birkaç gün sonra öğrendim. 7 Temmuz 1908 (24 Haziran 1324)'de vurmuşlar.

Ne Selanik'ten, ne Manastır'dan hiçbir haber gelmiyordu. Bu hale bakarak işin planlı olarak değil, gelişi güzel kendi kendine geliştiğine hükmediyorduk. Merkez arkadaşların vasıtasıyla duyduklarımı cemiyet efradına yayıyor ve yakında umumi bir hareket için hazır bulunmalarını bildiriyorduk.

## GÜZEL BİR TESADÜF

Yeni köprünün Eminönü başında sınıf arkadaşım Erkan-ı Harp Emin Bey'e (Emekli General Emin) rast geldim. Daha Üsküp seyahatimde cemiyet hakkında görüştüğüm ve cemiyete girmeyi kabul ederek sonradan Üsküp merkezinde çalışan bu arkadaşımla karşılaşmakla dünyalar benim oldu. Çünkü Selanik'ten yeni gelmişti. Herhalde birçok bildikleri vardı. Ayakta şu malumatı aldım:

Şemsi Paşa'nın vurulması üzerine 9 Temmuz'da (26 Haziran) Üsküp Mıntıka Kumandanı Tatar Osman Paşa İstanbul'a çağrılmış. Müşürlüğe terfi ve Teftişi askeri komisyonu azalığına tayin olunmuş. Gelirken yanına Erkan-ı Harp Binbaşı Recai ile Kolağası Emin Bey'i almış. Birlikte gelmişler ve hemen Manastır'a gideceklermiş. Üsküp sükunette bulunuyormuş, Selanik'te Merkez Kumandanı Nazım'ı bir zabit baldırından vurmuş. Merkez-i Umumi'nin hiçbir tarafa bir emir ve talimatı yokmuş. Niyazi Bey'in hareketinin kendiliğinden olduğu kanaatinde.[66]

— Enver ne yapıyor? Neden bizimle teması kestiler? Niyazi'nin kardeşi Osman Bey'le gönderdiğim habere de cevap alamadım. Hareket tarzımız hakkında talimat bekliyoruz. Bunu Selanik ve Manastır'da arkadaşlar vasıtası ile merkezlere bildir! Osman Paşa'ya gelince: Selanik'ten ayrıldıktan sonra kendisine de biraz açılarak cemiyete almaya çalış! Bizim bir kumandana ihtiyacımız vardı. İstanbul üzerine bir hareket için. Niyazi Bey teşebbüsü bir başlangıç olabilir, işi, Merkezi Umumi erkan-ı harp arkadaşları idare etmelidir. Merkezlerle irtibatın kesilmesi arkadaşlar üzerinde hoş bir tesir yapmıyor. Edirne ile de sıkı temasta ihmal etmesinler.

## MEKTUBUM ELE GEÇTİ;
## JURNAL DE OLUNDUK

Osman Paşa, Manastır'a vardığı halde hala bize bir taraftan haber gelmiyordu. Bizim yapabileceğimiz herhangi bir fiili hareketin İstanbul'da, belki de Edirne vesair yerlerde birçok zulüm ve şenaatlere yol açabileceğini ve Merkezi Umuminin arzusuna da uymayacağı çünkü vaktinden önce ezilirsek bizden bekledikleri hizmetlerden hiçbirini yapamayacağımızı düşünerek harekete geçemiyorduk. Fakat çok da sabırsızlanıyorduk. Büsbütün de boş durmamak için Üçüncü Ordu mıntıkasında halk ve ordunun hürriyet istediklerini yayıyorduk. Birkaç da beyanname yazarak öteye beriye attırdım: "Bütün millet hürriyet istiyor" diye.

20 Temmuz (7 Temmuz Rumi) Pazartesi günü Salih Bey'den

---

66    Sultan Hamid Osman Paşa'ya, bu işleri Hidiv yapıyor. Hilafet meselesidir. Zabitlere bunu anlat ve nasihat et! demiş. Demek hâlâ işin farkında değil. Belki böyle jurnaller de almıştır.

mühim bir haber aldım: Manastır'dan bir Kayserili, Harbiye Mektebi hemşehrisi olan Rıza Paşa'ya bir jurnal göndermiş. Rıza Paşa da bu jurnali aynen padişaha vermiş. Jurnalin hülasası şu imiş:

Manastır'dan İstanbul'a naklolunan zabitlerin kaffesi Terakki ve İttihat cemiyetine mensupturlar.[67]

67    Mabeyin Başkatibi Tahsin Paşa hatıratının 242 ve 243'ncü sayfalarında üç Göriceli'nin İstanbul hakkında malumat verdiklerini yazıyor:

Bu istihbarat arasında Selanik'te müfettişi umumi Hüseyin Hilmi Paşa'dan gelen şifreli telgrafname Abdülhamid' in bilhassa dikkatini celbetmişti. Sultan Hamidin, müfettişi umumi Hüseyin Hilmi Paşa'nın dirayetine, gayretine ve sadakatine itimadı vardı. Bahusus ciddi esaslara istinad etmeyen haberleri verme- yeceğini biliyordu. Hüseyin Hilmi Paşa'dan 19 Mayıs 324 tarihinde gelen şifreli telgraf su idi :

Jön Türk, Ermeni, Makedonya fesat komitelerinin son umumi içtimalarında verdikleri karara tevfiken Selanik veyahut Manastır dahilinde bir mahalli mahsusta (merkez icraat komitesi) namiyle bir heyet-i ihtilaliye teşkil edip pek yakın vakitte fiiliyata başlayacakları malum olan italyan menbaından istihbar edildi. Bu babda tahkikatı mahremayene devam olunuyor, alınacak malumatı arz ederim.

Müfettiş-i Umumi<br>Hüseyin Hilmi

Hüseyin Hilmi Paşa'ya bu malumatı veren İtalyan membaı Müfettişi Umumiliğin vesaiti istihbariyesinden idi. Rumeli'de rekabeti döveliyeden bu suretle istifade olunmak fırsatı kaçırılmamıştı ve birçok mesailde bundan pek faydalı neticeler elde edilmişti. Müfettişi Umumiliğin bu telgrafı esasen Abdülhamid'i kafi derecede kuşkulandırmış iken buna zamimeten bir de Görice'den İstanbul'a gelen üç zatın takdim ettiği ariza meselenin vehamet ve ehemmiyetini büsbütün arttırmıştı. Bu arızada, müfettişi umumi paşanın maruzatı teyid olunuyor; isim ve mahal tasrih olunmamakla beraber içlerinde Türkler de bulunduğu halde muhtelif milletlere mensup ihtilal komitelerinin birleştikleri ve hepsinin Paris'ten talimat almakta bulundukları ve aglebi ihtimal Manastır'ı merkez ittihaz edecekleri bildiriliyordu. Bu arizayı veren Göriceliler Selanik'te mason cemiyetine mensup ve maruf bir takım zevatın bunlara yardım etmekte olduklarını ve masonluğun gayet hafi ve fakat son derece kuvvetli teşkilatından ihtilalcilerin çok istifade ettiklerini, komitenin İstanbul'a da kol atarak burada teşkilata başladığını ve bu işe iki üç zatın memur edildiğini şifahen ifade ettiler. Gene bu Göricelilerin beyanatına nazaran komitenin maksadı kanunu esasinin meriyetini iade et-

Bu jurnal üzerine padişah İsmail Paşa'yı sıkıştırmış. Gözden düştüğünü gören İsmail Paşa çok müteessirmiş, düşünüp duruyormuş.

Vaktiyle Alemdar Ordusu 7 Temmuz Rumi'de İstanbul'a girmişti. Bizimkilerin ne zaman ve nasıl gelecekleri şimşek gibi kafamdan geçti. Vaktinden önce karşımıza çıkan tehlikeye karşı tedbir olarak şunları düşündüm ve yaptırdım:

1. Eğer İsmail Paşa veya başkası bu hususta bir şey sorarsa şöyle bir cevap vermesini Salih Bey'e söyledim: "İstanbul'da dahil olmak üzere bütün orduların cemiyetin emrine girmiş olmasını kabul etmelidir. Tabii halkta böyle olacak.

2. Herhangi bir tevkife karşı silahla karşı durmak. Millet ve ordular hürriyet istiyor diye haykırmak. Bunu fedai şubeme tebliğ ettim.

3. Rauf Bey'in cephanesi bulunan Peyki Şevket kruvazöründen bir düziye, Belgrat ormanına Hürriyet Çeteleri çıkmış gibi mabeyni tehdit etmek. Eğer kendim kruvazöre gidebilirsem ki her hazırlığı yapmıştım -ahvale göre faal hareketlere girişmek.

4. İsmail ve Rıza Paşaların masalarına bir tehdit mektubu

---

tirmek, Meclisi Mebusanı toplamak ve meşruti idareyi tesis eylemek imiş. Bunlar şimdiye kadar Avrupa'nın muhtelif mahallerinde çıkan gazetelerle ve doğrudan doğruya saraya takdim ettikleri arizalarla bu meseleyi padişaha arz etmişler ise de Abdülhamid her nedense bunları kabul etmediğinden ve bundan fazla beklemeye memleketin ve vaziyeti siyasiyenin tamammülü olmadığından eğer son teşebbüsler üzerine gene bir netice çıkmazsa fiilen ve cebren maksatlarını istihsale azmetmişlerdir. Göricelilerin bu maruzatını Hünkara aynen arzettiğim gibi birçok taraflardan aynı mesele hakkında gelen malumat ve tafsilatı da bildiriyordum. Bir müddet sonra Atina sefirimizden 6 Haziran 324 tarihli bir mektup aldık. Bunda, sefarethanenin hususi istihbarat memurunun Makedonya komitecisi kıyafetine sokularak ve komiteci yazılarak ihtilal heyetinin içine sokulduğu beyan edildikten sonra bu zatın komiteden topladığı şu malumat bildiriliyordu : (İkinci ve Üçüncü Ordulara mensup zabitandan bir çoğu ihtilal komitesinin fikir ve maksatlarına taraftardırlar. Bunlar, idare-i hükümetin tebeddülüne ve meşrutiyetin iadesine çalışmak için söz vermişlerdir. Arnavutlardan nüfuzlu bir takım şahsiyetler de ikna edilmiş ve muavenetleri temin olunmuştur. Bu suretle alınan tertibat yakında fiiliyat sahasına çıkarılacaktır.)

koymak; padişahımızı aldatmayın! Herhangi ufak bir hareket İstanbul'da dahi silah patlatacak ve çeteleri harekete geçirecektir. (Bunu Erkanı-ı Harbiye sınıflarında ki fedai şubemizden Remzi ve Rüştü Beyler yapmıştır.)

\*\*\*

Biz iki kardeş bu gece evde her ihtimale karşı silahla karşı durmak için hazırlıklı bulunduk. Evde iki filinta, iki röver, birkaç pala, kılıç ve kamamız vardı. Her iki kardeş de bu. silahların kullanılmasını pek iyi bilirdik. Maliyede memur olan büyük ağabeyimiz Hamdi Bey Sarıyer'e yazlık evlerinde idiler. O silahsızdı ve karşı durmayacaktı. Bir şeyden haberi yok görünecekti.

Gece sükûnetle geçti. Ertesi salı günü mektepte dersim vardı. Her zaman olduğu gibi röverimle mektebe geldim.

Müfettiş İsmail Paşa rahatsız olduğundan bugün gelmeyecekmiş, Mirgün'deki yalısında beni görmek istiyormuş, haberini verdiler.

Ayrı ayrı bulunmak üzere kardeşim Hulusi Bey'le birlikte köprüye indik. Vapurla Mirgün'e gittik. Benim silahlı olan kardeşim iskelede kaldı. (İskele Mirgün meydanı rıhtımında idi). Ben de İsmail Paşa'nın yalısına girdim. İsmail Paşa'nın yanında Tıbbiye Mektebi Müdürü Albay Esat[68] (Müşir İzzet Paşa'nın kardeşi) vardı. İsmail Paşa bunların eniştesi idi.

İsmail Paşa, bana tam karşılarında yer gösterdi. Oraya oturdum. Sapsarı benzinden korku içinde olduğu görülüyordu. Aramızda şu konuşma başladı:

—Kazım Bey! Hakkımızdaki kararınız nedir? dedi. Dişleri birbirine çarpıyordu.

—Ne kararı? Anlayamadım, efendim? dedim. Bu korkuyu hayırlı havadis alacağımın delili görerek sevindim.

—Öyle ya Hasan Tosun Bey'e yazdığın mektupta "Cihan

---

68    Esat Bey Birinci Cihan Harbinde Filistin ordusunda Şeria vadisinde büyük fedakârlıklar göstermiş ve yaralanmıştır. İstiklal Harbi'ne de iştirak etmiştir. Sonra benim Birinci Ordu Müfettişliğimde Süvari Tümen Kumandanı idi. İstanbul valiliği de yapmıştır.

Seraskeriyle temas edemiyorum, nerelerde, nasılsınız?" diye soruyorsun! diyerek iki gün önce Hasan Tosun Bey'e yazdığım mektubu gösterdi.

Selanik ve Manastır'la bir türlü irtibat temin edemediğimizden bir de Hasan Tosun Bey vasıtasıyla malumat almayı düşünmüş ve ona yazmıştım. Manastır Mıntıka Erkanı Harbiye Reisi Binbaşı Hasan Tosun Bey cemiyete girmemişti, fakat her suretle yardımı vaad etmişti. Herhalde onun vazifesine devam ettiğini sanıyordum. Kapalı da olsa biraz malumat vereceğini ve arkadaşlarımıza şikayetlerimizi bildireceğini umuyordum. Mektupta, Enver'in ismini açık yazmayarak "Cihan Seraskeri" demekle, Manastır'da takipte Enver Bey'e verdiğim ve sonra aramızda latife ettiğimiz bu "Cihan Seraskeri" lakabını kullanmıştım. İsmail Paşa elindeki mektuptan bu cümleyi okuyarak sözüne devam etti:

— Arkadaşlarını arıyorsan, hiçbiri yerinde değil önce Enver Bey kayboldu. Şimdi de Hasan Tosun Bey Selahattin Bey kayboldular. İşin vahim ciheti Şemsi Paşa'dan sonra zavallı Osman Hidayet Paşa'yı da vurdular. Selanik'te bazı hareketler var. Bu işleri çeviren Manastor'daki arkadaşlarınızmış. Elbette bizim hakkımızda sizlere talimat vermişlerdir. Hakkımızdaki kararın ne olduğunu öğrenmek için size rica ediyorum. Sonra bu "Cihan Seraskeri" kimdir?

— Efendim, ben kimseden hiçbir kimse hakkında bir karar almadığımı namusumla temin ederim. Yalnız şunu arz edeyim ki çok nazik zamanlar geçiriyoruz. Mabeynin yanlış bir işi bütün memleketi ve hatta İstanbul'u kan ve ateşe boğabilir. Bir takım ayak takımının para koparmak için yazdıkları ve yazacakları murdar jurnallere inanmaman. Padişahımız halkın ve orduların istediğini kendi içlerinden heyetler isteyerek dinlemeli ve yapmalıdır. Enver Bey, Hasan Tosun Bey, Selahattin Bey gibi en değerli erkan-ı harplerimizin karıştığı bir dava elbetteki mühimdir. Şunun bunun adi jurnalleriyle hallolunamaz. Eğer bendenize müsaade ederseniz Selanik ve Manastır'a gidip bu arkadaşlarla görüşür ve bir heyet de padişahımıza getirebilirim.

İsmail Paşa baygınlık geçiriyor gibi idi.

— Manastır'dan İstanbul mekteplerine hayli zabit getirtmiştim. Bunların da Manastır'daki cemiyete mensup olduklarını Şevketmeabımıza jurnal etmişler. İyi ki sizleri getirtmişim. Yoksa siz de bugün arkadaşlarınızla birlikte dağlara çıkmış olacaktınız. Ben bu işten pişman değilim. Bir iyilik yaptım kanaatindeyim. Cihan Seraskeri dediğiniz, bizim serasker Rıza Paşa mıdır? Onu ziyaret ettiniz mi? Onunla temas edemediğinizi arkadaşlarınıza şikayet mi ediyorsunuz?

Ne zor bir duruma düşmüştüm. Selanik ve Manastır'da olup bitenleri kimlerden haber alıyordum... Bu malumata dayanarak tahmin ve faraziyelerle kala patlatıyordum. Niçin Merkezi Umumi bize bir şey bildirmiyor? Buna bir türlü aklım eriniyordu. Acaba her gönderdikleri adam veya mektup ele mi geçiyordu? Böyle olsa bunlar hakkında bizlere de hükümet bir şeyler soracağına veya icraata geçeceğine şüphe etmiyordum. Acaba Merkezi Umumi kendi dertlerine düşerek panik mi yaptı? Fakat böyle bir halde İstanbul'da bir iki icraat yapın diye ne yapıp yapıp haber yetiştirmeleri lazımdı. Üçüncü bir ihtimal de İstanbul üzerine bir hareket hazırlanıyorsa bizi şimdiden muhabere ederek tehlikeye koymadansa tam zamanında haber vermek istemeleri idi. İstanbul'dan herhangi asker veya donanma sevkiyatına karşı vazifelerimiz daha önceden kararlaştırılmıştı. Biz de bu hususta tetikte idik. Her ne hal ise hükümetin aşağı yukarı hakkımızda hayli malumat aldığı görülüyordu. Selanik'e kadar bir gidebilsem her iş halloluna-caktı. Fakat İsmail Paşa buna hiç yanaşmadı. "Cihan Seraske-ri" tabiri onları çok ürkütmüştü, öyle ya işi "Serasker Rıza Paşa idare ediyorsa!" Hürriyet Ordusu kolayca İstanbul'a gelebi-lir. Hatta İstanbul Ordusu da istikbaline çıkardı. Şimdi ben cevap vermeli idim. Eğer maksadım Serasker Rıza Paşa idi desem belki adamcağızı mahvederlerdi.[69] (Bahsetmediğim

---

69    Rıza Paşa hatıratında 3 Temmuz'da kendisinden vaziyet so-rulunca: İş alevlenmiştir, kanunu tatbik etmekten başka çarem yok-tur, dedim. 9 Temmuz Çarşamba günü Babıali'de Meclisi Vükelada iken Mabeynden istenildim. Fakat Beşiktaş'tan Yıldız'a çıkarken bir

halde ertesi günü Sadrazam Ferit ve Serasker Rıza Paşaların azillerini gazetelerde okuduk) Benim de saf bir eda ile Selanik'e, Manastır'a gönderilmekliğim büsbütün şüpheli görülerek belki bana ve Manastır' dan gelen arkadaşlarıma karşı da bir fenalık yapmaya kalkışırlardı. Şu halde işi tam hakiki çehresiyle göstermek ve biraz da korkulu bir şeyler karıştırmak davamız için de hayırlı olabilirdi. Bu kısa düşünce ile şu cevabı verdim:

— Efendim! Ben ne Serasker Rıza Paşa'yı ziyaret ettim, ne de ziyaret arzusundayım. Kendileriyle tanışmam Manastır'da iken Enver Bey'e "Cihan Seraskeri" denildiğini işitmiştim. Hayli zamandır kendisinden haber alamadım. Birlikte birçok müsademe ve takiplerde bulunduğumuzdan sever ve hürmet ederim. Sıhhatinden merak ederek Hasan Tosun Bey'e sormuştum.

İsmail Paşa fazla bir şey sormadı. Konuşacak hali de kalmamıştı. Esat Bey hiç söze karışmadı. Ben de müsaade isteyerek kalktım. Elimi, dehalet ediyor gibi sıktı ve beni oda kapısına kadar getirdi. Odadan çıkarken tavır ve haliyle sanki şöyle söylüyor gibi idi:

— Hayat ve şerefimiz size emanet Kazım Bey!.. Esat Bey de sokak kapısına kadar beni getirdi. Pek samimi elimi sıktı ve gözlerime baktı. Onda da ki aynı duyguyu anlıyordum.

Artık hiç şüphem kalmadı ki muvaffak olmuştuk. Bunu iskelede sabırsızlıkla beni bekleyen kardeşime müjdeledim. Birlikte köprüye geldik. Ben hemen merkez arkadaşlarımı buldum ve işin kemale geldiğini, bir hareket yapıp yapmamayı konuşalım, dedim.

Fatin Hoca; bir heyet halinde merkezce veya bir nümayiş halinde bütün cemiyet kuvvetiyle Babıali'ye gidip meşrutiyetin ilanını istesek fikrinde bulundu.

---

yaverle azlolunduğum iradesini aldım. Şifahen de "Mabeyne gelmeyin doğruca konağınıza gidin" emri tebliğ olundu. 10 Temmuz akşamı bir vapur hazırlanmış, sürgüne gönderiliyordum. 11 Temmuz'da hürriyetin ilanıyla kurtuldum, diyor.

Tophane'de Rıza Paşa kendi kolundan tanıdığı Erkan-ı Harp Yüzbaşı Sabit Bey'e dün, İstanbul'da cemiyetin bir teşekkülü olduğunu haber aldık, bunlar kimlerdir? diye sorduğunu ve Sabit Bey'in de Kanlıca'ya gelerek kendisine haber verdiğini de bildirdi.

Merkezi Umumi'den talimat almadan herhangi bir heyet halinde Babıali'ye gitmek İstanbul teşkilatını hükümete göstermek demek olacağı gibi herhangi bir şey istemek de neticesi belli olmayan bir takım mahzurlar ve tehlikeler doğurabilirdi. Hususiyle Edirne'de henüz sükûnetin devam ettiğini, orada cemiyetin hiçbir faaliyeti olmadığını biliyorduk. Tahminimiz, Üçüncü Ordu'nun henüz kendi mıntıkasında hazırlık devrinde olduğu idi. Sultan Hamid'in, İstanbul üzerine bir hareketi görünce meşrutiyeti ilana yanaşması, kuvveti ve onu idare edenleri gördükten ve meşrutiyet ilanıyla onları yumuşattıktan sonra karşı harekete geçmesini veyahut böyle bir hareketin başladığını görünce İstanbul Ordusunu ve donanmayı harekete geçirmesi, İstanbul'daki belli olan bizlere ve şüpheli görülenlere karşı şiddet göstermesini de düşündük. Bu iki ihtimale göre de kararımız aynı oldu:

1. Meşrutiyet ilan olunsa dahi merkezimizi ve teşkilatımızı ortaya çıkarmamak ve Merkezi Umumi'den alacağımız talimata göre hareket etmek.

2. Meşrutiyet'in ilanı halinde önceden düşündüğümüz gibi Avukat Baha Bey'i kendi arkadaşlarıyla gösterişlere başlatmak.

3. Eğer tevkiflere veya ordu ve donanmayı karşı harekete sevk etmeye kalkışırlarsa hazırladığımız esaslara göre karşı harekete geçmek: Fedai şubesi, ordu içine karışacak propagandacılar ve diğer cemiyet mensuplarıyla bütün kuvvetimizle icraata başlayarak "Millet meşrutiyet istiyor, hürriyet orduları İstanbul'a geliyor" avazesini her tarafa sözle ve yazı ile açıktan yapmak.

## SARAYIN BİR HAZIRLIĞI

23 Temmuz 1908 (10 Temmuz 1324) İstanbul gazeteleri baş sütunlarında ve tuğrayı hümayun altında "Hattı Hümayun" başlığı altında şunları yazdılar:

Veziri mealisemirim Sait Paşa,

Ferit Paşa'nın inf isalı vukuuna binaen mesnedi sadarat sadakanitize mebni uhdenize tevcih ve ihale kılınmıştır. Cenabıhak tevfikati suphaniyesine mazhar buyursun. Amin.

Fi 23 Temmuz Cemaziyülahır Sene 1326

\*\*\*

(Şeyhülislam Devletlû Semahatlû Mehmet Cemalettin Efendi Hazretleri Mesnedi meşihatte ipka buyurulmuş olduğu gibi tecrübe ve sadakatine binaen sadrı esbak ebhetlû Devletlû Kamil Paşa hazretleri meclisi vükelaya memur buyurulmuş ve Seraskerlik memuriyetinde bulunan Rıza Paşa hazretlerinin infisali ile ve Seraskerlik unvanının evvelce de olduğu gibi Harbiye Nezaretine tahviliyle Nezareti mezkûreye yaveri ekrem Hazreti Padişahı Erkan-ı Harbiye-i Umumiye Reisi Devletlû Ömer Rüştü Paşa Hazretleri tayin vesair vükelayı fenam hazeratı ipka buyurulmuştur.)

Seraskerin azli, Ferit Paşa yerine Sait Paşa'nın sadrazamlığa gelişini Sultan Hamid'in bir mücadele hazırlığı gibi telakki ettik. Herhalde kurnaz fakat cahil ve korkak olan padişah bir şeye hazırlanıyordu. Acaba Sait Paşa gibi, meşrutiyet taraftan olmayan bir kimse ile sadakatlerine emin olduğunu resmen de millete, orduya ilan ettiği bu ve bunun gibi kimseleri iş başına ne için getirdi? Serasker unvanından korktuğu için mi bunu Harbiye Nazırlığına değiştirdi?

Sultan Hamid'in vaktiyle de meşrutiyete sadık görünerek onu kabul ettiğini, fakat kendinde kudret görünce hürriyeti nasıl boğduğunu, hürriyetseverlere ve hele milletin değerli büyüklerine karşı ne kıyasıya davrandığını bildiğimiz için ikinci bir defa ona inanmak akılsızlık olurdu. Onun pusuya yattığını kabul ederek tedbirlerimizi almak lüzumunda hepimiz aynı düşüncede idik. Kulak kesilerek tetikte bekliyorduk. Ordu ve donanmaya herhangi bir emri vaktinde alabilecek bir halde idim. Kaç gecedir aşağı evde karanlıkta oturuyor ve yukarı evde kardeşimin kararlaştırdığımız işaretini gözlüyordum.

Hasretle bütün merkez arkadaşlarımız Selanik yolunu gözlüyorduk. Yol gözlemenin hakikaten ateşten daha şiddetli olduğunu pek acı tadıyorduk. Günler, geceler şu birkaç gündür geçmek bilmiyordu.

## MEŞRUTİYETİN İLANI

24 Temmuz 1908 (11 Temmuz 1324) Cuma günü gazetelerde birinci sahifelerinin ortalarında şu klişeyi gördük.

Tebligat-ı Resmiye

Şerefhanlık buyurulan irade-i seniye-i Hazreti Zıllullahı Mantuku Hümâyununca mercii alisinden keşide kılınan telgrafnamei umumi suretidir:

Tesisi Celili Cenabı Hilafetpenahi olan Kanunî Esasî'de sureti teşkili beyan olunan Meclisi Meb'usan'ın içtimaa davet, olunması şeref taalluk buyurulan iradei seniyei hazreti hilafetpenahi icabı alisinden bulunmuş ve hükmü celili bilcümle vilayatı şahane valilikleriyle elviyei gayrı mülhaka mutasarrıflıklarına tebliğ kılınmış olmakla oraca da kanunu mezkûrde münderic safahatı haiz intihabatın icrası.

Gazeteler şunları da yazıyordu:

Arz-ı şükran ve mahmedet

Ceride-i askeriyede okunmuştur:

Cenabıhak velinimeti biminneti azam ve erham ve kumandanı umumu akdesi ve efham Padişahımız efendimiz hazretlerini cihan durdukça kemali afiyeti inşirahpervane ile erike pirayı şevket ve hilafet buyursun. Amin. Cünudu mülûkaneleri haklarında an bean füruğefşan lütfü ihsan olan enveri inayatı seniyei cenabı zıllullahı azamlarının bir tecelli nevini âtıfetkarini olmak üzere mütekait ve eytam eramili askeriye nizamnamesinin tahsisi maaş muamelesine ait kısmında ahiren icra kılınan tadilat hasebiyle tahsis olunan maaşatın miktarı merahimi seniyei cenabı hilafetpenahi ile kabili telif olmadığı karini ıttılagahı hazreti cihan banı azamları buyurularak maaşatı mezkûrenin tezyidi miktarıyla beraber tediyatın bir kat daha tanzimi emrü fermanı hümûyunu şahaneleri iktizayı alisinden bulunmuş...

"Padişahım Çok Yaşa" -duayı vacibüledasının tekrarı ile...

Gazeteler, tevcihat başlığı altında da şunları yazıyordu:

Erkanı Harbiye-i Umumiye Dairesi Riyasetine Teftişi askeri komisyonu alisi azasından Müşir Devletlû Şakir Paşa hazretleri tayin buyurulmuştur.

Yaveranı Hazreti Şehriyarîden Üçüncü Orduyu Hümayun Topçu Kumandanı ve müfettişi birinci Ferik Devletlû Şükrü Paşa hazretlerinin uhdesine rütbe-i sayei Müşiri tevcihi.

(İkinci ve Üçüncü Ordu zabitleri birer derece terfi olunuyordu. Üçüncü bunu reddetti! Sonraları bu keyfi hareket kökünden hallolundu.)[70]

\*\*\*

Sultan Hamid, böylelikle millete ve hele aralarında bulunduğu İstanbul halkına karşı, orduların kendisine sadık olduğunu. Kanunu Esasi'yi lütfen kendisi münasip, zamanı geldiğinden ilan etmiş görünüyor ve ancak üç ayda bir maaş alan birçok tekaüt, dul ve yetimleri de sevindirerek kendisine duacı kılmak istiyordu.

Resmi tebliğde hürriyet ve meşrutiyetten milletin üzerindeki hafiye belalarını ve matbuatın üzerindeki sansür kabusunun kaldırıldığından, siyasi mücrimlerin affından bahis olmadığı gibi resmi ve hususi şenlikler yapılması hakkında da bir tebliğ yoktu. Günün cumaya tesadüfü Yıldız Selamlığına giden

---

70    Meşrutiyet'in bir blöfle alındığını, İstanbul'daki ikinci fırkadan bir tabur gönderilseydi teşebbüsler Selanik ve Manastır'da önlenebilirdi gibi mütalaalar yayanlar Terakki ve İttihat cemiyetinin o zamanki kuvvet ve kudretini bilmeyen ve hele Makedonya'da ihtillaler arasındaki halkın ve ordunun Sultan Hamid idaresine karşı olan kin ve nefretinin derecesini anlamayan bazı yazarlarımızdır.

ve oradan dönen birçok asker kıtalarının İstanbul sokaklarını saatlerce doldurmasına da sebep olmuştu. İşin ciddiyetini bozan da meşrutiyet aleyhtarı tanınan Sait Paşa'nın birkaç gün önce sadarete getirilmesi ve bu yeni adımın onun hükümetine attırılmak istenmesi idi.

Sultan Hamid; işlerin ikinci bir Alemdar ordusuyla halline, yani kendisinin hal'ine gittiğini, hürriyetseverlerin bu sefer işi kendi kudretinin en zayıf olduğu bir diyarda hazırlayarak kendi burnunun dibine kadar teşkilat yaptıklarım ve en tehlikelisi Üçüncü Ordu'yu tamamıyla ele aldıklarım ve diğer bazı ordulara da el attıklarını ve çok planlı hareket ettiklerini anlamış bulunuyordu. Şu halde işi gevşetmek, böylelikle korkunç bir akıbeti önlemek için milletin uğrunda bunca kurbanlar vererek yıllardan beri almaya çalıştığı hürriyeti verir gibi görünmekten başka çare kalmamıştı.

Fakat Sultan Hamid'de uzun yılların kökleştirdiği kötü istibdad ve zulüm ruhunun kalktığına kim inanabilirdi. İnsan bir adama bir kere aldanabilir, fakat ikinci aldanışa ahmaklık derler. Hamid'in pusuya yatması ihtimalini biz daha önceden hesaba katmış olduğumuzdan bu gibi bir halde bizim geri çekilmiş olan Avukat Baha Bey'i öne sürecektik. Bundan yukarılarda bahsetmiştim. Kardeşim Hulusi Bey'i ona gönderdim, arkadaşlarından münasip göreceklerle faaliyete geçmesini bildirdim. O nümayişleri idareye başladı. Ona istihkam yüzbaşısı Selim Sim Bey gibi kuvvetli bir hatip de yardım etti. Baş Mabeynci Ragıp Bey'in Baha Bey'in şubesine çoktan beri girmiş olan oğlu Abidin, Baha'nın yanında çalışan Avukat Vasfi Raşit Beyler de çok yardım etti. Bir iki gün sonra Filozof Rıza gibi henüz cemiyete girmemiş kimseler de bulundu. İstanbul halkı günlerce işin samimiliğine inanmadıklarından heyecanlarını gösteremiyorlardı. Şüphesiz ki hürriyete susamış binlerce kimseler ve aileler vardı. Şenlikleri iradei seniye ile yapmaya alışkın olan halk kendiliğinden harekete geçemiyordu. Şüphesiz ki haklı idiler. Çünkü bütün dekorlarıyla iğrenç idare olduğu gibi yerinde duruyordu. Bunların gün geçtikçe sarsılacağı şüphesizdi.

İşlerin böyle akımı da bir bakımdan hayırlı idi. Çünkü bazı icraat yapmak hakkındaki düşüncemize şair Tevfik Fikret Bey bizi ikna edici şu sözleri söyledi:

— Aman sakın! Tek kurşun bile atılmasın ve tek insanın burnu kanamasın. Çünkü nerede karar kılacağı kestirilemez. Ayak takımı da işe karışır ve kinler, garezler, suçsuz birçok vatandaşın mahvına sebep olur. İşi zamana bırakınız. Bu tedrici hareket en hayırlı neticelere varır.

Fransa inkılabında olup bitenleri biliyorduk. Taşralarda muayyen birkaç habisi tepeleyerek vaziyete hakim olmak kolaydı. Hükümet idaresi derhal tamamıyla hürriyetseverlere uygun bir yola girerdi. Fakat İstanbul gibi istibdadın mihrakında hürriyetseverlerin gücü ancak birkaç zalimi ortadan kaldırabilirdi. Sonrası meçhul bir akıbet?

Fatin Hoca'nın kolundan olan Tevfik Fikret'le Avukat Baha'nın yazıhanesinde bu ilk görüşmem idi. Onu çok sevdim' ve sözlerine karşı saygı duydum.

## İSTANBUL MERKEZİNİN YENİ FAALİYETİ

Merkez toplantısını meşrutiyet ilanının ertesi günü yapabildik. Mevcudumuz benim fedai şubem 15, diğer şubeler mevcudu 72, Silistreli Hamdı Baba kolu 40 mevcudunda idi.

Şu esasları kararlaştırdık:

1. Ordu ve donanmanın meşrutiyete sadakat yeminini temin etmek.

2. Donanmayı çabuk teşkilatlandırarak cemi yete sadık kılmak.

3. Merkezi Umumi ile temasa gelerek salahiyetli bir heyet istemek.

4. İcap eden merkezlere ve padişaha tebrik telgrafları çekerek irtibatı ve emniyeti temin etmek.

5. İstanbul matbuatını tenvir etmek ve cemiyetin yayım vasıtası olarak yeni bir gazete çıkarmak.

6. Her gün buluşup çalışabileceğimiz bir yer bulmak.

7. Hürriyetseverleri teşkilatlandırarak kuvvetlenmek.

8. Merkezimiz namına müracaattan kabul ve merkezimize bildirmek ve nümayişleri idare etmek.

Bu maddelerden baştan dördünü ben, matbuat işini Mahmut Sadık, 6 ve 7'yi Fatin ve Salim Beyler, 8'inci maddeyi de Avukat Baha ve Salim Beyler üzerine aldı.

Merkezi Umumi'ye, Selanik, Manastır, Üsküp, Edirne merkezlerine ve padişaha İstanbul merkezi namına tebrik telgraflarını ben yazdım. Ayrıca Enver Bey'e de hususi yazdım. Merkezi Umumi'den salahiyet sahibi bir heyetin birkaç fedai ile birlikte hemen gönderilmesini de mektupla Selanik'te Talat, Enver ve İsmail Hakkı Beylere yazdım.

Ordu ve donanma zabit ve efradının Kanunu Esasi'ye sadık kalacakları hakkında yemin etmeleri cemiyeti çok memnun bırakacağını makamlara ve padişaha kadar aksettirdik ve temin ettik.

Donanmadan Rauf Bey, zırhlılarımızın süvarilerinden Albay Vasıf ve Arif (Amirallar) Beyleri bana tanıttı. Bu zatlar cemiyete alındığı takdirde zapturaptın de temini suretiyle donanmanın cemiyet emrine alınabileceğini bildirdi. Bu arkadaşları cemiyete yeminle aldım. Bu suretle bu mühim iş de başarılmış oldu. Donanmadan İbrahim Aşkî Bey de bu suretle sonradan İstanbul merkezine aza alındı.

Enver Bey'den hususi tebrik telgrafı aldığım gibi Viyana'da çıkan ve şark işleriyle en çok uğraşan Almanca Noye fraye prese (Yeni Hür Gazete) muhabiri Selanik'ten Enver'in bir mektubuyla bana gönderildi. Eve gelmiş bulamamış. Kendisine Beyoğlu'nda yattığı Bristol otelinde karşı ziyarette bulundum. Bazı suallerine cevap verdim. Fakat bazılarına merkezce görüştükten sonra diyerek sonraya bıraktım Bu arada topçu miralayı Hasan Rıza Bey'e de rast gelerek cevapları tespitten sonra birlikte bu zatla bir daha görüştüm. Bu zatın en çok anlamak istediği madde ordunun siyasetle ne derece uğraşacağı meselesi idi. Ne kadar zabitin mebus olacağını merakla da soruyordu. Bunlara ileri devletlerde olduğu gibi demokrasi esaslarına riayet olunacağının arzumuz olduğunu, fakat bütün işlerin İstanbul'dan değil Selanik'te Merkez-i Umumi tarafından idare olunduğunu ve herhalde benim şahsi mütalaamın ordunun siyasetle uğraşmayacağı, fakat Meşrutiyet'in koruyucusu kalacağını anlattım. Cemiyetimiz lehine gazetesine yazılar yazdığını ve yazacağı vaadini verdi.

## İSTANBUL MATBUATINI TENVİR VE BİR GAZETE ÇIKARMAK

Bu işle Mahmut Sadık ve Fatin Hoca en ziyade uğraştılar. Tevfik Fikret, Hüseyin Kazım gibi cemiyete önceden giren kıymetli kimseler bulunduğu gibi Abdullah Zühtü ve Hüseyin Cahit gibi hürriyetsever cemiyet yakınları da vardı. Mahmut Sadık Abdullah Zühtü'ye, Fatin Hoca da Hüseyin Cahit'e tekliflerde bulundu. Hüseyin Cahit Bey şu cevabı verdi:

— Ben daha önce girmedim. Şimdi girmeyi doğru bulmam. İş olup bitti. Ben müstakil adamım. Reyimde böyle kalmak isterim. Fakat müstakil olarak çıkaracağım "Tanin" gazetesiyle cemiyete yardım ederim. (Hüseyin Cahit Bey hakikaten gazetesiyle cemiyete yardıma başladı. Sonradan mebus olmak için cemiyete de girdi. Cemiyete muhalif kimseler ve gazetelerle lüzumundan çok fazla münakaşa ve mücadelelere de girdi. Bu pek de iyi neticeler vermedi.)

Bizim ilk günlerde elimizde bir gazete çıkaracak kadar paramız olmadığından Hüseyin Cahit Bey'in bu düşüncesini kabul ettik. Hüseyin Kazım Bey vasıtasıyla cemiyetin bir gazete çıkıncaya kadar tebliğlerini Tanin'e vereceğini; Hüseyin Cahit Bey'in tamamıyla müstakil kalmasını uygun bulduğumuzu bildirdik. Mahmut Sadık da Abdullah Zühtü'yü cemiyete alarak onunla birlikte gündelik haline getirilen Resimli Gazete'de çalışıyorlardı. Bu gazete Karabet'in olduğundan Tanin'i buna tercih etmiştik.

## İSTANBUL CEMİYET MERKEZ BİNASI

Bunu da Mahmut Sadık vasıtasıyla bulduk. Babıali yokuşunu çıkarken sağ tarafta ikdam matbaasına giren kapının üzerinde iki odalı caddeye bakan bir yer. Burayı gizli tutuyorduk. Selanik'ten istediğim salahiyet sahibi heyeti de gizlice buraya getirmeyi kararlaştırdık.

## HÜRRİYETSEVERLERİN
## TEŞKİLATIMIZA ALINMASI

Ben Harbiye Mektebi'nde namuslarına ve hürriyetseverliklerine emin olduğum zabitleri yeminle cemiyete aldım. Tıbbiyeden de bazı kıymetli doktorları ve zabitleri aldık. Diğer şubeler de böyle hareket ettiler. Bu arada Fatin Hoca da meşrutiyet ilanından iki hafta sonra Kara Kemal'i[71] on arkadaşıyla Şehzadebaşı'nda bir yerde yemin ile cemiyete almıştır.

## MEŞRUTİYET'İN İLANINDAN
## SONRAKİ İSTANBUL'UN HALİ

25 Temmuz (12 Rûmu) Cumartesi günü bütün cemiyet efradının da yardımı ile her tarafta gösterişler yapıldı. Bugünkü gazeteler birinci sahifelerde tuğra altında kalın "Padişahım Çok Yaşa" ve daha altında da dünkü Cuma selamlık resmi alisini yazıyorlardı. Kanunu esası maddeleri de yazılmıştı ve Meclisi Mebusan'dan da bahsedilmişti. Fakat Sultan Hamid hakkında medhiyeler dolu idi. Satır aralarında boşluklar bırakılarak buralara Padişahım çok yaşa sıkıştırılmıştı. İstanbul'un belli başlı gündelik gazeteleri şimdilik İkdam ve Sabah idi.

Bugünkü gazetelerde şu hayret ve ibrete değer havadisi de okuduk:

Şurayı Askerî Ordumuz için Mauser fabrikasına 15.000 adet filinta sipariş edilmiştir.

---

71 Sonraları İstanbul merkezinde faal vazifeler gören ve Cihan Harbi'nde iaşe işleriyle uğraşan Kara Kemal, Mustafa Kemal'e İzmir suikasti faillerindendir diye takip olundu. Ele geçmemek için saklandığı yerde kendisini öldürmüştür.

Süvari alaylarımız Martin tüfeğiyle ve onun kara barutlu mermileriyle çetelerin Manliher filintaları karşısında kaç yıldır ne tehlikeli durumlar geçirmiş ve ne beyhude zayiat vermişti. Yazdığımız acı raporlar, layihalar hep cevapsız kalırdı. Ben Manastır'da staj yaptığım bölüğümün fişeklerini birer birer elden geçirdiğim zaman bir çocuğun barutlarının eksik olduklarını da görmüş ve pek acı üst makamlara yazmıştım. Barutlar çalmıyor veya dökülüyordu. Çünkü kurşunlar zamanla oynuyordu. Yahut ki el ile açılıp barutu çalındıktan sonra yerine konuyordu. Bu marifeti tezkere alan Arnavut askerlerin yaptığını öğrenmiştim. Memleketine giderken eli boş gitmiyordu. Sultan Hamid'in ve onun hamiyetsiz, vicdansız muhitinin süvari alaylarımızın günün birinde bir Alemdar ordusu gibi İstanbul üzerine yürüyeceklerinden korktuklarını daha doğrusu hayvanlar gibi ürktüklerini pekala biz de Manastır'da anlıyorduk. Vatana ihanet binbir türlü olur. İşte biri de böyle idi.

Fakat kaldırılması lazım gelenler yalnız kara barutlu Martin tüfekleri değildi. İlk iş hafiyelik belasının kaldırılması lazımdı. Birçok vatandaş bu pis, yalancı ve zalim teşkilata girerek tereddi ediyor ve değerli vatandaşlar da bunların ateşine yanıyordu. Bu fakir milletin dişinden tırnağından ayırdığı nice altınlar da bu murdarların kesesine dökülüyordu.

İşte bugünkü nümayişte "Kahrolsun hafiyelik, hafiye istemiyoruz" diye de bağrışmalar da temin ettik. Fakat her tarafta halkın içinde dolaşan bu melunlar da "Padişahım Çok Yaşa" diye bağırıyor ve buna çok alışkın olan kimseleri de beraber sürükleyerek sık sık bu naralar sokakları dolduruyordu. Halk akını Yıldız'a kadar dayandı. Burada da tek tük "Kahrolsun hafiyelik" feryadını "Padişahım çok yaşa" avazeleri takip ediyordu. Halk artık kendi kabaran duygularını gösteriyordu. "Padişahımızı görmek isteriz" feryatları yükseliyordu. Fakat bütün hayatını millet dışında ve saray duvarları içinde geçiren Sultan Hamid kolay kolay buna cesaret edemedi. Fakat halk da çekilip gitmedi. Gece oldu. Haykırışlar durmuyordu. Vaziyet korkunç bir hal almıştı. Sarayın kapılarına hücum olunabilir ve iş idare edilmez bir şekle dönebilirdi.

Alaturka dört buçukta Sultan Hamid hususi dairesine gelerek pencereyi açıp görünmek mecburiyetinde kaldı. Halkın niçin geldiklerini sordurdu. Hay-kırışlardan çıkan mana: "Hainler sizi bize göstermiyorlar. Sizi görmeye geldik"ten ibaretti. Arkasından sık sık "Padişahım Çok Yaşa" naraları ortalığı titretiyordu. "Kahrolsun hafiyelik" nidaları bu naralar arasında boğuluyordu. Şüphe yok ki yüzlerce hafiye bu kalabalığın içinde idi ve korkularından titreşiyor ve halkı "Padişahım çok yaşa" bağrışmasına sık sık teşvikle kelbî sadakatlerini son gayretle sarf ediyorlardı.

Padişahın yanında Sadrazam Sait, Harbiye Nazırı Ömer Rüştü Paşalar, Şeyhülislam Cemalettin Efendi ve Kamil Paşa da bulunuyordu. Padişah önceden hazırlanmış olan yazılı şu nutku okudu:

Bidayeti cülusumdan beri vatanımın saadet ve selametine çalıştığım gibi en büyük emelim evlatlarımdan farkı olmayan tab'amın saadet ve selametidir. Buna Cenab-ı Hak şahidi adildir.

(Bu geceki alemi iki gün sonra gazeteler yazdılar. Halkın dileğini de şöyle kaydettiler:

Sıhhat ve afiyeti hümayunlarından başka arzumuz yoktur. Otuz iki seneden beri bazı hainler didan hümayunlarını bize göstermediler. Size müştak idik. Çok şükür şimdi gördük. Padişahım çok yaşa! Padişahım çok yasa!..

\*\*\*

Biz bu gece merkez arkadaşlarıyla Beyoğlu'na çıktık ve halk arasına karıştık. İkişer üçer bir düziye "Hafiyelik kalkmalıdır. Yoksa meşrutiyete kimse inanmaz. Eğer hükümet bunları kaldırmazsa öldürmeli, linç etmeli" diye her yerde konuştuk. Bir aralık Bonmarşe'nin[72] karşısındaki muhallebicide buluştuk. Orada Paşa üniformasıyla biri de vardı. Avukat Baha buna ağır bir küfür savurdu, "İşte bu da bir hafiyedir!"

---

72    Şimdiki Karlman'ın bulunduğu yer.

diye bağırdı. Taşıdığı üniformasına hürmetle onu korumak zorunda kaldım. Aynı zamanda rastgele kimselerin namuslu bir kimseye de hafiye, diye çatabileceğim ve haksız yere namuslu vatandaşlarımızın da tahkir veya daha ağır muamelelere maruz kalabileceğini arkadaşlarıma anlatarak daha ileri gitmeyerek hükümetin bir iki gün içinde bu işi halletmezse programlı olarak harekete geçmekliğimizi teklif ettim. Kabul ettiler. Hafiyelik kaldırılmazsa milletin padişahın meşrutiyetine sadık kalacağına asla inanmayacağını, hafiyeleri öldürmeye başlayacaklarını bugün Harbiye Mektebi teşkilatımızla Mabeyne kadar da aksettirmiştik.

## HAFİYELİĞİN KALDIRILMASI

26 Temmuz (13 Rumi) Pazar gazeteleri dünkü gösterilerden uzun uzadıya bahsediyorlardı. Ayrıca "Hafiyeliğin ilgası" diye şu tebliği de yazıyorlardı:

Umuru siyasiye ve adiyede hafiyelik hizmetinde istihdam olunan kesanın birçok ef'ali na maraziye-ye cüretleri sevgili padişahımız efendimiz hazretlerince nazarı dikkate alınarak badezzin Kanunu Esasi mucibince Osmanlıların kaffesi hürriyeti şahsiyetlerine malik ve aharın hukuku hürriyetine tecavüz etmemekle mükellef olduklarından ve hürriyeti şahsiye her türlü taarruzdan masun bulunduğundan hafiyeliğin ilgasını ve hafiye tahsisatının kat'ı. Polislerin kanun ve nizam dairesinde ifayı vazife etmeleri hususunu emriferman buyurmak gibi zatı akdesi şahanelerine has bir büyüklük eseri daha ibraz buyurmuşlardır. Tab'ai sadıkaları hakkında yeni bir lütfü ali olan bu emri hümayun makamı aidinden bilumum vilayet ve elviyei gayn mülhakaya ba telgraf tebliğ edilmiştir.

Mektep müfettişi İsmail Paşa, kayın biraderi olan Tıbbiye Mektebi ders nazırı Miralay Esat Bey de azlolundular, (iki gün sonraki gazetelerle de ilan olundu.)

Kanunu Esasinin 10'uncu maddesi ele alınarak bazı gazetelerde yazılar da görülüyor:

Hürriyeti şahsiye her türlü taarruzdan masundur. Hiç kimse kanunun tayin ettiği sebep ve suretten maada bir bahane ile mücazat olunamaz.

Bunlar iyi. Fakat birçok yüksek mekteplerden, hemen aynı kalemden çıkmış telgraflar da görülüyordu. Hukuk, Mülkiye, Hendesei mülkiye, Askeri Tıbbiye talebesi namına bunları şüphe yok ki Mabeyn yaptırıyordu. Şu iki telgrafı örnek olarak kaydediyorum:

Hakipayi hazreti hilâfetpenahı âzamiye

Tesisi celili cenabı şehriyarileri bulunan Kanunu Esasî'nin tatbiki hakkındaki iradei seniyei hazreti tacidarilerinden dolayı kulübü ümmetten yükselen şevk ve şadiye iştirakle menabii pakizei kalbimizden cûşan olan selsebili şükran ve imtinanımızı arz ve takdim eyleriz. Cenabıhak ömrü şevketi şahaneyi müzdad buyursun Amin.

Ziri himayei hazreti hilafetpanehilerinde bulunmakla mübahi Mektebi Hukuku şahane şakirdam şakirülihsan kulları.

Hakipayi hazreti hilafetpenahi azamiye Tesisi celili hilafetpenahileri olup devleti ebedmüddetı Osmaniyenin terakki ve devamını ve saadet ve refahı reayayı kafil bulunan Kanunu Esasî'nin tatbiki hakkındaki iradei seniyei hazreti şehriyarilerinden dolayı ak'idei ümmeti lebrizi şükr ve mahmedet eden şadımanı umumiye ansamimülkalp iştirak ile ihtisasatı minnettarane ve şükrü güzanımızı arz ve takdim ederiz! Cenabı Hak ömrü şahanelerini efrun ve her teşebbüsü tab'a perverilerini muvaffakiyete makrun buyursun. Âmin.

Tıbbiyei Askeriyei Şahane Şakirdanı

Şakirul İhsan Kulları

Bugün sokaklardaki gösterişlere Tıbbiye Mektebi de iştirak etti. Ellerinde bayraklar; ara sıra halkın "Padişahım çok yaşa!" nidalarına onlar da tabiatıyla iştirak ediyorlardı.

Müteakip günlerde diğer mektepler de sokaklara döküldü.

Harbiye Mektebi'ni ilk günden çıkarmak mümkündü. Fakat bunların "Padişahım çok yaşa!" diye sokaklarda da bağırmak zorunda kalmaları hiç de hoşa giden bir şey değildi. Zaten de meşrutiyet padişahın ilanıyla İstanbul'ca duyulmuş bir hadise idi. Harbiye mektebinin sokaklarda gösteriş yapmasına sebep yoktu. Fakat Tıbbiye mektebi müteakip günlerde Harbiye mektebine gelip bunları da aldılar. Artık Harbiye ve Bahriye mektepleri de askeri üniformaları ile sokaklara döküldü. Gerçi askerce dolaştılar. Fakat her nümayişin her yerde "Padişahım çok yaşa!" avazelerine sebep olması hoşa gider bir şey değildi. Bunun için meşrutiyetin ve hürriyetin bir lütuf olarak padişah tarafından verilmiş değil, cemiyetimiz tarafından büyük teşkilat ve büyük fedakarlıklarla kurtarıldığını halka anlatmak için bir beyanname bastırdık. 27 Temmuz (14 Rumi) de cemiyet mensupları vasıtasıyla sokaklarda dolaşan mekteplilere ve halka elden dağıttığımız ve bazı yerlere yapıştırttığımız ve ertesi 28 Temmuz (15 Rumi) günkü gazetelerle de aynen neşrettirdiğimiz bu beyanname aynen şöyledir:

İttihat ve Terakki[73] İstanbul merkezi tarafından dün tevzi ve bir nüshası gazetemize irsal olunan beyannamedir:

Artık herkes işiyle meşgul olsun. (Osmanlı Terakki ve İttihat Cemiyeti) bütün vatan kardeşlerini, Allah'a hamdüsenalar olsun ittihat ve muhabbet bayrağı altında topladı. Herkesi birbirine sevdirdi. El birliğiyle, yürek birliğiyle vatanı zincirlerinden kurtardı. Artık herkes hür, herkes mesut ve mesrurdur. Fakat bunun için, (buna tamamıyla muvaffak olmak için) cümlenize cemiyetin bir nasihati, bir ihtarı vardır? Zerre kadar namustan doğruluktan, itidalden ayrılmayınız. Heyecanlı nümayişler, bilhassa heyecanlı ve na makûl nümayişler maksadı yalnız bulandırır. Kimse başkasının malına, ırzına, canına tamız etmesin. Herkes birbirine hürmet ve sehabet göstersin. Bilhassa memleketimizde yaşayan ecnebi dostlarımızın malı, canı, ırzı katiyen bizim kefalet ve emniyetimiz altında bulunmalıdır. Namus, muhabbet ve intizam altında

---

73    Cemiyetimizin adı Terakki ve İttihat idi. Fakat yakında İttihat ve Terakki namını almak üzeredir.

yalnız vatanın selametine çalışmakla tarihimizde, tarihi alemde pak, şanlı ve ebedi bir nam bırakalım. Çalışmak için cemiyetin vesaiti mahsusa ile millete tebliğ edeceği beyanattan kıl kadar ayrılmayınız.

Cemiyetin ihtarat ve ikazatı hilafında hareket edecek olanların sebebiyet verecekleri naseza hallerden dolayı pek büyük mesuliyet yüklenmiş olacaklarını bilelim. Bilelim ki Osmanlılık şanını muhafaza etmek namus ve hamiyetten ayrılmamakla olur. Vatan bizden bunu istiyor.

Osmanlı Terakki ve İttihat Cemiyeti

İstanbul Merkezi

(Mühür)

Bu beyanname sarayın ve o taraflıların hoşuna gitmemiş olacak ki ilk karşımıza Murat Bey Mizan'la dikildi.

## MURAT BEY — MİZAN GAZETESİ

30 Temmuz (17 Rumi) de Murat Bey'in Mizan gazetesi gündelik olarak çıkmaya başladı. Murat Bey'in Sultan Hamid'i tuttuğunu ve cemiyetimizle mücadeleye hazırlandığını görmekle müteessir olduk. Gazetesi; Sultan Hamid'in üzerimizden nice nice seneler eksik olmaması duasıyla başlıyor ve imzalı başmakalesinde Sultan Hamid'in ilk Meşrutiyet'i kaldırmasını haklı gösteriyor. Bu defa da hürriyeti onun bahşettiğini birkaç defa tekrar ediyor ve aynen şöyle söylüyor:

İkinci defa olarak eline verilen o beratı hürriyeti yine oyuncaklarına astar yapmaya kalkışırsa acaba ne gibi bir vesayete ihtiyaç davet etmiş olur.

Sonra her iki Meşrutiyet'i de şöylece Sultan Hamid'in lütfuna bağlayarak:

İlk naşiri Sultan Abdülhamid; Müceddidi Sultan Abdülhamid Han, hakkı sarihini teslim etmeye mecbur oluruz. Eğer basarül basiretimiz bundan fazla bir hakşinaslık izharından aciz kalırsa bizi takip edecek olan bitaraf müverrihler balada musavver olan (İstibdad) acuzesinin vesayetine layık görülmüş olan tufuliyetimizi an'anesile izah ederek bütün şan ve şerefi zatı mülûkanenin asan celilesi sahifesine nakşeyler. Bunu dahi müdekkik kari'lerimizin takdirlerine hassaten tevdi ediyoruz.

Asıl maksadını da makalenin sonunda "Açık muhabere" başlığı altında açığa vuruyor. Bununla bizim yaptığımız beyannameyi ve hatta merkezimizi padişah ve halk nazarından küçültmek istiyor. Sultan Hamid'in hürriyet ve meşrutiyetten neler anladığını ve sözünde durmayı bir namus borcu bilmediğini pek iyi bilmesi lazım gelen Murat Bey'in bu yazısı dikkate değer. İleriki hadiselerin nasıl bir başlangıçla açılmaya başladığını anlamak için bunu da aynen okuyalım:

İttihad ve Terakki Cemiyeti

Osmaniyesi Riyaseti Aliyesine;

...Efendim...

Malûmu âlileri buyurulan şurut ve ahvalde vaki olan avdeti acizanem üzerine, bu defa şeref zuhur eden ahvali hazırai necatbahşamın ihdası nezdi celili cenabı padişahide esasen tekarrür etmiş ve hatta işbu atıfeti vatanperveranei hazret! hilafetpenahiye mukaddemei celile ohnak üzere affı umumi kısmı Sarayı Hümayunu mülûkaneden usulü veçhile devairi aidesine tebliğ buyurulmuş iken işbu mukaddemenin ve gerek anı takip edecek olan diğer asan celilenin kimlerin tabasbuskarane ihanetleri sayesinde geri kaldığı elbette kuyudatı merkeziye sahifelerine geçirilmiştir.

Maksadı acizanem sükûnetin bir dakika mukaddem avdetinden başka artık bir ihtiyacı kalmamış olan şu ıydi saidi ümmet eyamında o hainlerin isimlerini ifşa etmekten pek baiddir ve vakiti merhumuna intizaren bunun böyle olması pek tabiidir. Çünkü velev o nimet düşmanları hakkında galeyanı hissiyat ile ağızdan kaçırılan fazla bir sözün şu sahrayı şükranın nuraniyetine karıştırılmasını tecviz edemem. Fikri alileri de elbette bu merkezde olmak lazım gelir.

Yine malûmu alileridir ki o menhus müdahalenin neticesi olarak işgal ettiğim mevkii ariyet sırasında ve talep ve rızayı bendeganem hilafında şurayı devlete memur buyurulduğum eyyamda adet veçhile vaki olan tahlifi resmiden başka mücerred kendi rızamla aile ve bağ ve bahçe dairei resmiye umuru cariyesinden gayrı bir şey ile meşgul olmayacağım hakkında en muhterem makama söz vermiş idim. Kanunu Esasî ile affı umumi tabii olarak o bendi üzerimden ref' etmiş iken bununla iktifa etmeyip geçen Pazar günü mahalline azimetle verilen sözün iadesini istid'a ve muvafakatini istihsal eyledim.

Şu suretle hürriyeti hareketime malik olduğum dakikadan bugüne kadar gazete işleri ve memuriyetten fekki rabıta muamelesi ile meşgul olarak ihvanı gayretten biriyle görüşüp konuşmaya ve bu babdaki emri alilerini almaya vakit bulamadım. Bugünlerde ise her vakitten ziyade meşgul bulunduğumdan şu sureti müracaatı ve emirlerine intizarı tercih ettim.

Bu dakikada cemiyeti muhteremenin hakkı acizanemdeki fikir ve mevkii ne merkezde olduğunu tabii bilemem. Anı bilmek hakkı sarihime istinaden arz ve istid'a eylerim ki son onbir senelik harekat ve sekenatı acizanem icab ve mevkie ve iktizayı namus ve haysiyete muvafık olduğu nezdi ulyalarında tebeyyün ederek ihsan buyurulacak tebriye! zimmet mazbatasını nasıl hüsnü kabule mail ve haheşker isem nizamatı hususiyei cemiyet ve adabı umumiyei memleket ahkamına muvafık olarak cemiyetçe verilecek hükümlerden ve adi tevbihten bede' ile en ağırına kadar bilcümle mücazatı dahi aynı teslimiyet ile kabul edeceğimi peşinen beyan ederek vakti mahalli mülakatı mübeyyin olacak cevabı kerimanelerinin yarınki Cuma günü saat onu geçmezden evvel matbaaya tebliğe himmet buyurulmasına intizar eylerim.

Cevabın ademi vürudu nezdi acizanemde tebriyei zimmet mazbatası makamına kaim olarak cemiyete karşı dahi hürriyeti hareketimi iade etmiş olacağım.

Şu isticali acizaneme olan sebebi asliye gelince hasbslicab cemiyetten infikak ve inzivayı ihtiyar ettiğim sırada her türlü fedakarlığa hazır bulunmak ile beraber hiçbir vakit de tefahür gibi bir zaafa mağluben kendini marifet ve muvaffakiyetlerini ifşaya esasen mezun bulunmayan cemiyet namına olarak şu günlerde mühürlü mühürsüz ve "Biz şöyle yaptık ve böyle muvaffak olduk" gibi nabemahal ibareleri havi seyyar ve sabit ilanlar neşrolunmasıdır.

İkiden biri: Ya cemiyetimizin şekli esasisi tebeddüle uğramış, yahut cemiyet namına bir takım yabancılar hüsnü veya suiniyetle bu harekete kıyam etmiş demektir.

Şu son zannım daha galip olduğu gibi cevabı alilerinin vakti muayyende gelmemesi dahi anı külliyen teyid etmiş olacağından Paris ve mülhakatı şubeleri riyasetinden Saint Germain 21 Kanunuevvel 1312 tarihiyle ve Çürüksulu biraderimizle idarehaneye gönderilip neticesi hakkında henüz bendelerine malumat verilmemiş olan istifanameyi keenlemyekün addile ve yine şube reisi sıfatıyla sayei adaletvayei cenabı şehriyaride Kanunu Esasî'nin bahşettiği hak ve dairei aleniyet dahilinde mezkûr neşriyatın menabiini taharri etmek ve icabına göre ifayı vazife eylemek üzere kendimi muhtar bileceğim. Olbabda emrü irade hazreti minelemrindir.

İmza

Murat

Murat Bey, Şifahen görüşmek mümkün olduğu halele gazetesiyle böyle bayrak açması, tehditler savurması, teşkilata başlayacağını, hatta karşı vaziyet alacağını bildirmesi ve hatta bizimle görüşmeye zaman bulamadığını bildirdiği halde padişahla görüştüğünü ima etmesi bizi hayli düşündürdü. Sultan Hamid'in bazı gazeteleri eline almak isteyeceğinde şüphemiz yoktu. Bunlara istedikleri sermayeyi ve hükümet yardımını da deriğ etmeyecekti. Eğer şiddetli hareket etmezsek daha ilk günlerde hürriyet ve Meşrutiyet'in döne döne yine Abdülhamid'in ayaklarına kapanacağına şüphe etmedik. Bir taraftan kendisine aşağıdaki cevabı hatırladık, bir taraftan da diğer gazetelerin Murat Bey'in istidasını nasıl bulduklarının neşrini hususi olarak istedik Kendisine şifahen de çok kötü bir tarzda işe başladığını ihtar eden de olmuş! Fakat o tuttuğu yolun doğru olduğu fikrinde imiş.

Bazı gazeteler Murat Bey'i çok acı tenkit ettiler. Ertesi günkü 1 Ağustos (19 Temmuz) gazeteleri de merkezimizin cevabını aynen yazdılar. Bunu da okuyalım:

Osmanlı Terakki ve İttihat Cemiyeti İstanbul Merkezi'nden vürud etmiştir:

Mizan Gazetesi Sahip ve Muharriri Murat Bey'e: Terakki ve İttihat cemiyetinin Dersaadet'deki hey'eti idaresi bir hey'eti merkeziyeye merbuttur. Heyeti merkeziyenin de tanınmaması meşruttur. Binaenaleyh sizinle mülakat gayrı mümkündür.

Tebriye'i zimmet mazbatanızın itasını -istifanızla bundan sonraki ahval- mümteni' kılar. Hakkınızdaki karar bilahare ita ve tebliğ olunur.

Hüsnü veya suiniyetle cemiyet namına, cemiyetin malumatı olmaksızın yabancılar tarafından neşrolunan beyannameler baklanda tedabire tevessül kat'iyyen hey'eti merkeziyenin hakkıdır.

Sizin hakkınızda hey'eti merkeziyenin reyi şudur: Heyet sizi katiyen efradı cemiyetten tanımaz. Şube reisi sıfatıyla değil hiçbir suretle cemiyet namına bir harekette bulunmanıza müsaade göstermez.

Osmanlı Terakki ve İttihat Cemiyeti

İstanbul Merkezi

(Mühür)

Murat Bey istediği bu cevabı gazetesinde neşretmedi. Yalnız Sabah gazetesinin ağır tenkidine karşı hiçbir fenalığa alet olmadığını ispata kalkıştı.

Bugün ben Avukat Baha ile Sirkeci'de büyük hanlardan

birinde İstanbul merkezi için icabında kullanılmak üzere yaptırdığımız ve üzerinde (Osmanlı Terakki ve İttihat Cemiyeti İstanbul Merkezi) ve ay yıldız bulunan büyücek ipekli bayrağı almak üzere gittiğimiz zaman Murat Bey'e rastgeldik. Bir salonda oturuyordu. Bize karşı çok kayıtsız bulundu. Baha da yüksek sesle alayımsı bir şey söyleyerek hızlıca yürüdü çıktı. Ben, Murat Bey'i tanımadığım için önce bir şey anlamadım. Dışarı çıkınca Baha dedi:

—Gördün mü Murat'ı? Beni tanıdığı halde aldırış etti mi hiç? Ben de müstahak olduğu muameleyi yaptım.

—Bence iyi yapmadın. Bana daha önce onun Murat Bey olduğunu söylese idin, kendisine samimi davranır ve bazı sualler sorarak. Hangi yolun yolcusu olduğunu öğrenir ve kendisine nasihat de ederek tuttuğu yolun yanlışlığını anlatırdık, dedim. Baha kısaca şu cevabı verdi:

—Tanımazsın sen onu, onu biz iyi biliriz.

Arkadaşlarımız da Murat Bey'in sakınılması lazım gelen bir şahsiyet olduğunu söylediler.

Murat Bey arkadaşlarımızın bu kanaatini teyit edecek neşriyata girişti. 20 Temmuz 1324 tarih ve 4 numaralı Mizan'da "İnkilabı hayrın kadrini bilip biraz ciddi olalım!" başlığı altında Sultan Hamid'i medhetti. Cemiyetimize karşı amiyane taarruzlara kalkıştı. Kendisinde padişahı tutmakla büyük bir kuvvet ve kudret görüyordu. Halkı kendi etrafına toplamaya ve cemiyeti çocuk oyuncağı göstermeye çalışıyordu. Bu uzun makaleden şu satırları aynen okuyalım:

Şu devri asayiş ve buluğda biz dahi ciddiyetten ayrılmayalım. Eyyamı buhranda sokaklarda işitilen bazı acip sedalarla neşrolunan bir takım varakalardan işin içine bazı değnek suvar bebeklerin karıştığı hissolundu. Esasen hulusu niyetten basit olmayan bu gibi hallerin netayici vahimeyi tevlid ettikleri tecrübeten sabittir. Bizde o rütbe zararları olmadı.. Buna şükretmekle beraber tekerrür etmemesini de temenni etmeliyiz. Hatta bu kadar bile değil, icabederse men'i çaresini düşünmeliyiz. İlk nüshamızda "açık muhabere" ile İttihat ve

Terakki cemiyetiyle münasebet peydasına talip olduk. Gazetemizin neşrinden birkaç saat sonra malûm ve muteber bir zat gelip konuştuk. Yalnız acele ettiğimize teessüf etti. Kendi dairei malumatı itibariyle hakkı derkâr idi. Ve bu hak ric'at imkanına müstenit idi. Lakin kendi malumatı hususiyemize göre öyle endişelere mahal olmadığından bahisle temin ettik. Gizli kapaklı cemiyetlere artık lüzum kalmayıp kanunun yeni bahşettiği hukuku sariha sayesinde cemiyet programları ile ictimalarını, nutuklarını muhaberatı müstakbeleyi meydanı aleniyete çıkarmak lüzumunu anlattım. Ertesi günü iki varaka aldık. Biri eski rüfekayı gayretten biri tarafından yazılıp hini ictima'da aleni müzakerata konulacak mevaddı ve bazı mütalaatı musibeyi muhtevi idi. Diğeri ise yukarda bahsolunan değneksuvarların kendi oyunlarına ciddi nazarla bakmak mertebesine kadar işi ilerlettiklerini irae ediyordu.

Bizim vazife-i insaniye iktizasından olarak şimdilik ifşadan teeddüp ettiğimiz işbu eseri hiffeti ertesi günü musannileri tarafından gazete sütunlarına kadar isal olunduğunu görürseniz ne olur? Biz ise hayret ve taaccüp deryasına gark olduk! Çünkü gerek hukuku beşer ve gerek adabı cemaat itibariyle şu hükmü karakuşinin bir eşini bulmak için Kurunu Vusta'daki Venedik'in mahud "Onlar Meclisi" mukarreratı gıyabiyesi kuyuduna kadar varmak iktiza eder. Bir cemiyetin velev cüz'i bir müddet için riyaseti ulasını işgal ile müşerref olmuş bir adam, cemiyetin takip ettiği fikrin husulünü teshil ve tesri etmek maksadı yeganesi ile hakkında verdirilen hükmü gıyabii idamı yeddi icrada tutulan bir heyeti mustebideye tarziye ve teminat makamında yalnız kendi nefsi itibariyle bilaşart, cemiyet ve vatan itibariyle şurutu kafiyeye mukabil teslimi nefseder ve onbir sene, ancak vatanı uğrunda borçlu olduğu fedakarlığın neticesi olması hatırası işin içinde olmasa, çekilmesi takati beşer fevkinde addedilecek bir azabı vicdanı içinde kalır. Akibet şu girdabı beladan sayei ıydi millette kurtulduğu anda esasen talip olmayarak hamil olduğu maaş ve memuriyeti terk ile yine meydanı gazaya (!) atılır ve mücerret selameti vatan ve memleket itibariyle labed olan bir vazife ifasına vazifedar olanları davet ve ademi icabetleri halinde meydanda mevcut olmadıklarına hükm ile ve "cemiyetin ispatı vücut etmesine kadar" kaydı sarihiyle muvakkaten: Cemiyeti şube riyaseti vazifesini ifaya mecbur olacağını beyan eylerse şu devri hukuk ve hürriyette o adama isticvap ve istizahtan ve binaenaleyh izah ve müdafaadan ari bir hükmü gıyabii karakuşî itası ile iktifa etmek kafi görülebilir mi? Görülüyor ki iş oyuncağa çevriliyor. Bunu katiyen tecviz edemeyiz. Her bir tahammülün bir haddi olması tabiidir. Anın bizde na mahdud olduğunu şimdiye kadar fiilen ve kerraren müşahede etmişler. Buna binayı emel etmek artık caiz olmadığını ihtanvecibeden biliyorum. Tahammülü mesbuk, mücahede hengamına aitti. Anın için, had ve payansız olması icabedeceğini ben dahi teslim edeyim. Fakat artık çayı selamet ve saadete vasıl olduğumuz şu eyyamı mes'adette icab ettirirlerse hicaptan herbirini birer deliğe sokacak hitaplara muktediriz. Evcileri bu hitaplarda mahzur vardı, şimdi ise yoktur. Sebep oldukları için mes'uliyet te kendilerine racî olacaktır. Bu hitabımızın Rumeli ve Anadolu erbabı himmet ve hamiyetine katiyen taalluku olmayıp İstanbul civarları dahilinde münhasıran mehafili mahsusa ile kaşanelerden sokağa yeni dökülmüş nevzuhur gayretlilere racîdir.

Altını çizdiğim cümleler yalnız İstanbul merkezini değil cemiyetin bilhassa fedakar kısmını çok kızdırdı. Murat Bey'in Meşrutiyet'i kurtarmak için her tehlikeye göğüs gererek yaptığı teşkilattan ve fedakarlıklardan haberi olmadığı da anlaşılıyordu, veyahut bazı bilmeyenler gibi o da böyle bir teşkilatın aslı olmadığını ve Sultan Hamid'in bir blöfle Meşrutiyet'i ilan ediverdi zannında idi. Her ne olursa olsun Avrupa'ya kaçışı da oradan İstanbul'a gelip Sultan Hamid'e teslim oluşu da birçok gençlerin felaketine ve İttihat ve Terakki cemiyetinin perişan olmasına sebep olan Murat Bey, Mizan'ında ilk önce kendi amalini tartmalı idi. Halbuki o meydanı gazaya atıldığını göğsünü gere gere ilan ediyor, mensuplarının çoğu ordu zabitleri olan ve bu kerre Meşrutiyet'i kurtaran cemiyeti hiçe sayıyordu. Ona yaraşan ne bu suretle ileride vatan ve millet için faydalı bir insan olmaya yardım edecek tavır siyasete değil, ilim adamı olmak için tekrar tarih hocalığına atılmak idi. Bu suretle günahlarını da affettirir, eski hürmeti kazanırdı. Halbuki o cemiyetin hemen bütün mevcudiyetiyle meydana çıkmasını da isteyecek kadar tehlikeli ve şüpheli işler de istiyordu. Daha henüz istibdad aletlerinin yerli yerinde ve işler vaziyette bulunduğunu ve Sultan Hamid gibi cahil bir adamın meşrutiyet ve hürriyetle alış verişi olamayacağını ve ilk fırsatta yine eskisi gibi döneklik yapabileceğini Murat Bey acaba düşünemez mi idi? Sonra gizli bir inkılap cemiyetinin ahvalden emin olmadan ve bir kongre ile kendine yeni bir hareket hattı çizmeden uluorta bir hafta içinde meydana çıkması doğru olur mu idi? Biz Murat Bey'den bu gibi istekler değil, tecrübelerine ve ilmine dayanarak çok yüksek fikirler beklerdik. Eğer matbuat alemini bu millete hizmet için en feyizli bir yol olarak seçti ise, ilk numarasında saraydan bir ihtar gibi cemiyete çatacağına ve onu küçük göstereceğine, samimi ve ilmi yazılar beklerdik.

Asıl işin kötü ciheti bugünkü makalesinden sonra "Ali Kemal" imzasıyla Almanya imparatoruna ve Alman matbuatına neden İngilizler gibi bizim Meşrutiyet'imizi alkışlamıyorsunuz? diye çatan bir makale bulunmasıdır.

Gerek Murat Bey'in ve gerek Ali Kemal'in vaktiyle Sultan Hamid'e dehalet ettiğini ve birçok vatandaşlarımızın felaketine sebep olduklarını herkes biliyordu. Demek bunlar şimdi Sultan Hamid'i tutarak vaziyete hakim olmaya çalışıyorlardı. Bunların padişahla münasebeti hayırlı bir alamet değildi. Sultan Hamid şimdiye kadar yürüttüğü murdar istibdadına bundan sonra hizmet edecek kalemleri de bulabilecekti demek.

Bu günlerde Ali Kemal'in huzura kabul olunduğu ve ihsan da aldığı haberini aldık. Sultan Hamid yanlış kapı çalıyordu. Bu hal kendisini de yeni uşaklarını da felakete götürecek ve belki millete de pahalıya mal olacaktı. Kur'anına ve silahına ellerini basarak hürriyete ve meşrutiyete yemin etmiş binlerce aydın gençler, bu gafiller alayını uzun zaman seyretmeye dayanamazlardı. Nitekim Tanin gazetesi ilk mücadelesini açtı ve padişahtan Meşrutiyet'in icaplarını istedi. 25 Temmuz nüshasında Ali Kemal oyununu da açıkça ortaya koydu. Aynen okuyalım:

### Ali Kemal Bey'e Açık Mektup

Geçen gün huzuru şahaneye kabul buyurularak mazhan iltifat oldunuz. Dörtyüz elli lira atiyei seniye aldınız. Bu parayı bir ciheti hayra sarfedeceğinizi ümit ederek iki üç gündür bekledik. Fakat bu yolda bir ilanınıza tesadüf etmediğimiz için henüz ciheti sarfını kararlaştırmadığımz anlaşılıyor. Şu ihsanı şahanenin "İanei milliye" hesabına Bankı Osmanîye tevdi buyurulması hamiyeti müsellemelerinden muntazırdır.

Ali Kemal buna verdiği cevapta iki yüz altmış altın aldığını, padişahın tabasına vermesi hakkı değilse veririm diyor. Tanin de Ali Kemal'in mazisini ortaya attı ve mektubundaki "Bazı hususatı ahvalin ilcaatı ile vatanıma avdetime müsaade buyurulmasını atiyei şahaneden istirham eyledim idi" fıkrasını ele alarak bunun ancak casusluk olabileceğini yazarak uzunca cevap verdi.[74] Murat Bey bir aralık cemiyete girmek de istemiş ise de kabul olunmadığından yine karşı bir tavır almıştır, İstanbul'da Şurayı Ümmet çıktıktan sonra Ahmet Rıza, Bahattin Şakir, Doktor Nazım, Sami Paşa zade Sezai Beyler gibi Avrupa'da kalıp Sultan Hamid'le mücadeleye devam edemeyenlerle Murat ve Ali Kemal Beyler gibi padişaha dehalet edenler arasındaki çekişmeler 31 Marta kadar devam etti. Tarihleri gelince bunları da kısaca okuyacağız.

Burada şunu kaydedeyim ki Selanik'teki Merkezi Umumi, cemiyetin adını Terakki ve İttihat'ten İttihat ve Terakki'ye çevirmeyi bu Murat ve Ali Kemal'lerin bu namdan istifade ile

---

74    Ali Kemal İkdam'ı eline aldı. Mizanla diğer bazı gazetelerle ki bu arada Volkan dahi vardır. ittihat ve Terakki cemiyetini küçük göstermeye ve 31 Mart isyanının çıkmasına bir sebep oldular. Sultan Hamid de devrildi, kendileri de. Ali Kemal İstiklal Harbinde dahi istibdada alet olarak Milli Mücadele aleyhinde bulundu ve bunu İzmit'e halk tarafından parçalanarak ödedi. Murat Bey 31 Mart'tan dolayı sürgün cezası yedi ve hayatı, milli mücadeleye kadar yetişemedi.

ortaya atılmalarına mani olmak için bugünlerde kararlaştırmıştır. Hatta Selanik'te bugünlerde "İttihat ve Terakki" gazetesi adında gündelik bir gazete de çıkarılmaya başlandı.

## İSTANBUL MERKEZİNİN FAALİYETİ

Gün geçtikçe halk tabakası hürriyetin tadım alıyordu. Topluluklar çabucak hasıl oluyor ve büyüye-biliyordu. Bu halk kümelerini çenesi kuvvetli kimseler her tarafa çekebilirdi. Bunun için her topluluğa cemiyet efradının da kendiliğinden karışmalarını ve şuursuzca hükümet otoritesinin kırılmamasına ve aynı zamanda cemiyetimiz aleyhine tek bir söze meydan verilmemek için "Yaşasın Hürriyet, Kahrolsun istibdad!" narasıyla halkı bunu tekrara sürükleyerek önlenmesini temin etmiştik. Merkez azaları da bu gibi topluluklara birer ikişer karışarak efkarı umumiyeyi yakından takip ve bir düziye hürriyet ve Meşrutiyet'in feyzini şuna buna anlatıyorduk.

31 Temmuz (18 Rumi) de Taksim bahçesinde tahsil görmüş Osmanlı gençler kulübü açılışı şerefine yapılan nümayişte ben de şubemden birkaç arkadaşla bulundum. Muhtelif kimseler tarafından muhtelif dillerde nutuklar verildi. Serasker Rıza Paşa'nın oğlu Erkan-ı Harp Miralayı Süreyya Bey (Paşa) da Fransızca bir nutuk okudu. Ordunun Meşrutiyet'i kurtarmak hususundaki fedakarlığını belirtti. Umumi surette hatipler halka iyi fikirler verdiler. Halk pek coşkundu. Fakat Sultan Hamid'in marşını elindeki gramofonda çaldırarak dolaşan biri de göründü. Fakat, "Yaşasın Hürriyet! Kahrolsun istibdad!.." avazeleri daha üstün çıkıyordu. Burada dikkate değen bir şey de bazı tanınmış hafiye ve saray mensuplarının da bu nümayişe katılmaları ve halktan daha coşkun olarak "Yaşasın Hürriyet! Kahrolsun istibdad!" avazelerine katılmaları dikkati çekiyordu.

Bunların yanında yüksek sesle şu muhavereyi yapıyorduk. "Eh artık Sultan Hamid meşrutiyetten ayrılamaz ve halk tarafından sevilir, ilk meşrutiyete yaptığı gibi dönmek isterse taç ve tahtını kaybeder."

Anadolu'nun muhtelif yerlerinden ve hatta Beyrut'tan merkezimize tebrik telgrafları, 18 Temmuz 1324 tarihinden sonra yağmaya başladı. Bazıları İttihat ve Terakki imzasıyla veriyordu. Buralarda Meşrutiyet'in ilanından önce merkez teşkil olunmamıştı. Acaba Merkezi Umumi buralara adam göndererek teşkilat mı yapıyordu? Fakat henüz Selanik'ten İstanbul'a bile kimse gelmemişti.

Her ne hal ise bunları cevapsız bırakmamaya merkezimiz karar verdiğinden bir arkadaşımız bunlara cevap yetiştiriyordu.

***

## ARAP İZZET'İN KAÇMASI

18 Temmuz 1324 gazeteleri Arap İzzet'in oğlu ile birlikte Alman Sefarethanesine kaçtığı işitilmiştir, diye yazdılar. Müddeiumumilikçe suiistimallerinden dolayı Arap İzzet'le Selim Melhame hakkında mahkemeye müracaat olunduğunu haber alınca kaçmış. Bunun memleket dışına kaçmasına meydan vermemek için kendisiyle tanıştığım cemiyetten Avukat Yusuf Kemal Bey'i (Meşrutiyet ilanının beşinci günü Fatin ve Baha Beyler Beyazıt'ta İttihat ve Terakki namına imza toplarken gördükleri bu zata cemiyetten vesikan var mı diye sormuşlar, henüz cemiyete girmediği anlaşılınca cemiyete girmesini teklif etmişler. Bu da kabul etmiş, girmiş.) Donanma komodorluğuna gönderdim. Komodor Arif Hikmet Paşa cemiyetimize vasıtamla aldığımız Arif Bey'in kayınbabası idi ve hürriyetseverlerdendi. Arif Hikmet Paşa hemen Hamidiye süvarisi Vasıf ve Peyki Şevket Süvarisi Rauf Beyleri (İkisi de cemiyetten) çağırtarak Yusuf Kemal Beyle birlikte, Tophane önünde muvakkaten Fransız bandırası çekmiş olan bir Yunan vapuruyla kaçacağı öğrenilen Arap İzzet'i yakalamaya memur ediyor.

Hamidiye'den bir müfreze silahendaz alarak bu arkadaşlar ortalık kararırken Tophane önünde demirli bulunan vapura giriyorlar. Çarkçıbaşı bir Avusturyalı imiş. Geminin kaptanı daha gelmemiş. Arap İzzet eşyasını ve yiyecek ve içeceğini göndermiş. Kendisi daha gelmemiş. Kaptan geliyor. Gemi Arap İzzet'in gelmesini bekliyor. Arkadaşlar da sabaha kadar vapurda bekliyorlar. Arap izzet gelmiyor. Sabahleyin haber alıyorlar ki İzzet ailesiyle birlikte Mari ismindeki küçük kabotaj yapan ufak bir İngiliz gemisiyle adadaki evinden kaçmıştır.[75] Sakalını tıraş ettirerek ve şapka giyerek kıyafetini değiştirmiş.

Arif Hikmet Paşa bu gemiyle Marya vapurunu takip ederek Arap İzzet'in yakalanması için Rauf Bey heyetine emir veriyor. Yusuf Kemal Bey de beraber olduğu halde yola çıkıyorlar. Ertesi sabah Çanakkale'deki ferman gemisi (Gemilerin hareket müsaadesini yoklama eden) Hızır zırhlı dubasından top ateşiyle ferman soruluyor. Bunlar da bu dubanın yanına demir atıyorlar. Bahriye Nezareti'nin buraya haber vermemesi yüzünden muhabere ile vakit kayboluyor. Ancak akşam üstü harekete geçebiliyorlar, Pire civarında Lavriya limanında tahkikat yapıyorlar. Buraya uğramamışlar. Belki Ziya adasındadır diyorlar. Fakat burada da bulamıyorlar. Dönüp Sakız'a geliyorlar. Bahriye Nezaretine bildiriyorlar. Geri gelin emrini aldıklarından İstanbul'a dönüyorlar.

Arap İzzet'in Marya vapuruyla kaçtığını öğrenince İstanbul merkezi namına Sadrazama bunun Çanakkale'de derdesti için emir verilmesini ricada bulunduk. Sadrazam Sait Paşa mutasarrıfa bu hususta telgraf çekiyor, Mutasarrıf ta İngiliz konsolosu ile birlikte vapura gidiyor. Güya Arap izzet elinde serkâtibi hazreti şehriyari Tahsin imzasıyla "Hicaz demiryolunda yapılacak merasimde hazır bulunmak üzere İradei Seniye ile memuren Suriye'ye gönderilmiştir," diye bir vesika bulunduğundan yolundan alıkonmamış!..

Arap İzzet'in Fransız bandıralı Yunan vapurundaki eşyası

---

75    O zamanki Alman sefiri Kiderlen Wachter'in hatırasında şu satırlar yazılı:

Arap izzet Paşa Büyükdere'deki Alman Sefarethanesine kaçtı. Boradan bir istimbotla İngiliz gemisine gitti. Bu adam dünyada emsali görülmemiş bir hırsızdı. Fakat bize karşı eşkıyalara has sadakatiyle bağlı olduğundan tutuyorduk.

arasında Sultan Hamid'e hitaben kaçmasına müsaade istedi-
ği kağıda Sultan Hamid kendi el yazısıyla "Gürültüye pabuç
bırakma!" diye yazdığı görülmüştür. Eşyası arasında birçok
şampanya ve arafat ve hac vesaire resimleri havi bir lünet
bulunmuştur.

Arap izzet Londra'ya gitmiştir. Milleti kıyasıya soyanla-
rın başında gelen bu adam hele ordu için Almanya'dan satın
alınan şeylerden insafsızca para vurdu. Mauser tüfeklerimizi
üçer buçuk altına bizim devlet satın aldığı halde Japonlar aynı
tüfekleri iki buçuk altına almışlardı. Edirne kalesi için Train
renard adı verilen ve güya şoselerde işleyen bir lokomotifle
birkaç vagondan binlerce altın vurdular. Bu tren güya kalede
ihtiyatların süratle nakline yarayacaktı. Asla işleyememiş ve
kışla kapılarında nizam karakollarına koğuş hizmeti görmüş-
tür. Arap İzzet'in Avrupa bankalarında 25 milyon altın lirası,
bizim Türk altınıyla 1.250.000 lirası bulunuyormuş. Meşrutiyet
ilan edilmeseydi bu ve emsali hırsızlar başlı başına Osmanlı
Devleti'ni iflasa götürecek amiller olacakmış. (31 Mart isyanını
Londra'dan hazırlayanlardan biri olduğu iddia olunan Arap
İzzet'i ben 1914 Birinci Cihan Harbi arifesinde Avrupa'ya yap-
tığım seyahatte Viyana'da gördüm. Sefirimiz, Hüseyin Hilmi
Paşa'yı — Manastır'da mıntıka Erkan-ı Harpliğim sırasında
— umum müfettişti, Enver Bey'le beni çağırarak siyasi vazi-
yetimizin icabı olarak takiplerde şiddetimizin tadili hakkında
nasihatlerde bulunmuştu- ziyaretim sırasında Arap İzzet de
gelmişti. Türk milletini soyan bu Arap, Enver Paşa'ya selam
yollamaktan ve kendisinin sanıldığı gibi kötü bir adam olma-
dığını söylemekten hiç de utanmıyordu. Zamanında kafa-
sı ezilmeyen millet hırsızlarının sonraları nasıl refah içinde
Avrupa'da yaşadıklarına kim bilir bu herif kaçıncı misaldi.)

## SELİM MELHAME PAŞA'NIN KAÇMASI

Orman ve Maadin Nazırı olan bu gayrı Türk de 15 milyon
altın franklık servetiyle birlikte bir İtalyan vapuruyla kaçmıştı.
Karısı Fransız olan bu herifin damadı da bir İtalyan zabiti idi.

Ordumuzda iki yılda paşalığa kadar da rütbe verildi. Üç yıl kadar önce biz erkan-ı harbiye üçüncü sınıfta iken Selim Melhameye damat olmuş ve ordumuza girmiş bir İtalyan yüzbaşısı idi. Ara sıra atlı talimlerimize gelirdi. Kaya yut sırtlarında (Bugünkü Hürriyet Tepesi) süvari muallimimiz birer birer bütün sınıfımızı bu adama takdim etmişti. Benim sınıf birincisi olduğumu ve her zaman bu mevkii muhafaza ettiğimi söylediği zaman sınıfımın en küçüğü olduğumu görerek Fransızca güya iltifat olarak: "Vous etes encore jeune! Siz henüz küçüksünüz!" demişti. Bütün sınıf bu adamın bir casus olarak; Selim Meihame'ye çattığı kanaatinde idik.

Sultan Hamid bu iki en sadık kölesini kaçırmakla Meşrutiyet'e karşı asla sadık kalmayacağını daha açık göstermişti. Bunlar vasıtasıyla Avrupa devletleriyle yeni bir cinayet hazırlaması endişesi bizi kendisinden büsbütün soğuttu. Hususiyle Mithat Paşa'nın oğlu Ali Haydar Bey'i Mabeyne çağırıp iltifat etmesi, hediyeler vermesi, ayan azalığına tayin etmesi ve arkasından Londra sefaretine tayin etmesi ve Sadarete de Kıbrıslı Kamil Paşa'yı geçirmesi bazı şüpheler uyandırıyordu. Almanların yetiştirdiği erkan-ı harp zabitlerinin hürriyetseverlerin başında görünmeleri Sultan Hamid'i Almanya'dan soğutmuş olabilirdi. Şimdi o kendini İngilizlerin kucağına atar görünüyordu. (Alman Sefiri Baron Marsal; istibdadı geri getirmek için Sultan Hamid'in İngilizlere bazı vaadelerde bulunduğunu 31 Mart hadisesini bildiren bir raporunda yazmış.)

## SELANİK'TEN GELEN HEYET
## VE İLK ANLAŞMAZLIK

19 Temmuz 1324, sabahleyin Merkezi Umumi'den gelen bir telgrafta bir heyetin yola çıktığı bildiriliyordu. Hemen merkez arkadaşları Sirkeci İstasyonuna gittik. Benim teklifim veçhile kendilerini belli etmeden birkaç arkadaşın geleceğini sanıyorduk. Merkezimizi gizli tuttuğumuzdan gelecek arkadaşları her birerlerimiz alarak ayrı ayrı İkdam matbaasının kapısı üstündeki binada toplanmaya karar verdik. Trenden Erkan-ı

Harp Binbaşı Cemal, Rahmi, Cavit, Necip Draga ve Kolonyalı Hüseyin Bey çıktılar.

Mutaddan biraz farklı olan kalabalığa karşı Cemal Bey tren penceresinden bir nutuk söyledi. Halkın çabuk dağılması bu heyete karşı bir karşılama merasimi hazırlanmadığını heyete gösterdi. Cemal Bey bunu hoş görmedi. Fakat gelen heyet bizim teklifimize uyarak her biri birimizin koluna girerek halk içine karıştık. Bu suretle pek dikkati çekmeden merkezimizde toplandık.

Rahmi Bey köşede dayalı bulunan "Terakki ve İttihat Cemiyeti İstanbul Merkezi" diye kırmızı atlas üzerine beyaz yazılı bayrağı görünce yerinden fırlayarak bayrağı kaptı ve bağırdı:

—Bunun yeri burası değil, pencereden sarkmalıdır.

Ben de ayağa kalkarak Rahmi Bey'i önledim ve merkezimizin şu kararını söyledim:

—Selanik'ten gelmesini istediğimiz salahiyet sahibi birkaç arkadaşla esaslı bir program hazırlanmadan İstanbul merkezinin meydana atılmasını uygun bulmuyoruz. Merkez namına diye arkadaşlarımız faaliyette bulunuyor. Programı hazırladıktan sonra Selanik'ten cemiyetin şanına layık bir surette açık bir heyetin gelmesini düşünüyorduk. Bunun donanmamız vasıtasıyla yapılması, halka ve padişaha karşı çok kuvvetli tesirler yapması lazımdır. Hiçbir şeyi kararlaştırmadan programsız bir şekilde Selanik'ten bir heyet gelmiş diye işin küçültülmesini doğru bulmuyoruz. Bizim merkezin kimlerden ibaret olduğunun ortaya çıkması ve mevcudumuzun belli olması da çok mahzurludur. Bir erkânıharp kolağası, bir mühendis, bir muharrir, bir sarıklı, bir avukat gerçi bir kuvvettir. Fakat birçok haris veya müteşebbis kimseler ve hele terörle hürriyetin ilanını kabul eden Sultan Hamid ve saray erkânının üzerine gizli kaldığımız derecede tesirli olmaz.

Cemal Bey söze karıştı ve ayağa kalkarak mütereddit bulunan Rahmi Bey'e:

—Bayrağı elinde ne tutuyorsun, pencereden dışarı sallandırıver, dedi. Rahmi Bey bu işi yaparken Cemal Bey sol eliyle sağ omzumun arkasına hafif hafif vurarak bana da şunları söyledi:

—Kazım! Biz seni çok cesur sanıyorduk. Siz hala burada korku içinde yaşıyorsunuz. Halbuki biz Selanik'te her şeyimizi ortaya çıkardık. Sultan Hamid'den artık korkulacak bir şeyimiz kalmadı. Bakın Manastır ve Üsküp merkezlerinden de arkadaşlar alarak Merkezi Umumi arkadaşları buraya apaçık geldik.

Bu aralık Babıali'den gelip geçenler bayrağı görünce alkışlamaya ve kapı önünde toplanmaya başladılar. "Yaşasın Cemiyet!" diye haykırışlar da başladı. Rahmi Bey eliyle ve başıyla pencereden halka karşılık selamlar gönderiyordu.

Cemal Bey'e şu cevabı verdim:

—Beyim, şahıslarımızı gizlemedik. Hürriyetin ilanını hazırlamak için istibdadın mihrakıdan İstanbul'da pek tehlikeli olan sarayın burnunun dibinde canla başla çalışan arkadaşlarla karşı karşıya bulunuyorsunuz. Bu gidişle Sultan Hamid'in bir daha taliini deneyeceğine şüphe etmiyorum. Öyle bir günde kaçanla koşanı görürüz, Cemal Bey![76] Bu gafletin cezasını çekeceğimiz gün çok uzaklarda değildir. O gün de bu arkadaşlarınıza yine cesur görürsünüz.

Cemal Bey sözlerime gülümsedi ve pencereye yürüdü. Alkışlanmadan haz duydu. Rahmi Bey de bir galip adam tavrıyla yerine oturarak haykırdı:

—Yaşasın Selanik!

Necip Draga da bağırdı:

---

76   31 Mart hadisesi üzerine ben, Edirne'den fırkamın ilk kademesi olan iki taburla Hadımköy'e trenle geldiğim zaman Cemal Bey de İstanbul'dan kaçan bazı mebuslarla buraya gelmişti. Kendisine sordum:

— Dediğim, korkunç günde kaçanla koşanı gördünüz mü Cemal Bey!

Cemal Bey'in rengi uçtu, titrek bir ifade ile beni tasdik etti. Fakat Balkan Harbi'nden sonra iktidar mevkiine geçince benden intikam almaya kalktı. Haksız yere beni Divan-ı Harb-i Örfi'ye verdi. Cezaya çarptırmaya uğraştı. Ağır hüküm de yedirtti. Fakat cezayı tatbike muvaffak olamadı. Teferruatını sırasında göreceğiz.

—Yaşasın Firzovik ve Üsküp! Arnavutları biz idare ettik. Bunlar yola gelmeseydi, ne yapacaktı Selanik?

Cemal Bey de "Yaşasın Selanik!" tarafını tutarak çekişmeye başladılar. Bu sahnenin hoşa gider yeri yoktu. Bizim İstanbul merkezi arkadaşları diğer odaya savuştular. Benim hayretle bu çocukluğu seyrettiğimi fark eden Hüseyin Bey kulağıma şöyle fısıldadı:

—Selanik'ten beri bu dava! Çok çirkin bir iş yaptıklarını birkaç kereler söylediğim halde burada da başladılar. Ben mütalaanıza tamamıyla iştirak ediyorum. Ortada hiçbir program yok. Bir şımarıklıktır gidiyor. Ben bu heyetle çalışamam, hemen Manastır'a dönmeye karar verdim.

Manastır'ın ilk merkez arkadaşım olan Hüseyin Bey Mülkiye mezunu, ağır başlı ve bana çok güveni olan bir insandı. Kendisine heyetten ayrılmamasını ve benim mütalaalarıma kuvvet vererek yardım etmesini rica ettim. Diğer odadaki İstanbul Merkez arkadaşlarının yanına gittim. Selanik'ten gelenler şeref davasını o kadar hararetle çekişmeye koyulmuşlardı ki içeriye girip çıkanların farkında bile olmuyorlardı.

Yanlarına girdiğim arkadaşlar hemen hep bir ağızdan:

—Kazım Bey! Bu ne hal? Bize bir düziye methettiğin insanlar meğerse ne dar kafalı adamlarmış. Biz Merkez-i Umumi'yi büsbütün başka sanıyorduk. Bu adamlarla makul münakaşa nasıl olur? Şimdi bu alkış budalalarıyla ne yapacağız?.

—Aradaki görüş farkı muhitlerin tesirinden olacak. Herhalde boş kafalı insanlar değiller. Biraz sükunete gelsinler de birlikte toplanarak bir program hazırlayalım. Siz biraz daha beni onlarla yalnız bırakın, dedim ve tekrar Selanik'ten gelen heyetin yanına gittim. Şu muhavereyi açtım:

Ben — Merkezi Umumi ve diğer merkezler tamamıyla kendilerini belli etmelerinde ve hürriyeti şurası aldı burası aldı gibi münakaşalarda mahzur görmüyor musunuz? Biz, saray bu haliyle ortada durup dururken ve cemiyetimiz meşrutiyet idareye ne şekilde faaliyetle iştirak edeceğini bir kongre ile kararlaştırmadan önce bütün idare mekanizmamızı ortaya çıkarmakta tehlike buluyoruz, içten dıştan bin bir entrikalarla çıkarılacak bir irtica hareketi karşısında her şeyimizin apaçık hücuma maruz bulunmasını tehlikeli görüyoruz. "Alkışlar ve Yaşa" haykırışları karşısında zevk duymaktan İstanbul merkezi kendini men etmiştir. Meşrutiyet'i Selanik aldı, Üsküp aldı gibi münakaşalar da arkadaşlarımız üzerinde fena tesir yapmıştır. Merkezi Umumi'nin ilk işi bir beyanname ile İstanbul'da, Edirne'de, İzmir'de vesair yerlerdeki teşkilatını ilan ederek istibdad idaresinin kaldırılarak hürriyetin ilanı için yenilmez bir kudrete sahip olduğunu ilan etmeli idi.[77] Aksine olarak siz işi mahdut sahaya inhisar edici münakaşalar yapıyorsunuz. Hem de yeni temasa geldiğiniz; İstanbul merkezi arkadaşlarımıza karşı. Sultan Hamid, bu işin nihayet Üçüncü Ordu'ya dayandığını sanırsa milletin başına altından kalkamayacağı bir istibdad halkasını geçirmeye cüret eder.

— Halkın şu heyecanı her işin artık halledilmiş olduğunu göstermiyor mu be Kazım! diye benim hakikate uygun olan mütalaalarımı Rahmi Bey ve onu tasdikle Cemal Bey cerhetmek istediler.

— Şu bağrışanların ve el çırpanların yüzde sekseninin Sultan Hamid taraftan ve hatta hafiye teşkilatına mensup kimseler olmadığını nasıl inanıyorsunuz? Eğer Sultan Hamid cüret edip sizin tevkifinize emir verse İstanbul'daki bir avuç cemiyet mensuplarından başka sizi müdafaaya koşacak kaç kişi bulunabilecek sanıyorsunuz? Merkez-i Umumi'yi temsilen İstanbul'a böyle mi gelmeniz doğrudur. Salahiyet sahibi iki arkadaş gelseydiniz. Yapacağımız programın esas maddesi Merkezi Umumi'yle Sultan Hamid'in resmi teması olacaktı. Eğer bu padişahı tutacaksak onu belki Selanik'e bir seyahate bile razı ederdik. Bu olmazsa Merkez-i Umumi heyetine karşı muazzam bir istikbal resmi hazırlardık. Ordu ve donanmanın iştirak etmesi lazım gelen bu merasimden hükümeti de haberdar

---

77    Şifahi ve tahriri olarak hatta Edirne merkezinden dahi müracaatlarımıza rağmen böyle bir beyanname çıkarmayan Merkez-i Umumi gafletini ancak 31 Mart isyanını görünce anladı.

ederek cemiyetimizin azametini İstanbul'a ve bu suretle cihana gösterirdik. O zaman cemiyetimiz belki bin misli kudret kazanırdı.

Sözlerimin tesirini gördüm. Suçlu gibi bu arkadaşlar birbirine bakıştılar. Hüseyin Bey de bana hak vererek dedi:

— Çok doğru söylüyor. Merkez-i Umumi'nin meydana çıkması ve bu şekilde bir heyetin İstanbul'a gelişi hakikaten bizi olduğumuzdan daha zayıf gösterecektir.

Cemal ve Rahmi Beyler birbiriyle bir şeyler konuştular. Selanik'ten on fedai istemeye karar vermişler. Kod usulü bir telgraf yazdılar ve bugün istirahat edeceklerini yakında Talat ve Hafız Hakkı Beylerde Edirne'den geleceklerinden esaslı görüşüleceğini söylediler.

## EDİRNE'DE ASKERİ İSYAN

20 Temmuz 1324 de merkeze uğradığım zaman Talat ve Hafız Hakkı Beyleri burada buldum. En karanlık günlerde tanıştığım Talat Bey boynuma sarıldı, öpüştük, ilk sözü:

— Kazım! Edirne'de askerin isyanından haber aldınız mı? dedi.

Ben — Edirne'den hiçbir haber alamadığımdan sıkılıyordum. İsyan mı çıkmış? Siz neler biliyorsunuz? diye sordum.

Taiat — Ben Hafız Hakkı ile Edirne'ye gitmek üzere Kuleli Burgaz'da heyetten ayrıldık. Birkaç gün önce Serez ve Drama'dan Erkan-ı Harp Yüzbaşı Ruşenî, Yüzbaşı Ragıp Rıfkı, Drama Ceza Reisi Azmi ve eşraftan bazı kimseler bir heyet halinde Edirne'ye gitmişlerdi. Bunlar Selanik'e döndüler. Bir şeyden bahsetmediler. Fakat dün bir askeri isyan olduğunu haber aldığımızdan Edirne'ye gitmeyerek İstanbul'a geldik. 17 Temmuz gazetelerinde de, Selanik'ten bir hayli zabit ve asker Edirne'ye geldi. İstasyonda pek parlak istikbal olunduğunu yazıyordu. Ben — Sirkeci telgrafhanesine gidelim. Edirne merkezinden Erkan-ı Harp Yüzbaşı İsmet Bey'i makine başına çağırtıp vaziyetin ondan öğrenelim.

Talat Bey memnun oldu. Gündelik gazetelerde bu hususta havadis var mı diye de göz gezdirirken İkdam'da şu telgrafı gördüm: Dün gece Edirne'den aldığımız telgrafnamedir

Sevgili vatandaşlarımıza ahvali hazırayı suitefsir etmemelerini rica ederiz. Padişahımız Sultan Hamid'i sani efendimiz hazretleri bizim yegane istinadgahımızdır. Nefsi hümayunları bütün ordu ve millettin canı ve kanile tahtı kefalettedir. Biz cümleten hayatı şahanelerini millete bağışlaması için gece gündüz bargahı kibriyaya dua etmekteyiz. Maksadımız birkaç hainin ortadan kalkması idi. Padişahımız bize o büyüklüğü de ihsan etti. Askerin istediği Padişahımızın selamına nail olması idi. O da hasıl oldu. Binaenaleyh artık düşünecek, isteyecek bir şey yoktur. Yaşasın Sultan Hamid.

19 Temmuz 1324

İttihat ve Terakki Cemiyeti

Talat Bey'le Sirkeci telgrafhanesine yola çıktık. Talat Bey dedi:

— Kazım! Bu vaziyet hiç hoşuma gitmiyor. Bakalım iş nereye varacak? Edirne merkezi; "Padişahım Çok Yaşa!" ya başladı. Arkadaşlara askerler zorla mı yazdırdılar, kim bilir. Şaşkınlıktan cemiyetin adını bile alt üst etmişler.

Dedim:

— Talat Bey! Vaktiyle Edirne'ye ehemmiyet verilmesini defalarca söylemiştim. Orada teşkilata çok geç başladınız. Sonra da Meşrutiyet'in ilanıyla beraber işi bir elden idare için bir program yaparak ve mühim merkezlerden birer murahhas çağırarak Selanik veya İstanbul'da gizli bir toplantı ile bu programı tespit ile işe başlamadınız. En büyük hata da İstanbul'a bir yolcu gibi bir heyetin gelmesidir. Bunu hükümete de bildirerek büyük merasimle yapmalı idik. Meşrutiyet'in ilanından sonra bile Edirne'nin haline vakıf olmamak Merkezi Umumi'mizin pek de kudretli ellerde olmadığı kanaatini herkese göstermektedir.

Talat Bey çok yeisli idi. Bana yavaş sesle şu cevabı verdi:

— Kazım! Ne söylersen hakkın var. Biz Selanik'te kolayca Meşrutiyet'i ilana muvaffak olduk diye neşeden fazla sarhoş olduk. Ama Sultan Hamid'in kendini hal etmeye kadar işi ileri götüreceğimizden endişe etmesine de meydan vermemek için Meşrutiyet'in ilanının ertesi günü de onu teskin edecek bir beyanname neşrettik. Sizin İstanbul merkezince neşrettiğiniz beyanname onu ürkütebilir.

Talat Bey cebinden bu basılarak dağıtılan beyannamelerinin bir tanesini bana verdi. Sirkeci telgrafhanesine de gelmiştik. Edirne merkezinden Erkanıharp Yüzbaşı İsmet ve Seyfi Beyleri istedik. Bunlar bulduruluncaya kadar ben de beyannameyi okudum. Aynen şudur:

## 12 TEMMUZ 1324 TARİHLİ SELANİK MERKEZİNİN BEYANNAMESİ

Osmanlı Terakki ve İttihat Cemiyeti, Kanuni Esasi'nin tatbikini temin etmek ve Meclisi Mebusan'ı açtırmak maksadı mukaddesini takip etmiş ve hükümdarımız 11 Temmuz 1324 tarihinde Milleti Osmaniye'ye Kanunu Esasi'yi ve Meclisi Mebusanı bahşeylemiştir. Memlekette şimdiye kadar cari olup cümlenin mucibi şikayeti olan ahval ve kavanini mevzua ahkamının keyfe göre tağyir ve tebdili ve nizamatı devlete gerek idarei keyfiye gerekse ahali tarafından riayet edilmemesi yüzünden ileri geldiği herkesin malûmudur. Ahiren hükümdarımız Milleti Osmaniye'ye bahsi hürriyet etmiş ve binaen aleyh badema Kanunu Esasi dahilinde ifayı umur edecek hükümet meşru olup hürriyet meşruiyet ve meşrutiyet dairesinde nizamatı mevzuanın temamii tatbik ve infazına mecbur olan bilcümle memurini hükümet tarafından vaki olacak tebligata riayet ve mutavaat edilmesi zaruri; aksi halde memleket dahilinde harekatı hodserane temadisinde emniyet ve asayişi umumiyenin muhtel olacağı tabiidir. Bu ise cemiyetin maksadına külliyen münafi olacağından harekatı mezkûreye mütecasir olanlar ve işaat ve beyanat ve tebligat ve metalibatı

ferdiye ve indiyeye kıyam edenler cemiyetin himayesinden
ziyade takip ve takbihe duçar olacağını ve Milleti Osmaniye-
mize yeni bir devri hürriyet ve saadet küşad etmiş olan padi-
şahımız hakkında layık olan hürmet ve riayette kusur edil-
memesini Osmanlı Terakki ve İttihat cemiyeti görülen lüzum
üzerine ahaliye tebliğ ve ilan eder.

12 Temmuz 1324

Osmanlı Terakki ve İttihat

Cemiyeti Selanik Merkezi

Sultan Hamid'i hal etmedikçe Meşrutiyet'in kurulaca-
ğına asla inanmamış bulunan ve Sultan Reşat'ı geçirerek işi
kökünden halletmek kararında bulunan arkadaşlarımızın tam
muvaffak olacakları bir sırada bu hatayı nasıl irtikap ettikle-
rine hayret ettim ve Talat Bey'e sebebini sordum. Sebebi pek
garip şöyle ki:

Umum Müfettiş Hüseyin Hilmi Paşa Meşrutiyet'in ilanının
ertesi günü Selanik'te Manyası zade Avukat Refik Bey'i çağı-
rarak diyor ki: "Padişahımız hakkında bazı şayialar var. Cemi-
yet bunu tekzib etsin!"

Meşrutiyet'in ilanıyla beraber Merkez-i Umumi, Selanik
merkeziyle birlikte Splandid Palas otelinde çalışıyormuş. Refik
Bey gelip Hüseyin Hilmi Paşa'nın arzusunu bu merkezlere bil-
dirmiş ve böyle bir beyanname neşri lüzumunu da anlatmış!..?
Her iki merkez de bunu kabul ederek bu sakat beyannameyi
yazıp bastırmışlar. Selanik merkezi mührüyle mühürlenerek
sokaklara astırmışlar ve elden dağıtmışlar.

— Talat Bey! Şu halde Edirne'de askerin isyan çıkarmasına
hayret etmiyorum. Çünkü siz kendi elinizle Sultan Hamid'e
bu fırsatı vermişsiniz! Mademki hürriyeti o bahşetmiş, yine
müsait zamanda alabileceğine elbette inanmıştır.

Bu aralık Edirne telgrafhanesine İsmet Bey'in (İnönü) gel-
diğini bildirdiler. Biz de kendimizi bildirerek isyanın sebep ve
mahiyetini sorduk.

—Padişahımıza suikast yapılmış diyorlar. Gidip padişahımızı görmek isteriz! diye bağrışarak kışlalarından çıkan bir kısım asker zabitlerinin sözünü dinlemeyerek istasyona gittiler. Sadrazam ve Mabeynle muhabere ederek Trenle İstanbul'a yola çıktılar. Şimdilik Edirne'de sükunet vardır.

Vaziyetin nasıl ve nerede karar vereceği anlaşılmayan bu isyan Talat Bey'i fena halde sarstı. Çok yeisli bir halde telgrafhaneden çıktık.[78] Talat Bey bir iç acısıyla bana şunları söyledi:

—Kazım! Şimdi ne olacak? Bu askerler, buradakileri de ayaklandırırsa bir de Sultan Hamid bunlardan cesaret alarak harekete geçerse ne yaparız? Keşke merkeziniz gizli kalsaydı. Ahvali bilmeyen arkadaşlarımızın büyük gafletleri bize pahalıya mal olacak. Çok haklı imişsin. Şimdi ne düşünüyorsun?

—Talat bey! Yapılacak ilk iş basittir. Derhal Harbiye Nazırına müracaatla bu askerin katiyen Sirkeci'ye indirilmeyerek münasip bir yerden vapurla Beşiktaş'a nakillerini istemektir. Aynı zamanda bu askerin içine Beşiktaş'tan adamlarımızı katarak onlara şu propagandayı yaparız: "Terakki ve İttihat Cemiyeti padişahımızdan terhisinizi rica etti. Siz de isterseniz padişahımız irade eder."

Ondan sonraki ahvale göre hareket tarzını düşünürüz. Biz teşkilatımızı tamamıyla ortaya atmadık. Hele fedailerimiz tamamıyla gizlidir, ihtiyat olarak sizler ahvalin açılmasına kadar gizli bulununuz.

Talat Bey mütalaamı beğendi ve ben de derhal icap eden tedbirleri aldım. Beşiktaş'a askerin arasına bu işi en iyi başaracağını bildiğim kardeşim mülâzımıevvel (Üsteğmen) Hulusi Bey'i sivil olarak saldırdım.

Harbiye Nezareti'nce de askerin İstanbul'a sokulması mahzurlu görülerek Harbiye Nazırı Ömer Rüştü ve Erkan-ı Harbiye-i Umumiye Reisi Şakir Paşalar treni mahsusla Hadımköy'e giderek bizim düşündüğümüz gibi vapurlarla Ayastafanos'tan (Yeşilköy) Beşiktaş'a naklolunduklarını ve sayılarının

---

78    Bu telgrafhane sonraları bir aralık İstasyon lokantası oldu. Daha sonraları da yıkılarak oraları meydan haline konuldu.

350 nefer olduğu "terhisinizi isteyiniz!" propagandasının çok hoşlarına gittiğini, "cemiyete, yaşasın!" dediklerini öğrenerek Talat Bey'e müjde verdim. Talat boynuma sarılarak teşekkürlerini söyledi. Benim Edirne teşkilatını kuvvetlendirmek için bir aralık Edirne'ye gitmekliğimi rica etti. Bunu çok önceden düşünerek Edirne Harbiye ve idadi mekteplerinin imtihanlarını teftişe memur edildiğimi ve ağustosun haftasında buradaki Harbiye Mektebi imtihanlarındaki vazifem bitmiş olacağından oraya gideceğimi söyledim. Çok memnun kaldı.

Edirne isyanının mahiyetini Edirne'ye gittiğim zaman inceden inceye araştırdım ve telgrafhaneden isyan eden askerin İstanbul ile muhaberelerini de aidini. Şöyle ki:

Üçüncü Ordu namına diye meşrutiyet'in haftasında Edirne'ye Serez ve Drama'dan bir heyet gelmiş. Erkanıharp Yüzbaşı Giritli Ruşenî, Yüzbaşı Ragıp Rıfkı, Drama ceza reisi Azmi Beyler (İstanbul Polis Müdürü Umumisi olan) ve Drama Serez eşrafından bazı zatlar. Edirne'deki arkadaşlarımız bunlara parlak bir karşılama hazırlamışlar. Asker kıtaları ve koşulu bataryalar bile çıkarmışlar. Yapılan taklara o zamana kadar adet olan "Padişahım çok yaşa" levhaları da konmuş. Ruşeni bu parlak merasimden heyecanlanarak büsbütün çileden çıkmış ve kılıcını çekerek bağırmış:

—Bu menhus levhalar hala burada neden asılı duruyor! Biz onu şöyle yaptık, böyle yaptık!., diye söylediğinin sonradan dahi farkına varmadan kılıcı ile bu levhaları parçalamış!..[79]

Bu vaziyet askere çok kötü tesir yapmış. Orada ses çıkmamış. Fakat kışlalara döndükten sonra kaynaşma başlamış. Münakaşaların sonunda cemiyetin padişahın düşmanı olduğuna, padişahımızı öldüreceklerine veya öldürdüklerine karar verilmiş. 19 Temmuz 1324'te kışlalardan boşanarak istasyon yolunu tutmuşlar. Yollarda cemiyete karşı küfürler

---

79 Söylediğini anlamak kabiliyetine göre insanlar dört çeşittir:
1. Söylemeden düşünür. Şu halde sözünün manasını bilerek söyler.
2. Söyledikten sonra ne söylediğinin farkına varır. 3. Söyledikten sonra da farkına varmaz, ancak kendisine ihtar olunursa anlar. 4. Kendisine ihtar olunsa da anlamaz veya anlasa da inat eder durur.

savurmuşlar. Bunları durdurmak ve nasihat vermek isteyen bazı zabitleri ve bu arada Edirne cemiyetinin ikinci numarasını taşıyan ve merkez azasından bulunan Topçu Yüzbaşısı İhsan Divitcileri de dövmüşler. Askerin başında Alay Müftüsü Yahya ve alaylı Kolağası Ömer bulunduğu halde istasyona gelmişler. Makine başındaki muhaberelerine ait üç telgraf aynen şunlardır:

Sadrazam Sait Paşa Hazretlerine, Atabei Şahaneye

Cemiyeti İttihadiye namı mefsedetiyle Padişahımızın düşmanı olduğuna ve Padişahın çok yaşa elvahı daiyesini çak ederek nefsi nefisi hümayununa suikast etmek ve madalyalarımızı toparlayarak iradei şahaneleri olmadan bir nişanei mefsadet olmak üzere allı yeşilli şerit taktırdıkları, biz mûslüman asker kulların gayreti diniyemize dokunarak bizzat padişahımız efendimiz hazretlerinin tahtı alibahtı Osmanide istikrarı uğrunda ve bilumum efradı şahane ve bir alay müftüsü ve iki üç zabit bulunduğumuz halde hakipayı şahanelerine yüz sürmek ve uğuru şahanede can vermek üzere Edirne istasyonunda bekliyoruz. Ferman Padişahımız efendimiz hazretlerinindir.

19 Temmuz 1324

Alay Müftüsü

Yahya Efendi

Sadrazam Sait Paşa Hazretlerine

Zabitan umumiyet denilecek derecede cemiyete dahil olduğundan ve cemiyetin amali de sadıkanı padişahiyi katletmek üzere yemin ve ahdi misakta bulunduklarından her birerlerimizi gûnagün ve bahusus başımızdaki zabıtanı katletmek ağlebi ihtimal olduğundan her bir taburdan miktarı münasibinin ve kaç kişiden mürekkep olmak icabederse bir hey'etin kabulü veyahut bizim ne suretle idamei hukukumuz lazım geleceği arz ve istizan olunur.

19 Temmuz 1324

Umum efradı şahane Kolağası Ömer Alay Müftüsü Yahya Telgrafnamei sami' Timurtaş'ta Umum Asakiri Şahane namına Alay Müftüsü Yahya ve Kolağası Ömer Beylere.

C. 19/Temmuz 1324. Velinimetimiz Padişahımız efendimiz hazretlerinin kavanini adilelerinin tahtı himayesindesiniz. Sabır ve itidali iltizam eylemeniz Harbiye Nezareti Celilesinden ba iradei seniye vaki olacak evamire ve vesaya dairesinde hareket etmeniz lâzımdır. Telgrafınız Nazırı müşarünileyh hazretlerine elden verilmiştir.

19 Temmuz 1324

Sadrazam

Sait

Bu hadisenin neticesini Edirne merkezi telgrafla 24 Temmuz saat 5 işaretli telgrafıyla bildirdi:

İstasyonda toplanmış olan efradı müstebeddileden üçyüz elli kadarı başlarında hemen hiç zabit bulunmayarak İstanbul'a gittiler. Hadımköyü'nde istikbal ve Ayastafanos'ta vapura irkap olunarak Beşiktaş'a nakledildiler. Sarayda birkaçı şeref misüle nail oldu. Kendilerine zabitlerine itaatleri emrolundu. Avdetlerinde istasyonda bulunan bilcümle asker ile beraber kışlaya girdiler. Bu harekat esnasında heyecan görülmüş ise de ahaliye hiçbir tecavüz vukubulmamış olması emniyet vermiştir. Talepleri ve fikir ve niyetleri tam para ile müstebdel olmaya inhisar etmiştir. Merkezde bulunan efrad bütün matluplarını almak için ısrar ettiklerinden elde mevcut para verilerek terhis ediliyorlar. Mevaki'de efradı müstebdilenin dahi tam matlupları verilerek terhis edilmeleri derdesttir.

Edirne Merkezi

Merkezi Umumi'de bunu aynen bastırarak on para fiyatlı bülten şekilde her tarafa yaydı, isyana sebep olan Ruşeni'yi de Selanik'e çağırarak İzmir'e bir heyet halinde yollamak gibi kısa düşünürlük yaptı. Edirne'ye gittiğim zaman Merkezi

Umumi'nin bu gafletini oradaki arkadaşlarını bana şikayet ettiler. Edirne'deki çalışmalarım bahsinde bunu da göreceğiz.

## SELANİK'TEN GELEN HEYETİN ÇALIŞMALARI

Ben, Merkezi Umumi'nin İstanbul'a salahiyet sahibi bir iki kişi göndermesini istediğimin sebebi ilk iş Sultan Hamid hakkında vaktiyle düşündüğümüz kararın tatbikini kararlaştırmak idi. Bu ve diğer işler hakkında program hazırlayarak neleri, nasıl yapacağımız hakkında fikirlerimizi birleştirmek ve tespit etmekti. Bu arada Merkezi Umumi'den resmi bir surette bir murahhas heyetinin de parlak bir merasimle gelişini de hazırlayacak idik. Çok sayıda bir heyetin tam Edirne'de askeri isyan çıktığı bir sırada İstanbul'a gelişi cemiyetin prestijini çok küçülten bir hadise idi. Bunu niçin yaptıklarını sorduğumda Talat Bey'den şu cevabı aldım:

— Sadrazam Sait Paşa, Meşrutiyet'in ilanını müteakip Selanik'teki müfettiş Hüseyin Hilmi Paşa'ya telgraf çekmiş. Terakki ve İttihat merkeziyle yakından temas edebilmek maksadıyla İstanbul'a murahhas gönderilmesini istemiş. Merkezi Umumi de bizi seçti. Burada Merkezi Umumi salahiyetiyle iş görebilmek için kuvvetli geldik. Sultan Hamid de Meşrutiyet'i kabul ettiğinden yapılacak işleri ona yaptırabileceğimiz kanaatindeyiz. Ona karşı yapılacak her hareket krallık ve imparatorlukla idare edilen İngiltere ve Almanya'da da fena tesirler yapar. Eğer Meşrutiyet'i kabul etmeseydi tabii biz de işi sonuna kadar götürerek vaktiyle düşündüğümüz gibi Reşat Efendi'yi tahta geçirirdik.

Ben — Siz teşkilatınızı ve bütün şahsiyetlerinizi ortaya atarken Sultan Hamid'in para ve mevki kuvvetiyle bir takım gizli teşkilat yaptırmayacağı ve gazeteler satın almayacağı ve ilk fırsatta bir irtica hareketiyle hürriyetseverleri yok ederek daha kötü ve daha zalim bir istibdad idareye dönmeyeceği hakkında düşüncelerinizde bir hava payı bırakmıyorsunuz? Tarihin birçok misalleri, hele kendi tarihimizin ve hatta Sultan Hamid'in yaptığı ortada dururken bu hareketimiz saflık değil daha ağır bir şeydir. Şu Edirne isyanı da gösterdi ki en ufak bir bahane ile İstanbul'da veya başka yerlerde askeri isyanlar çıkarılabilir. Bu isyanlar hürriyet ve meşrutiyet severleri ve bütün cemiyetimizi kanlar içinde boğabilir.

Talat — Eğer Sultan Hamid isteseydi bu Edirne isyanını pek ala İstanbul'a veya başka yerlere de teşmil edemez mi idi? Bu Edirne isyanı da gösterdi ki Sultan Hamid'e güvenmekte isabet etmişiz, (Öyle, doğru diye heyetten de tasdik edenler oldu.)

Ben — Ben öyle düşünmüyorum. Henüz Sultan Hamid ve taraftarları cemiyetimizin kuvvet ve kudretini anlamış değillerdir. İstanbul'da kuvvetli bir fedai teşkilatı olduğunu, Ordu ve donanmada da cemiyetin kuvvetli teşkilatı bulunduğunu sanıyorlar. Henüz ilk darbenin tesiri de ortadan kalkmamıştır. Bundan başka Edirne isyanı nihayet tezkere isteriz şeklinde sona ermesinden bu kuvvete güvenemeyeceğini Sultan Hamid pekala anlamıştır.

Talat — Peki, ne yapalım o halde?

Ben — Cemiyet teşkilatını ortaya atmayalım ve yine gizli faaliyetine devam ettirelim. Cemiyetin mevcut kuvveti hakkında Merkezi Umumi beyanatta da bulunsun, İstanbul ve Edirne'de teşkilat, icabında Sultan Hamid ve istibdad taraftarlarını ortadan kaldırabilecek fedai teşkilatı saraya kadar sokulsun. Bir taraftan da meşrutiyet idarenin icabı siyasi partiler kurulsun. Bunlar cemiyetin tanınmış şahsiyetleri tarafından yapılacak fikir arkadaşları topluluğu ve programıyla açıktan faaliyete girişirler ve intihabat ta bu esasa göre yapılır.

*\*\**

Benim bu mütalaalarım, hiddetle sonra da istihza ile karşılandı. Bu işlere ancak Selanik'te toplanacak kongrede karar verilebileceği söylenerek şimdi heyetin neler yapmasını düşündüğüm benden soruldu.

Ben — İkişer ikişer kabinenin muhtelif azasıyla görüşelim. Onların fikirlerini önce tespit ettikten sonra ikinci bir toplantı yaparak fikirlerimizi beyan edelim ve bir program yapalım.

—Bu fikir güzel, bravo, bravo! diye sesler bu teklifimi beğendiler ve kabul ettiler. İkişer ikişer ayrıldık. Talat ve Hafız Hakkı Sadrazama, ben Avukat Baha ile Tophane Nazın Ali Rıza Paşa'ya gittik. 18 Temmuz 1324'te Zeki Paşa'nın yerine bu makama tayin olunan Ali Rıza Paşa, bizi sevgi ve saygı ile karşıladı. Cemiyetin bu kararından çok memnun kaldığını bildirerek, padişahı kuşkulandırmamak çok mühim olduğunu ve hükümetin kendi programını serbest olarak tanzim ve ilan etmesinin en hayırlı bir yol olduğunu, meşrutiyet idarenin kökleşmesi için lazım gelen icraatın hükümet tarafından alınması her türlü fenalıkları önleyebileceğini, cemiyetin de bir murahhas heyetiyle hükümetle bir düzine temasta bulunması maksada kafi geleceğini izah etti.

Bu güzel fikirlere teşekkür ettik. Yalnız bir endişemin beyanına müsaadelerini isteyerek dedim:

—Güzel fikirlerinizi bütün arkadaşlarımızın kabul edeceğine şüphe etmiyoruz. Ancak uzun yıllar keyfi idareye alışmış bulunan Sultan Hamid'in zayıf bir zamanımızda ikinci bir defa daha bu yola sapmak isteyeceğini hiç mi düşünmeyelim?

—Cemiyetiniz hürriyeti almak için neler düşündü ve yaptı ise onu devam ettirmek için de düşünüp yapabileceğini elbette Sultan Hamid de hesaba katar.

\*\*\*

Selanik murahhas heyeti ve İstanbul merkezi ikinci ictimamızda aşağı yukarı aynı cevaplan almış olarak toplanmış bulunuyorduk. Şu halde kararımız kolay oldu: Hükümeti icraatında serbest bırakmak, programını istemek ve murahhas heyetinden ayrılacak bir iki kişi ile bir düzine hükümetle temasta bulunmak.

Ben ayrıca daha önceden de ileri sürdüğüm iki ricada bulundum. Biri cemiyetin kuvvetini göstermek için bir beyanname neşri. İkincisi Sultan Hamid'e karşı çok ihtiyatlı bulunmaklığımız.

Akşamları Sirkeci'deki Köfteci Ali Efendi'nin lokantasında bulunmak kararıyla ayrıldık.

İstediğim beyannameye yanaşılmadı. Üsküp merkezinden gelen Necip Draga da buna pek içerledi ve meşrutiyetin alınmasında; Firzovik'te toplanan Arnavutların Üsküp merkezi vasıtasıyla padişahı tehdidin tesirlerini -kendi bildiği ve arzu ettiği gibi- yazdırdı. Bunlardan hayli nüsha alarak Üsküp'e gitti. Giderken Selanik arkadaşlarımıza karşı ateş püskürerek bana dertler yandı.

Sultan Hamid'e karşı çok ihtiyatlı bulunmaklığımız lüzumuna Selanik'ten gelen arkadaşlar hiç de ehemmiyet vermiyorlardı.

Hatta 21 Temmuz gazetelerinde kendilerini ilan dahi ettirdiler. Ne ise ki ilk beyannamelerindeki hatayı anlayarak İstanbul merkezinin fikrine gelmişler, Kanunu Esasi'yi cemiyetin ilan ettirdiğini ilan etmişlerdi. Tebliğ aynen şudur:

TANİN İDAREHANESİNE

(Diğer gazeteler de var)

Osmanlı Terakki ve İttihat Cemiyeti mülkü millete Kanuni Esasî'yi bahşettirmiş ve kanunu mezkûrdan temamii istifadeyi mukaddes ve muazzez bir maksad olarak takip etmekte bulunmuş olduğu umumun malûmudur. Sayei şahanede bir şekli meşrutiyet kazanmış olan hükümeti haziranın cemiyetin maksadı mukaddesine henüz tamamen kesbi ıttıla edemediği varidi mütalaa olduğundan cemiyet ise bütün iktidar ve mesaisi ile yeddi erbabı namus ve liyakatte görmek istediği hükümetin tealii şanu şevketini temin ve millete müstait ve müstahak olduğu refah ve saadeti istihkar etmekten başka bir emeli olmadığından ve el birliğiyle ve bir saiyi mütemadi ile sırf bu emeli muazzez ve mukaddesin saha arayı huhusul olması için ibrazı mesai edile gelmekte olduğundan hükümeti hazıra ile hadimi millet ve vatan olan cemiyet beyninde vücudu lazimeden olan itimat ve emniyetin celb ve terakkisine çalışılarak bu babdaki emeli mübeccelin tesrii, husulü için efradı cemiyetten Erkanıharp Binbaşı Cemal ve Hakkı Beylerle Necip, Talat,

Rahmi, Cavit ve Hüseyin Beylerden mürettep bir hey'eti mahsusa Dersaadete azimet etmişlerdir.

19 Temmuz 1324
Osmanlı Terakki ve İttihat Cemiyeti
Selanik Merkezi

### SULTAN HAMİD'LE MÜLAKAT

Akşam üstü Köfteci Ali Efendi'nin lokantasına gittim. Az sonra Talat ve Erkanıharp Binbaşı Hafız Hakkı Beyler geldiler. Çok memnun ve şen idiler. İsmail Hakkı Bey sordu:

—Kazım! Bil bakalım, biz nereden geliyoruz?.. Ve arkasından şu sözleri de yetiştirdi:

—Beyhude düşünme bulamazsın. Hiç kimsenin aklına gelmeyeceği bir yerden! (Kulağıma eğilerek yavaş sesle) Saraydan! Sultan Hamid'le mülakattan!.. dedi.

Ben — Mülakatın şekli hoşa gidecek tarzda değil. Daha önce de söylemiştim. Selanik'ten hükümetin, padişahın ve bütün İstanbul halkının tantanalı bir şekilde karşılaması lazım gelen bir heyet gelmeliydi. İcap eden bu tarzda saraya gidilmesi cemiyetimizin şerefi ve prestiji için pek iyi olurdu. Bari görüşülen şeyler hepimizi memnun edecek işler midir? Henüz bir program tespit etmeden yapılan bu mülakata Sultan Hamid; kendisine cemiyetimizin arzı şükranı gibi bakacak ve öyle de yapacaktır.

Hafız Hakkı Bey — Kazım Bey! Herif korkusundan ölecek!.. Cemiyetimizden titriyor. Ne isterseniz yapmaya hazırım, diyor!..

Ben — Hakkı Bey ölen cemiyetimizin prestijidir. Köfteci Ali Efendi'nin lokantasından saraya gidilmez. Oradan da yine bu lokantaya gelinmez. Sultan Hamid şu anda sizin bu halinizi öğrenerek sevincinden ihtimal kabına sığamaz olmuştur. Hele elinizde esaslı bir program olmadan bu eski müstebit kurdun karşısına çıkarak onu hakim vaziyete sokmanız, ona kim bilir ne ümitler verdi. Lafın kısası bütün millet ve ordunun yıllardan beri nefretini kazanan Hamid bu sefer de partiyi vurdu. Bakın başımıza ne çoraplar örecektir. Böyle bir mülakat yapacağınızı hiç değilse daha önceden İstanbul merkezine haber verseydiniz. Her hususta daha hazırlıklı gidebilirdiniz.

Talat Bey söze karışarak dedi:

— Kazım! Ben seninle gitmeyi de düşündüm. Fakat bir sivil, bir asker kafidir, dedim. Hakkı senden kıdemli olduğundan onu yanıma almayı tercih ettim. Sultan Hamid'le temastan sonra ona karşı emniyetim daha çok arttı. Onun artık hürriyete, meşrutiyete ihanetine imkan yoktur. Herif bizden ziyade hürriyete taraftar olmuş. Eğer kendisini ölünceye kadar tutacağımızdan şüphe etmezse dünyada bizden ayrılmaz. Bize karşı bir padişah kibir ve azametini asla göstermedi. En yakın arkadaş gibi, hem de kendini bir düziye küçük göstererek bizimle görüştü.

Hafız Hakkı da sevincinden ağzı kulaklarına varır gibi bu hali tasdik etti:

— Vallahi! Billahi! öyle. Hayret yahu! Bu herifi yakından görünce insan bunun ne korkak adam olduğunu anlıyor.

Ben — Mithat Paşa'nın ve birçok vatandaşların katili olan, hürriyetsever insanları zindanlarda, sürgün yerlerinde çürüten bir zalimle görüşmeyi asla düşünmedim. Ona karşı şu dakikada da içimde nefretten başka bir şey uyanmıyor. Ben mütalaalarımı söyledim. Zalimlerin hepsi korkaktır. Zulümlerini tıpkı bir yılan gibi korkak olduklarından yapmaktadırlar. Siz bu halinizle ve hele saraydan Köfteci Ali Efendi'ye gelmekle ona fena ümitler verdiğiniz kanaatindeyim. O sizi adım adım takip ettirdiğine, her gün aldığı ve alacağı jurnallerle kendini daha kudretli görerek bir irtica hazırlayacağına ben de zerre kadar şüphe kalmamıştır. Elinizde bir program görmemesi bu eski kurdu zıvanadan çıkaracağını siz de kabul ederseniz. Cemiyetimizin ve dolayısıyla bütün milletin çok hayrına olur.

Talat — Kabineyi değiştirerek şüpheli olan Sait Paşa yerine

Kamil Paşa'yı getirecek. İnanalım bu herife be Kazım! Selanik'teki Beyaz Kule bahçesini de cemiyetimize hediye etti.

Ben — İnşallah benim düşüncelerim bir vehim çıkar da ben mahcup kalırım.

\*\*\*

Arkadaşlarımız, muvaffakiyetlerini ilave tarzındaki ve on para fiyat yazılı beyannamelerle de neşrettiler. 24 Temmuz 1324 gazeteleri de aynen bastı:

### SELANİK'TE OSMANLI İTTİHAD VE TERAKKİ CEMİYETİ DAHİLİ MERKEZİ UMUMİSİNE

Bugün dahi arz olunduğu üzere bu gece Mabeyni Hümâyun'a azimet olunarak vatanın selâmeti kat'iyesini temin eyleyecek surette Kamil Paşa'nın tahtı riyasetinde isimleri yarın sabah batelgraf arz edilecek olan bütün namuskar ve pek muktedir zevattan mürekkep bir kabinenin teşkiline ihrazı muvaffakiyet olunmuş ve cemiyeti mukaddesemizin niyyat ve âmalinin nef'i mülkü millet ve padişaha fartı sadakat esaslarına müstenid olduğu hakkında emniyeti kat'iyei şahane tebşir edilmiş ve Selanik'teki Beyaz Kule bahçesinin Osmanlı İttihat ve Terakki Cemiyeti namına inayet ve ihsanı makrunu müsaadesi şehriyari olmuş bulunduğu ve üç günlük mesai ve teşebbüsatı acizanemiz hakkındaki tafsilatın baposta arz edileceği ve tebşiratı vakıai acizanemizin Suriye vilayeti dahi dahil olmak üzere bütün Anadolu ve Rumeli vilayatı merkezlerine tamim buyurulması maruzdur.

Hey'eti Meb'usa
25 Temmuz gazeteleriyle de şu beyannameyi neşrettirdiler:

### OSMANLI TERAKKİ VE İTTİHAD CEMİYETİ'NİN BEYANNAMESİDİR

Muhterem Vatandaşlarımız;

Osmanlı Terakki ve İttihat Cemiyeti milletimizi muhtaç olduğu hükümeti meşrutaya nail etmek için uğraştı. Zatı şevketmeap hazreti padişahı bu maksadın muazzeziyet ve mukaddesiyetini takdir buyurarak milletin Kanuni Esasî'sine, hürriyetine mazhariyetini ilan edilmesini ferman buyurdu. Bu emir ve fer-mani hümayunu mülükane bütün vatanı bir gülizan saadet haline getirdi. Bütün kulübü milleti pür neşat ve meserret ve hakipayi mülûkanelerine karşı lebrizi ubudiyet ve hürmet kıldı. Onbeş günden beri sevgili memleketimizin her noktasında icra olunan parlak nümayişler, mahzuziyeti umumiyenin derecei kemalini ve bilatefriki cins ve mezhep bilumum tab'anın makamı muallayı hükümdariye doğru müteveccih bulunduğunu gösterdiğinden şayanı şükrandır. Fakat artık bu nümayişlere nihayet verilerek bütün efradı milletin kendi işleriyle, güçleriyle, vazifeleriyle iştigal edecekleri zaman hulul etmiştir. Cemiyet bu ciheti kemali samimiyetle umuma ihtar eyler.

Padişahımız efendimiz hazretleri, tab'ai sadıkalarına gerek Osmanlı Terakki ve İttihat cemiyetinin hüsnü niyet ve sadakatine tamamıyla mutmain bulunduklarını ve amali hümayunu şehriyarilerinin yalnız memleketin temini ümran ve saadetine ma'tuf bulunduğunu lisanı hümayunu mülûkaneleriyle beyan buyurmuşlardır. Artık padişah ile millet arasında hiçbir kuvveti haine kalmadığını izhar eden bu iradatı hakimane milletin muhtaç olduğu namuskar bir hey'eti vükelanın tayiniyle de kesbi kuvvet ve teeyyüt eylemiştir. Bugün teşekkül eden bu heyet bütün efradın mazharı itimadı olmaya bihakkın layık olduğundan milletin heyeti vükelaya tamamen raptı kalp etmesini tavsiye ederiz. Bugünden itibaren heyeti vükelanın malik oldukları selâhiyeti kâmile dairesinde çalışabilmeleri, vatanın terakki ve tealisini temin edecek mesaili ıslahiyenin müzakeresiyle meşgul olmaları yalnız bir şeye muhtaçtır ki oda, ahalinin idarei umuru hükümete ne suretle olursa olsun müdahale etmemesidir. Aksi harekete karşı, memlekette hükümetin mefkudiyeti hissini vereceğinden elbette katiyen sayanı tecviz olamaz. Kan dökmeksizin istihsal edilen maksat ve onbeş günden beri bütün ecanibin takdir ve tahsinini celb edecek bir dairei edep ve terbiyede cereyan eyleyen muamelât halkımızın ne kadar durendiş, tecavüzden müctenip, her ferdin hukukuna ne kadar riayetkar olduğunu gösterdiğinden şimdi kazanılan bu muvaffakiyetin kaybedilmemesi için el birliğiyle çalışmamızı umum vatandaşlarımıza ihtar eyleriz.

Osmanlı Terakki ve İttihat cemiyeti, muamelâtı resmiyei hükümete bilhassa memurları tayin ettirmek gibi teferruata kat'iyen müdahale eylemek hakkını haiz değildir. Binaenaleyh güya cemiyet namına hareket ediyorlarmış gibi sahte bir vaz'u tavır takınarak bu kabil metalibatta bulunacaklar hakkında hükümetçe muamelei lâzime icra olunduktan başka harekatı vakıanın cemiyetçe de şediden muvaheze ve takbih olunacağı nazarı dikkatten dür tutulmamalıdır. Cemiyet vazifesini suiistimal etmeyerek daima dairei meşruiyette hareket eylemiş ve eyleyecektir.

İdarei sabıkaya mensup bazı kimse hakkında da ne yolda muamele icrası icabedeceği makamatı aidesinde tezekkür edilmekte olduğundan bu hususta dahi örfi ve tahakkümi muamelattan kat'iyen ihtiraz ve ictinab olunmalıdır. Zira, şunun bunun millet namına hareket etmekle bir kimsenin zarardide olmasını talep eylemeye hakkı yoktur. Aksi takdirde eskiden şikayet etmekte olduğumuz girivei muamelâta biz düşmüş oluruz ki bunu da elbette vatandaşlarımız tecviz etmezler.

İşte bu esbaba mebni Osmanlı Terakki ve İttihat cemiyeti, umum efradı vatana zatı şevketmeap hazreti tacidariye hürmet ve ubudiyetlerinin payidar olmasını, heyeti vükelaya emniyet ve itimat ve netayice intizar edilmesini, her bir ferdin idarei umuru millete müdahale etmeyerek kendi umuru hususiyesiyle meşgul olmasını ve şahsiyattan ictinab ve ihtiraz etmesini halisane beyan ediyor.

Bugünkü gazeteler Sait Paşa'nın da istifasiyle yerine Kamil Paşa'nın tayin olunduğunu ve Şeyhülislam Cemalettin Efendi'nin yerinde bırakıldığını da ilan ettiler. Tarihi bir hatıra olan padişahın iradesiyle yeni hükümeti kimlerden kurduğunu bildiren sadrazamın cevabını aynen yazıyorum:

(Veziri mealisemirim Kamil Paşa)

(Sait Paşa'nın vukuu istifası cihetiyle mesnedi sadaret mücerrep olan sadakat ve ehliyetinize mebniuhdenize ihale ve tevcih ve mesnedi meşihat dahi Cemalettin Efendi uhdesinde ibka kılınmakla diğer vükelanın Kanuni Esasi'miz mucibince bitteskil memuriyetleri icra olunmak üzere arz ve ahseri amalimiz Devleti Âliye ve Memaliki Şahanemizin müstait bulunduğu her türlü terakkiyatın istikmâli ve bilcümle teb'ai şahanemizin tezayüdü refah ve saadeti kaziyei mühimmesi olmakla, ona göre sarfı mesai olunması matlubu şaha-nemizdir. Cenabıhak tevfikatı ilahiyesine mazhar buyursun.)

Fi 9 Recep Sene 1326

## HATTI HÜMAYUNU MÜLÜKÂNE SURETİ MÜNİFESİDİR

Mucibince icra olunması

Sadareti Uzmanın takriri maruzi suretidir:

Teşkili uhdei acizaneme havale buyurulan Hey'eti Vükelanın sureti tertibi bervechiati arz olunur:

Harbiye Nezaretine Recep Paşa

Hariciye Nezaretine ipkaen Tevfik Paşa

Adliye Nezaretine ipkaen Hasan Fehmi Paşa

Şurayı Devlet Riyasetine Orman ve Maadin ve Ziraat Nazırı sabıkı Tevfik Paşa

Dahiliye Nezaretine Reşit Akif Paşa

Maliye Nezariten esbak Ziya Paşa

Bahriye Nezaretine Zırhlı Donanmayı Hümayun Komodoru Arif Paşa

Evkafı Hümayun Nezaretine Şurayı Devlet Azasından

Mahmut Ekrem Bey Maarif Nezaretine İpkaen Hakkı Bey

Ticaret ve Nafıa Nezaretine Babıali Hukuk Müşaviri Gabriyel Efendi

Orman ve Maadin ve Ziraat Nezaretine Şurayı Devlet Azasından Mavrokordato Efendi

İntihab olunmuş ve Harbiye ve Dahiliye Nezaretlerine intihab edilen Recep ve Reşit Paşaların Dersaadete vusullerine kadar Harbiye Nezareti umurunun Tophane Nazırı birinci ferik Rıza Paşa ve Dahiliye Nezareti vezaifinin Maarif Nezaretinde bulunacak Hakkı Bey taraflarından vekaleten idaresi münasip görünmüş olmakla takriri acizanem münderecatı rehini tasdiki ali olarak balası Hattı Hümayun cenabı hilafetpenahileriyle tevşih buyurulduğu halde müşarünileyhin memuriyetleri icra ve ilan olunacağı muhatı ilmi aliyi hazreti padişahîleri buyuruldukta katibei ahvalde emrü ferman hazreti veliyülemir efendimizindir.

Fi 9 Recep Sene 1326 Fi 24 Temmuz Sene 1324

Sadrazam

Mehmet Kamil bin Salih

26 Temmuz 1324 İstanbul gazetelerinde "Dün aldığımız Tan gazetesinde okunmuştur" başlıklı Rahmi Bey'in İstanbul'daki Paris'te çıkan Fransızca Temps gazetesi muhabiri ile mülakatını yazdılar. İstanbul'a gelir gelmez yapıldığı anlaşılan bu beyanat heyeti mebusa veya murahhasa diye anılan Selanik'ten gelen arkadaşların Merkezi Umumiye namına iç ve dış siyasetimiz hakkındaki fikirlerini de bildirdiğinden İkdam'dan aynen kaydediyorum:

Selanik Belediye Meclisi azasından olup "İttihat ve Terakki Cemiyeti" tarafından Dersaadete irsal olunan heyetin reisi Rahmi Bey ile ahiren uzun bir mülakatta bulundum. Rahmi Bey beni kabul edip tebliği ifadata diğer aza tarafından memur edilmiş idi. İşte sözleri: Teşkilat ve tertibatı bilhassa burada hükümferma olan casusluk sebebiyle pek ziyade sektedar olmuş olan Dersaadet şubesini muhkem surette tensik ve tarsin için buraya geldik. Bu kuvveti bulunca hükümete daha müessir surette ifayı nesayih edebileceğiz, şimdiki halde bazı vükelanın tayininden o kadar memnun değiliz. (Bu ifadelerin yeni kabinenin teşekkülünden önce olduğunu beyana hacet görmeyiz.) Bahusus Bahriye Nazırının ipkası ve Abdurrahman Paşanın hey'eti vükelada kalması hoşumuza gitmedi. Sait Paşanın Sadrazam olmak üzere intihab edilmesini de muvafık bulmuyoruz. 1876 Kanuni Esasi'sini boğmak emrinde muaveneti sebkeden odur. Elhasıl maiyeti şahanede evvelce bulunup hala mevkilerini muhafaza etmekte olanlara yol verilmesini taleb ediyoruz. Buna dair yarın, yani Selanik'ten diğer murahhaslarımız geldikten sonra karar ittihaz edeceğiz. Muvasalatımız gününden beri ef'al ve icraatımıza daha kuvvetli bir vahdet ve ittirad verdik. Daha bugün, bütün İstanbul gazeteleri cemiyetimizin sevk ve idaresine tabi olmayı kabul ettiler. Zatı şevketmeap hazreti mülûkane tercübesi medid elerinden memleketi müstefid edebileceklerinden şahsı hümayunlarını muhafaza bizce vazifedir. (Sabah gazetesi bu cümleyi yazmamış, onun yerine henüz bir program tanzim edemedik, demiş)

Siyasi programımızı soruyorsunuz. Şimdilik böyle bir programımız yoktur. Bugüne kadar yıkmak için uğraştık. Şimdi Kanuni Esasî'yi harfiyen muhafaza etmeye çalışıyoruz. Badehu memleketin atisi için, terakkisi için çalışacağız. Zira cemiyet nabedid olmayacak. Hükümet ile iş görmeye devam edecek ve şayet hükümet doğru iş görmezse anı doğruluğa icbar eyleyecektir. (Sabah gazetesinde: Cemiyet ona ihtaratta bulunacaktır.)

Umuru hariciyeye gelince. Devleti Âliye'nin asayişi tamma muhtaç olduğuna kanaatimiz berkemaldir. Bilhassa ahrarı akvamın, İngiltere'nin, Fransa'nın, İtalya'nın muavenetine itimadımız vardır. Bulgaristan'dan bahsediyorsunuz. Evet, ihtimal ki bu memleket Devleti Osmaniye'nin hakikaten asrı hazıra muvafık devlet şeklini ahzetmesinden o kadar memnun olmayacaktır. Fakat Makedonya'daki Bulgarların bizimle müttefik olduklarını beyan edebiliriz. Zaten eğer Bulgaristan bir şey yapmak isterse ona mukabil biz de haricen bir istinatgah tedarik ettik. Hakikat hürriyeti istihsal ile uğraşmakta olan bir kavme hücum etmek namuskarlık değildir.

Teşkilatımıza gelince onbeş senedir devam ediyor. Cemiyet merkezi Selanik'te olmak üzere bir Meclisi Umumii dahilinden, merkezi Paris'te olmak üzere bir Meclisi Hariciden mürekkeptir. Mühim bilad ve kasabatın her biri bir idare komisyonu, hükümleri icraya memur bir adliye komisyonu ve badeltahkik yeni azayı kabule mahsus bir tahkik komisyonu vardır. Teşkilatı mezkûre son derece mahfi tutulmuş idi. Muhaberatı temin için emin adamlarımız vardı. Hatta enzarı tecessüsten azade kadınları da alalekser muhaberata tavsit ettik. Biz hiçbir vakit iki veya üç kişiyi mütecaviz cemiyet teşkil etmezdik. Hükümet komitemizi ancak yakın bir zamanda keşfetti ve o vakit Makedonya'ya tahkikata memur bir askeri heyet gönderdi. İşte bunun muvasalatı kıyamın vukuuna sebep oldu.

Elhasıl Yunanlıların, Ermenilerin ve Bulgarların hukukunu kalemleriyle müdafaa etmiş olan erbabının biz Türkleri dahi düşünmelerini rica etmekte olduğumuzu ilan etmenizi sureti mahsusada rica ederim. Zira biz dahi çok ızdırap çektik, erbabı kaleme amik kalplerimizden, samim ruhumuzdan müracaat ediyoruz."

### İSTANBUL MERKEZİYLE HEYETİ MURAHHASA ARASINDA İHTİLAF

Bu beyanat İstanbul merkezi arkadaşlarını ayrı ayrı noktalarda müteessir etti. Toplanarak hasbıhal ettik. Rahmi Bey'in beyanatından bazı noktalar hepimize fena tesir etmişti: (1) İstanbul teşkilatının casusluk sebebiyle pek ziyade sektedar olduğundan Selanik'ten gelen heyeti murahhasanın bunu muhkem surette tensik ve tarsin edeceği (2) İstanbul gazetelerinin kendileri geldikten sonra cemiyetimizin sevk ve idaresine tabi olduklarını söylemesi. (3) Şimdilik bir programımız yok diye bütün cemiyeti medeniyet alemine karşı küçük düşürmesi. (4) Dış işleri hakkında dar görüşlülük.

Biz, en güvenilecek kimseleri istibdadın ve hafiyeliğin en kuvvetli yeri olan İstanbul'a teşkilata almıştık. Meşrutiyetin ilanından sonra da etrafımızda dalkavukları toplayacak bir durum yaratmamıştık. Bunu Selanik'te ve İstanbul'da kendileri yaratmışlardı. Taşralardan gelen ve "Terakki ve İttihat" yahut "İttihat ve Terakki" cemiyeti diye imzalı tebrik telgraflarından tanımadığımız merkezlere cevap bile vermiyorduk. Halbuki birçok yerlerde mütegallibe veya hükümet adamları bu kabil telgrafları çektiklerine şüphe etmiyorduk. Selanik Heyeti kuvvetli görünelim diye bunlarla muhabere ediyorlardı. Talat Bey'e, bunun mahzurlarını söylediğim zaman:

—Sultan Hamid'e karşı kuvvetli görünelim diye muhabere ediyoruz cevabını verdi.[80] Ben de kendisine şöyle söyledim:

80    Selanik'te birinci kongrede bu hususu ileri sürdüm ve öğrendiğim bazı yerler hakkında malumat da verdim. Fakat dinletemedim. Muhtelif yerlerde valiliklerde bulunmuş olan Hazım Bey (Dahiliye Nazırlığında da bulunmuş olan Niğde Milletvekili Hazım Tepeyran)'ın anlattığı şu hatırası meşrutiyetin ilanını müteakip memleketin her yerindeki duruma bir misaldir. "Meşrutiyet ilan olunduğu zaman ben Dirzor mutasarrıfı idim. On gün sonra Diyarbekir'e geldim. Valilikle Sivas'a gidiyordum. Diyarbekir'e geldiğim zaman Belediye Reisi Pirinçci zade Arif Bey, bana müracaatla dedi ki: Muhtelif vilayetlerden ve kazalardan birden bire ortaya çıkan kimseler "Diyarbekir İttihat ve Terakki Şubesine" hitabıyla birçok telgraf yağdırıyorlar. Vali Mahmut Paşa'ya ne yapacağımızı sordum. O da işin içinden çıkamadı. Burada cemiyetin şubesi olmadığından kimse almıyor. Hepsi Belediyede toplandı. Bunları ne yapalım?

Ben de şu cevabı verdim: Anlaşılan cemiyet kendisini kuvvetli göstermek için her tarafta şubeler farz ederek oralara telgraf çekiyor. Siz de İttihat ve Terakki Cemiyeti'nin Diyarbekir Şubesi diye bir mühür kazdırarak o mühürle bu telgraflara ve gelecek tebligata münasip cevaplar veriniz. Fakat gelenlerden münasebetsiz olanlar gibi yazmayınız. Mesela: Hapishaneleri boşalttık, köpek bağladık gibi telgraflara cevap vermeyiniz! Bir de Diyarbekir'de iyi yazan kimse yok mu diye sordum. Hükümette bir katip olan yeğenim Ziya bendeniz var, iyi yazar diye belediye reisi bana bir isim söyledi. Ben de pekala cevapları buna yazdırırsınız dedim. Belediye reisi hakkake bir mühür kazdırmış. Muvafık mı diye gösterdi. Muvafık, dedim. Ertesi gün Vali Mahmut Paşa'nın yanında idim. Belediye reisi cemiyetin

—Hürriyetin ilanından önce kurulan merkezler esas kuvvetimizi teşkil ettiği halde bunları türedi ve ne oldukları belli olmayanlar arasında boğmanın cezasını bir gün birlikte çekeceğiz. Nerelerde teşkilat yapılacaksa emniyetli arkadaşlar gitmeli ve oranın hürriyetsever insanlarıyla teşkilat yapmalı. Sizin bu kör doğuşunuz istibdat taraftarlarını cemiyetimizin güzel namı arkasında teşkilatlandırıyor. Bu cinayettir.

Bütün memlekette ve İstanbul'da cemiyet bilakis Merkezi Umumi'nin ve murahhas heyetinin yanlış hareketleriyle sayıca çoğalıyor fakat keyfiyetçe zayıflıyordu. Bunu kendilerine bir daha anlatmaya karar verdik.

İstanbul gazeteleri meselesinde en çok Mahmut Sadık Bey teessür duymuştu. Bütün gazeteler —Murat Bey'in Mizan'ından başka— bize taraftar idiler. Bunlarla en ziyade Mahmut Sadık Bey mesleği icabı temasta idi. Rahmi Bey'in geldiği gün Tahin gazetesi de çıkmış bulunuyordu.

4 Recep 1326 ve 19 Temmuz 1324 tarih ve l numarayı taşıyan bu gazetenin müessisleri olan Hüseyin Kazım ve Tevfik Fikret Beyler meşrutiyetten önce cemiyetimize girmişlerdi. Hüseyin Cahit Bey de cemiyete yardım edecekti. Nitekim bu ilk nüshada Murat Bey'e verdiğimiz cevabı bastığı gibi şu tebliğimizi de ilan etti. (Az sonra Mabeyn katiplerinden Müştak Bey de bu gazeteye girerek dört kişi oldular.)

## OSMANLI TERAKKİ VE İTTİHAD CEMİYETİ

İhtar: Osmanlı Terakki ve İttihad cemiyetinin mürevvici efkarı olmak özere "Şurayı Ümmet" namiyle derdesti intişar bulunan gazete neşredilinceye kadar cemiyetin tebligatı gazetemiz vasıtasıyla vukua gelecektir. Gazetemizle neşredilmeyen tebligat cemiyetin değildir.

mührünü havi bir liste getirdi: Azilleri istenen memurlar! Listeyi yazan da Ziya Bey imiş. (Sonradan Gökalp diye şöhret kazanan) Belediye reisine kısaca teessüf ederim! dedim. Ankara'da bazı kimseler Vali Reşit Bey'i (sonra Dahiliye Nazırlığı yapan) sokaklarda hakaretle gezdirip mahpustan boşaltıyorlardı. Bu gibi hallerin birkaç yerde daha vuku bulduğu işitiliyordu. Hemen her yerde insiyatifi mahpusların akrabaları almış, mahpustan salıveriyorlardı

Hüseyin Cahit imzasıyla Başmakale "Babıali'nin Mesleği" başlığı altında tenkitlerden sonra şunları yazıyordu:

Arap İzzetlerin, Çerkez Mehmetlerin, Tahsinlerin hala Saray-ı Hümayun'da bulundukları, affı umuminin ilan edilmediğini. Zeki Paşaların, Rami Paşaların vesairenin değiştirilmediğini gören halk Babıali'ye ümit edebilir miydi? ... Selim Melhame, Arap İzzet gibileri efkarı umumiyeden korkarak kaçtılar. Efkarı umumiyenin tazyiki, gazetelerin lisanı şiddetini artırdı. Bu sayede Zaptiye Nazırı, Tophane Müşiri değiştirilerek yerlerine şayanı emniyet zatlar getirildi. Çerkes Mehmed, Kenan Paşalar teb'id edildi... Fakat nakıs. Hala Meclisi Hasta, ahalinin — muvakkaten olsun — itimat edemeyeceği kimseler var. Arap İzzet gittiyse hala Başkatip Mabeynde.

(Tanin, Murahhas Heybetinin İstanbul işlerini tamamıyla ellerine alıncaya kadar fikirlerimize muvafık hareket etti. Sonraları Ali Kemal ve dolayısıyla İkdam'la ve diğer Avrupa'da birbirleriyle anlaşamayan Murat Bey zümresiyle mücadeleye başladı.)

Rahmi Bey, tehlikeli istibdad ve onu takip eden nazik hürriyet ilanı günlerinde İstanbul merkezinin faaliyetlerinden hiç bahsetmeyip onları bir tarafa iterek kendilerini göstermek gayreti ne kadar merkez arkadaşlarımı müteessir etmiş ise diğer iki maddedeki gafları da bizleri hayli sukuta uğrattı. Hiçbir program yok! Bunu biz de gördük ve ısrar edip durduk. Fakat bu gazetelere, hele Avrupa gazetelerine aksettirilmemeli idi. Üstü kapalı bir iki sözle bu geçiştirilemez mi idi? Mesela "Programımızı yakında kongre huzuruna arz ederek katileştireceğiz" denemez mi idi?

Dış işlerimiz ise sanki yalnız Bulgarlarla bir meselemiz varmış demesi Selanik'ten ve Merkezi Umumi içinden gelen bir murahhasın söylemesi asla doğru olmayacak sözdü. Yalnız Makedonya için Bulgarlar kadar Rumlar ve Sırplar ve hatta Arnavutlar da faaliyette idiler. Her birinin arkasında bir iki büyük Avrupa devleti duruyordu. Bosna, Hersek, Şark vilayetleri, Araplık hepsi birer mesele idi. Şu halde bir ecnebi muhabire karşı yine umumi tarzda bir şey söylenebilirdi. Avrupa devletlerinin bir kısmının ismini yad etmeye hiç de lüzum yoktu. "Bütün hürriyetseven milletler" demek doğru olurdu. Her ne hal ise, münakaşalarımızın sonunda bu beyanatı protesto etmek ve artık İstanbul merkez azalığından istifa ile teşkilat ve matbuat işini dahi onlara bırakmayı arkadaşlarım istediler. Ben, işin Merkezi Umumi ile bir muhalefet meselesi gibi telakki edilecek, bir şekle dönmemesini, bunun için de merkezimiz namına birimizin veya topluca hepimizin harekete geçmemesini ve ilk önce Rahmi Bey'in beyanatına şahsi olarak teessürlerimi, Selanik'ten tanıştığım Talat Bey'e benim söyleyerek İstanbul merkezine ait işlerin de kendileri tarafından görülmesini teklif etmekliğimi ileri sürdüm. Bu, hale uygun görüldü.

## TALAT BEY'LE HASBİHAL

Talat Bey'e meşrutiyetin ilanından bugüne kadar İstanbul'da geçen hadiselerin ve gazetelerin neşriyatını hülasa olarak bildirdim:

1. Önce Sait Paşa kabinesinin düşürülmesinde matbuatın büyük tesiri olduğunu ve Sultan Hamid'in yıllardan beri hürriyeti uğrunda çalışanlara karşı türlü zulüm yapan ve keyfi saltanattan zevk duyan bir adam olup bulunmaz bir meta gibi onun cemiyet tarafından medhedilmesi ve çok yüz verilmesi hürriyetseverler üzerinde pek acı bir tesir yaptığını ve bu yüzden cemiyetin bünyesinde sarsıntı başladığını anlattım.

2. Tarihi hadiselerimizden ibret almaktan gaflet etmememekliğimizi rica ettim. Alemdar hadisesinde Rusçuk Yaranı şeklinin bu sefer de Selanik Yaranı şeklinde daraltılmasının başımıza bir ikinci Kabakçı irticai çıkarabileceğini, hususiyle iş başında aynı hükümdarın bulunması bu işi kolaylaştıracağını akıllarından çıkarmamalarını ısrarla tavsiye ettim. Sultan Hamid'in para kuvvetiyle bazı gazeteleri de elde edebileceğine dikkati sektim. 25 Temmuz tarihli Tanin gazetesinde Ali Kemal'e hitaben yazılan şu satırları gösterdim:

Geçen gün huzuru şahaneye kabul buyurularak mazharı iltifat oldunuz. Dörtyüz elli lira (Altın) atiyeni seniye aldınız. Bu parayı bir ciheti hayra sarf edeceğinizi ümit ederek iki üç gündür bekledik. Fakat bu yolda bir ilanınıza tesadüf etmediğimiz için henüz ciheti sarfını kararlaştıramadığınız anlaşılıyor, Şu ihsanı şahanenin "İanei Milliye" hesabına Bankı Osmaniye tevdi buyurulması hamiyeti müsellimelerinden muntazırdır.

(Ali Kemal verdiği cevapta: İki yüz altmış altın aldığını, padişahın tebasına ihsan etmesi onun hakkı değilse vereyim. Bazı hususatı ahvalin ilcaatı ile vatana avdetime müsaade buyurulmasını utbei şahaneden istirham eyledimdi, diyor. Hüseyin Cahit Bey de "Tehlikenin En Büyüğü" başlıklı makalesinde Ali Kemal'in mazisinden başlayarak bu tarzda vatana gelişin bir casusluk olabileceğini uzun boylu yazıyor. Artık Tanin'de Hüseyin Cahit ve İkdam'da Ali Kemal karşılıklı cephe aldılar ve tabu her birinin de 28 Temmuz 1324 İkdam'da Âli Kemal imzasıyla iki sütundan fazla ağır yazılar yazdı.

—Matbuatın vazifesi ve şahsiyatın çirkinliğini izahtan sonra haşiye olarak şunları yazdı:

Tanin'in taarruzu müfteriyanesine yegane cevabım Avrupa'da ve Mısır'daki hayatı malûmemdir. Senelerce temadi eden 'Türk' gazetesiyle "Mecmuai Kemal" "Meselesi Şarkiye" vesaire gibi neşriyatı israranemdir. Şayet içimizden çokları gibi,

Dahleden dinimize bari Müslüman olsa

Devri sabıkta casusluğa tenezzül edemedim, benim için ne Mısır'a gitmeye, ne o neşriyat ile, ne de bu ticaretle meşgul olmaya hacet yoktu, bugün ya sefir, ya vali idim, Dersaadete avdetimden beri Utbei Şahaneye maruzatım varsa bana ne mutlu!.. Çünkü o zamandan beri padişahımız hayrı muhzî işlemiştir.

(Tehlikenin En Büyüğü) makalesine müteallik ittihama gelince:

*Ben ne yazdım; sen ne fehmettin garip efsanedir!*
*Vahibülidrâk müzdad eylesin iz'anını*

diyeceğim geliyor. Fakat (İkdam) a alelhusus hemei naçiziye öyle siyasiyatı düveli hercümerc edebilir bir ehemmiyet isnat eylemek o muarizini kiram için ne büyük zühuldür!..

Efkârı amme bir mahkemei adiledir, yazdıklarımız da meydandadır. Artık fazla söze hacet yok.

Ali Kemal

Tanin ve İkdam gazetelerinin karşılıklı cephesi Selanik'ten gelen murahhas heyetinden Rahmi Bey'in ecnebi muhabirlerine beyanatına taban tabana zıt bir hakikat idi. Hem de o beyanatın yapıldığı günden başlayarak. Bu hususta kendisini de Talat Bey'i de bu işe son vermeleri için tekrar tekrar ikaz ettim! Fakat Hüseyin Cahit Bey bile "Ben fikrimde hürüm, kimseye tabi olamam" cevabını vermişti, iki şahıs ve iki gazete; iki cephe yarattı ve istibdad taraftarlarına ümit verdi ve bu hal 31 Mart irticaına temel taşı oldu.

Talat Bey'den şunu rica ettim:

Avrupa'daki İttihat ve Terakki, Terakki ve İttihatçıların yeniden memlekette matbuatla atışmalarının efkârı umumiye ve Sultan Hamid üzerinde yapacağı tesirleri anlatarak, şahsi çekişmelere yol verilmemesini ve bir nam altında eski cemiyet mensuplarını da alarak meşrutiyetimizin açtığı yeni ufuklardaki siyasi ve içtimai ve iktisadi meselelere karşı halkı teçhiz edebilecek bilgilere ehemmiyet verilmesini uygun bulduğumu söyledim.

3. Halkın durumu: Herkes ilk iş olarak hapishanelerdeki yakınlarını kurtarmaya koyuldu. 15 Temmuzda mücrimlerin affı kararı üzerine hapishaneler boşaldı. Akli erenler Sultan Hamid'in ilk fırsatta Meşrutiyet'e ve Kanuni Esasi'ye sadakatsizlik göstereceğinden korkuyordu. Gerçi padişahın da Şeyhülislam huzurunda Kanuni Esasi'yi muhafaza ettiği şayi

olmuştu. Fakat o bunu Mithat Paşa ve arkadaşlarına karşı da yaptığını bilenler çoktu. Bunun için birçok kimseler Şeyhülislamın makamına giderek işin doğruluğunu ve emniyetin derecesini anlamak istediler. 35 (28) Temmuz. Halkın ısrarı üzerine Şeyhülislam Cemalettin Efendi kapıya çıkarak padişaha yaptığı yemin merasimini aynen tekrar ederek halka gösterdi, onları inandırdı. Babıali'ye de aynı günde birçok halk aynı merakla toplandığından 16 (29) Temmuz gazetelerinde Sultan Hamid'in Kanuni Esasi'ye sadakat yemini verdiğine dair yazılar neşrettirildi. 17 Temmuzda hafiyeliğin kaldırıldığı ilan olundu. 18 (31) Temmuz. Cuma selamlığında müthiş kalabalık toplandı. Halk kırmızı beyaz kurdele taşıyordu. Sultan Hamid de kırmızı beyaz kurdeleli olarak göründü. Arabasında, karşısında Sadrazam Sait ve Harbiye Nazırı Ömer Rüştü Paşalar vardı. Sultan Hamid'e suikast yapılacağı hakkında jurnaller de verilmiş ise de inanmamış görünüyordu. Hatta yaverlik dolayısıyla selamlığa gelen Askeri Mektepler Müfettişi Zülüflü İsmail Paşa saraya kabul olunmadığı gibi Askeri mekteplerin Nazırı bulunan Tophane Müşiri Zeki Paşa da azledilerek yerine padişah yaveri Rıza Paşa tayin olunmuştu.

21 Temmuz. Tanin gazetesi "Bazı Esrarı Mühimme" başlığı altında (Başkatip Tahsin ile isimlerini şimdilik neşretmek istemediği bir iki zatın padişahı selamlığa çıkmamak için teşvik ettiklerini, Tahsin ve emsali kimselerin mabeynde kaldıkça bu tezvirlerin arkası kesilmeyeceğini, ahalinin heyecanı zail olmayacağını, Hakipayi Şahaneye haber vermek matbuatın vazifesi olduğu kadar Sadrazam hazretlerinin de cümlei vezaifinden değil midir) diye yazdı.

Halk galeyana gelerek Tahsin Paşa'nın Göztepe'deki köşkünün camlarını taşladılar, gösterişler yaptılar. Bunun üzerine 22 Temmuzda Mabeyn Başkatibi Tahsin ve Mabeynci Ragıp Paşaların sarayla ilişkileri kesildi. Baş Hafiye Kadri Bey'le İbriktar Rıfat ve üç şifre katibinin mabeyne gelmemeleri emir olundu. Hafiyelikle ve halka zulümle iş gören bir takım polis müfettiş ve komiserleri de memuriyetlerinden çıkarıldı.

Bugün ikişer üçer bahriye neferleri birkaç kola ayrılarak gayet sarhoş bir halde İstanbul'da Kapalıçarşı'ya girerek ellerinde kamalarıyla: "Biz Ahmet Paşa fedaisiyiz!" diye şuna buna sarkıntılık etmişlerse de yakalanarak hapsedildiler. Bunları teşvik ettiği anlaşılan Ahmet Paşa da askeri hapishanede tevkif olunarak hepsi Divan-ı Harb'e verildiler.

Osmanlı Uhuvvet Cemiyeti, Osmanlı Hukuk Cemiyeti, Halei Hürriyet Encümeni gibi siyasi veya ilmi teşekküller hız almaya başladı.

4. Ordu ve Donanmanın hali: 22 Temmuzda Harbiye Nezareti meydanında parlak bir yemin resmi yapıldı. Harbiye Nezaretinin bütün mensupları Alay müftüsünün kelime kelime okuduğu Kanuni Esasi'ye sadakat yeminini herkes tekrar etti. Kışla ve karakollarda da aynı merasim ayrı ayrı muhtelif günlerde alay sancakları altında yapıldı. Bu yemin merasimi ordu ve halk üzerinde meşrutiyet lehine iyi tesirler bıraktı. Donanmaya daha ziyade güveniyorduk. Çünkü daha iyi ellerde ve toplu bir halde idi.

Bahriye Nazırı Hasan Paşa daha 16 (29)'da vükela ictimada bulunmamıştı. 19 Temmuzda, Bahriye zabitlerinden mürekkep bir heyet Kasımpaşa'daki Bahriye Nezaretine giderek Erkan-ı Harbiye ve Şurayı Bahriye Reislerine "Her yerde adalet tesis edilirken mürtekip ve hırsız bir bahriye nazırının hala neden yerinde oturduğunu" sormuşlardı. Hasan Rami Paşa buradaki vaziyetini tehlikeli görerek Babıali'ye gelmiş ise de bu sefer de orada birikmiş olan halkın "Yuha" sesleriyle karşılanmıştır. Gazetelerde bu adamın irtikapları hakkında yazılar da başladı. Mesela 20 Temmuz gazetelerinde "Bahriye Nazırının İhtilasları" başlığı altında (Hasan Rami'nin Bahriye Nazırlığında yalnız bir senelik yağ münakaşasında yedi bin altın irtikap ve ihtilas eylediğini iddia ediyorum ve edeceğim) diye imzalı iddialar görüldü.

Selanik'ten heyetin geldiği gün, (19 Temmuz) Sultan Hamid Babıali'de ikinci Mabeynci Nuri Paşa'ya bir hattı hümayun okuttu. Bunun onuncu maddesinde; "Makamı Meşihatte ve

Harbiye ve Bahriye nezaretlerinde bulunacak zatlardan başka vükelayı Sadrazam intihap ve tasdikimize arz edeceği gibi" diyordu. Sultan Hamid belki bir halden korkarak bunu yapmıştı. Fakat bu hal Meşrutiyet'e ve Kanuni Esasi'ye karşı sadakatsizliğini gösteriyordu. Birkaç gün içinde Sultan Hamid'in bu kötü niyeti dillere düşürüldü. Matbuat Kabineye ve Sait Paşa'ya müşterek hücumlarda bulundu. Sait Paşa istifaya mecbur tutuldu. Kamil Paşa kabinesi, 24 Temmuz iradesiyle ve yalnız Makamı Meşihatte Cemalettin Efendi irade ile yerinde bırakılarak Harbiye ve Bahriye Nazırlarının intihabı da Sadrazama ait olmak üzere iş başına geldi.

Sultan Hamid'in bir halden korkarak Harbiye ve Bahriye nazırlarını kendi intihab etmek istemesinin sebebi şu olacak: Sisam hadisesinden sonra Hamidiye Kruvazörü Midilli'ye dönmüştü. İstanbul'a gelecekti. Sultan Hamid bunun cephanesiyle birlikte İstanbul'a gelmesinden korkarak Malta'ya gitmesini irade etti. Geminin süvarisi Miralay Hakkı Bey'di. Amiral Halil Paşa da içindeydi. İkinci Kaptan Enver Bey'di. Zabitler Malta'ya gitmek iradesine kızdılar. Meşrutiyet'in bu heyecanını İstanbul'a gelerek tatmalarına engel olan bu iradeyi dinlemediler ve İstanbul'a hareket için mafevklerini zorladılar. Bu esnada Bahriye Nazırı Hasan Rami Paşa idi. Fakat daha Hamidiye İstanbul'a gelmeden önce İstanbul halkı arasında (Hasan Harami) diye zelil bir mevkie düşmüş bulunuyordu. Halk ve Bahriye zabitleri Babıali'de bu adama hakaret ve gösteriş yapacaklarını haber alan Ertuğrul Yatı süvari muavini Binbaşı Vasıf ve Peykişevket süvarisi Rauf Beyler, Tophane önünde karakol gemisi bulunan Utarit'in süvarisi Arif Bey'e gidiyorlar. Her üçü de, Hasan Rami Paşa'yı istifa ettirerek bu sonu belli olmayan kötü durumu önlemek kararını veriyorlar. Vasıf ve Rauf Beyler 20 Temmuz 1324 Hasan Rami Paşa'yı sarayda Başmabeynci Ali Paşa'nın dairesinde buluyorlar. Şu ricada bulunuyorlar:

— Halkta ve zabitlerde çok galeyan var. Çekilmenizi ve bu suretle çıkması muhakkak olan hadiseleri önlemenizi ricaya geldik. Hasan Rami Paşa — Ben namuslu adamım. Divanı muhasebat takdirnamelerini göstereyim.

Vasıf ve Rauf Beyler — Size hakaret edecekleri muhakkaktır. Çekilmeniz şahsınız için de askerlik şerefi için de hayırlı olur, diye ısrar ediyorlar.

Hasan Rami Paşa — Sultan Hamid bırakmıyor. Fakat bir daha teşebbüs edeyim.

\*\*\*

İşte Hamidiye Kruvazörü'nün Haliç'e girişi bu sıradadır. Vasıf ve Rauf Beylerin ısrarlarının sebebi şudur: Hamidiye'deki Halil Paşa'nın Bahriye Nazırlığına taraftar olanlarla Hasan Rami Paşa taraftarları arasında -Sultan Hamid'in de arzu ettiğine şüphe olmayan- bir hadise çıkmasını önlemek. Filhakika Midilli'den Hamidiye zabitleri Halil Paşa'nın Bahriye Nazırlığına getirilmesini Mabeyne yazmışlardır. Halil Paşa İngiliz donanmasında bulunmuş, Japon Amirali Togaya benzer. Fakat seciyesi zayıftır.

18 Temmuzda Midilli'den kalkan Hamidiye akşam üstü Çanakkale'ye geliyor. Buraya muvasalatında Bahriye Nazırı Hasan Rami Paşa'dan gelen şu telgrafı ilk önde zabitlerden saklamıştır:

Havuza olan ihtiyacınızın ref ve izalesi için Malta'ya hareket etmeniz İradei Seniye muktezasından olduğunu tebşir ederim.

Halbuki Bu telgraf zabitler arasında şayi olmuştu. İstanbul'a gelmek üzere Çanakkale'ye gelmiş bulunan Hamidiye'nin hareket etmediğini gören zabitler arasında galeyan başladı. Halil Paşa'ya bir ariza yazarak birkaç zabitle gönderdiler. Halil Paşa bunlara şu cevabı verdi:

Hakkımdaki teveccühünüze teşekkür ederim. Fakat bilirsiniz ki İstanbul'da Bahriye Nazırı olacak herif şeytanet fenerini yakmış, bizi başka türlü gösteriyor. Ben zaten lekelendim. Size acırım!

Hamidiye, Çanakkale'de ertesi cuma günü akşamına kadar

kaldı. Zabitlerin ne duruyoruz? diye söylenmeleri üzerine akşam üstü Halil Paşa zabitleri toplayarak şunları söylüyor:

— Bahriye Nazırından telgraf aldım. Düşündüm. Anladım ki bu bir tezvir neticesidir. Nihayet üç yüz lira ile Dersaadette icrası kabil olan bu ihtiyacın binlerce lira sarfıyla ecnebi memleketlerine müracaat ederek izalesi milletin bugünkü fakri içinde bir ihanettir. Karar verdim. Bu gece Dersaadete müteveccihen hareket edeceğiz.

Bahriye Nazırından aldığı ve yirmi dört saattir gizli tuttuğu, fakat zabitlere şayi olan Bahriye Nazırının yukardaki telgrafını da okuyor.

Padişaha ve Sadrazama da hareketi hakkında iki telgraf çekiyor. Köprülerin açtırılması ve tamire olan ihtiyaç bildiriliyor. 5.30'da hareketle sabahleyin Ayastafanos (Yeşilköy) önlerine geliyorlar. Sarayburnu'na kadar üç defa kayıkla gelen saray memurları selamı şahaneyi tebliğ ediyorlar. Hamidiye, Kasımpaşa'da Divanhane önünde Mesudiye zırhlısının yanında şamandıraya bağlanıyor. Halil Paşa saraya gidiyor. Artık geri gönderilmiyor. Hamidiye'nin cephanesini almaya gelen mavnalar geri döndürülerek cephane verilmemiştir. Bu hususta Vasıf, Arif ve Rauf Beylerle geminin ikinci süvarisi Enver Bey karar vermişlerdir.

Donanma komodoru Ferik Arif Hikmet Paşa (Arif Bey'in kayınbabası) Mesudiye'ye gelerek kumandanı alıyor. Bu zamana kadar yalnız Bahriye Nazırı donanmaya emir verebilirdi. Donanma komodorluğu gayrı faal bir makamdı: Komodor Haliç'te kıçtan kara korvetlerden birinde otururdu. Komodorluğun işe başlaması bu tarihten başlar.

Arif Hikmet Paşa, damadı Arif Bey'in delaletiyle ve Vasıf ve Rauf Beylerle de anlaşarak İttihat ve Terakki Cemiyetine girmiştir. (Bu Arif Hikmet Paşa, Ateş Mehmet Paşa'nın oğludur. Dahiliye Nazırı olan Damat Arif Hikmet Paşa başkadır.)

Vasıf ve Rauf Beyler saraydan Tophane önündeki Utarit'e gelip Arif Bey'i de alarak Mesudiye zırhlısına geliyorlar ve Arif Hikmet Paşa ile görüşüyorlar. Bu görüşme neticesinde

Arif Hikmet Paşa Hamidiye Süvarisi Hakkı Bey'i (Kendi halinde namuslu, fakat hiçbir şeye karışmayan eski bir adam) çağırtıyor. Ona izin vererek yerine Vasıf Bey'i Hamidiye süvarisi yapıyor. Hakkı Bey de sonradan Mesudiye süvariliğine tayin olunuyor.

İşte Sultan Hamid'in bir hattı hümayunla Harbiye ve Bahriye nazırlarını kendi seçeceğini bildirmesine sebep; Hamidiye zabitanının Midilli'den Halil Paşa'nın Bahriye Nazırlığına geçirilmesini istemeleri ve Vasıf ve Rauf Beylerin de sarayda Hasan Rami Paşa'ya istifa teklifleri üzerine bunun Sultan Hamid'e müracaatı olmuştur.

Babıali'de bu hattı hümayun okunduğu gün Vasıf, Arif ve Rauf Beyler Mesudiye zırhlısında Arif Hikmet Paşa'yı ziyaretle bu hattı hümayunun Kanuni Esasi'ye mugayir olduğunu görüşüyorlar. İttihat ve Terakki Cemiyeti İstanbul Merkezi de aynı fikirdedir.

Arif Hikmet Paşa Başkitabet vasıtasıyla padişaha şu mealde bir telgraf çekiyor:

Hattı Hümayun Kanuni Esasî'ye mugayir olduğundan buna müsaade edilemeyeceğinden sarfınazar buyurulması.

İstanbul matbuatı da tenkide başlıyor. Bahriye Nazırı aleyhine imzalı ve Donanma zabitanı namına diyerek ağır hücumlar yazılıyor ve tahkir edileceği ilan olunuyor. Halk ta bu hattı hümayundan galeyana gelmiş olduğundan heyeti vükela Babıali'ye gelirken üzerlerine yumurta, kömür vesaire atarak ve tükürerek nazırlara hakaret ediyorlar. Bu tesirler altında Sait Paşa kabinesi değişerek yerine Kamil Paşa, Kanuni Esasi dairesinde bir kabine kurarak hükümetin başına geçiyor. Yani Sultan Hamid zor karşısında hattı hümayununu geri alıyor.

\*\*\*

Talat Paşa ile hasbıhalimizde birkaç ay içinde donanmanın tamamıyla elimize geçmiş olacağını, Selanik'ten de birkaç tabur getirilirse Sultan Hamid'in halinin pek kolay olabileceğini, yakında Edirne'ye gideceğimden cemiyetin maddi ve fikri takviyesine çalışacağımı bildirdim. İstanbul Harbiyesinin imtihanları dolayısıyla mühim hadiseler olmazsa İstanbul merkezi ictimalarında bulunamayacağıma fakat arzu ettikleri zaman, istedikleri yere gelebileceğimi bildirdim. Esasen İstanbul işleriyle kendi ve arkadaşları yakından meşgul olduklarından bizlere ihtiyaçları kalmadığı hakkındaki durumu da apaçık ortaya attım. İstanbul merkezi arkadaşlarımızı kırmamalarını, teşkilatımızı sarsıntıya uğratmamalarını da, Sultan Hamid'in tehlikeli şahsiyetini korkunç göstererek, rica ettim.

### KAMİL PAŞA'NIN İLK İCRAATI

Sadarete geçtiğinin ertesi günü, (23 Temmuz 1324 de) Kamil Paşa, haklarında adli bir tevkif kararı olmaksızın bazı ileri gelen paşaları ve Mabeyn mensuplarını evlerinde tevkif ile Harbiye Nezareti'ne getirdiğini 24 Temmuz (16 Ağustos 1908) gazetelerinden öğrendik. Yollarda bunlara halk tarafından hayli hakaretler de yapılmış ve yüzlerine tükürülmüş.

Tevkiflerine sebep olarak: İstibdad devrinde fenalıkları ve suiistimalleri imiş. Güya firar edeceklermiş!.. Ben bu işleri Selanik Murahhas heyetinin tesirine atfettim. Kamil Paşa'nın kendi başına bu işlere cüret edebileceğine kimse de inanmıyordu. Tevkif olunanların listesi başına bazı gazeteler "Hainlerin tevkifi" başlığını da kondurmuştu. Tevkif olunanlar şunlardı:

Eski Serasker Rıza Paşa

Eski Tophane Müşiri Zeki Paşa

Eski Dahiliye Nazırı Memduh Paşa

Eski Bahriye Nazırı Hasan Rami Paşa

Başkatip Tahsin Paşa

Baş Mabeynci Ragıp Paşa

Şehremini Reşit Paşa

Ser İbriktar Kamil Bey

Ebülhüda

Oğlu Hasan

Basurcu Seyit Agah Paşa

Arap İzzet'in adamlarından Tevfik

Bunların bir kısmı gündüz, bir kısmı da gece tevkif olunmuşlar ve Harbiye Nezareti'nde Merkez Kumandanlığı'nda bir odaya hapsedilmişler. Yalnız Ebülhüda ile oğlu ayrı odada imiş. Ehemmiyetsiz siviller Zaptiye Nezareti'ne gönderilmişler. Hepsi de ihtilattan men olunmuş. Yalnız ailelerine, merakı mucip bir şey olmadığı; haber verilmiş. Evlerinden yemek gönderilmesine müsaade olunmuş.

Bursa'da sürgünde bulunan zamane azgınlarından Fehim Paşa da Eskişehir'e firar ettiği esnada Yenişehir'de indiği otelden arabasına binmek üzere iken ahali tarafından sopalarla dövülerek öldürülmüş.

***

Bu vaziyet ne benim ve ne de cemiyet mensuplarının hoşuna gitmedi. Akşam üstü merkez arkadaşlarımı buldum. Onlar da bu hareketin asla doğru olmadığını söylediler ve Selanik'ten gelen heyetin bu hususta kendilerine bir haber olsun vermediklerinden teessür duyduklarını söylediler. Mahmut Sadık Bey, bu hareketin matbuat aleminde de fena tesir bıraktığını söyledi.

Talat'ı buldum. Keyfi tevkifler, emniyetsizlik havası yaratacağından cemiyetimizin prestijini sarsacağını söyledim. Bir darbede Sultan Hamid'i kaldırmak daha hayırlı olurdu. Eğer lazım idiyse meşrutiyet ilanından önce daha ağır icraat yapılabilirdi. Hele sizler İstanbul'a geldikten ve padişahla da görüşerek tam meşruti şekilde/bir kabine de kurulduktan sonra artık işi Adliye vasıtasıyla hukuku umumiye namına bir dava açtırarak, yahut da zulüm görmüş kimse veya ailelerinin şahsi hukuklarını aramaları suretiyle açacakları dava ile ve tevkif müzekkeleri çıkarıldıktan sonra icap edenlerin tevkifinin muvafık olacağını söyledim.[81] Hiç değilse Meclisi Mebusan

---

81  Bu adamlar bir müddet Harbiye Nezaretinde mevkuf tutulduktan sonra "Büyükada"ya gönderildiler ve orada bazı köşklere ve evlere yerleştirildiler. Aileleriyle beraber oturmalarında da müsaa-

toplandıktan sonra bunlar hakkında bir kanun çıkarınız. O zamana kadar evlerinde otursunlar.

Talat işi omzundan atarak Cemal Bey'e yükledi. Bu işlerle o uğraşıyormuş! Rahmi Bey de berabermiş.

\*\*\*

Edirne'de tezkere alacak askerlere bile verilecek para yokmuş. Rahmi Bey Seraskere "Bankı Osmani"de 100 bin altının varmış. Bunu müzayakada bulunan Maliye hazinesine hediye ediniz!" o da razı olmuş. Demek tevkifler aynı zamanda hazineye para toplamaya da kanunsuz yardım edecek!..

25 Temmuz 1324 günkü Tanin, bu adamları yerlerinde ziyaret ettiklerini bildirerek şu satırları yazdı:

Bu adamlar o kadar aciz, o kadar sefil, o kadar boynu bükük idiler ki Osmanlı ulüvvücenabî, Osmanlı mürüvveti bunların karşısında bütün gayzını unutuyordu.

Merkezi Umumi murahhas heyetinin 25 Temmuz 1324 gazetelerinde bir beyanname neşrettiğini gördüm. Aynen şöyledir:

### Osmanlı Terakki ve İttihat Cemiyeti'nin Beyannamesidir

Muhterem Vatandaşlarımız;

Osmanlı Terakki ve İttihat cemiyeti milletimizi muhtaç olduğu hükümeti meşrutaya nail etmek için uğraştı. Zatı Şevketmeap hazreti padişahî bu maksadın muazzeziyet ve mukaddesiyetini takdir buyurarak milletin Kanuni Esasî'sine, hürriyetine mazhariyeti ilan edilmesini emir ve ferman buyurdu. Bu emir ve ferman hümayunu mülûkane bütün vatanı bir gülizarı saadet haline getirdi. Bütün kulûbü milleti pür neşat ve meserret ve hakipayi mülûkanelerine karşı lebrizi ubudiyet ve hürmet kıldı. Onbeş gündenberi sevgili memleketimizin

---

de olundu. Bunlara "Ada misafiri" adı verildi. (23 Ağustos "5 Eylül 1908"). Daha sonra da Midilli adasına sürgün edildiler. Balkan Harbi'ne kadar da orada kaldılar.

her noktasında icra olunan parlak nümayişler mahzuziyeti umumiyenin derecei kemalini ve bila tefrik cins ve mezhep bilumum tab'anın makamı muallayı hükümdarîye doğru müteveccih bulunduğunu gösterdiğinden şayanı şükrandır. Fakat artık bu nümayişlere nihayet verilerek bütün efradı milletin kendi işleriyle, güçleriyle, vazifeleriyle iştigal edecekleri zaman hulul etmiştir. Cemiyet bu ciheti kemali samimiyetle umuma ihtar eyler.

Padişahımız efendimiz hazretleri, tab'ayı sadıkalarına gerek Osmanlı Terakki ve İttihad cemiyetinin hüsnü niyet ve sadakatine tamamıyla mutmain bulunduklarını ve amali hümayunu şehriyarilerinin yalnız memleketin temini ümran ve saadetine matuf bulunduğunu lisanı hümayunu mülükaneleriyle beyan buyurmuşlardır. Artık padişah ile millet arasında hiçbir kuvveti haine kalmadığını izhar eden bu iradatı hakimane muhtaç olduğu namuskar bir hey'eti vükelanın tayiniyle de kesbi kuvvet ve teeyyüd eylemiştir. Bugün teşekkül eden bu heyet bütün efradın mazharı itimadı olmaya layık olduğundan milletin hey'eti vükelaya tamamen raptı kalp etmesini tavsiye ederiz. Bugünden itibaren heyeti vükelanın malik oldukları selahiyeti kamile dairesinde çalışabilmeleri, vatanın terakki ve tealisini temin edecek mesaili ıslahiyenin müzakeresiyle meşgul olmaları yalnız bir şeye muhtaçtır ki o da, ahalinin idarei umuru hükümete ne suretle olursa olsun müdahale etmemesidir. Aksi hareket ecanibe karşı, memlekette hükümetin mefkudiyeti hissini vereceğinden elbette kafiyen şayanı tecviz olamaz. Kan dökmeksizin istihsal edilen maksat ve onbeş gündenberi bütün ecanibin takdir ve tahsinini celbedecek bir dairei edep ve terbiyede, cereyan eyleyen muamelat halkımızın ne kadar durendiş, tecavüzden müctenip, her ferdin hukukuna ne kadar riayetkar olduğunu gösterdiğinden şimdi kazanılan bu muvaffakiyetin kaybedilmemesi için el birliğiyle çalışmamızı umum vatandaşlara ihtar eyleriz.

Osmanlı Terakki ve İttihad cemiyeti, muamelatı resmiyei hükümete bilhassa memurları tayin ettirmek gibi teferruata kafiyen müdahale etmek hakkını haiz değildir. Binaenaleyh güya cemiyet namına hareket ediyorlarmış gibi sahte bir vaz ve tavır takınarak bu kabil metalibatta bulunacaklar hakkında hükümetçe muamelei lazime icra olunduktan başka harekatı vakıanın cemiyetçe de şediden muvaheze ve takbih olunacağı nazarı dikkatten dür tutulmamalıdır. Cemiyet vazifesini suistimal etmeyerek daima dairei meşruiyette hareket eylemiş ve eyleyecektir.

İdarei sabıkaya mensup olan bazı kimseler hakkında da ne yolda muamele icrası icabedeceği makamatı aidesinde tezekkür edilmekte olduğundan bu hususta dahi örfi ve tahakkümî muamelattan kat'iyyen ihtiraz ve içtinap olunmalıdır. Zira, şunun bunun millet namına hareket etmekle bir kimsenin cezadide olmasını talep eylemeye hakkı yoktur. Aksi takdirde eskiden şikayet etmekte olduğumuz girivei muamelata biz düşmüş oluruz ki bunu da elbette vatandaşlarımız tecviz etmezler.

İşte bu esbaba mebni Osmanlı Terakki ve İttihad Cemiyeti, umum efradı vatana zatı şevketmeap haz reti tacidari'ye hürmet ve ubudiyetlerinin payidar olmasını, heyeti vükelaya emniyet ve itimat ve netayice intizar edilmesini, her bir ferdin idarei umuru millete müdahale etmeyerek kendi umuru hususiyesiyle meşgul olmasını ve şahsiyattan içtinap ve ihtiraz etmesini halisane beyan ediyor.

***

Bu beyanname de gösteriyor ki, yavaş yavaş söz ayağa düşmek istidadındadır. Bazı gazeteler "Hırsız Çetesi" başlığı altında, eski nazırlar ve devlet adamları hakkında şikayetlere başladılar. Nişantaşı ve Beşiktaş taraflarında şunun bunun konağına veya şahsiyetine tecavüzler de başladı. Talat beni çağırtmış, fikrimi sordu. "Gezecek devriyelere cemiyet azasından birer zatın tefrik edilmesi ve asayişe mugayir bir hal vukua gelirse bunlar tarafından nasihat edilmesi muvafık olur. Yani hükümetin prestiji olmadığından cemiyetin nüfuzundan istifade muvafık olur." dedim. Bu tedbir muvafık görüldü,

Hükümet de kabul ettiğinden gazetelerle şu tebligat ilan olundu. (29 Temmuz 1324)

### İttihat ve Terakki Cemiyeti İstanbul
### Merkezi'nden Tebliğ Olunmuştur

Bazı edepsizler dairei edep ve terbiyeyi tecavüzle öteye beriye sarkıntılık ettikleri haber alınması ve bir hükümeti meşruayı âdilede her şeyden evvel asayişi mahalliyenin muhafaza ve istirahati ammenin temini lazimeden bulunması cihetiyle İttihat ve Terakki cemiyeti tarafından vukubulan müracaat üzerine hükümeti seniyece berrî ve bahrî asakiri şahaneden mürekkep kollar tertip olunarak zabıta memuru refakatiyle dolaştırılmakta olduğundan halkın kollar tarafından vukubulacak ilk ihtara hemen mutavaat etmeleri lüzumu ihtar ve yine istirahati umumiyeyi ihlal edecek harekata cesaret edenlerin hükümeti âdilei Osmaniyece kanunen mücazata çarptırılacağı sureti kafiyede ilan olunur.

### "İTTİHAT VE TERAKKİ" ADININ KABULÜ

Cemiyetimizin adı "Terakki ve İttihat" idi. Eski "İttihat ve Terakki" cemiyeti mensuplarından yeni cemiyete girmemiş olanlar da bu nam altında ara sıra gazetelere yazı göndermekte ve bazı teşebbüslerde bulunmakta oldukları veya olacakları duyuluyordu. Bu ikiliğe yer kalmamak üzere Selanik, cemiyetimizin adını "Terakki ve İttihat"tan "İttihat ve Terakki"ye çevirmiş ve bu nam altında Selanik'te bir de gazete çıkarmaya başlamıştır.

İşte 29 Temmuz gazetelerindeki İstanbul merkezinin de adının "İttihat ve Terakki" görülmesi bundandır.

Ne gariptir ki bir gün önce yani henüz cemiyetin adı "Terakki ve İttihat" iken Sultan Hamid; Meclisi Mebusan dairesi inşası masraflarının hazinei hassadan verilmesini irade etmiş ve bu vesile ile şu sözleri söylemiştir:

Bütün efradı millet Terakki ve İttihat Cemiyeti azasındandır.

Ben de reisleriyim. Artık birlikte çalışalım, vatanımızı ihya edelim.

## KEYFİ TARD KARARINI PROTESTO

İzmir'de Ahenk gazetesinden naklen bazı İstanbul gazeteleri 29 Temmuzda şu hadiseyi yazdılar:

"Osmanlı İttihat ve Terakki" cemiyeti mukaddesesinin Selanik Merkezi Umumi'sinden şehrimize gelmiş olan müessisini cemiyet ve kahramanı hürriyetten doktor Nazım Bey ile rüfekayı muhteremesinin, cemiyetin İzmir'deki erkanı ile beraber evvela belediye ve badehu her kavim vatandaşlarımız tarafından izhar olunan arzuyu fevkaladeye binaen sırasıyla Rum metropolithanesine, Ermeni murahhasa dairesine, Musevi havrasına azimetle -fikri İttihat ve uhuvvetin bila istisna her kavim efradında zevali napezir bir şiddet ve kuvvetle caygir olduğunun en kahir nişanesiden olmak üzere- haklarında ihtiramat, ikramat takdirat ve teşekküraü fevkaladede bulunulmuştur. Bu ziyaretler esnasında miri mumaileyh doktor Nazım Bey ile rüfekasından ve serferezanı hürriyetperverandan Yüzbaşı Kuşeni Bey taraflarından hürriyet, müsavat ve muhabbeti vataniyeye dair hissiyatı vatanperveriyi müheyyiç, mülk ve millet hakkında amal ve maksadı ulviye ve hayırhahaneyi musavver ve gayet müessir nutuklar irad olunmuştur. (Müftülüğe gitmemişler!..)

Heyeti muhterem metropolithaneye gittiklerinde orada Rusya'dan memleketine avdet ederken İzmir'e uğrayıp dört beş saat kalmış olan Yunan kralı hazretlerinin mehadiminden Prenses Andre ve Prens Hristofor ile refikalarına tesadüf eyleyerek müşarünileyha prens ve prensesler hazeratı hey'eti muhtereme ile musafaha eylemişler ve usulü meşrutiyeti samimane alkışlamışlardır.

Nazım Beyefendi ile rüfekayı kiramı bu ziyaretler esnasında bililtizam Aşmalı Mescit caddesinden dahi geçerek mücahidi vatan mumaileyh Nazım Bey'in "Yakup Ağa" namı müsteannı taşıdığı ve fikri ittihad ve uhuvveti ahrarı ümmete telkin ve tamim eylediği sıralarda caddei mezkûrede açmış olduğu tütüncü dükkanı dahi ziyaret edilmiş ve yüzbaşı Ruşenî Bey tarafından Nazmı Bey'in mücahedesini, hizmeti vatanperveranesini musavver ve hazirunu giryebadı teessür eyleyecek bir nutuk irad etmiştir.

### Kışlada Ref'i Rütbe Merasimi:

Heyeti muhtereme, balada yazdığımız ziyaretlerini ifadan sonra kışlayı hümayuna gelmişlerdir. Dûn istibdadın meşahiri zalimesinden olan İzmir fırkası kumandanı sabık birinci Ferik Tevfik'in enzarı ümmette muhakkak olan mesavü ahvaliyle beraber el'an silki askeride bulunması şerefi milliyi ve haysiyeti askeriyeyi muhil bulunduğundan, ref'i rütbesiyle silki mukaddesi askeriden tardı icra kılınmıştır. Cemiyetin her gün makasid ve icraatı hak ve adaletle memzuc olmak hasebiyle millete birçok kurban verdirmiş olan bu hain -ihtiyarlığına hürmeten- enzarı millete teşhir edilmemiştir, şu kadar ki Nazım Bey tarafından tadad ile tükenmek bilmeyen seyyiatı ahval ve harekatından bir nebze bahsolunarak herkes lanetler yağdırdıktan sonra mevkuf bulunduğu odaya üç zabit efendi azimetle kordon ve nişanlarını sokmuştur.

Onu müteakip yine devri istibdadın yadigarlarından olup hafiyelikle iştihar etmiş, bu silki şenaatpirada birçok canlar yakmış, hanımanlar söndürmüş olan mahud Aydın Serkomiseri Mehmet'in mezalim ve ta'diyatı yüzbaşı Ruşenî Bey tarafından sureti muvahhire ve fakat müessirede şerh ve izah edildikten sonra şahsı mel'anet ihtişam dahi kışlanın harici meydanına getirilerek hazır bulunan binlerce efradı milletin enzarı istikrah ve nefrini karşısında teşhir edilmiş ve onu müteakip kollarında taşıdığı ve aleti mel'anet, vasıtai şenaat ve habaset olarak istimal eylemiş olduğu komiser nişanlarıyla düğmeleri söktürülmüştür.

• Askerlik ve polislik mesleklerinden sureti ânife üzere tard edilen merkuman Tevfik ve Mehmet mevkufen Selanik'e izam olunacaklardır.

• Kezalik idarei sabıka zamanında hafiyelikle iştihar etmiş olan Osman zade Hacı Hasan Paşa —ki hafiyelik sayesinde paşa unvanına irtika eylemişti— dahi derdest ve tevkif olunmuştur.

• Devri sabıkı istibdadın en müstekreh hafiyelerinden olan İzmir Fırkası kumandanı sabıkı Tevfik rütbesinin ref ve kendisinin askerlikten tard edilerek İzmir'de hapsedildiği mahaldeki abdesthane penceresinden atlayarak kaçmak istemişse de topukları kırılmış olduğundan İttihad ve Terakki cemiyeti azayı hamiyetdanından olup orada bulunan zevat tarafından Selanik'e gönderilmiştir.

## MİZAN 4 Ağustos 1324

### Başmakalesinde:

İttihat ve Terakki Cemiyeti'mizin kaç merkezi varsa her birine mahsusen ve yekdiğerine muhalefeten seda işitilmektedir. Bundan dolayı evladı vatanın kulübünü istila eden endişeler Avrupa mehafil ve merakizine kadar sirayet etmektedir. Bu halin netayici mühlikesi izaha muhtaç değildir" dedikten sonra "Hilafet ve saltanat kisvei celilesi ile müzeyyen olan bir istibdadı çekemeyen milleti muazzamai Osmaniye yeniçeri zorbalıklarını kendisine derhatır ettiren hafi, başsız, intizamsız, şekli meçhul bir istibdad önüne baş eğemez. Bunu hayalhanelerine sığdıran sersemler cemiyeti celileye aza olamaz. Selanik ve Manastır kahramanlarının bu babda bizim ile hem efkar bulunduklarına kemali emniyet ve itimat ile bir tedbiri kat'i ittihazına müsaraat etmelerine kemali tehakükle muntazırız Paris'te bulunan erbabı gayretten dördü Selanik'e vasıl olmuştur. Ahmet Rıza Bey biraderimiz dahi yarın İstanbul'a gelecektir. İstanbul şubesi erkanı, Rumeli merkezi murahhasları; Paris'ten, Mısır'dan vesaireden avdet eden malûm ......... zevat ile bilictima hail hazırı teemmül ve müzakereye müsaraat etsinler, umum mensubini cemiyete düsturulamel olacak evamir ve talimatı neşretsinler, mercii müracaat ve makamı izah ve istizah olarak bir heyeti mutebere irae eylesinler Meran karar olmak üzere bu babdaki kendi fikri mahsusumuzu da söylüyoruz:

Cemiyetin reisi fahrisi Zatı Hazreti Padişahı olmalıdır. Fakat icraat ve muamelatı cemiyet nüfuz ve müdahalesinden kafi surette müteessir olmamalıdır.

Biri seyfî, biri ilmî, biri mülkî bir de gayrimüslim ihvanı mümtazeden olmak üzere dört azadan mürekkep bir heyeti merkeziye teşkil olunarak riyasetine Ahmet Muhtar Paşa tayin olunmalıdır.

Böyle bir heyet teşekkül ederse bilcümle kararlarına harfiyen tatbiki muamele etmekten kimse çekinmez ve haricî ve dahili bilcümle endişelerden eser kalmaz.

Yoksa şimdiki gibi hafî ve başsız ve vücutsuz bir ejderanı ham ümmeti tahrişe bir müddet daha devam edecek olursa halkı "Gidene rahmet" okumaktan men edememek mesuliyeti önünde kalır. Cenabı hak mürşit ve muinimiz olsun.

Hicaz demiryolu 6 Ağustosta Medinei Münevvere'ye varmıştır.

10 Ağustos sabah gazetelerinde "Murat Bey'e İhtar" başlığıyla cemiyet tarafından ağır bir cevap verildi. Bunu "Mizan"-da 11 Ağustos'ta neşretti. Bunda deniyordu ki:

Cemiyetimiz diyerek benimsediğiniz cemiyetimizin her merkezinden yekdiğerine muhalif sedalar işitilmekte olduğunu ......... söylemeye kadar küstahlıklar ediyorsunuz.

"Cemiyetimiz" diye yadettiğiniz Osmanlı İttihat ve Terakki cemiyeti ile yine size ve aleme karşı bir daha tekrar edelim ki sizin hiçbir alakanız, uzaktan, yakından hiçbir merbutiyetiniz yoktur. Biz, sizi tanımıyoruz! Siz, bizim nazarımızda "Mizan" namiyle bir gazete neşreden bir adamsınız. Fakat bu lisanda, bu kafada devam ederseniz o zaman sizi bir sıfatla daha tanıyacağız ki o da müfsitliktir! Zira her bir uzvunda bir ahengi tam, bir vifakı mükemmel hükümferma olarak vatanın selametine bütün mevcudiyetiyle çalışmakta olan bir cemiyete ziyandırazlık ediyorsunuz. Bundan kat'iyen feragat etmelisiniz. Bütün emellerimizi atfediyoruz, dediğiniz Selanik'ten size söylenecek son sözümüz şudur:

Osmanlı İttihat ve Terakki cemiyetinin teşkilatı, nizamatı, vatan hakkındaki efkar, amal ve ef'ali vatanı cidden sevenler tarafından takdir edilecek derecede mükemmel ve muntazamdır. Bahusus sizin ihtira etmek istediğiniz "muhalif sedalar" katiyen yoktur. Bu lisanı hemen terkediniz, bir noktai selamete cem' ve isale çalışmakta olduğumuz efkarı umumiyeyi böyle hezeyanlarla ifsad etmekten tevekki ediniz. Yoksa buna mecbur edilirsiniz."

Murat Bey bu yazıların altına hemen cevabını yazmıştı. Uzun yazıları arasında diyor ki: "İttihad ve Terakki Cemiyeti namı âlisini bugün bihakkın taşımaya mezun bulunanlardan bu gibi oyuncaklara nihayet verilmesi vücubunu tekrar ederiz." Sonra da gazetelerin kendisine hücumuna "Cevabımız" başlığı ile "Biz Rusya mekteplerinde edindiğimiz hamiyet ile müftehiriz. Çünkü o hamiyet otuz beş senelik meydanı müsabakada bize daima ön sırayı temin edegelmiştir..."

Son satırlarında da şöyle söylüyor: "Cemiyet beni içine layık görmüyorsa cevaben teessüf ederim. Fakat meyus olmayarak ifayı vazifei hamiyetten geri duramam. Devlet ve milleti Osmaniye'nin selamet ve saadeti her bir şahıstan, her bir heyetten her bir cemiyetten nisbet kabul etmez mertebede ali ve mukaddestir... ilh."

Artık Mizan, her nüshasında cemiyetin icraatını ve kendisini haklı haksız tenkitte hız almaktadır.

Nihayet 26 Eylül 1324 nüshasında Mizan, şunu neşrediyor:

**Telgrafnamei sami suretidir**

**Zaptiye Nezaretine**

Murat Bey'in emsali misillû tahtı muhafazada bulundurulmak üzere Harbiye Nezaretine teslimi muktezidir.

26 Eylül 1324

Sadrazam Kamil

Murat Bey, 26'da tevkif olunduğundan 27'den sonra Mizan gazetesini artık çıkaramıyor. (Dört aydan fazla çıkamayan Mizan 9 Şubat 1324'te tekrar çıkmaya başlıyor.)

Zaptiye Nezareti bütün gazetelerle şu tebliği ilan etti:

İlani Resmi

Mizan gazetesi ezhanı umumiyeyi tahdiş ve tehyic edecek yolda neşriyata musırrane devam etmesinden dolayı icra olunan tahkikat neticesine intizaren devletçe görülen lüzum üzerine mezkûr gazete ba emri sami muvakkaten tatil olunmuştur.

14 Ramazan Sene 1326

27 Eylül Sene 1324

Nezareti Umuru Zaptiye

Kamil Paşa, padişahın yapamadığı arzusunu yapmaya yeltendi:

10 Şubat 1909'da mektep nazırı Hüseyin Hüsnü Paşa, Bahriye Nazırı vekili ve Nazım Paşa da Harbiye Nazırlığına getiriliyor. Bu arada Selanik seyahatinden gelen donanma Beşiktaş önünde yatıyor. Bu durumu işitince, Peyki Şevket süvarisi Rauf Bey, Hamidiye süvarisi Vasıfla görüşerek, Fethibülend zırhlısı süvarisi Arif Bey, Asarı Tevfik süvarisi Ali Kabuli Bey, Berki Satvet süvarisi Hamdi Bey birleşerek, donanma kumandanı Hafız İbrahim Bey'i, Beşiktaş önünde bulunan Mesudiye gemisinde arıyorlar, bulamıyorlar. Şurayı Bahriye reis vekili Miralay Vasfi Bey'i çağırıyorlar. Aynı zamanda, liman dairesinden tanıdık bazı zabitler de geliyor. Vaziyeti konuşuyorlar. "Hüsnü Paşa, Kanuni Esasi'ye mugayir bir tarzda vazifeyi nasıl kabul ediyor?" diyorlar. Bu esnada Hüsnü Paşa'dan donanma kumandanına bir tezkere geliyor. "Donanmanın tamirine ait raporları gönderin. Biran evvel Haliç'e aldırıp tamirine başlatacağız." Bunun üzerine toplantıdaki zabitler, donanma kumandanı İbrahim Bey'e haber gönderiyorlar, gelsin diye.

Fakat itirazla Mesudiye süvarisi Hakkı Bey'le gemiden çıkıp gidiyorlar. Rivayete göre bunlar, Hüsnü Paşa'ya giderek içtimai söyleyip kendilerinin bu işte bulunmadıklarını söylemişler.

Bu kağıt gelince, toplu zabitana kanaat geliyor ki, Sultan Hamid evvelce hattı hümayunla yapmak istediği şeyi bu sefer Kamil Paşa'ya yaptırıyor ve Kanuni Esasi darbeleniyor. Ali Kabuli diyor ki: "Böyle teferruatla uğraşmayın, bütün işleri yapan Hamid'dir."

Zabitanın kararı şu oluyor: Sadrazama ve Meclis riyasetine yazıyorlar:

Nazırların tebdilinin Kanuni Esasi'ye mugayir olduğu kanaatinin hükümran olduğu ve zabitanın müteheyyiç bulunduğu ve bu hususun tashihle zabitanın teskinini, selameti memleket namına rica ederiz.

Limanda Nafi Kaptanla Rauf Bey, Kamu Paşa'ya; Çanakkaleli Kolağası İsmail Kaptan da Meclis reisine olan zarfı götürüyorlar. Zabitan gemide bekliyorlar, diğerleri vazifeleri başına gidiyor. Rauf Bey, Nafi ve İsmail kaptanlar, tevkif olurlarsa donanmaya haber verebilmek için Beşiktaş'tan Sirkeci'ye, Hamdi Bey'in Berki Satvet gemisi ile gidiyorlar. Babıali'de Sadaret yaveri miralayı bulup diyorlar ki: "Donanma namına maruzatta bulunacağız, Sadrazamı görmek istiyoruz." Nazırlar toplantı halinde imiş, Kamil Paşa "Tahrirat ne ise göndersinler" demiş. Gönderiyorlar. Bir saat sonra seryaver gelip; "Sadrazam Paşa irade buyurdular: 'Kağıttaki diğer imza sahipleri de gelsinler de hepinizle birlikte görüşelim.' diyor.

Rauf Bey: Onlar vazife başında olduklarından gelemezler, bizi gönderdiler.

Seryaver: İrade buyurdular, siz arkadaşlarınızı davet edin.

Rauf, Nafi Kaptan'a diyor ki: İşittin ya. Git arkadaşlara Sadrazamın kendilerini davet ettiklerini söyle.

Nafi gidiyor, söylüyor. Zabitler de cevap olarak demişler ki: "Biz Rauf Bey'le sizi memur ettik. Böyle bir zamanda

vazifelerimizi bırakamayız, ne emirleri varsa size söylesinler."
Rauf Bey, yaverler odasında bir kaç saat beklemiş. Nafi Bey'in
cevabını yaver, Kamil Paşa'ya götürüyor. Bir müddet sonra
Nazım Paşa çıkıp gidiyor. Akşam olmuş lambalar yanmış.
Sadrazam Rauf ve Nafi kaptanları kabul ediyor. Bunlar girer-
ken Bahriye Nazır Vekili Hüsnü Paşa da odadan çıkıp gidiyor.
Rauf ve Nafi odaya girince selam verip duruyorlar. Odadaki-
ler: Kamil Paşa, Dahiliye Nazırı Hüseyin Hilmi Paşa, Şeyhü-
lislam Cemalettin Efendi, Adliye Nazırı Hasan Fehmi Paşa.

Kamil Paşa: Buyurun, yakına gelin, diyor. Rauf Bey yanına
gidiyor, Nafi Bey kapının yanında kalıyor.

Kamil Paşa: Yanlış anlaşılmış, Rıza Paşa istifa etti, Mısır'a
tayin edildi. Arif Hikmet Paşa da istifa etti (Hecin vapurunun
batması üzerine mecliste istizandan kızınca istifa ediyor, fakat
itimat beyan edilince istifadan sarfı nazar ediyor. Kamil Paşa
bu istifayı saklamış.) Arif Paşa'nın istifasını getirin, diye ame-
dci Asaf Bey'e emir veriyor, o da getiriyor. Hakikaten bir istifa.

Rauf bey: Bir istifa!.. Fakat bu meselenin hakikati, istifanın
geri alındığıdır, diye. Hecin vapuru istizahını ve istifanın geri
alındığını anlatıyor.

Kamil Paşa; Buna cevap vermiyor, sözü şöyle çeviriyor:

"Hüsnü Paşa bahriyelilerin hocasıdır diye tavsiye ettiniz,
bunun için vekaleten intihab ettik. Siz onu istemiyorsanız,
kimi istiyorsanız söyleyin, zaten vekaletendir."

Rauf Bey: Asker olmamız, şunu ister bunu istemeyiz deme-
mize manidir. Biz bunun için gelmedik. Zabitan Kanuni Esa-
si'ye sadakat yemini ettiklerinden heyecan içindedirler. Bir
hadise zuhur edebilir. Bir barut fıçısı gibidir. Biz bunun önü-
nü almak için size müracaat ettik, mesele Hüsnü Paşa'yı iste-
yip istememek meselesi değildir.

Hasan Fehmi Paşa: İtidal evladım itidal, diyor. Şeyhülis-
lam: Sizin gibi hamiyetli, gayyur gençler olunca memleket ifti-
har duyar diyor.

Kamil Paşa biraz düşünüyor ve: Arkadaşlarınıza söyleyin

müsterih olsunlar, yarına kadar bu meseleyi tashih edeceğim, diyor.

Ertesi gün Meclisi Mebusan'a çağırdılar gitmedi, istifa etti.

Bu işlerden İttihat ve Terakki merkezi umumisinin haberi yoktu. Talat, Rahmi vesairenin de haberleri yok.

İsmail Kaptan sivil olarak Meclisi Mebusan reisine mektubu verdikten sonra Babıali'ye gelip dışarda gözcü olarak bekliyor. Gece, karanlıkta Rauf ve Nafi Beyler çıkınca İsmail Kaptan diyor ki: "Talat Bey sizi bekliyor." Rauf, Nafi, İsmail kaptanlar Nuruosmaniye'deki kırmızı konağa gidiyorlar. (Sonra anlaşılıyor ki Hüseyin Hilmi Paşa haber vermiş.) Talat Bey telaşla "Ne var?" diye soruyor. Rauf Bey hadiseyi baştan aşağı anlatıyor.

Talat Bey: Biz de aynı mütalaa ile fırka mebusları içerde görüşüyorduk. Yarın Kamil Paşa kabinesine ademi itimat vermek ve düşürdükten sonra bu işi yapanları Ada misafiri yapmak ve İzzet Paşa riyasetinde bir kabine yapmak.

Bahriyelilerin icraatını iyi veya fena diye tenkit etmiyor, hepsi ayrılıyor, donanmaya gidip malumat veriyorlar.

Yeni kabineyi Hüseyin Hilmi Paşa teşkil ediyor.

17 Şubat, ikinci Ordu kumandanlığına Salih Paşa'nın tayinini yazıyor.

29 Şubat akşamı Ferah tiyatrosunda Murat Bey'in verdiği konferans gürültülerle susturulmuş. Murat Bey bunu acı tenkit etti.

21 Şubat 1324 Mizan ve Serbesti gazeteleri ile diğer bazı gazetelerde şu ilanı gördük:

Gazetemiz neşroluncaya kadar ceraidi mevcudeden hiçbiri ile cemiyetimizin alakası olmadığı ve cemiyete kaydolunmak arzu buyuran zevatı kiramın Vezir hanında dairei mahsusaya müracaat etmeleri tavsiye olunur. İttihadı Muhammedi cemiyeti.

25 Şubat: Tasfiyei Askeriye Komisyonu. Harbiye Nezaretinde Erkan-ı Harbiye-i Umumiye Dairesi'nde, sunufu muhtelife

erkan ve ümerasından mürekkep hususi bir komisyon toplanmıştır.

14 Mart: Manastır'da çıkan "Tiri Hakikat" de görülmüştür: "Artık nesayih ve vesayayı hamiyetkaranenizi istemeyiz. Biz ittihad etmek, terakki etmek isteriz. Ey Murat Bey! Vatanı severseniz, vatan işine karışmayınız. İkbalimize mani olmayınız." Murat Bey de alaylı cevap veriyor.

18 Mart: Murat Bey, Harbiye Nazırı Nazım Paşa İstanbul mebusluğu namzetliğini kabul etmediğinden kendisi namzetliğini koyuyor, bir fırkaya mensup değilim, diyor. Fakat intihapta kazanamıyor. Artık Mebusan Meclisi'ni, hükümeti ve İttihat ve Terakki fırkasını tenkitte yine hız alıyor.

Ali Kemal de Ahrar fırkası tarafından namzet gösterildi. Bu da kazanamadı. Bu da Murat Bey'le atbaşı İttihat ve Terakki'ye ve onun hükümetine ve Meclisi Mebusan'a karşı tenkitlerini taarruz haline koydu.

\*\*\*

22 Mart gazeteleri (İttihat ve Terakki) cemiyetinin siyasi bir fırka kadrosuna girmeye kati surette karar verdiğini yazdılar. Bu havadisi Mizan dahi takdir etti.

### İttihadı Muhammedi

21 Mart 1324 Cumartesi günü (12 Rebiülevvel 1327 Mevlût kandili günü) "İttihadı Muhammedi Cemiyeti" mevcudiyetini ilan etti. Birçok sarıklı hocalar ve mutaassıp bir zümre, bu cemiyetin açılışını kutladı. Böyle bir namla bir cemiyet kurulması ve ortaya atılması aklı başında olan münevver zümreyi hele "İttihat ve Terakki" mensuplarını endişeye düşürdü, 23 Martta Mizan gazetesi (Akıbet!) başlığı altında bir başmakale ile (İttihat ve Terakki) cemiyetinin siyasi fırka haline döndüğüne sevindiği kadar bu makalenin hemen altında (İttihadı Muhammedi) cemiyetinin ortaya çıkışını memnunlukla karşılıyor ye endişeye düşülmesini manasız bularak şöyle söylüyor: "Hatta layıkıyle düşünemeyen bazı vatandaşlarımızı endişeye

sevk edecek işaatta bulunanlar da eksik olmadı" diyor ve Sultan Hamid'in güya fırkaların (Partiler) çoğalmasından endişe duyduğunu ve (İttihat ve Terakki) cemiyeti hakkında iltizamkar bulunduğu hakkındaki bazı gazetelerin beyanatını şiddetle tenkit ederek hükümdarların daima bitaraf kalmaları icap edeceğini ileri sürerek makalesinin sonunu şöyle bitiriyor:

Binaenaleyh beyanatı mezburenin evvela — gayrı vaki olduğunun, saniyen— farzı muhal olarak vaki ise her bir maksadı iltizamkaraneden pek bait bulunduğunun (Takvimi Vekayi) sütunlarında değil de bir lisanı hükümdarî ile tavzihi şanı ali iktizası ve vazifei kanunşinasî icabı biliriz.

Aynı günkü Mizan'da dikkati çeken şu ilan da vardı:

İlan

Cemiyetimizin "İttihad ve Terakki cemiyeti" ile münasebette bulunduğuna dair şu günlerde bir şayia deveran etmekte ise de bunun katiyen asıl ve esası olmadığı ve cemiyetimiz hiçbir cemiyet ve fırkanın tahtı nüfuz ve tesirinde hareket etmediği gibi siyasi bir meslek dahi takip etmeyip mücerred talebei ulûmun hukuku meşrualarını muhafaza ve şeriatgarayı Ahmediyenin nigehban ve hadimi olan hilafı şer'i şerif vukubulacak muamelatı delaili muknia ve berahi-ni katıa irad ile red ve iptal etmek üzere teşekkül etmiş müstakil ve dini bir cemiyet olduğu ilan olunur.

Talebei Ulûm Cemiyet Meclisi

İdare Reisi Muvakkati

Ali Salih

Bu korkunç ilanın altında da Merkezi Umumilerinin yirmi bir kişiden mürekkep olduğu, eksik aza intihabı için yarınki salı günü bütün medreselerden müntehap müşavir azanın merkezi umumiye gelmeleri rica olunuyor.

\*\*\*

Cemiyeti Muhammediye birkaç gün içinde mahallelere kadar kök saldığını işitiyorduk. Talebei ulûmun bu cemiyetin gönüllü isyancıları olacağına şüphemiz kalmıyordu. (Bir hafta sonra, Türkleri belki de istiklallerini kayba kadar yol açacak olan 31 Mart irticası çıkacağına göre bu hazırlıklara karşı hükümetin, İttihat ve Terakki Merkezi Umumisi'nin ne gibi tedbirler aldığı hakkında ne hükümete, ne orduya ve ne de cemiyete hiçbir tebliğ yapılmamıştı.)

### Serbestii Matbuat Mitingi

Serbesti gazetesi, 26 Mart Perşembe günü için Sultan Ahmet Camii meydanında "Serbestli Matbuat Mitingi" diye tehlikeli bir toplanma tertip ediyor. 24 Martta Mizan bu daveti hürriyeti matbuat bir semerei meşrutiyettir diye kabul ve karilerini de davet ediyor. Ertesi günkü nüshasında Mizan, (Çerkes İttihat ve Teavün) kulübünün de Serbestinin tertip ettiği Matbuat mitingine iştirak etmeye karar verdiklerini ve azasının kulübe gelmelerini ilan ediyor. Çerkes kulübü azalan da toplu olarak mitinge gidecekler demek. Mizancı Murat Bey'in namzetliğini isteyen bu kulüptü.

26 Mart sabahı Serbesti ve Mizan gazeteleri birinci sayfalarına kalın yazı ile yalnız şunu yazdılar:

"Şehidi Hürriyet Hasan Fehmi Bey'in ruhuna fatiha", iç sayfalarında da çok ağır şeyler yazdılar. Mizan "Hasan Fehmi Bey bugün serkarda bulunan hürriyet mücahitlerinin birkaçına değer bir mümtazı hilkat ve millet idi." diye yazıyordu.

Dün gece köprüde öldürülen Serbesti Başmuharriri Hasan Fehmi Bey'in cenaze merasimi, miting için toplanacaklara (İttihat ve Terakki) aleyhine daha gürültülü nümayişlere vesile oldu. Ayasofya'da namazı kılınarak Sultan Mahmut türbesine gömüldü. Matbuat mitingi bir hafta sonraya yine perşembe gününe bırakıldı. Fakat bu miting Matbuat mitingi perdesi altında meşrutiyet idareyi devirecek kanlı bir facia halini alacağına ben kendi hesabıma hiç şüphem kalmadı. Çünkü katil bulunamıyor ve muhalif gazetelerde bunu vesile ederek hükümete dehşetli hücum ediyorlardı. Katlin İttihat ve Terakki tarafından tertip olunduğu hakkında da şayialar bir düzüye genişletiliyordu. Mizan 27 Mart nüshasında: "Artık kafidir! Fazlasına milletin tahammülü kalmadı. Hükümet ya vazifesini bihakkın ifa etmeye müsaraat etmeli veyahut işi erbabına tevdi için bir dakika evvel davranmalıdır." diyordu.

Daha ağır yazılan da Serbestî'de Molan zade, İkdam'da Ali Kemal ve Volkan'da Derviş Vahdeti yazıyordu.

28 Martta Mizan birinci sayfa başına cinayet yerini gösteren köprünün bir krokisini basarak başmakalesinde "Özür yoktur, vazifenin ifası lâzımdır" diye katilin kaçmak ihtimali olmadığını uzun boylu ispata çalışıyor ve diyor ki:

Cinayet köprünün ortasında, iki nefer nöbetçi bahriyeli ile karakol sefinesinin rampa ettiği deniz hamamı arasında icra olunuyor. Dört el silah atılıyor, "Polis yok mu?.." diyerek bir adam feryat ediyor... Zuhur eden polis imdat feryadında bulunan mecruhu katil addederek karakolhaneye kadar sürüklüyor, "Ben mecruhum, katil oradadır" yolundaki ısrarına kulak asmıyor! 'Ya zabıta şu kadar basit ve mahdut daire dahilinde bile vazifesini ifa edecek kadar bir iktidar ve basirete malik değildir... Yahut caniyi tevkif etmeye muktedir iken şöyle veya böyle bir mütalaa ile iktidarını hüsnü istimal etmedi. Şu ikinci şıkkın tebeyyün etmesi ise tarziyei matlubeyi çok ziyade tevsi etmeye ihtiyaç messettirir... İstanbul halkı kemali tehalükle anın ifasına dört gözle muntazırdır. Bihakkın galeyana gelmiş olan avam ve havaci uzun müddet intizarda bırakılamaz... Hükümet yalnız Millet Meclisi önünde mesul olmayıp millet önünde dahi doğrudan, doğruya mesuldür.

26 Mart 1324 İkdam gazetesi de şunu yazdı:

### Adliye Nezareti Celilesine

İttihat ve Terakki cemiyetinden Meb'us Rahmi ve Doktor Nazım Beylerin Selanik'te bir içtimai hafî'de Ali Kemal'i öldürmek lâzımdır diye teklif ettikleri halde ekseriyete kabul ettiremediklerini vaktiyle sözüne itimat olunur bir zat ihbar eylemişti. Bu sabah ahiren Selanik'ten gelerek Beyoğlu zabıtasına memur edilen bir miralayın "İsmail Kemal, Molan zade Rıfat re Ali Kemal Beyleri öldürmeye cemiyetçe karar verildi," dediğini bildiklerimden biri geldi, haber verdi.

Meb'usan'dan bir zata diğer bir miralayın aynı mealde idarei lisan ettiğini şimdi söylediler. Mertebei vüsukunu bilmediğim ve fakat dün geceki vak'ai cinaiye münasebetiyle şayanı ehemmiyet gördüğüm bu ihbaratı arz eyler ve muhbirlerin istimamı talep ederim.

İkdam sermuharriri

Ali Kemal

Selanik Mebusu Rahmi ve Doktor Nazım Beyler, 27 Martta Mizan'a şu tekzibi yazdırdılar:

İkdam Sermuharriri Ali Kemal imzasıyla dünkü İkdam gazetesinde aleyhimizde vukubulan iftirayı kemali nefretle reddeder ve müfteri hakkında muamelei kanuniye ifası için Bidayet müddeiumumiliğine müracaat eylediğimizin ceridei aliyelerine dercini istirham eyleriz, efendim.

| Doktor | Selanik Meb'usu |
|--------|-----------------|
| Nazım  | Rahmi           |

Bir taraftan da katili isteriz diye mektebi nüvap gibi yerlerden talebe namına gazetelerle neşriyat yapılıyordu.

28 Mart tarihli gazetelerde, Mizan'da dahi İttihat ve Terakki'nin şu beyannamesi çıktı:

Öteden beri İttihad ve Terakki cemiyetine muhalefetle iştihar eden bazı gazetelerin dün intişar eden nüshalarından Serbesti gazetesi Sermuharriri Hasan Fehmi Bey'in katli hususunun cemiyete imaen isnada teşebbüs olunduğu maatteessüf görüldü. İttihad ve Terakki cemiyeti, bir maksadı siyasiye hizmet arz ile tasni edilen bu gibi müfteriyatı garezkaranenin red ve tekzibini bilüzum görmekle beraber efkarı umumiyeyi tağlitten muhafazaten işbu beyannamenin neşrine karar vermiştir.

Fakat artık söz ayağa düşmüştü. Mesela "Makriköy (Bakırköy) merkezinden keşide edilen telgrafnamenin suretidir" kaydıyla aynı günkü Mizan ve İkdam'da şu satırlar işe ordu mensuplarının da karıştığını gösteriyordu:

### Harbiye Nezareti Celilesine

Paşa Hazretleri, biz kılıçlarımızı vatanımızın en genç namuslu ve hamiyetli evlatlarını boğazlamak, tiyatrolarda tehdit ve nümayişlerle şöhret ve menfaatperest nikabı hürriyete bürünmüş müstebitlerin maksatlarına hizmet için kuşanmadık. Ordumuzun bitaraflığıyla zabitanın şeref ve namuslarını muhafaza edebilecek bir iktidar ve serbestiye malik değilseniz vatanın selameti için olsun memuriyetinizden istifa etmek hatırınıza gelmiyor mu? Selefi devletleri gibi hiçbir cemiyete mensup olmadığınızın ilanının zamanı gelmiş değil çoktan beri geçmekte olduğunun arzına mücaseret olunur, ferman.

Kaymakam

Asım


Bazı 29 Mart gazetelerinden: Mektebi mülkiye talebesi, şehidi hürriyet Hasan Fehmi Bey'in sureti vahşiyanede katl ve telef edilmiş olmasından naşı galeyana gelmiş, lazimeli adaletin icrasını sadrazamdan istemeye Yeni Gazete, İkdam, Serbesti ve Mizan gazetelerine müracaat etmişler. Bunu suitevil eden iki muallim istifa etmiş, derslere devam olunamıyormuş. Talebeyi teşvik eden Ali Kemal Bey imiş. Bu ortaya çıkınca Ali Kemal de istifa ediyor. Talebe "Biz hocamızı isteriz, yoksa ders okumayız!" diyerek sınıflarını terk etmişler.

30 Mart gazetelerinde Askeri Kulüp'ün şu cevabı var:

**Kaymakam Asım Bey namında birine cevap**

28 Mart 1325 tarihli Mizan ve gerekse İkdam gazetelerinde Harbiye Nezaretine hitaben Makriköyü'nden keşide ettiğiniz telgrafnameyi nefretle okuduk. Terbiyei celilei askeriyeye külliyen mugayyir ve hakikati hale son derecede muhalif olan isnadatı müfteriyanenizi şiddetle protesto eder ve hareketi nizam ve intizam şikenanenizin kanunu askerîce müstelzim olduğu cezanıza intizar ediniz.

Askeri Kulüp Mührü

# BEŞİNCİ BÖLÜM

## 31 MART

Mizan Başmakalesinde "Ulemanın Sükûtu" başlığı ile:

Eyül Ulema!

Şer'i âlinin uhdenize tevdi ettiği vazifei âliyeyi ifa etmiyorsunuz! diye başlayarak "Bugün türlü namlar ile cemiyetler, fırkalar teşekkül etti. Her biri birer maksat ve gayeti takip ediyor. Ve diğer fırkayı ezmek istiyor. Hak ise vahittir. Müteaddit değildir. Niçin bunların karşısına çıkıp ta haksız olanları hakka davet ve haksızlıktan men etmiyorsunuz?..

... Bu ahali muhterem, muazzez ulemanın şer'i âliye müstenit sözlerini kemâli itina ile dinlerler, Mutavaata müsaraat ederler. Size layık mıdır ki bunları irşad etmeyesiniz? Tehlikeden kurtarmayasınız? Size seza mıdır ki bu fırkaların ellerinde hükümeti aciz ve âtıl bırakasınız?..

...Bir fırka askerin itfa edemeyeceği bir fitneyi iki muhterem alim söz ile itfa edebilir, ediyor da...

İmza:

Âciz bir Müslüman

Kalın yazı ile yazılmış, altında "Bir vak'ai Hayriye" başlığı altında şunlar yazılı:

Meclisi Meb'usan'da bulunan Cemiyeti İttihadiyeye mensup azayı kiram "Osmanlı İttihad ve Terakki fırkai siyasiyesi" namiyle bir fırka teşkil etmişler, programı da neşreylemişlerdir." diyerek bir takım mütalaalardan sonra kalın yazı ile şunlar yazılıyor: "Yalnız şurası iyi bilinmelidir ki şayet dediğimiz ihlas tam değilse, fırkai ittihadiyeden başka, cemiyeti ittihadiye dahi ayrıca eskisi gibi icrayı faaliyet ederse "Çifte

hükümet" yerine "Belâyı Müselles" görmekte tereddüt etme-
yiz. Altında: "Henüz bir şey yok" başlığı altında: "Katil henüz
tutulmadı. Acaba bulunmadı da mı tutulmadı? Yoksa bulun-
du da mı tutulamadı?" diye ateş püskürüyor.

Hala önümüzdeki Perşembe günü "Serbestii Matbuat"
mitingine "Osmanlı Arnavut İttihad Kulübü" de iştirak ede-
ceğini ve azasının Sultan Mahmut türbesi karşısındaki Arna-
vut İttihat (Baskım) kulübüne toplanmaları ilan olunuyor.

### 31 MART'IN ÇIKIŞI[82]

On gün kadar evvel Mes'udiye ateşçileri zabitlerini dinle-
meyerek çıkışmışlar. Bunu tahkike, Mesudiye süvarisi Hak-
kı Bey riyasetinde bir heyete Rauf Bey de aza olunmuş. Tah-
kikatta bir anormallik görüyorlar ve divanı harbe veriyorlar.
31 Mart bu esnada çıkmış. 3i Mart gününe kadar Rauf Bey ve
arkadaşları hiçbir şeyden haber alamamışlar. 31 Mart günü
ağızdan ağıza işitiliyor ki Unkapanı köprüsü yıkılmış, ahali
birbirini kırıyormuş. Rauf Bey Unkapanı'nda bir şey olmadı-
ğını görüyor, kayıkla yeni köprüye geliyor. Karakol gemisin-
den köprüye çıkınca avcı ve nizamiye efradının bölük bölük
zabitsiz İstanbul tarafına geçtiğini görüyor. Eminönü sağ taraf-
taki kulübe önünde çizmeleri meydanda bir zabit ölüsü yatı-
yor, soruyor; "Nedir, nereye gidiyorsunuz?" dediğinden vur-
muşlar. Rauf Bey Yeni Cami önünde sivil giyinmiş bir zabite
rast geliyor. "Ahali de askerin peşinde Harbiye Nezaretine
gidiyorlar. Zabitleri vuruyorlar. Asker şeriat isteriz diye isyan
etmiş. Gitmeyiniz." diyor. Rauf Bey, paskalya münasebetiy-
le devriye gezen Peyki Şevket'in bir sandalına binerek evve-
la Beşiktaş önündeki Mesudiye'ye geliyor. Kumandan yok.
Nöbetçi kaptan Haydar Bey'e "Ne var, ne yok?" diye soru-
yor. O da "Gemide bir şey yok, normaldir." diyor. Oradan
Peyki Şevket'e (kendi gemisi) geliyor. Normal görüyor. Ora-
dan Hamidiye'de Vasıf'ı buluyor. O da vaziyeti aynı işitmiş,
bu gemide vaziyet normal. Amiral Gambel bir iki gün evvel

---

82    Rauf Bey'den naklen.

gelmiş, gemileri teftiş edecekmiş, daha Gambel'i görmemişler. Bir program yapılmış, 1 Nisan'da Hamidiye, 2 Nisan'da Peyki Şevket'i Marmara'ya çıkararak teftiş edecek, diğerleri de sıra ile teftiş görecekmiş. Bundan sonra Rauf Bey akşam üstü istimbot ile Salacak iskelesinde Bahriye Nazın Topçu Rıza Paşa'nın evine gidiyor. Donanmanın amirali meydanda yok. Bir teşebbüs için siz emir verin diyecek, halbuki paşa evde mi? Diye sorunca içerden bir çığlık kopuyor. "Paşamız nerede? İsteriz getirin." "Merak etmeyin iyidir," diyor, çekiliyor. Halbuki zavallıyı da askerler vurmuş.

31 Mart akşama doğru Boğaziçi'nden yolcu vapurları ile gelen askerler donanmanın yanından geçerken silah atıyorlar ve "Niye gelmiyorsunuz!" diye bağrışıyorlar. Rauf Bey topları doldurtuyor, bir taarruz olursa mukabeleye karar veriyorlar.

Yatsı vakti Ayasofya meydanında kestane fişengi gibi şenlik fişekleri atılıyor. Kabine düşüp Ethem Paşa sadrazam oldu diyerek.

Gemide, zabitlere izin verilmiyor, gece tekmil mürettabat sefer halinde gemide kalıyorlar.

1 Nisan'da Hamidiye, Gambel'in riyasetinde Marmara'ya açıldı. Avdetinde Beşiktaş önünde demirledikten sonra Rauf Bey Vasıf Bey'e gidiyor, ve şunu kararlaştırıyorlar. Hamidiye teftişten sonra ocak söndürmesin, hazır bulunsun. Ertesi gün Peyki Şevket de böyle; ocak çekmesin (söndürmesin), bu suretle icap ederse, yani İstanbul'dan ümit kalmazsa Selanik'e hareket edecekler. Vasıf Bey, Arif Bey'le de görüşerek Fethibülend zırhlısı da hazırlanıp beraber gelecek (Hamdi Bey'in gemisi ve Tahir Bey'in Mecidiye kruvazörü Haliç'te tamirde olduğundan fikren beraber oldukları halde iştirak edemeyecekler.)

2 Nisan'da Gambel paşa ve Hafız İbrahim ve Gambel'in İngiliz erkan-ı harbiyesi (4 kişi) Peyki Şevket'e geliyorlar, Marmara'ya kalkıyorlar. Hafız İbrahim Bey'e Rauf Bey vaziyeti açınca küskün bir vaziyetle: "Yaptığınızı beğendiniz mi?" demek istiyor. Gambel'e de Sarayburnu'ndan geçerken kaptan gemisinde "Rejime bir suikast yapıyorlar, vaziyetin vahim

olacağını buna ne düşünüyorsunuz?" diyor.

Gambel: Bu rejim aleyhine bir şey değil, ordu kumandanı askeri çok talim ettirmiş ve namaz zamanı talime gelmeyen bir çavuşun rütbesini ref ettiğinden isyan çıkmış. Mesele kumandandan şikayettir, değiştirilince iş yatışır diyor.

Sabahtan akşama kadar makina tecrübeleri, top talimleri devam ediyor, Gambel erkan-ı harbiyesiyle teftişten ayrılıyor.

Guruptan iki saat evvel, Beşiktaş önünde şamandıraya bağlamak üzere Asarı Tevfik'in yanından geçerken görülüyor ki geminin her iki merdiveni kalkmış, güvertede süngü takmış askerler dolaşıyor. Asarı Tevfik isyan etmiş. Süvarisi Ali Kabuli Bey'i, hesap memuru Selahattin ve bir zabiti alıp, Mürettebat tersaneye götürmüşler. (Ertesi gün felaketi haber alıyorlar, öğreniyorlar ki talime çıkarken Hafız İbrahim Bey'in yanında Mesudiye'den gelmiş iki emir çavuşu talim esnasında gemi efradını zehirlemişler, çok sonra öğreniliyor ki ateşçilere demişler ki: "Bir hareket yaparsanız Mesudiye'den sizi topa tutarız."

(Vasıf Bey'in Marmara'ya çıktığı gün Rauf Bey haber alıyor ki, Kamil Paşa'ya ve Meclis reisine verilen tezkereye imzalarını koyanların isimlerini askere vermişler, bunları yakalamak üzere talimat verilmiştir. Rauf Bey'e, Kamil Paşa'nın oğlu Sait Paşa bu alçaklığı yapmış.)

Peyki Şevket şamandıraya bağlanınca Vasıf'a haber gönderiyor: "Ben hazırım, onlar da hazırsa kalkalım." Vasıf haber gönderiyor, "Ben kalkacak halde değilim, geliyorum, görüşeceğim." Vasıf geliyor, diyor ki: "Makine zabitleri işi taahhüt edemediler, gevşediler. Gemi kalkamayacak." Bunu konuşurken Mesudiye'den "Padişahım çok yaşa!.." sesleri geliyor. Ortalık da kararıyor.

Rauf: Bizim gemi hazırdır. Arif Bey de gelsin, biz gidelim.

Vasıf, "Peki" diyor. Bu aralık Hamidiye'den de üç defa "Padişahım çok yaşa!" diye bağırıldığı işitiliyor. Anlaşılıyor ki orada da isyan başladı. Bu sırada Peyki Şevket'in elektrik ışıklan zayıflıyor, makinada falan diye atlatmak istiyorlar. İkinci kaptan Muzaffer Bey "Kalkacaklarını zannetmiyorum, benim kanaatim kalkmayacaklardır." diyor. Halbuki akşam, Ali Kabuli'nin vaziyetini görünce Rauf Bey çavuşları çağırıp sorduğu zaman her şey hazır kalkalım diyorlarmış. Bu aralık bazı istimbotlar gemiye yaklaşıyorlar, efrat silah başı edip 105 ligi ateşleyecekleri zaman Rauf Bey mani oluyor, parola soruyor, kaçıyorlar.

Vasıf Bey gemisine gidiyor, fakat yolda bindiği filikası efradı "Gitme size fenalık yapacaklar." deyince tekrar Rauf Bey'in gemisine geliyor. Ve filikadan İngilizce Rauf Bey'e "Yapılacak işten ümid kalmadı, memleketten çıkmak için İngiliz sefaret gemisine gidelim" diyor.

(Bu arada Arif Bey de filikası ile gelmiş. Bunun çarkçısı da "Kazan tuğlaları yok, kalkamayacağız." demiş.)

Rauf Bey: Benim askerim isyan etmedi, siz gidin ben sonuna kadar duracağım diyor.

Rauf Bey salona inince görüyor ki elektrik deryanı azaldığı zaman yakılan mumlar devrilmiş, masa örtüleri tutuşmuş, bunları banyoya atıp söndürüyor. Bu esnada salonun yanındaki Muzaffer'in kamarasından silah patlıyor Rauf Bey seslenince, Muzaffer Bey imiş, fişek koyarken mavzer tabancası patladı diyor. Bu esnada çarkçı başı gelip ağlayarak: "Aman beni affet, gemiden çıkar, benim çoluk çocuğum var." diye yalvarıyor. Rauf bey panik yapacak diye izin veriyor.

Rauf Bey, ateşçileri çağırıp "Neden istim düşüyor, elektrikler sönük?" diye soruyor, "kalkarsak Mesudiye'den ve Gümüşsüyü altına konan bataryadan üzerimize ateş edip batıracaklar." cevabını alıyor.

Bu gece böyle geçiyor. Efrad gemiye kimseyi sokmuyor, fakat hareketten korkuyorlar. 3 Nisan Cuma sabahı asker rutin ne ise yapıyor, (Sancak çekilmeden evvel gemi yıkanıyor, pirinçler siliniyor.) Bu aralık Mesudiye'den bir işaret veriliyor. Tersane kumandanı Miralay Sami Bey, Rauf Bey'i Mesudiye'ye çağırıyor. Rauf Bey filikayı hazırlatıyor, o sırada ateşçiler çavuşu Sürmeneli Genç Ağa adında biri (Rauf Bey'le Peyki Şevket'i almak üzere Almanya'ya giden ve Sisam vakasında da bulunan) "Seni görmek istiyorlar." diyor "Gelsin." diyor. Genç Ağa, "Mesudiye'ye gitmeyin, sizi öldürecekler!" diyor. Rauf Bey "Kumandanın emridir, gitmeye mecburum." Genç Ağa: "O halde biz de geleceğiz."

Bunun üzerine Rauf Bey bir müsademeden korkarak Mesudiye'ye yazıyor: (Esbabı mücbire gelmekliğime manidir, tahriren emrinizi veriniz.) Cevap: "Geminize gelecek efradı kabul ediniz."

Rauf Bey efradı güvertede tabur ediyor, diyor: "Bunlar benim içindir siz arada kan dökmeyin, ben başımın çaresine bakarım."

Bunun üzerine Genç Ağa ortaya çıkarak selam veriyor ve: "Efendim sonuna kadar sizinle beraberiz, bu iş bir sene sürse biz sizi evinize götürür getiririz, fakat sizden ayrılmayız."

Rauf Bey: "Dışardaki kuvvet ziyadedir. Benim size verdiğim emri yapamazsanız hepinizin başı kopar."

Genç Ağanın cevabı: "Hayır efendim biz sizinle beraberiz."

Rauf Bey: "O halde silahlarınız arkanızda dursun, bırakın gelen askerler (iki sandal geliyor) gemiye girsin. Ben silah kullanmadan siz de kullanmayın."

Zabıtanla Rauf Bey geminin kıç tarafına gidiyor, gelen efrad güverteye çıkıyor. Bahriye silah endazlarından yirmi kadar, diğerleri kamalı, röververli, ceketli ceketsiz karma karışık.

Mesudiye'den bir de mülazim (teğmen) var ki bu sakeri kabul için şifahen de emri tebliğ edecek.

Zabit Rauf Bey'in yanına ağlayarak geliyor, efradın arasına karışıyor, Rauf Bey "Ne ağlıyorsun?" diye soruyor. "Efendim sizi almaya geldiler." diyor, Rauf Bey "Biliyorum, fakat teessürünü belli etme büsbütün şımarırlar." diyor.

Gemiden işaret gediklisini çağırıp Rauf Bey soruyor; ve anlıyor ki efrad gelip padişah babalarının selamını tebliğ ediyor. Geminizin kaptanı kafirdir, babamız istiyor, onu götüreceğiz.

Zabitlerden daha böyleleri varsa onları da götüreceğiz. Yine Genç Ağa çıkıyor: Geldiniz, padişahın selamını getirdiniz. Aleykümselam dedik. Biz kaptanımızı sizden iyi biliriz, zabitlerimizi de. Eğer fenalıkları varsa biz ceza etmesini de biliriz. Erkek yalnız siz misiniz? Biz erkek değil miyiz? Biz ceza veremez miyiz? Terbiyenizle geldiniz terbiyenizle gidiniz.

"Ağa, işi bilmiyorsun" falan demişler, Genç Ağa da bunlara "çıkacak mısınız, çıkmayacak mısınız?" diye tehdit ederek gemiden çıkarmış, (gelen askerlerin elebaşısı borazan Fethi isminde biri olduğu ve divanı harbi örfide (sıkı yönetim mahkemesi) meydana çıkmış, idama mahkum olmuş. Ali Kabuli'yi götürenlerin içinde bu herif de varmış.)

1 Nisan 1325 Mizan 31 Mart isyanını bir Başmakale ile tes'it ediyor:

### İnkılâbı Sahih

**Teşekkürâtı bipâyan**

Şecaatleri dasitanı âlem olan Osmanlı askeri dün tarihi âlemde görülmemiş bir fazilet gösterdi." diye başlıyor ve "Binaenaleyh sunufu muhtelifei askeriyenin ibrazına muvaffak oldukları hamiyeti sahiha ile fazileti kavmiyeden naşi kari'lerimiz namına vekâleten ve kendi namımıza asaleten, ferden ferda cümlesinin pâk alınlarını öperek Osmanlı ordusuna arzı tâzimat eyleriz diye tebrik de ediyor.

Sonraki makalede "İnkılâb ve selâmeti devlet ve millet" başlığı altında:

İnkılâbı hayrımız gayretullah zuhuru ile asker kahramanlarının ve Arnavut kardeşlerimizin mücadeleleri sayesinde husulpezir olmuştu. O vakit millet henüz uykuda idi. Kurbanı hürriyet Hasan Fehmi Bey'in cenazesi münasebetiyle millet ayaklandı. Fakat o gün millet yalnız idi. Dün millet ile asker beraber olarak izharı vücut etti. Devlet de şu musafahai umumiyeyi takdir etti. Artık vücudu Osmanî tekemmül etti demektir. dedikten sonra:

Dünkü gün İstanbul'da bütün Mehmetçiklerimiz yalnız çavuşlarının kumandası tahtında kıyam ettikleri halde ecnebilere, gayrı müslimlere, çarşılara, mağazalara... hasılı kimsenin canına, malına, ırzına, hürriyetine zerre kadar tecavüz etmeksizin meşru bir hükümet husule getirdiler. Büyük zabitlerini içlerine almamışlar. Çünkü yine Mehmetçiklerimizin, Bayramcıklarımızın, gayretullahın husule getirdiği Temmuz inkılâbını bazı kimseler benimseyerek kanunların, şeriatı muhammediyenin üstünde bile kendilerini hakimi mutlak olmak zaamı batılına sapmışlar idi. Mehmetçiklerimiz bunu hayreti aleme göstermeye muvaffak olmuşlardır. Hükümetimiz bunun kadrini takdir ederek dünkü gün hareket eden askere ait olarak ilanı vücup tahtında bulunan affı umumiyi hattı hümâyun ile ilan etmiştir...

Daha aşağılarda: "Nisan inkılâbı" başlığı altında:

"Hilmi Paşa kabinesi hamiyeti milliyei Osmaniye galeyanı sevkile sukut etmiştir..." gibi hezeyanlar.

2 Nisan gazetelerinde yeni kabine hakkında hattı hümayun var. Kabine şöyle:

Sadrazam: Tevfik Paşa

Şeyhülislam: Ziyaettin Efendi

Harbiye Nazırı: Ethem Paşa

Bahriye Nazırı: Emin Paşa

Hariciye Nezaretine ipkaen: Rıfat Paşa

Evkaf Nezaretine ipkaen: Halil Himade Paşa

Şurayı Devlet Riyasetine: Zihni Paşa

Adliye Nezaretine: Hasan Fehmi Paşa

Ticaret ve Nafia Nezaretine ipkaen: Gabriyel Efendi

Maarif Nezaretine ipkaen: Abdurrahman Bey

Maliye Nezaretine: Tekaüt Sandığı Nazırı Nuri Bey

Mizan "İnkılâbımızın yeni safhası" başlığı altında şunları yazıyor:

İnkılâbı hayrımızın birinci safhası gibi bu defaki kıyam dahi tevarihi garbiyede emsâli görülmemiş bur sureti hasenede husulpezir olmuştur... İşte güvendikleri taburlar galeyanı hamiyeti milliyede geri kalmak söyle dursun, ön ayak oldular...

Bir dini vaaz gibi devamla ve İttihat ve Terakki Cemiyeti batırılmakta.

\*\*\*

Matbuat mitingi emri ahire kadar geri bırakıldığını gazeteler ilan ediyor. Yeni kabinenin beyannamesinin neşri belki de mitingin akdine bile lüzum bırakmaz diyorlar.

3 Nisan, Mizan'da Süleyman Nazif'in isyanı takbih eden bir mektubu var. Celadet göstermiştir. Mizan isyanı tasvib eder mahiyette çirkin bir cevap veriyor.

6 Nisan, Mizan Başmakalesinde: "Kari'lerimize ihtar" başlığı altında şu satırlar var:

Ortalıkta cereyan eden aracif meyanında güya vak'ai ahîrede benim methalim olduğu iddiası bile mevcut imiş.

Haberi olmadığını ve 31 Mart isyanında sabahleyin saat 3.30'da (Alaturka) Köprü üzerine çıkmadan önce haberi olmadığını "Ebhülulema" bendi dahi (Yeni Gazete)nin (Mütareke) sine cevap ve mukabele cümlesinden ibaret olduğunu imzasıyla (Mehmet Murat) Bey yazıyor.

7 Nisan gazetelerinde şu mühim havadis var:

Bazı gazeteler tarafından vukubulan istilâm üzerine cevaben varid olmuştur:

İkinci ve Üçüncü ordulardan mürettep fırkalar kemali sür'atle burada içtima etmektedirler. Teşkil edilmekte olan ordugahlar hamaseti Osmaniyeden bir numune gösteriyor. İstanbul asayişinin bir sür'ati berkiye ile iade ve istikran bu mükemmel ordunun en birinci emelidir. Ahval herhalde şayanı memnuniyettir.

Çatalca Kumandanı

Hıfzı

## HAREKET ORDUSU NASIL TEŞEKKÜL ETTİ?

İstanbul'da meşrutiyet aleyhtarlarının, gerek sarayın gerekse dış düşmanlarımızın teşviki ile bir irtica yaparak meşrutiyet taraftarlarını boğmak isteyeceklerini hiçbir zaman düşüncemden uzak tutmadım. Fakat bunu İttihat ve Terakki Umumi Merkezi'ne ve İstanbul'a gelen murahhaslarına anlatamadım. Bunun üzerine en mühim bir merkez olan Edirne'de toplu bulunan üçüncü fırka erkanı harpliğine gelmekliğimi, oradaki samimi arkadaşlarımın da arzusu eklenmesiyle kabul ettim. İlk iş, Dedeağaç'tan Çatalca'ya kadar şimendüfer muhafızlığına konmuş olan İstanbul'dan gelmiş alaylı zabitler kumandasındaki taburları mektepli ellere verdirdim. Gece gündüz zabit ve efradla çalışarak bütün ruhlarıyla kendime bağladım. Bu bağlar o kadar kuvvetli idi ki, vakit vakit ve bilhassa İstanbul'da irtica çıktığı zaman bütün fırkamla askerlerim benim emrimden çıkmayacaklarını her vasıta ile bana bildirdiler. Edirne'ye irtica haberi geldiği zaman her tarafta büyük bir şaşkınlık başladı. Çünkü haftalardan beri alınan haberler irticanın Trakya'da da çıkacağını gösteriyordu. İttihat ve Terakki merkezinde bulunan arkadaşlar, ki bir kısmı zabitti, etrafıma toplanarak vaziyetin vahimliğini ve bunun karşısında benden medet beklediklerini söylediler.

Dedim: Evvela ilk trenle İstanbul'a iki arkadaş gönderelim ve irticanın mahiyetini anlayalım. Olmasın ki oraca bastırılması mümkün bir şeydir. Fırka gayreti ile İttihatçılar orduları harekete getirerek felakete sebep olsunlar. Ben de fırkamın hareketi için lazım gelen hazırlıklara başlayayım. Buraca yapılacak şey birincisi sükunettir. Telaş gösterilmemeli. İkincisi bazı arkadaşların nefer kıyafetine girerek askerleri yakından dinlemeleridir. Ben kendi fırkamdan eminim. Diğer garnizonun kıtaları sıkı dinlenmeli ve zabitler sıkı temasta bulunmalıdır.

Teklifim kabul edildi. Bizim evde toplanmıştık. Burada İsmet, Seyfi, Jandarma Yüzbaşı Rafet, Topçu Yüzbaşı Sabri, sivillerden Faik Beyler de vardı. Topçu Yüzbaşı Sabri Bey'le

Faik Bey'in İstanbul'a kıyafet değiştirerek gönderilmesine karar verdik. Bir kaç da açık şifre (kod) verdik.

Ertesi günü bu arkadaşlar (annem hastadır) yani (irtica müthiştir, hareket lazım)dır şifresini verdiler.

Derhal kuvvetleri ve kıtaları hazırladık. Fırkanın kumandanı Tevfik Paşa İstanbul'da izinli idi. Liva kumandanı Şevket Turgut Paşa'ya kumandayı almasını teklif ettim. Memnuniyetle kabul ettiler. Ordu kumandanı Salih Paşa vaziyetten pek endişeli idi. Evvela kendisinin hapsedilmesini sonra hareket edilmesini söyledi.

Kazım Karabekir

Dedim: Paşam bu hareketi yapacağız, askeri mertebe silsilesini bozmak istemiyoruz. Fakat mecbur kalırsak bunu da yapacağız. Çünkü mahvolacak yalnız meşrutiyet değil, bütün mektepli zabitler, sonra da bütün millet ve vatandır. Değil hareketimiz için taraftar olmamak, ordunun başına geçmek sizin için büyük bir vazife ve bir şereftir. Kıtalar trene binmek üzeredir.

Ordu kumandanı bu gafı yaparken ordu erkan-ı harbiyesinden Vehip Bey (Vehip Paşa) Selanik'le makine başında daha müthişini yapmış.

Kendisi üçüncü ordudan yeni geldiğinden ikinci ordunun vaziyetini ve benim mevkiimi bilmiyordu. Selanik'te ordu erkan-ı harbiyesi bizim ordudan da harekete iştirak istemiş. Vehip Bey de: "Bu ordu mürteciler, elindedir, buradan ümit beklemeyiniz" cevabını vermiş. Bu haber tabii üçüncü orduyu ve cemiyet umumi merkezini fena sarsmış. Bunu haber alınca, yaptığı hatayı hazırlanan ki talan göstererek ve akşama yola çıkacağımızı bildirerek anlattım ve beraberce telgrafhaneye giderek Selanik'te üçüncü ordu erkan-ı harbiyesine hatasını tashih ve fırkamızın hareket etmekte olduğunu bildirdik.

## İSTANBUL'A HAREKET

(3 Nisan 1325) İlk trene on ikinci alayın iki taburu ile ben de binerek Çatalca'ya indik. (4 Nisan sabah 6'da) Orada üçüncü ordunun ilk treni ile gelen Erkan-ı harp Muhtar Bey'le (Şehit Muhtar Bey) iki ordunun cephesini taksim ettik. İstanbul cephesini üçüncü ordu kıtaatı ile kendisi, Beyoğlu ve Yıldız cephesini de sol cenahı alarak ikinci ordu kıtaatı ile ben temine karar verdik.

Çatalca askeri, bizden evvel padişaha arzı tazimat için İstanbul'a çekilmişti. Müsademesiz bu hattı geçerek vaziyete hakim olduk.

Bu askerlerin iadesi için Nazım Paşa'nın Çatalca kumandanlığına emrine karşı "köprüler yıkılmıştır, ikinci ve üçüncü ordular kıtaatı gelmektedir, Çatalca askeri artık gelemez, yola çıkarılırsa gönderenler mesul olacaktır." tarzında cevap yazdık.

31 Mart 1325 (1909) vakasını tenkil için Edirne'den gelen fırkanın kumandanı Şevket Turgut Paşa, Erkanı Harbi Kazım Karabekir'le İstanbul'a girerken

Askerimiz arasında İstanbul'dan gelen sarıklı, kisveli insanların ve gazetelerin zehir saçtığını görünce bu kabil insanları tevkif, gazeteleri de yaktırdım. Yapılan propagandanın en zehirlisi "İstanbul'da öldürülen zabitler kabuklu(sünnetsiz) imiş" cümlesi idi. Bu cümle, hareket esnasında benim de işime yaradı.

Benim staj müddetim olan iki yıl Manastırtır'da üçüncü ordu kıtalarında geçmişti. Staj yaptığım üçüncü avcı taburu da İstanbul'da asiler arasında idi. Yeri de Taş kışla idi. İkinci orduya Meşrutiyet'in ilanından sonra gelmiştim. Bir kaç ay da burada hizmet etmiştim. Bu ordunun zabturaptı daha yüksek fakat hiç müsademe görmemişlerdi. Üçüncü ordunun pek pişkin olan her üç avcı taburunun da İstanbul'da nasıl bozulduğunu ve irticaa alet olarak diğer kıtaları beraber sürüklediğini düşünerek, ben Hareket Ordusu Erkan-ı harbiyesine şu teklifte bulundum:

"Fırkaları mürettep yapmak muvafıktır. Bu suretle gerek İstanbul'a, ve gerekse Beyoğlu ve Yıldız'a karşı her iki ordu da iştirak etmiş bulunur. Birinin zapturaptı diğerinin müsademe kudreti bu suretle bir birine eklenerek muvaffakiyet daha kolay elde edilir."

Her iki orduyu yakından tanıdığımdan bu teklifim muvafık görülerek kabul olundu.

Beyoğlu ve Yıldız'a karşı emrimizdeki mürettep ikinci fırka gönderildi. 10 Nisanda fırkamız Silahtarağa civarında toplandı, ve asilerin toplu bulunduğu Taşkışla ve Taksim kışlalarına karşı hareket ve Yıldız'ı tarassut etmek üzere vaziyet aldı. 11 Nisan da Her iki kışla da şiddetli müdafaaya başladı. Bunun uzun sürmesi Yıldız askerini ve Abdülhamid'i cesaretlendirebilirdi. Karargahımızı Pangaltı Harbiye mektebinde tesis etmiştik. Ben şu hareketi fırka kumandanım Şevket Turgut Paşa'ya teklif ettim: "Yıldızla Taşkışla'nın arasını biran evvel kesmeliyiz. Ne Kababut ( şimdiki Hürriyeti Ebediye tepesi) civarındaki ihtiyat kuvvetimiz, ne de Yıldız'ı tarassut eden süvari alaylarımız müsademe akşama kadar bitmez ise Yıldız askerinin yardımına ve Abdülhamid'in işi açıktan açığa ele almasına mani olamaz, ihtimal gece kıtalarımız arasına da birçok mürteciler sarıklı veya sair kıyafetlerde dalarak fesat saçmaya çalışacaklardır. Vaziyeti bu fenalıklardan korumak için Maçka sırtlarını kuvvetli tutmalıyız. Bunun için fırka karargahı ile Teşvikiye Camii cihetine gidelim ve eldeki kuvvetle Maçka kışlasını işgal ettirelim. Bu suretle hem o cihetten Taşkışla'yı topçu ile de dövdürürüz, çabuk sukutunu temin ederiz, hem de Yıldız'la arasına girerek rabıtayı keser Yıldız'ın cesaretini kırarız."

31 Mart'ı bastırmak için gelen Hareket Ordusu'na katılan gönüllülerden bir grup

Bu teklifimi Şevket Turgut Paşa pek muvafık bulduğu gibi yanımızdaki Enver Bey de pek beğendi. Çünkü Taşkışla pek şiddetli mukabele ediyordu. Harbiye mektebi manej talimhanesindeki toplu müfrezesi bir hayli telefat vererek manen sarsılmıştı. Taşkışla'daki avcıların yıllarca müsademelerde müthiş yetiştiğini ikimiz de bunlarla hayli müsademeler yaparak bilirdik. Müsademe geceye kalırsa bunların mukabil taarruza geçeceklerine ikimizin de şüphesi yoktu.

Hemen atlara bindik ve Teşvikiye Camii'nin önüne geldik. Fırka flamasını da parmaklıklı kulübe ciheti nihayet önüne diktik.

Vaziyeti tetkik ederken üçüncü orduya, mensup bir batarya kumandanı telaşla ve yaya olarak yanımıza gelerek pek fena bir haber verdi:

"Bataryamın vaziyeti fecidir. Ne yapacağımı şaşırdım. Yıldız askerleri silahlı olarak geldiler, topların üzerine oturdular, ateş ettiğiniz din kardeşlerinizdir, ne yapıyorsunuz diye bağrışmalar ve tekbir getirmeleri bizim askeri şaşırttı. Ateş kestiler ve birbirleri ile konuşmaya, anlaşmaya başladılar. Batarya elimizden çıkmıştır. Askerimizin de Yıldız askeri ile anlaşarak asiler tarafına geçmelerinden korkarak şaşkın bir halde geldim."

Bu müthiş haber karargahımızı fena sarstı. Kaybedilecek dakika hareket ordusunun feci bozgunluğunun başlangıcı olabilirdi. Karargahla buraya tam vaktinde yetiştiğimize hamdettim. Kumandanıma dedim:

"Paşam bana müsaade batarya yanına koşayım, vaziyeti bizzat görüp ele almalıyım. Karargah burada kalsın."

Müsaade alarak batarya kumandanı ile birlikte koşarak batarya yanına yürüdüm. Batarya Maçka Caddesi ile Teşvikiye'den Beşiktaş'a inen yolu birleştiren ilk sokak ağzında Taşkış'laya karşı yer almıştı.

Bizim koşarak geldiğimizi gören Yıldız askerinden bir kısmı bize doğru koştular ve etrafımızı el ile tutulur bir mesafede sarıverdiler.

Haykırışıyorlardı: "Günah değil mi? Din kardeşlerini birbirine vurduruyorsunuz. Taş kışladakiler de İslam değil mi?"

Her kafadan bir ses çıkıyordu. Pek çabuk ve tılsımlı bir sözle bunları teskin etmek gerekti. Aksi halde biri süngüsünü dürtüverir veya arkadan biri "Vurun ne duruyorsunuz?" diyebilirdi.

Sesim çıktığı kadar haykırdım:

"Ey din kardeşlerim. Ben de bunun için koşarak geldim. Sebep olanlar Allah'ın gazabına uğrasınlar. Biz hudutları boşalttık da buralara geldik. Bu işi çabuk hal edelim ve yine yerimize dönelim, sizlerde yine kışlalarınızda İstanbul'da kalın. Bizim zabitlerimiz de askerlerimiz de elhamdülillah hepimiz İslamız.

"Biz de İslamız elhamdülillah" diye bağrışmalar başladı, ve her ağızdan bir söz çıkıyordu. Bu aralık gayet güzel bir Arap kısrağına binmiş bir çavuş da peyda oldu. Tüfeği yok, belinde kasaturası var. Elebaşı Hamdi Çavuş imiş.

Dedim: "Asker kardeşlerim, bu böyle olmaz evvela ben söyleyeyim sonra sizin içinizden seçeceğiniz arkadaşlarınız bana cevap versin."

Buna razı oldular ve bölük emini Ahmet'i seçtiler.

Dedim: "İstanbul askerinin arasına bazı Ermeniler sarık sararak asker elbisesi giyerek karışmışlar. Ordumuzu fesada vererek memleketimizi mahvetmek için zabitlerimizden birçoklarını da öldürmüşler. Zavallı askerlerimiz neye uğradıklarını anlayamayarak bu melunların sözlerine inanmışlar. İşte Taşkışla'daki avcı taburlarının arasında bunlardan birçokları var. Bunları bize avcı neferleri gelip haber verdi... Biz Taşkışla'daki Ermenilerle müsademe ediyoruz. İslam olan askerler gelip bizimle birleşiyor. Biz de doktorlarımıza ve hocalarımıza onları muayene ettiriyoruz. Kabuklu mu, kabuksuz mu anladıktan sonra içimize alıyoruz. Size sorayım hiçbir asker kendi zabitanını öldürür mü?

"Hayır, hayır efendim."

"Peki hiçbir asker, padişahına, kumandanına isyan eder mi?"

"Hayır, hayır!" diye bağrıştılar.

Bölük emini Ahmet dedi: "Efendim, ah... Bilseniz padişahımız ne iyi insandır. Bu sabah Yıldız'a gittik, vallahi kendi eliyle bize kulüp cıgaraları dağıttı, hepimize evlatlarım diye iltifat etti. İstersen sen de gel gidelim, padişahımızla konuş, bak ne mübarek bir zattır.

Dedim: "Gördünüz mü, böyle bir padişah Taşkışla'daki askerlere, gelen arkadaşlarınıza ateş edin der mi? Bizim vazifemizin ne olduğunu padişahımız da bilir, çünkü bize o emretti de koşup geldik. İçinizdeki kabukluları ayıracağız.

Bağrıştılar: "Efendim biz İslamız, böyle söyleme." Dedim: "Aranıza asker kıyafetiyle bir düşman girdiğini siz ne biliyorsunuz? Hani sizin zabitleriniz. Düşmanlar hep zabitleri öldürüyor da sizin hala bir şeyden haberiniz yok. Benim kumandanım bir paşadır, şurada, camiin önünde. Madem ki zabitleriniz yok, çavuş, onbaşı da o demektir. Kimlere itimadınız varsa seçin beraber gidelim onunla konuşsunlar sonra birlikte padişahımıza da gidip işi anlatsınlar. Biz gelinceye kadar siz burada topların yanında durun, Topçu zabitine de emir veriyorum biz gelmeden ateş etmesin."

Bu teklife razı oldular. Hamdi Çavuş, Bölük emini Ahmet ve diğer iki çavuş daha seçtiler. Bunlarla ben fırka karargahına geldim. Ve hemen şunu söyledim: "Paşam Yıldız askerini idare eden çavuşlar bunlardır. Bağlayın bunları!" diye zabitlere ve neferlere haykırdım.

Müthiş bir hücumla bunların ellerinden silahlarını aldık. Ellerini arkalarına bağladık. Askerlerimiz bunları epey hırpaladı. Hemen Harbiye mektebindeki karargaha hapsolunmak üzere zabit kumandasında bir müfreze ile sevk ettik.

Ben tekrar Yıldız askerinin yanına koştum ve onlara dedim: "Merhaba asker!"

"Merhaba efendim."

"Çavuşlarınıza paşa da cıgara ikram etti. Müzakere etmek üzere birlikte Yıldız'a yola çıktılar. Haydi siz de kışlalarınıza, dönünüz, yolda onları bulacaksınız, çabuk koşun."

Başsız kalan asker, bir koyun sürüsü gibi topları bırakarak Yıldız yoluna koyuldular. Zavallılar bana yalvarıyorlardı. "Bey'im arkamızdan top attırma." Gözlerim yaşardı. Bu melek kadar saf olan mehmetçikleri fesada verenlere lanet ettim ve haykırdım: "Siz bizim evladımızsınız, korkmayın selametle gidin, kışlalarınızda rahatınıza bakın."

Geniş bir nefes aldım, batarya efradına da aynı sözleri

tekrar ederek onların karışan akıllarını yerine getirdim ve karargaha gelerek müjdeyi verdim. Yıldız'a giden sokakları da tutturmuş ve orada elimize geçen üçüncü ordu taburlarından biriyle bizzat Maçka karakoluna hücum ederek burayı işgal ettik.

12 Nisanda, Şevket Turgut Paşa ile Harbiye Nezaretinde Hareket Ordusu karargahına gittik. Mahmut Şevket Paşa ile Hareket Ordusu Erkan-ı Harbiye Reisi Ali Rıza Paşa hareket etmek üzere idiler. Yıldız harekatının acilen icrası lüzumu hakkındaki teklifimize karşı hazır bulunan Üçüncü Ordu Erkan-ı Harbiye Reisi Pertev Paşa ile görüşerek kararlaştırmaklığımızı emrederek gittiler. Pertev Paşa'nın odasında, masanın karşısına Turgut Paşa ile birlikte yan yana oturduk. Pertev Paşa yarınki 13 Nisan günü, fırkamızla Yıldız'a yapılacak hareket emrini kendi eliyle yazdı. Bu ordu makamının vereceği emir değil, Şevket Turgut Paşa'nın vereceği mufassal fırka emri idi. Sıra imzaya geldiği zaman benim sabrım tükendi ve kendilerine: "Müsaade buyurun da imzayı olsun fırkanın kumandanı atsın." dedim. Cevaben: "Monşer ben şematr taraftarı değilim." diye hiddet buyurmakla beraber bu hakkı teslim ve emri Şevket Turgut Paşa'ya imzalattılar.

Harbiye mektebindeki karargahımıza avdette kıtaata lazım gelen emirleri verdik.

## YILDIZ'IN İŞGALİ

13 Nisan, erkenden Yıldız'a hareket başladı. Fırka karargahı hareket üzere iken Pertev Paşa hazretleri bir araba ile Mektebi Harbiye'deki karargahımıza geldi, ve şifahen şu emri tebliğ etti: "Harekatı tehir ediniz ve yeni emre intizar ediniz." Kendilerine harekatın başladığını söyledik. "O halde acele kıtaatı eski vaziyetlerine getiriniz." dediler. Bu vaziyetin zabıtan ve efrad arasında türlü tefsire uğrayarak fena bir netice vermesi ihtimalini ve yarına kadar Yıldız'ın yağma edilmesi ve münasebetsiz hadiselerin vuku bulması ihtimalini izah ile dün verilen emrin geri alınmasındaki sebebi sorduk.

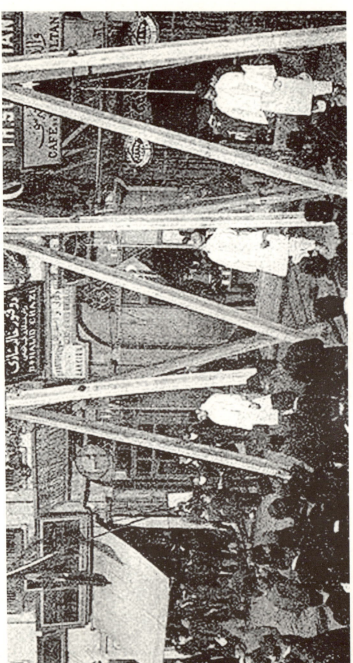

31 Mart hadisesi failleri sehpada

"Hareket Ordusu Kumandanlığınca yeni emre göre hareket olunması isteniliyor" dan başka bir şey söylemediler.

Şevket Turgut Paşa'yı maruz kaldığı müşkilattan kurtarmak üzere bu ağır vazifeyi ben deruhde ettim. Pertev ve Turgut Paşalar Harbiye Mektebinde kaldılar. Ben zırhlı otomobil ile Yıldız'a hareket üzerinde bulunan kıtaatın yanına gittim. Pertev Paşa, ben gelinceye kadar bekleyeceğini, kıtaatı eski vaziyetine getirmek emrini vererek, çabuk avdetimi istemişti.

Ihlamur deresini geçip Yıldız yokuşunu çıkmakta olan kolun başına kadar gittim. Alay ve tabur kumandanlarına vaziyeti anlattım. Fevkalade meyus oldular. Bunu işiten zabitlerde dahi sızıltı başladı, Değil geri dönmek durmanın bile fena netice vereceğini görünce, mesuliyeti üzerime alarak, harekatı ikmal ettirdim. Harbiye Mektebi Efendileri (talebeleri) de bugünkü harekatın içinde idiler.

Harbiye Mektebine döndüğümde Pertev Paşa'nın bir müddet bekledikten sonra gitmiş olduğunu öğrendim. Bu aralık bir emir zabiti yeni emri getirdi. Bu emir Mahmut Şevket Paşa'nın imzasını havi idi. Muhteviyatı "14 Nisan'da Enver, Fethi ve Niyazi Beylere bir kol verilerek yine fırkamız kumandasında Yıldız'ın işgali" idi. Halbuki, Pertev Paşa araba ile Harbiye Nezaretine gidinceye kadar biz otomobil ile Yıldız'a gitmiş ve "Hadisesizce Yıldız'ın işgal olunduğu"nu telgrafla Yıldız telgrafhanesinden Mahmut Şevket Paşa'ya yazmış bulunduk.

Pertev Paşa Mahmut Şevket Paşa'ya gittiği zaman, müşarileyh (Mahmut Şevket Paşa) bizim Yıldız'ı işgal ettiğimiz telgrafını almış ve harekatı durdurmayarak vazifesini ifa edemediğinden dolayı Pertev Paşa'ya da çok kızmıştı.

Yıldız'ın Enver Bey tarafından işgal olunmasını İttihat ve Terakki merkezi de istiyordu. 13 Nisan sabahı bu işgalin vaki olmasına onlar da kızdı. Propaganda ile olsun, daha evvel Enver Bey işgal etti diye şayialar yapıyorlardı.

14 Nisan sabahı Yıldız'ın harem ağaları vesairesi kafile halinde karargahımıza gelmişler. "Yaşasın hürriyet, yaşasın Enver Bey!" diye bağırmışlardı. Gece saraya girenleri, Enver'in

karargahı ve etrafındakileri de askeri zannediyorlardı. Bu hal de, Yıldız'ın Enver tarafından gece işgal olunduğu havadisini yaymıştır.

Yıldız'ın, 13 Nisan sabahı fırkamız tarafından işgaline ait deliller müteaddittir:

1. Memduh Paşa 13 Nisan günü fırkamız kıtaatı Yıldız'ı tamamıyla işgalden ve fırka karargahı sergi dairesi karşına nakilden sonra buradan Harbiye Nezaretine gönderilmiştir. Memduh Paşa fırkamız kıtaatı gelinceye kadar Yıldız'ı muhafaza ile meşgul olmuştur.

2. Harbiye Mektebi Efendileri 13 Nisan sabahı emrimizde olarak Yıldız hareketine iştirak etmiştir.

3. 13 Nisan sabahı ben zırhlı otomobil ile Yıldız'a gittiğim halde, daha evvel gelmiş hiçbir kıtaya rast gelmedim. Harbiye Mektebi Efendileri ve nizamiye kıtaatı ile Yıldız kapıları bu vaziyette işgal olundu.

4. İşgal hadisesini, Hareket Ordusu kumandanlığı, Yıldız telgrafhanesinden Şevket Turgut Paşa imzasıyla çekilen ve fırkamız tarafından işgal olunduğu sarih olan telgraftan haber aldı.

5. Emir hilafına Yıldız'ı fırkamızın işgalinden dolayı teessür telgrafı bize geldi.

6. Başkatip Cevat Bey, sergi dairesi karşısındaki karargahımıza iki kere gelerek emniyet ve iaşe meselesini görüşmüştür. Eğer bir gün evvel Enver Bey saraya girmiş olsaydı mesele onlarca hal olunabilirdi.

7. Niyazi Bey kıtaatı ile Harbiye Nezaretinde idi. 14 Nisanda Yıldız harekatına iştirak etmek üzere, 13'te bize tebliğ edilen emir kendilerine de verilmiş ve bu suretle fırka emrine Beşiktaş'a gönderilmişti. Yıldız'ın tamamıyla işgalinden sonra fırka karargahını sergi dairesi karşısına naklettiğimiz zaman, onlar da aşağı talimhaneye gelmişlerdi. Hamidiye Camii'nden ileri geçmemeleri için kendilerine tebligat yapıldığı gibi, sergi dairesi —Hamidiye Camii— ikinci fırka dairesi imtidadınca

da nizamiye kıtaatı ile bir kordon tesis olunarak saraya yakın sahada izdiham ve kargaşalığa mani olunmuştur.

8. Aynı emri alan Enver Bey dahi, 14 Nisan sabahı yapılacak olan harekata iştirak için gece memur olduğu cepheye gelmiş ve Yıldız'ın işgal olunduğunu görünce ferden saraya girmiştir.

9. Bunlardan başka, Şevket Turgut Paşa'nın Yıldız hareketini resen yaptırdığından dolayı, İstiklal Harbi esnasında Vahdettin tarafından divanı harbe verilerek mahkûm dahi edilmiş olduğunu ilave edeyim.

Bulgarların, Yıldız harekatına iştiraklerine gelince:

10. Nisan akşamı, karargahımız Silahdarağa'da iken Enver Bey nezdimize geldi. Beraberinde getirdiği Sandanski çetesini takdim etti. Bunlar hakkında kendisine şu teklifte bulundum: Bunları getirmeseydin daha iyi olurdu... Bu mücadeleyi bir Türk davası olarak hal etmemiz lazımdır. İstanbul kıtaatı bunlardan haberdar edilerek mürettep bir oyun olması da nazarı itibara alınmalıdır." Enver Bey cevabında, onların müracaatını kıramadığını, aynı zamanda avcı taburlarının bomba kullanmak hususundaki maharetlerine ancak bu komitacılarla mukabele edebileceğini düşündüğünden gelmelerini kendisi de muvafık gördüğünü bildirdi. Karşı tarafın topçusunu nasıl felce uğrattığımızı ve mukavemetin ancak kışlalarda olacağını, avcı taburlarının bombalarına karşı topçumuzla işi halledeceğimizi izah ederek Bulgar çetesinin müsademeye sokulmamalarını, bunların vereceği zayiatın aleyhimize kaydolacağını söyledim. Enver Bey mütalaamı tasvip etti ve bu hususu nazarı itibara alacağını vaad ederek ayrıldı. Böylece hareket ettiğini de sonradan öğrendim. Müsademe yerlerinde bazı halk, hatta ecnebi muhabir bile yaralandığından Bulgarların birkaç zayiatını görerek, esaslı müsademeye sevk oldukları zan olunmamalıdır.

# EKLER

## EK 1

## İLK İTTİHAT VE TERAKKİ
## CEMİYETİ NASIL KURULDU?

Bu gizli cemiyetin esası; 4 Haziran 1889 (21 Mayıs 1305) de guruptan bir saat sonra İstanbul'da Gülhane parkındaki Askeri Tıbbiye mektebinde kurulmuştur. Cemiyeti kuranlar: Konyalı Hikmet Emin, Arapkirli Abdullah Cevdet, Diyarbekirli İshak Sükuti, Ohrili İbrahim Ethem (Temo), Kafkasyalı Mehmet Reşit adlı beş tıbbiye talebesidir. Bu arkadaşlar bir yıldan beri fena idarenin amillerini araştırmak ve aralarında hasbıhal etmekle kaynaşmış idiler.

Cemiyetin maksadı iki idi:

1. Devletin gittiği yolun inkıraz olduğunu, baş mesulün padişah olduğunu, etrafındakilerin de onun cinayetlerine vasıta olduklarını halka anlatmak.

2. Vatan ve milleti içinde bulunduğu tehlikeli yerden kurtarmak için icap eden her fedakarlığa atılmak.

Bunun için önce kendileri birbirine yemin vermişler ve gizli olarak yemin vermek şartıyla aza kaydına da karar vermişlerdir. Sivil ve askeri mekteplere, kıtalara, askeri daireler ve serbest mesleklere de el atan cemiyetin azası iki yılda yüzü aşmıştır. Bunun üzerine bir idare heyeti teşkil olunarak cemiyet tensik olunmuş ve şubelere ayrılmıştır. Şubelere ayrılan azaya o şubede numara verilmiştir. Mesela 121/11 numarası 121'inci Şubenin 11'inci numarası demektir. Aza, kendisini cemiyete alan rehberi ile kendisinin alacağı zatı tanıyor ve iane de muntazam surette bu kanaldan toplanıyor.

1893 (1309)da cemiyetin mevcudu 900'e varmış bulunuyor. Cemiyet İstanbul'da her tarafa dal budak sarmış ve hatta din adamlarından da azalar almış ve bazı hususi mekteplerde ve tekkelerde bile şubeler açılmış bulunuyor. Tıbbiyede ise artık apaçık mübaheseler yapılabilmektedir. Fakat irşad vazifesiyle meşgul bulunan bu cemiyete Tıbbiye Mektebinde bazı seciyesizler de girebilmiştir. Bunlar cemiyetin mevcudiyetini ve birçok gizli yazıları dağıtmakta olduklarını ve yakında bir fesat çıkaracaklarını haber veriyorlar. Haber verilen dokuzuncu sınıf basılıyor. Birçok kitap ve evrak toplanıyor. Maznun olarak dokuz talebe tevkif ve divan-ı harbe veriliyor. Bunlar tart ve kalebentlik cezası giyiyorlar Bunlar arasında cemiyetin müessislerinden Abdullah Cevdet[83] ve Mehmet Reşit de bulunuyor. Abdülhamit, mektep çocuklarının bu hareketlerinin ciddi olacağına inanmıyor ve birkaç ay hapisten sonra bu talebeyi affediyor. Fakat Tıbbiyenin hür fikirli Nazırı olan Saip Paşa'nın yerine Zeki Paşa Nazır tayin olunuyor. Artık tazyik ve tecessüs günden güne artıyor. Bir yıl kadar böyle devam ediyor.

Tazyik arttıkça tabiat kanunu mucibince kuvvete tahavvül ediyor. 1894 (1310)'te cemiyet faaliyete geçiyor. Avrupa'da da neşriyat yapmak ve daha önce kaçmış olanları da cemiyete almaya karar veriyor. Üç tıbbiye talebesi Avrupa'ya kaçırılıyor. Bunlardan Nazım[84] Paris'te bulunan Ahmet Rıza Bey'i[85]

---

83    İctihad mecmuası sahibi merhum Doktor Abdullah Cevdet Bey bana hayatını tafsilatıyla anlattığı gibi Doktor Mehmet Reşit Bey de Cevri müstear namla yazdığı (İnkılap niçin ve nasıl oldu?) başlıklı eserinde tafsilat vermiştir.

84    Nazım, Selanik'te doğmuş bir Türk'tür. Doktor Nazım Bey'dir. İttihat ve Terakki Cemiyeti'ndeki faaliyetlerini bu eserde göreceğiz. Ankara'da İstiklal Mahkemesi tarafından bazı İttihat ve Terakki erkanı ile birlikte asılmıştır. (1926)

85    Ahmet Rıza Bey İstanbul'da doğmuş bir Türk'tür. Galata Lisesi'nde tahsilini bitirdikten sonra Fransa'da ziraat tahsili görmüştür, 1892 (1308). Bursa vilayeti Maarif Müdürü iken memleketin ıslahı için bir layiha vermiştir. Sultan Hamid kendisinden kuşkulanmış ve onu sıkı göz altına aldırdığından bu da Paris'e kaçmıştır. Buradaki siyasi fırkaların programlarından Positivelerinkini beğeniyor ve onların düsturu olan Ordre et progre (İntizam ve Terakki)yi bizim

cemiyete almaya memur ediliyor. Ahmet Rıza Bey bu teklifi kabul ediyor, fakat cemiyetin adına Osmanlı İttihat ve Terakki Cemiyeti denmesini teklif ediyor. İstanbul'daki merkez de bunu kabul ediyor. Bu suretle İttihadı Osmanî cemiyeti artık bu yeni adı taşıyor.

## İLK İTTİHAT VE TERAKKİ CEMİYETİ NASIL İDARE OLUNDU?

1 Teşrinievvel 1895 (18 Eylül 1311) de İstanbul'da, Ermenilerin bir ayaklanması oldu. Üç gün süren bu hareketlerinde Türklerden hak ettikleri karşılığı gördüler. Berlin Muahedesinin 61'inci maddesi diğer bazı ekalliyetlerin geçtiği yoldan —Islahat— Muhtariyet —İstiklal yolu— Ermenileri de geçirmeyi hedef tutmuştu. Şark vilayetlerinden altısında aslahat bahanesiyle daha 1895 başlarında Sason'da başlayan Ermeni ihtilali; İngiliz ve Fransız siyaset adamlarının desteklemesiyle nihayet Osmanlı payitahtında hükümet makamı olan Babıali karşısına kadar kendini göstermişti. Yıllardan beri Ermeniler her tarafta en zengin ve verimli saatları ellerine almışlar ve bir taraftan da faiz ve ihtikarla çok zengin olmuşlardı. Bundan bir düzüye zarar ve acı duyan Türkler ve Kürtler, Ermenilerin bu vaziyetine karşı artık kayıtsız kalmamışlardı. Bu vaziyette de kendilerini himaye ve teşvik eden devletlerin müdahalesi için tam fırsattı. Bunun için cemiyet öteye beriye padişahın istibdadı aleyhine bazı beyannameler asarak Meşruti idare kuracaklarını ilan ettiler. Bu suretle Avrupa'nın aleyhimize bir karar vermesini önlemek istediler. Fakat bu kafi değildi. Bir hareket programı tespiti ihtiyacı İstanbul'daki İttihat ve Terakki cemiyetini teşkil eden gençlerin kendilerine olgun bir baş aramalarına sebep oldu. Şubeler arasında yapılan bir soruşturma neticesinde Hukuk ve Mülkiyei Şahane tarih muallimi Murat Bey bu vazifeye ehil olarak bulundu. Bu zat Tiflis'te doğmuş Dağıstanlı bir Türk'tü. Tahsilini Rusya'da yapmış Rusça ve

---

için Union et progre (İttihat ve Terakki) olarak kabulünü muvafık buluyor.

Fransızca dillerine vukufu dolayısıyla hariciye ve matbuat kaleminde de vazife görmüştü. Hatta altı ay sonra kendisine rütbei saniye (İkinci rütbe demektir. Böyle sivil rütbeleri vardı) Murat Bey kendisinden çok kıdemlilerin henüz salise (Üçüncü) rütbesinde bulunduklarından bu teveccühü kabul etmemek büyüklüğünü göstermişti. 1886 (1302) Teşrinievvel 21'de çıkarmaya başladığı Mizan gazetesi ("Yalnız perşembe günleri neşrolunur, İslam gazetesidir" klişesini taşırdı.) ile yaptığı neşriyat ve muhakemeli bir surette okuttuğu tarih ve talebeye telkin ettiği fikri hürriyeti şöhretini arttırmış ve her tarafta hele gençlikte kendisine karşı büyük bir sevgi ve saygı uyandırmıştı.

İşte cemiyet, memleket içinde İttihat ve Terakki cemiyetine böyle başı muvafık görmüştü. Ermeni ihtilali üzerine İtitihat ve Terakki'de Sultan Hamid'e karşı şiddetli bir harekete geçmek ve onu hal etmek arzusundadır. Bu arzularını Murat Bey'e bildirdiler.

Murat Bey Sultan Hamid'in cehil ve istibdadının memleketi felakete sürüklediği meselesinde aynı düşüncededir. Fakat İttihat ve Terakki Cemiyeti'nin şiddetli hareketinin tehlikeli olacağı mütalaasındadır. Misal olarak da Rusya'daki Nihilism'in (Çarlık devrindeki içtimai hayatı tamamıyla ortadan kaldırmak isteyenler) orada meşruti idare kurulmasını daha çok geciktirdiğini ileri sürüyor. Padişaha karşı şiddetle hareketin kan dökülmesini mucip olarak Rusya vesair ecnebi donanmalarının İstanbul'a geleceklerini ve hatta bir daha geri gitmeyeceklerini söyleyerek Sultan Hamid'i indirmek isteyen İttihat ve Terakki cemiyetine giremeyeceğini ve henüz padişahın iyilikle yola geleceğinden ümidini kesmediğini bildiriyor. Fakat cemiyetin arzu ettiği meselelerde fikrini her zaman söyleyebileceğini de ekliyor.

Bu aralık Londra'da Selim Faris Efendi'nin çıkardığı "Hürriyet" gazetesi çıkıyor, ilk olarak Sultan Hamid'e karşı gayet ağır bir dil kullanıyor. Murat Bey, bunu Nihilistlerin hareket tarzına benzeterek beğenmiyor. Doğru Mabeyne gidiyor, istediği zaman gitmek serbestisini haiz olduğundan Mabeynci Hacı Ali Bey'in odasına giriyor. Onun Arap İzzet Bey'le "Hürriyet" gazetesini okuduklarını görüyor. Bu sıralarda Ahmet Rıza Bey'in de intişar etmiş bir mektubunu görerek seviniyor. Çünkü yolunu kendi fikrine yakın buluyor. Tekrar sadarete gelmek üzere bulunan Sait Paşa ile de görüşerek onunla fikir birliği yapıyor.

Bu fikir birliğinin esası şunlardır: Vükelayı tayin hakkı Sadrazama ait olacak. Sadrazam her türlü maruzatına padişah kabul veya kabul edilmedi cevabını verecek, iradeler yalnız Başkatip vasıtasıyla ve yazı ile tebliğ olunacak. Sadrazamın malumatı dışında nezaret ve dairelere irade ve emir tebliğ olunmayacak.

Sultan Hamid Sadrazamlığa Sait Paşa'yı getiriyor ve Hattı Hümayunda yalnız Şeyhülislamı bildiriyor. Fakat ertesi günkü gazetelerle eski vükelanın yerlerinde bırakıldığı ilan olunuyor! Sadrazam Sait Paşa da bu hal karşısında istifa etmeyerek vazifesine devam ediyor. Sultan Hamid; Sait Paşa'ya vükelayı intihab etmek hakkını verdiği halde gece yansı kendisine haber vermeden eski vükelanın yerlerinde bırakıldığı iradesini gazetelere tebliği padişahın dönek ve yalancı mizacını bir daha göstermiştir. Sait Paşa'nın bu hal karşısındaki sükûtu, aczine ve mevki hırsına yeni bir delil olmuştur.

Murat Bey'e gelince, o bu yeni misaller karşında İttihat ve Terakki Cemiyeti'nin kararına hak vermekle beraber şaşırıp kalmış bir vaziyettedir. Son ümidi olan Sait Paşa'nın Sadrazamlığında da bir şey çıkmadığını gören Murat Bey ona diyor ki: "Bütün ümitlerim kırıldı. Artık memuriyette değil memlekette dahi kalamayacağım. Bir tarafa çekilip gideceğim."

Sait Paşa bunu yapmamasını, sabretmesini tavsiye ediyor. Murat Bey fikrinde ısrar ediyor. Bu sırada Sultan Hamid Murat Bey'i Mabeyne çağırtıyor. Başmabeynci Hacı Ali Bey vasıtasıyla İttihat ve Terakki cemiyetinin reisi olup olmadığını ve memleket hakkındaki düşüncelerini soruyor. Murat Bey şu cevabı yazıp gönderiyor:

Emir ve iradei şahanelerini Başmabeynci kulları vasıtasıyla aldım. Halisane cevap itasına müsaraat ediyorum:

Evvela — Kulunuz öyle bir cemiyetin reisi değilim ve olamam. Çünkü memuriyeti resmi ile o yolda bir riyaseti birleştirmek elimden gelemez.

Saniyen — Ahvali hazırai memleket ile esbabı mucibelerini ihtisas kesbetiğim tarihten, mesela Çin devletinin bundan iki yüz sene evvelki vukuatını yazıyormuşum gibi her bir tarafgirlik veya ihtirazdan azade olarak tasvir etmeye hazır ve muktedirim. Pek iyi biliyorum ki bunu o yolda tasvir ettiğimden dolayı kıymettar olan teveccühatı şahanelerini kazanmayıp bilakis kaybederim.

Bununla beraber yazmak için tereddüt etmiyorum. Çünkü velev teveccühü şahane bedeline olarak olsun hakikati hal söylenecek zaman gelmiş olduğuna mutekidim.

Padişah bu cevabı okuyunca: "Layihasını da yazsın getirsin." diyor..

Murat Bey, iki gün sonra 14 Teşrinievvel 1311 (1895) tarihli uzun bir layihasını padişaha takdim ediyor.[86] Tarih muallimi ve gazeteci Murat Bey aynı zamanda Düyunu Umumiye Komiseri de bulunuyor. Bunun için mütaalaları ilmine ve tecrübesine dayandığına şüphe yoktur. Sultan Hamid bu layihaları tamamıyla okuyor ve akşam Murat Bey'i huzuruna kabul ediyor. Karşısına oturtarak onunla hasbıhale başlıyor. Kanuni Esasi'ye taraftar olduğunu fakat vükelanın ısrarıyla Meclisi Mebusan'ı dağıttığını, Mithat Paşa'nın terbiyesiz muameleleri ve Sait Paşa'nın da kendisini iğfal etmiş olduğunu uzun uzadıya ve saf bir tavır takınarak Sultan Hamid, Murat Bey'e anlatıyor. Murat Bey, padişahın saf ve temiz bir insan olduğuna inanıyor. Kurnaz padişah bu tesiri yaptığını görünce son mütaalası olarak da şunları söylüyor:

Muktedir bir sadrazam bulmak için birçok zatları bu makama getirip tetkik ediyorum. Fakat bulamıyorum. Bunun için

---

86    Bu layihayı Fransızca Le Palais de Yıldız et sublime Tarte (Yıldız Sarayı ve Babıali) nam eseriyle Paris'te de neşretmiştir.

işlerin idaresini kendim üzerime almak mecburiyetinde kalıyorum. Sizin layihanızı okuyunca aradığım adamlardan birini rast getirdiğinden dolayı Cenabıhakka şükrediyorum. Murat bey bu iltifatı samimi ve ciddi sanarak padişaha tercümeihalini anlatıyor, Dağıstan'dan devlet ve hilafetin selameti uğrana hayatımı vakfetmek için geldim, diyor. Meşrutiyetin tamamıyla kurulmasından korkan padişaha şu fikri izah bulunuyor:

Meclisi Mebusan'ın ictimaında mahzur olsa bile ictima edecek meclise mesela 30 kişilik bir hey'eti vekâlet intihab ettirmek yoluyla istenilen meşrutiyet usulünün mahzurdan salim olarak temini mümkündür.

Padişah bu fikri pek beğenir görünüyor. İki saat on dakika süren bu mülakatta vükela hakkında padişahın sorularına da Murat Bey apaçık fikirlerini söylüyor.

Kazım Karabekir, İttihat ve Terakki Cemiyeti'nin Manastır'da
ilk teşkilatı ile uğraştığı sıradaki hatıralarıyla

Padişah pek memnun kaldığını beyan ederek bundan sonra sık sık huzura gelip birçok mühim işleri kendisiyle müzakere etmesini istediğini ve yarından itibaren bu işe başlamasını irade ediyor. Kapıya kadar da Murat Bey'i iltifatlara boğuyor.

Murat Bey hayranlıklar içinde padişahı önüne gelene methediyor. Başmabeyncinin odasına geldiği zaman ona diyor:

— Allah cümlenizin müstehakını versin melek gibi bir padişaha malik iken asarını harice şeytan asarından beter surette aksettiriyorsunuz. Yazık değil mi dine, yazık değil mi milyonlarca halka?

Başmabeynci Hacı Ali Bey de şu cevabı veriyor:

— Üç gün sonra seni de görürüz, evladım.

Murat Bey'in pek saf halini gören İstanbullu karısı da kendisini şöyle uyandırmak istiyor.

— Hüküm için acele etme. Ahlakı malumdur. Pek güvenme. İhtiyatlı bulun.

Murat Bey Padişaha o kadar inanmıştır ki onu gözü ile görmeyen ve onunla karşı karşıya konuşmayan kimselerin bu kabil sözlerine kızıyor. O artık muradına ermiş kimselerin daha ilerisi için daldığı uykuda rüya görmektedir: Zavallı Sultan Hamid! Şimdiye kadar samimi bir ilim adamı bulamamış olduğundan sapıtmış!.. Görsünler bu zalim sanılan padişah nasıl yola getirilecek ve Osmanlı Devleti nasıl teceddüd yapacak!..

Bu tatlı rüya 24 saatliktir. Ertesi akşam tatlı emelleriyle mabeyne koşan Murat Bey'e şu irade tebliğ olunuyor:

Bugün biraz, yorgunum. Yarın akşam görüşürüz. Bir de millet meclisi yerine diğer meclis koymak lazımdır hakkındaki fikirlerini de tafsilen yazıp getirsinler.

Ertesi akşam bu lahiyasıyla gelen Murat Bey'in elinden yazdığı alınıyor, kendisi yine yarına davet olunuyor. Nihayet üçüncü gidişinde şu şamarla Mabeyn kapılan kendine kapanıyor:

Her gün gelmesine hacet yoktur. Haber beklesinler.

Murat Bey gün geçtikçe çok kötü bir vaziyete düşmüş oluyor. Çünkü o şimdiye kadar Sadrazamlara bile şunları söylemişti:

—Ümidini kesmiş olan bir adam için mesned ve memuriyeti kabul ile maaş almaya devam etmek namussuzluktur!

Halbuki Düyunu Umumiye'deki ecnebilerden tutun da her sınıf vatandaşa kadar herkes bütün cinayetleri padişahın cehlinde ve seciyesizliğinde buluyor ve Murat Bey'in aldandığını kendisine söylüyorlar. Hele Düyunu Umumiye memurlarından bir ecnebi kendisine pek ağır olarak şunları söylüyor:

—Avrupa'da dahi menfaati şahsiyelerinden başka hiçbir şeye ehemmiyet vermeyen rical çoktur. Lakin namus ve haysiyetini muvahaze lekesinden kurtarmak arzusunda bulunan bir adam böyle bir idarenin hadimleri arasında bulunmaya razı olmaz.

Aradan üç gün geçtiği halde padişah Murat Bey'i çağırtmıyor. Bir vesile bulup kendisi gidiyor. Padişah kendisine bir selam gönderiyor.

Asıl işin fecii, birkaç gün sonra padişah vükelayı değiştiriyor. Yeni vükela heyetinde Murat Bey'in mülakat gecesi ehveni şer dediği dört zat çıkarılmış. Aciz ve hırsızlıklarını söyledikleri yerlerinde bırakılmış. Yeni getirilen dört kişi de herkesin suizanını kazanmış kimselermiş!

Murat Bey tekrar Mabeyne koşuyor fakat aldığı yine bir selamdır! Murat Bey de artık anlıyor ki: Kendi karısı dahi padişahı kendisinden daha iyi tanımıştır. Şu halde yapacağı iş bu zalim ve cahil padişahın hadimi olmakta devam etmek şerefsizliğini kabulden ise memleketi bırakıp gitmektir.

Murat Bey İttihat ve Terakki Cemiyeti'nin şu aralık harekete geleceğini de bildiğinden bu karışık zamanda olgun başını tehlikeye koymak istemediği anlaşılıyor. Kararı memleketi olan Dağıstan'a gitmektir. Ailesini İstanbul'da bırakıyor.

7 İkinci Teşrin 1311 (1895) de Murat Bey bir Rus vapuruyla tek başına İstanbul'dan kaçıyor. Sivastopol'a varınca Dağıstan'a gitmek kararından vazgeçerek Viyana'ya gidiyor. Sebebi padişahın Lord Salsburi'ye tenezzülkarane ilticasıdır. Buradan sefarethane vasıtasıyla Mabeyne bir mektup gönderiyor. Bu uzun mektubun hülasası:

Padişahın bizzat İngiltere başvekiline mektup yazması ve berikinin de bunu teşhir etmesi felakettir. Yoktan icad olunan Ermeni meselesi İngiltere elinde vatanımıza karşı güzel bir tecavüz silahıdır. Bu mesele olmasa bile başka meseleler icadında zahmet çekilemez. Bir hafta evvel makamı hilafet ve saltanatı tahkir eden bir ecnebi başvekiline tenezzülkarane nasıl mektup yazılır? Ecdadımızla Avrupa hükümdarları bile ancak sadrazamlarıyla görüşürlerdi.

Sultan Hamid'i İttihad ve Terakki Cemiyeti'ne karşı zalimane hareket geçirmesine sebep olan şu cümleleri aynen kaydediyorum:

İşbu mektup maddesinin dahilden pek vahim netayici mucip olacağına şüphe buyurulmasın. Gençler fırkası muamelatı şedideden şimdiye kadar nesayih ile men olunabilmiş idi. Kuvayı maniadan bir cüz'ü de acizleri bulunmuş idi. Lakin mezkûr mektup hatası işlere nasihatkâr etmeyecek dereceyi aşırttı. Artık devlet ve millet tehlikede olduğu gibi nefsi şahane dahi tehlikededir.

Bundan sonra da memleketin sulh ve sükûnette bekası için şu iki çare gösteriliyor ki; aynen şöyle yazılmıştır:

... Ya hâkipayi şahaneye takdim olunan kontrol meclisi lâhiyası münderecatından daha vasi olarak usulü meşvereti ihdas ile teskini efkar etmek, yahut terki hükümet eylemektir. Çaresiz bir tedbir olarak bunun üçüncüsü yoktur. Bunun için ikiden birini ihtiyardan nükûl etmekten kendi nefsi için mülk ve devletin bakasını feda eylemek çıkacaktır. Bu dahi hakkı biatten kendilerini mahrum addiyle aleyhlerine idarei kelam için kendimi borçlu görürüm. Sesimi de inayeti halk ile işittireceğimden emin olsunlar...

Murat Bey Sultan Hamid'e on günlük bir de mühlet verdi ve nihayet Paris'teki İttihat ve Terakki gençleriyle iş birliği yapmak üzere oraya hareket etti.

Murat Bey'in Avrupa'ya firarı ve hele mühletli tehdit mektubu yani ültimatom ve en mühimmi hayatının tehlikede olduğunun da apaçık ihtarı Sultan Hamid'in vehmini büsbütün arttırdı. Yakında Sultan Aziz gibi hal edileceğini ve belki de canına kıyılacağını düşündükçe rahat uyuyamaz oldu. İlk işi hafiye güruhunun teşkilatını arttırmak ve artık can düşmanı sayılması lazım gelen ittihatçıların kökünü kazımak kararına vardı. Şüphe ettikleri kimseleri veya hafiyeler tarafından jurnal edilenleri uzaklara atıyor, sürgün ediyor, zindanlarda çürütüyor veya izlerini kaybettiriyordu.

Zulüm ve şenaatini arttıracağına vatan ve milletin hayır ve selameti için onlarla el birliği yapsa idi şüphe yoktu ki çok büyük işler başarılır ve milletler arası sükûnet devresi olan saltanatı zamanında Osmanlı Devleti'ni müterakki devletler hizasına çıkarabilirdi. Fakat cehaleti ve gururu yüzünden dıştan ve içten gelen zararlı telkinlerin başka milletlerin ve şahısların menfaati için olduğunu anlayamadı ve nahak yere uzun yıllar; olgun başları ve olgunlaşacak gençleri ezmek ve memleketi her türlü terakkiden alıkoymak cinayetleriyle uğraştı. Her müstebit gibi tabii sonu kendisi için de elim olacaktı. Tarihe kendilerini büyük insan diye yazdırabilecek kudreti ellerine alanların çoğunun kötü insan sıfatını yazdırmaları muhitlerini — vehim ve vesvese yüzünden — milletinin en mütereddi kimselerden seçmesinden başka bir şeyden ileri gelmese gerektir.

İşte eninde sonunda korktuğuna uğrayacak olan bu hükümdar kendine ve milletine şerefli bir tarih yazdırarak büyük Abdülhamid olacağına Mithat ve Mahmut Paşaları mahkum ettirmek sonra da boğdurmakla başladığı zulüm ve şenaatini daha geniş mikyasta ilerletmekle Kızıl Sultan namını aldı ve Osmanlı Devleti'nin perişan olmasının baş müsebbibi oldu.

## İTTİHAD VE TERAKKİ CEMİYETİ AVRUPA'DA NASIL İDARE OLUNDU?

Murat Bey Paris'e gidince Ahmet Rıza Bey'i ziyaret ediyor ve onunla işbirliği yapmak fikrinde olduğunu söylüyor. Fakat Ahmet Rıza Bey, Murat Bey'i Sultan Hamid'in bir hafiyesi gibi telakki ediyor.

Murat Bey, bu kötü zannı kaldırmak için Rıza Bey'i bir akşam yemeğine bulunduğu otele davet ediyor. Fransızca "Yıldız Sarayı ve Babıali" risalesini bastırmakla meşgul bulunan Murat Bey Matbaadan gelen müsveddeleri Ahmet Rıza Bey'e okutuyor. "Yıldız politikası hep mürailik üzerine müesses" ibaresini okuyunca Ahmet Rıza Bey diyor:

—Ooo, artık siz saray ile kat'ı münasebet ediyorsunuz!

—Gayret ve hamiyet münasebatından başka saray ile kat'olunup olunmayacak hangi münasebetim olabilir? Diye Murat Bey cevap verince Ahmet Rıza Bey diyor:

—Hakkınızda İstanbul'dan, hem de bizce tereddüt olunmayacak membalardan bir hayli şeyler işitmiş idik...

Murat Bey bu ağır ittihamın sebebini uzun uzadıya izah ederek namusuna güvenilmesini ispata çalışıyor. Cemiyetin riyasetini teklif ettikleri halde cemiyete bile girmemesi ve padişahı irşada çalışarak memlekette tehlikeli kargaşalıklar çıkmasına mani olmak istemesi gibi arzularının yanlış telakki olunduğunu kendisi de anlıyor ve Ahmet Rıza Bey'e şunu vaad ediyor:

—Ben kalben ve ruhen cemiyetin malıyım. Lakin ezcümle cemiyeti halkın nazarında münasebetsiz ittihamlardan vikaye etmek üzere üç ay kadar bir "Nasıhı Sadık" sıfatıyla hareket edebilmek üzere hürriyetimi muhafaza edeceğim. Üç ay zarfında memul ettiğim faydayı bulamayacak ve padişahımızdan ümidimi kesecek olursam teessüf etmekle beraber resmen ve fiilen cemiyete iltihak ederim...

Ahmet Rıza Bey; Murat Bey hakkındaki telakkisini değiştirmiş olmuyor. Murat Bey'in hala "Kan dökülmesi cihetinden ikna" ile "Millet Meclisinin cem'i cihetine gidilmeyip şimdilik mahdut bir meşrutiyet ile iktifa" edilmesi maddelerine Ahmet Rıza Bey ve arkadaşlarının pek muarız olduklarını Murat Bey haber alıyor. Bu meseledeki doğru görüşünü Ahmet Rıza ve Doktor Nazım Beylere anlatmaya uğraşıyor!

Bir taraftan da Fransızların müstakil bir Ermenistan teşkili hakkındaki neşriyatına karşı bunun imkansızlığını ispat ederek Fransız Hariciye Nezaretini uyandırıyor. Hatta bu mesaisi ile Fransız Hariciye Nazırının millet meclisinde "Müstakil bir Ermeni meselesine imkan ve münasebet bulunmadığı" hakkındaki nutkunu Murat Bey kendi mesaisine atfediyor.

Murat Bey, Paris'te Ahmet Rıza Bey'le iyi geçinemeyeceğini anlayınca ikilik yapmamak için Mısır'a gitmeye ve orada "Mizan" gazetesini çıkarmaya karar veriyor. Londra'yı da ziyaretle bazı görüşmeler yapıyor.

Murat Bey, hala "Halkı isyan ve ihtilale daveti cinayet saydığını ve devlet ve padişaha düşman olmadığı, onları kendi evlat ve ayalimden fazla severim" sözlerini Londra'daki Osmanlı sefirine bile söylüyor. Ahmet Rıza Bey ise "Sultan Hamid'in yola gelmeyeceğini, onu halk isyanıyla devirmekten başka çare olmadığı" kanaatindedir. Bunun için Murat Bey'e karşı olan şüpheli bakışları değişmemiştir. Hatta Londra'dan Ahmet Rıza Bey'in Meşveret gazetesine gönderdiği Ermeniler hakkındaki makalesini Ahmet Rıza Bey neşretmemiştir. Murat Bey'in mektubunda "Oğlum Rıza Bey" hitabını kullanması da Ahmet Rıza Bey ve arkadaşlarına fena tesir yapmış olduğunu Paris'e dönüşünde görüyor. Hülasa iki taraf anlaşamıyor. Murat Bey 1895 (7 Birinci Kanun 1311) de Paris'ten ayrılıyor.

Murat Bey, İskenderiye ve Kahire'de cemiyetten ve kendisini tanıyanlardan bildikler ediniyor. Nihayet Kahire'de 4 Kanunusani 1311 de Mizan'ın ilk nüshasını çıkartıyor. Ve gittikçe Sultan Hamid'e karşı ağır hücumlara girişiyor. Mesela şubatta çıkan bir nüshasında şöyle yazıyor:

...görüyorsunuz ki işin erbabı değilsiniz. Size adavet ve husumet etmekten ziyade aczinize merhamet etmek daha tabii geliyor. Ne olur, zîrden yükselen şu ulüvvücenabırnıza, siz de imtisâle tenezzül ile biçare millete, sahipsiz kalmış devlete, tehlikeye düşürülmüş hilafeti islâmiyeye acısanız da, işi erbabına tevdî ve havaleye rnüsaraatla babı selameti buldursanız?..

İyisi mi; millet namına size teklif olunan iki babı selametten birini tercih ile komedyanın öbür perdelerini açmaktan ve açtırmaktan vazgeçiniz:

Yani ya ümmeti meşverete davet ile vahim olduğu kadar gülünç olan uryanlığınızı örtmeye, yahut işi erbabına tevdian pilinizi pırtınızı toplamaya müsaraat buyurunuz...

Mizan, vükelaya karşı da "Vazife ve mes'uliyet" başlıklı ağır makaleler yazmıştır.

Sultan Hamid gittikçe daha ağır neşriyat yapan Murat Bey'in Osmanlı hükümetine teslimini Mısır hükümetinden istemiş ise de muvaffak olamamıştır.

***

Fakat ne yazık ki Ahmet Rıza ile Murat Bey arasındaki görüş farkı hala mevcuttur. Mizan'ı ile Murat Bey meydan okumaya başlamıştır.[87] Ahmet Rıza Bey Meşveretle cevap vermeyerek bu hususları dost düşman karşısında matbuatla değil mektupla hallini istemiştir.

Murat Bey "Osmanlı İttihat ve Terakki Cemiyeti'ni" henüz bir program yapmamış olmakla itham ederek "Mizan" gazetesiyle bu nokta üzerinde ısrar etmiştir. 21 maddeli bir program da yaparak ortaya atmıştır. Bu program büyük kısmıyla Kanuni Esasi gibi idi. Yalnız Avrupalıların da daha hoş göreceği bir şekle sokulmuştu. 12 inci maddesi "Matbuat hürdür ve yalnız mehakime tabidir" şeklinde çok kıymetli idi.

Ahmet Rıza Bey ve arkadaşları ise Mithat Paşa'nın Kanuni Esasi'sinin aynen kabulü taraftarı idiler. Ayrılık meselesinde Murat Bey'in Ermenileri ittifaka davet meselesi de vardır. Murat Bey Mizan'da bunu yazıyor. Ahmet Rıza Bey'e de Londra'ya gidip anlaşmasını ve Ermeni komitelerinden evet veya hayır cevabını almasını rica ediyor. Ahmet Rıza Bey bu işi pek ağır alıyor Murat Bey ise Mısır fevkalade komiseri Muhtar Paşa'nın İstanbul üzerine hareketine ve buna Beşinci Ordunun

---

87    Murat Bey, Mizan'ı ile Meşrutiyet'in ilanı akabinde İstanbul'da da, cemiyete karşı meydan okumaya kalkmış ve çok ağır mukabele görmüştür. Benim bazı zatlar nezdindeki uzlaştırıcı mesaim de bir semere vermemiştir. Murat Bey yeni İttihat ve Terakki cemiyetinin kudretini de takdir edemeyerek menfi bir yol tutmuş ve neticeden başkaları istifadeye kalkmış ve kendisi ağır ittihamlara maruz kalmıştır. O fasılda tafsilatıyla görülecektir.

(Şam) da iltihakkını da güya temin etmiş de iş Ermenilerle itti-faka kalmış imiş.

Bu sırada ortaya Ali Kemal Bey çıkıyor.[88] Bu da Paris'e kaçanlardandır. Mülkiye mezunudur ve Murat Bey onu evla-dı gibi sever. Paris'ten Ahmet Rıza Bey aleyhinde aldığı şika-yet mektuplarında Ali Kemal'inkileri de görüyor. Fakat Ali Kemal'in "İkdam" vasıtasıyla Yıldız'a iltihak ettiğine ve cemi-yet efradı arasına fesat saçtığına dair Murat Bey'e haberler de geliyor.

\*\*\*

Serbest hareket karan olan üç ay bitmiştir. Murat Bey; işlerin düzelmediğini görünce İstanbul'da İttihat ve Terakki Cemiyeti'ne ve Paris'te bu nama çalışan Ahmet Rıza'ya hak veriyor ve kendisi de cemiyete iltihak ediyor. Yani kendi fikri olan mahdut meşrutiyet yerine Mithat Paşa Kanuni Esasi'si-nin aynen tatbik sahasına konmasını kabul ediyor.

Fakat Murat Bey'in cemiyete girmesiyle Ahmet Rıza Bey'le samimi hayat başlamış olmuyor. "Murat Bey'in emniyet olu-nur takımdan olmadığına mebni ihtiyat lüzumunu" cemiye-tin idare merkezi karar verdi diyerek Murat Bey'in kulağına gidecek sözleri sarf eden Ahmet Rıza Bey'e ve cemiyete karşı Murat Bey'de büyük bir kırgınlık husule geliyor. Az zamanda cemiyetin mahiyeti hakkında şu malumatı da ediniyor:

Birkaç Tıbbiye talebesi aralarında bir cemiyet yapmışlar. Maksatları birbirine emniyet eden adamların fikir ve malumat alıp vermesi, men edilen kitap ve yazıları okumaları gibi mek-tep duvarları arasına inhisar eden işlerdir. Altı yıl bu suretle meşgul olmuşlar. Sayıları otuza bile varmamış! Ermeni gürül-tüleri üzerine bazı gösterişler yapmak lüzumunu duyduk-larından cemiyetin genişletilmesine karar verilmiş. Dışardan da birkaç adam almışlar, işte bu sırada kendisine cemiyetin reis-liği teklif olunmuş. Ahmet Rıza Bey'e de Paris şubesi reisli-ği teklif olunmuş ve o bunu kabul etmiş. İstanbul sokakları-na birkaç yafta yapıştırılmış. Fakat hükümetin şiddetli takibi

---

88    İstiklal Harbi sonunda İzmit'te linç edilerek öldürülen adam.

başlayınca sükûnete geçmişler, sonra da yakayı ele vermişler. Bir kısmı öteye beriye dağılmış. Artık İstanbul'da ne merkezi idare, ne heyet hiçbir şey kalmamış, yalnız birkaç genç doktor güya memlekette ve dışarısında cemiyet varmış gibi blöfle işi idare etmişler. Paris'te Ahmet Rıza, Mısır'da İsmail İbrahim şube reisleri sayılmış. Bazı vilayetlerde gizlice şubeler kurularak dışarı kaçanlar için ianeler toplanmış.

Murat Bey bu vaziyeti öğrenince sarsılıyor. Buna Ahmet Rıza Bey'in "Hafiyeliği, liyakatsizliği" hakkındaki meclis emirleri eklenince artık hastalanıyor, uyuyamaz oluyor, saçları birden ağarıyor. "Murat Bey aklını bozdu" havadisi de ortaya çıkıyor. Doktorlar Mısır'da yaşayamayacağını kendisine söylüyorlar. Murat Bey şimdilik Kahire'den İskenderiye'ye, buradan da Ramle'ye gidiyor. Hıdiv kendisiyle yeniden münasebata başlıyor, hatta bir bayram günü resmi sofrada yanı başına oturtuyor. Bunun diğerlere karşı bir tecavüz olduğunu Murat Bey bildiği halde Hıdiv bunu yapıyor. Murat Bey aleyhinde yazı yazan "Nil" gazetesi muharrirlerini bile kendi adamlarına dövdürtüyor. Adeta Hıdiv de Yıldız'a karşı Murat Bey'le bir cephe almış görünüyor. Hıdiv zannediyor ki Yıldız'a karşı cephe almak ve Jön Türkleri tutmak İngilizleri de memnun eder. Halbuki Lord Kromer Hıdiv'e anlatıyor ki bu gösterişler teşrifatı resmiyeye ve Mısır kanunlarına karşıdır. Bunun üzerine Hıdiv Murat Bey'le açık temastan çekiniyor. Hatta Murat Bey Avrupa'ya giderken onu pek gizli bir surette sarayına getirterek kabul ediyor.

İstanbul Hükümeti Murat Bey'in muhakeme altına alınması için Mısır hükümetine müracaat ediyor. Lord Kromer bunun üzerine Murat Bey'e Mısır'ı terk etmesini tavsiye ediyor. Murat Bey bundan çok müteessir oluyor ve lordun şu sualine:

—Ne tarafa doğru azimet etmek niyetindesiniz?

—Korkarım ki doğruca İstanbul'a, Yıldız Sarayı'na gideceğim.

cevabını veriyor. Lord bundan müteessir olarak o yolun en

kötü yol olduğunu söylüyor. Murat Bey de daha kati karar vermediğini Mısır'dan çıkması tebliğinin ilk teessür eseri olduğunu, belki daha iyi karar hatırına geleceğini söylüyor.

\*\*\*

Murat Bey sükunetle düşünerek şu kararı veriyor: Avrupa'ya gitmek ve artık "Mizan"ı çıkarmayıp "Meşveret" ve "Hürriyet"e yazmak ve ara sıra da risaleler neşretmek.

4 Temmuz 1312 (1896)da beraberinde Doktor Reşit olduğu halde Paris'e varıyor. Kendisini, ne Ahmet Rıza ve ne de diğer cemiyet azası istasyondan karşılamıyor. Halbuki mektup ve telgrafla geleceğini bildirmiştir. Bunlardan kimseye haber vermeden Ahmet Rıza Bey'in Londra'ya savuşmuş olduğunu ve Paris'teki gençlerin bir kısmı Ahmet Rıza Bey'in aleyhine dönmüş olduğunu Murat Bey hayretle görüyor. Ayrılan gençler Ahmet Rıza'nın cahil ve garezkar olduğunu şikayetle ayrı bir fırka teşkile karar vermişler ve Murat Bey'in etrafında toplanmak arzusundadırlar. Bunların arasında Ali Kemal Bey en güvendiği bir genç oluyor. Sebebi de pek zeki talebesidir ve çok önce Sultan Hamid'e muhalefetten dolayı Halep'e sürülmüştür.

Paris'te Ahmet Rıza'nın aleyhinde bulunanların İstanbul merkezine şikayetleri üzerine merkezden Şerafettin Mağmumi geliyor. Tahkikat yapıyor ve Ahmet Rıza'nın haksızlığını görerek aleyhtarlarıyla birleşiyor ve Paris şubesi reisliğini Ahmet Rıza'dan alarak Murat Bey'e verilmesine karar veriyor. Murat Bey bu ihtilafın Yıldız'ı şımartacağını ileri sürerek reisliğin değiştirilmesini muvafık bulmuyor.

Bir müddet sonra Akka'dan kaymakam Şefik, Rodos'tan da Çürüksulu Binbaşı Ahmet ve cemiyetin müessislerinden Doktor İshak Sükuti Beyler menfalarından kaçıp Paris'e geliyorlar. Diyarbekirli Sait Paşa'nın oğlu Nazif Bey de bu gençlere iltihak ediyor. Ahmet Rıza birkaç gençle yalnız kalıyor. Murat Bey bir müddet Ahmet Rıza Bey'i tutmak istiyorsa da görüyor ve kani oluyor ki; Ahmet Rıza pek mahduttur. Alman olan annesinin tesiriyle kozmopolittir. Babasının Konya'ya sürgün edilmesi veyahut da Fransa'da ziraat tahsilinde, bulunması kendisini bir Türk terbiyesinden mahrum etmiştir. Şimdiki vaziyetinde Paris'te Pozitivistlerin reisi bulunan La Fayette'e intisab etmiştir. Bunlar dinlerin baş düşmanı olduğundan onların arasında zaten zayıf olan din ve milliyet duygularını tamamıyla kaybetmiştir. "Mizan" gazetesindeki diyanet fikriyle istihza etmekte ve böyle köhne şeylerle mülkün ıslah olunmayacağını iddia ediyormuş.

Nihayet başlarında Doktor Şerafettin Mağmumi ve Kaymakam Şefik Beyler olmak üzere bir takım gençler yirminci defa olarak Murat Bey'e gelip cemiyetin reisliğine geçmesini ısrarla istiyorlar. Murat Bey sıhhatini ileri sürerek kabul etmemek istiyor, fakat kendisine şu hakikatler anlatılıyor:

Millet mahvoluyor. Kurtuluş çarelerini arayan hamiyetli vatandaşlar Yemen ve Fizan çöllerinde, Rodos ve Akka kalelerinde ölüyor. Gurbet ellerine kaçanları da perişan oluyor. Ahmet Rıza dinsiz ve hamiyetsiz bir adamdır. Her nasılsa cemiyetin başına geçmiştir. Kendi menfaatlerini temin maksadıyla Yıldız cellatlarına rahmet okutacak bir surette cemiyete işkence edip gidiyor. Eğer siz bunu menetmezseniz yarın millet sizi de Yıldız takımından daha zalim ve gaddar tanıyarak lanet okuyacaktır. Cemiyetin reisliği sizin üzerinizde ittifakla kabul olunduğundan bunu reddetmeyiniz!

Bunun üzerine Paris'teki cemiyet azasının bir umumi içtima yapmasına karar veriliyor. Murat Bey, samimi olarak Ahmet Rıza Bey'e vaziyetten haber veriyor.

İçtima günü Murat Bey reisliğin değişmesi dedikodulara sebep olacağını söylüyorsa da kimse dinlemiyor. Gizli reyle reisin intibahına karar veriyorlar. Ahmet Rıza Bey tek bir rey alıyor. Bu da Murat Bey'in verdiği reydir. Bu esnada Paris'te Meşveret'i Ahmet Rıza, Cenevre'de Mizan'ı Murat Bey çıkarıyordu.

Murat Bey, cemiyetin reisliğine geçince şu yeni çalışma programı tespit olunuyor: Reis ancak mühim işlerle meşgul olacak. Neşriyat dört kişilik bir heyete terk olunacak. Türkçe

Meşveret'in başmuharriri Murat Bey, Fransızcasının Ahmet Rıza Bey olacak. Bunların yazılarını bile neşriyat heyeti diğer yazılar gibi tetkik salahiyetini haiz olacak ve bu hey'et her kararında serbest olacak. Bir de merkez müdürlüğü ihdas olunuyor. Bunun vazifeleri de: Paris'teki gençlere nezaret etmek, yardımlarına yetişmek, yolsuzluklarını men etmek, cemiyetin mührünü muhafaza etmek, hesap vesair defterleri muhafaza etmektir.

Fakat Ahmet Rıza Bey, neşriyat heyetinin talimatına riayet etmedi ve kendisine yapılan tavsiyelere de aldırış etmedi. Bu hal gençleri aleyhine döndürdü. Ahmet Rıza, Avrupa'nın teveccühünü kazanmak için İslamcılık siyasetini zararlı görerek bu taassup cereyanına son verilmelidir fikrinde idi. Halbuki kimse ne Hristiyanlık'ın aleyhinde bulunmuş ve ne de İslamlığın hakimiyetini istemişti. Ahmet Rıza, Türkiye'nin menfaati İslam, Hıristiyan tabasının müsavaten himayesi lazımdır, Dini bir kin memleketimiz için felaketlerin en büyüğüdür, diye güya aksini iddia eden yazılar varmış gibi neşriyat yapmak istiyor. Her ikisine mensup olduğundan Paris'teki Positiviste komitesiyle İttihat ve Terakki Cemiyeti'ni birleştirmek istiyordu.

Ahmet Rıza cemiyet için zararlı bir unsur gibi görünmeye başladı. Murat Bey bunun zararlı olacağını ve Ahmet Rıza beyle Cenevre'ye bir seyahat yaparak onu yola getireceğini arkadaşlarına söyledi ve 1897 Mayıs ortasında bu seyahati yaptılar. Fakat Ahmet Rıza Bey fikrinde ısrar etti. Bunun üzerine Paris'teki cemiyet mensupları, Ahmet Rıza ve ondan ayrılmayan Doktor Nazım'ın cemiyetten çıkarılmasına karar verdiler Bunu Mizan ile ilan ettiler. Murat Bey de bundan müteessir olarak aynı ilanda reislikten istifasını da bildirdi. Yerine Dodos'taki sürgün yerinden kaçıp gelen Binbaşı Çürüksulu Ahmet Bey (Paşa) tayin olundu.

İstanbul'a gelince: Cemiyet her tarafa kol atmış ve teşkilatını tamamlamıştı. Harbiye Mektebinde Hüseyin Avni ve Süleyman Paşa komiteleri adıyla iki fedai şubesi de teşkil olunmuştu. Birinci Fırka kumandanı Kazım Paşa ve diğer bir hayli zabit de cemiyete alınmıştı. Girit ihtilaline fiilen iştirakinden dolayı 20 Nisan 1897 (7 Nisan 1313) de Yunanistan'a ilanı harp edilmişti. Bu harp kısa zamanda zaferle bitmiş bulunuyordu. Selanik'ten bile Sultan Hamid'i öldürmek için bazı Türk fedaileri gönderilmişti, İstanbul merkezi belki temmuzda (Yani Meşrutiyet ilanından 11 yıl Önce) hürriyeti ilan edecekti.

Program şu idi:

Meclisi vükelanın toplandığı bir sırada bir nümayiş yapılırken cemiyet Babıali'yi basarak işgal edecek ve Sultan Hamid'in hal olunduğunu ilan edecekti. Yeni padişah olarak Sultan Murat, olamazsa Reşat Efendi tahta çıkarılacaktı. Fakat Sultan Hamid bunu cemiyetin katibi bulunan Numunei Terakki Müdürü Nadir'in ağzından haber aldı.

Bu zat Zülüflü İsmail Paşa'nın eniştesi olan ve kendisinin de güvendiği bir arkadaşı olan Mazhar Bey'e açmak gafleti ile (İsmail Paşa'nın yanında açmış olması gafletten ileri bir şeydir!) büyük bir faciaya sebep oldu. Birçok cemiyetin ileri gelenleri ele geçirildi ve hapsolundu. İşte bu sıralarda idi ki Paris'te cemiyet efradı arasındaki ihtilafları Sultan Hamid haber almıştı. Şimdiye kadar Mısır'da; Paris'te, Belçika'da, İsviçre'de aleyhine yapılan neşriyatı siyasi teşebbüslerle önlemeye uğraşan padişah İstanbul'daki muvaffakiyetin de verdiği bir sermaye ile Avrupa'daki cemiyet mensuplarını ve bu arada hele Murat Bey'i kandırabileceğine kani oldu. Baş Hafiye Celalettin Paşa'yı 1897 Haziranında Fransa'ya gönderdi.

İlk önce Paris'e gelen bu paşa oradaki merkezle temasa gelerek bunları gevşetti ve ellerinden şöyle bir kararname aldı:

Osmanlı İttihat ve Terakki cemiyeti memleketin husulü ümran ve saadetini kafil olacak intizamın tekarrünü ve hükümetle ahali arasındaki revabıt ve münasebatın takviyesini mucip ıslahatı saltanatı Osmaniye marifetiyle icra ettirmek maksadı üzerine müesses olup hanedanı hükümdarî ve zatı tacidarîye sadakati vazifei mahsusai tabiiyet ve hamiyet adddederken maksadı aslînin sui telakkiye uğratılması hükûmetle cemiyet arasına ihtilafı şedit ve fiiliyi intaç etmişti. Memaliki Osmaniyenin muhtaç olduğu ıslahat ve terakkiyat bizzat tarafı padişahiden kemali şefkat ve hulûsu niyet ile icra olunacağı bu kerre vaad ve temin olunduğundan cemiyetimizin de mukabeleten ve is'afı aliye intizaren tatili icraat ettiğini ve ıslahatı mev'udenin mebdei olmak üzere bu babda arz ettiği fedakarlığa şahane bir mükâfat olmak üzere affı umuminin ilan ve ihsan buyurulmasını Yaveranı Padişahî'den Ferik Saadetlû Ahmet Celalettin Paşa hazretlerine tebliğe cemiyetimizin icalei erkanından Fuat Paşa zade Saadetlû Hikmet Beyefendi hazretlerinin mezun bulundukları, 24 Haziran 1313 tarihinde in'ikad eden bir içtimai mahsusta şubece karargir olmuştur.

24 Haziran 1313

Ahmet Paşa, bu kararnameyi ve görüşmek arzusunda olduğuna dair bir mektubu, Murat Bey'in Mısır'dan beraber geldiği eski arkadaşı Reşit Bey'le kendi mütercimi İskender Tırar Efendi'yle Cenevre'de Murat Bey'e gönderiyor. Ayrıca Fransa'nın Contrexeville şehrinde kendisiyle görüşmek muvafık olduğunu bildiriyor.

Murat Bey Cenevre'deki cemiyet mensuplarını evine toplayarak Paris'in kararını okuyor. Onların fikirlerini de aynı buluyor. Murat Bey; Ahmet Rıza Bey'in de fikrini almanın muvafık olacağı fikrine karşı gençlerin verdiği cevap şu oluyor: "Rıza beyin cemiyetle ve Osmanlılıkla bir ilgisi yoktur. Siz cemiyet namına gidip Ahmet Celalettin Paşa ile görüşünüz!"

Murat Bey ancak şahsı namına görüşebileceğini beyan ediyor. Cenevre'deki cemiyet mensupları; Paris şubesinin kararını muvafık bulduklarını yazıp Reşit Bey'le Ahmet Celalettin Paşa'ya gönderiyorlar.

Murat Bey, aldığı bu ilhamla gidip Celalettin Paşa ile görüştü. Celalettin Paşa'nın söylediği söz aşağı yukarı şu idi: "Siz burada padişah aleyhine neşriyat yaparak meşrutiyeti kuracağınızı sanıyorsanız çok yanlış hareket ediyorsunuz. Sizin yüzünüzden birçok münevver kimseler ve genç mektepliler sürülüyor veya zindanlarda inliyor. Neşriyatınızla hürriyeti ilan ettirmek değil bu biçareleri acıklı surette ölüme sürükleyeceksiniz. Padişah millete bir parça hürriyet vermek niyetindedir. Sansürü de kaldıracaktır. Fakat bunların sizlerin neşriyatı üzerine olduğu şeklini şerefine dokunur görüyor. Eğer siz neşriyattan vazgeçerek İstanbul'a dönerseniz bütün sürgünler affolunacak! Matbuata serbesti verilecek, bir müddet sonra meşrutiyet ilan olunacaktır. Aksi halde her şey daha fena olacak ve birçok Türk münevver genci mahvolacaktır. Eğer altı ay zarfında bütün arzularınız husul bulmuş olmazsa istediğiniz faaliyete devam edebilirsiniz."

Murat Bey, bu sözleri haklı ve mantıklı buldu. İstanbul'a dönmeye karar verdi. Kararını da Cenevre'ye dönerek oradaki gençlere etraflıca anlattı.

Mücadeleden vazgeçmek ve padişahla uzlaşmak fikrinde olanların ileri sürdükleri sebepleri şunlardır:

1. Birçok gençler memleketi bırakıp kaçıyor; fakat elde para olmadığından vaziyet kötüleşmiştir.

2. Ermenilerle bir cephede çalışmak Yunanistan'a karşı kazanılmış bir zaferden sonra memlekete karşı çok fena tesir yapacaktır.

3. Geriye kalan Avrupa'nın müdahalesini istemek felaket olur. Zaten Rusya böyle şeye vesile arıyor.[89]

Murat Bey, 14 Ağustos 1897 (1 Ağustos 1313) de İstanbul'a geliyor ve 10 bin kuruş maaşla (100 altın) Şurayı Devlet Âzalığına tayin olunuyor.

---

89    Çürüksulu Ahmet Paşa ve Doktor Abdullah Cevdet Bey'le İstiklal Harbimizden sonra görüştüğümüz zaman bu mes'ele hakkındaki mütalaalarını sordum. Onlar Murat Bey'in haklı olduğunu, Ahmet Rıza Bey'in haksızlığını ve Avrupa'daki neşriyatın zararımıza olduğu fikrinde bulundular. Bu meselenin lehinde aleyhinde söyleyenler var. Fakat memleketten kaçmanın bir moda halini almasının nihayet hariçte barınılamayacak bir hale geldiği meydanda olduğu gibi kaçanların enerjilerini vatan içinde sarf edeceklerine onu istifadesin bırakmaları bile bir zarardır. Ermenilerle birlikte çalışmak ve neşriyatlarıyla birçok gençleri felakete sürüklemek bahisleri hakkında Manastır teşkilatında mütalaamı yazdım.

Padişah, diğer İttihat ve Terakki Cemiyeti mensuplarının da gelmesinde ısrar ediyor. Vaadlerini ancak bu suretle ifa edeceğini söylüyor. Bu yeni vazife için de yeni bir şekil bulunuyor. Bir müddet sonra Sultan Hamid ittihatçıların geri kalanlarını ikna etmek üzere Necip Melhame'yi[90] Avrupa'ya gönderdi. Paris'te Ali Kemal ile buluşarak fikirler için münasip bir memuriyet listesi tanzim edildi ve İttihat ve Terakki mensuplarına denildi ki:

Eğer İstanbul'a gelmekten korkuyorsanız memleket dışında da vazife alabilirsiniz. Sizler el memleketinde böyle topluluk halinde bulundukça ve istediğiniz zaman istediğiniz gibi neşriyatta bulundukça Sultan Hamid kuşkulanıyor. Yalnız Murat Bey'in İstanbul'a gelmesi dahilde ve hariçte lazımı olan tesiri yapmış değildir. Eğer bu teklifi kabul etmez de neşriyata devam ederseniz birçok canların yanmasına ve ailelerin sönmesine sebep olacaksınız. Padişahı da büsbütün istibdada sevk edeceksiniz.

İttihat ve Terakki mensuplarının çoğu bu teklifi kabul ettiler ve bu suretle İshak Sükuti Roma Sefareti, Abdullah Cevdet Viyana Sefareti, Tunalı Hilmi Madrit Sefareti katipliklerine, Çürüksulu Binbaşı Ahmet Bey Belgrat Sefareti ve Kaymakam Şefik Bey de Viyana sefareti ateşemiliterliklerine tayin olundular. Diğer bazılarına da maaşlar verildi. Bunlar Sultan Hamid aleyhine artık bir şey yazmayacaklarına söz verdiler.

İttihat ve Terakki cemiyeti müessislerinden. İshak Sükuti ve Abdullah Cevdet ve cemiyetin reislerinden Murat ve Çürüksulu Ahmet Beylerin bu suretle mücadeleden çekilmeleri birçok arkadaşlarını da çekmiş bulunduğundan İttihat ve Terakki Cemiyeti dağılmış oldu. Necip Melhame; Sultan Hamid

---

90     Beyrutlu Hıristiyan Araptır. Beyrut'ta tahsilini bitirdikten sonra, Tunus'ta Maliye Nazırlığı avukatlığında bulundu. Arapça çıkardığı bir gazetede Sultan Hamid'i methettiğinden rütbe ve nişan aldı. Sonra da kardeşi Selim Melhame gibi Osmanlı Devleti hizmetine girdi. Kardeşi nazırlığa, kendisi de Ticaret ve Nafia Nezareti müsteşarlığına kadar çıktı. Emsalleri gibi kimin hesabına çalıştığı bilinmeyen bu meşkûk adamlar jurnalcilik ve rüşvetçilik ile kirlenmiş, olduklarından meşrutiyetten sonra Avrupa'ya kaçtılar.

aleyhine neşriyat yapan gazetelerin harflerini de satın alarak sandıklara koyup padişaha gönderiyor. Bu suretle İttihat ve Terakki Cemiyeti'nden Avrupa'da eser bırakılmıyor zannediliyor.

Halbuki Ahmet Rıza ve Doktor Nazım Beyler ve birkaç arkadaşları Terakki ve İttihat Cemiyeti diye yeni bir unvanla ve Meşveret gazetesiyle mücadelelerine devam ediyorlar. Sonra kendilerine Sami Paşazade Sezai (1901 de) ve Doktor Bahattin Şakir Beyler (1904 de) vesair bazı gençler de muhtelif tarihlerde iltihak ettiler. Fransızca, Şurayı Ümmet de Türkçe cemiyetin fikirlerini neşretti.

Avrupa'ya kaçanlar arasında en ziyade 1899 da Prens Sabahattin ve Prens Lütfullah namındaki iki oğlu ile Avrupa'ya kaçan Damat Mahmut Paşa'dır. Bu da Sultan Hamid aleyhine hayli yazdı. Padişah ta onun memuriyetinden tard ve idamına karar verdirdi. Paris, Londra, Brüksel'de mücadeleden sonra yoksulluk içinde Brüksel'de öldü. Bundan sonra Prens Sabahattin'in 1902'de Ademi merkeziyet davasıyla ortaya çıkması Ahmet Rıza'nın ve Terakki ve İttihat Cemiyeti'nin Avrupa'daki mevkiini de sarstı. Daha sonraları Başhafiye Çerkes Ahmet Celalettin Paşa'nın Diran Kelekyan ile birlikte ve Fransız sefaretinin Vantour vapuruyla (Süvarisi Türk muhibbi görünen Klod Farerdi) kaçması ve 1905 Temmuzun ilk günlerinde Erzincan'a sürülen Doktor Bahattin Şakir Bey de yine Başhafiye Ahmet Celalettin ve Diran Kelekyanın yardımıyla Trabzon'dan bir Fransız vapuruyla kaçtı. Avrupa'da bunlardan yardım da gördü.

Başlarında Ahmet Rıza Bey bulunan Doktor Nazım, Doktor Bahattin Şakir ve Sami Paşa oğlu Sezai gibi birkaç zatın Genç Türklerin timsali mahiyetinde Terakki ve İttihat Cemiyeti namı altındaki faaliyetlerinde Ermenilerle teşriki mesai de edilmişti. Ermeniler ise istiklal kazanmak ideallerine varmak için bundan çok faydalanıyorlardı. Ayrıca mühim teşebbüsleri de kendi başlarına hazırlıyorlardı.

Memlekete dönen veya Sultan Hamid'in gösterdiği dış

vazifeleri kabul eden kalabalık Murat Bey taraftarlarıyla Avrupa'da Hamid'in aleyhinde neşriyata devam eden mahdut zatlar arasında başlamış olan zıt görüş ve zıt kararlar Meşrutiyet'in millet kudretiyle ilanından sonra daha ziyade alevlendi. Gerçi Terakki ve İttihat ile İttihat ve Terakki kağıt üzerinde birleşti. Fakat Murat Bey ve arkadaşlarının işi iyi idare edememesi Ahmet Rıza ve arkadaşlarının da yeni cemiyetle kaynaşmış bulunmaları ve kendilerini hürriyet fedaisi olarak tanıtmaları, hürriyetin ilanından sonra çok zararlı neticeler doğurdu. Zaten zor durumda olan iç ve dış siyasetimizi büsbütün sarsıntılara uğrattı.

## EK: 2

(1324 senesinde tabedilmiştir. Meşrutiyet'in ilanını müteakip henüz İttihad ve Terakki namını almadan önce gizli nizamname esas tutularak yapılmıştır.)

## OSMANLI TERAKKİ VE İTTİHAT CEMİYETİ TEŞKİLATI DAHİLİYE NİZAMNAMESİ

### — MAKSAT —

Madde: l. ................. Vatanı, bugünkü bulunduğu hali vahimi hatırnâkten; milleti giriftar olmuş bulunduğu pençei zulüm ve esaretten tahlis ederek insanlığa layık bir surette yaşamak, bilâfark cins ve mezhep bilumum efradı Osmaniyenin vazifei mukaddese ve menafii bedihiyeleri muktezasından olmayla bu hukuku mukaddese ve menafii milliyenin istihsal ve istikran ve milletin muhafazai hukuku siyasiye ve esasiyesini kâfil olan 1293 Kanuni Esasi'sinin tamamı tatbik ve devamı mer'iyeti cemiyetin esas maksadıdır.

Madde: 2. Osmanlılar maksada vusul emrinde müttehiden çalışmak ve menafii kavmiyelerini daima müşterek görmekle mükellef olduklarından cins ve mezhep daiyesiyle tefrika husulüna sai bulunanların husulü amaline mani olmak dahi cemiyetin esas vezaifindendir.

### — TEŞKİLAT —

Madde: 3. Merkezi Umumi, dahili Memaliki Osmaniye'de

bulunacak ve fakat bulunduğu mevki hiçbir vakit ilan edilmeyecektir.

Madde 4 Merkezi Umumi hey'eti beş azadan mürekkep olup bunlardan dördü bir sene müddetle ifayı vazife eyleyecek ve sene nihayetinde reyi hafi ile içlerinden intihap olunacak bir azayı bir sene daha ifayı vazife etmek üzere azalıkta ipka eyleyecektir.

Madde 5 Vilayet hey'et merkezlerinde azalık etmiş olan efrat beher senei maliye nihayetinde içtima ederek içlerinden bir münasibini yeni sene için Merkezi Umumi azalığına bilintihab ismini kendi hey'eti idareleri vasıtasıyla Merkezi Umumi'ye ihbar edeceklerdir.

Madde 6 Merkezi Umumi hey'etini teşkil için müteaddit vilayattan maddei sabıkada beyan olunduğu veçhile intihab olunan azanın adedi dördü tecavüz ettiği takdirde bunlar meyanından münasiplerini, müddeti hitam bularak çıkacak olan Merkezi Umumi hey'eti reyi hafi ile intihab ve tayin edeceği gibi dörtten noksan olduğu halde dahi Merkezi Umumi'nin bulunduğu vilayet hey'eti merkeziyesinden bitekrar aza intihabı talep edilerek ikmali noksan edildikten sonra ipka edilen aza ile beşe baliğ olan yeni Merkezi Umumi hey'etine tevdi olunacaktır.

Madde 7 Merkezi Umumi hey'eti, cemiyetin tevessü ve terakkisi esbabını istikmal etmekle beraber bilumum vilayet hey'eti merkeziyeleri beyninde irtibat ve münasebatı temin ve mezkûr hey'eti merkeziyelerin muamelatı umumiyesini teftiş ve altı ayda bir hey'eti merkeziyelerden alınacak muhasebata göre bir mizanı umumi tanzim ve her üç ayda bir hey'eti merkeziyelerden vürud etmek suretiyle Merkezi Umumi sandığında teraküm eden mebaliği hıfz ve ihtiyaca göre mes'uliyeti tahtında sarf ve harici Merkezi Umumi ile icrayı muhabere velhasıl şahsı manevî cemiyetin muamelatı umumiyesine ait kaffei umur ve hususatın tahşit ve intizamı keyfiyetini temin esbabına tevessül eyleyecektir.

Madde 8 Merkezi Umumi hey'eti nizamnamenin tadilinde

ve müttehiden mevkii tatbike konulacak icraat ve harekatı umumiyede Merkezi Umumi hey'etinde azası bulunmayan vilayat hey'eti merkeziyelerinden murahhaslar davet ederek bir içtimai umumi akdile icrayı müzakere eylemek mecburiyetindedir.

## — MERKEZLER —

Madde 9 On üçüncü maddede beyan olunan hey'etleri vücude getirmiş yani teşkilatı esasiyeyi ikmal etmiş olan mahaller merkez namıyla yadolunur.

Madde 10 Merkezler vilayet, Liva, kaza, nahiye ve kurrada teessüs ettiğine nazaran bunlara vilayet, liva, kaza, nahiye ve kurra hey'eti merkeziyeleri denir.

Madde 11 Bir vilayet dahilinde bulunan liva hey'eti merkeziyeleri vilayet ve kaza hey'eti merkeziyeleri livaya ve nahiyelerinki kazaya ve kurranınki nahiyelere merbut bulunacak ve şu kadar ki kendi mafevkinde teşkilatı esasiye vücude gelmemiş olduğu halde teessüs eden merakiz bir veya birkaç derece mafevkindeki hey'eti merkeziyeye tabi olacaktır.

Madde 12 İşbu hey'eti merkeziyelerden Merkezi Umumi'ye aza intihabı yalnız vilayet hey'eti merkeziyelerinin salahiyetleri dahilinde olup merakizi saire ancak bilteselsül —her sene nihayetinde— mafevkindeki hey'eti merkeziyeye aza intihabı hakkını haizdir.

Madde 13 Her merkezin teşkilatı esasiyesi bir hey'eti idare ve üç nefer hey'eti idare mülâzımları ve bir veya müteaddit hey'eti tahlifiye ile ikmâl olunur.

## — HEY'ETİ İDARE —

Madde 14 Hey'eti idare üç kişiden mürekkeptir. Hey'eti idare mülâzımları bir merkezde teessüs eden şuabat ile madunundaki merakiz tarafından mülâzımlığa namzet olarak intihap olunup esamisi hey'eti idareye bildirilen efrat meyanından evsafı lâzimeyi haiz olan üçünün tefrikile hey'eti idare tarafından tayin olunur. İlk teessüs eden hey'eti idare altı ay müddetle ifayı vazife edip müddetin hitamında üç azadan biri kalıp çıkan iki azanın yerine mülâzımlardan ikisini intihap ederek yeni hey'eti idare teşkil ile umur ve muamelatı mezkûr hey'ete devir ve teslim eder.

Madde 15 Hey'eti idare mülâzımlarından her biri hey'eti idare azasından biriyle sureti daimede ihitlât ve temasta bulunarak muamelât ve idarei cemiyete peydayı vukuf edecek ve hey'eti idare azasından birinin gaybubetinde anın vazifesini deruhde eyleyecektir.

Madde 16 Hey'eti idare merkez muamelatı umumiyesini idare ve nakit mevcudunu muhafaza ve şubeler arasındaki irtibat ve intizamı temin ile muvazzaftır. İşbu hey'et azasından biri sandık eminliği ve biri kitabet ve biri tahsildarlık vazifelerini deruhde eyleyeceklerdir. Sandık emini tahsildar ile şubelerin rehberleri tarafından her ay getirilip teslim edilecek mebaliği defteri mahsusunda şube numaraları hizasına kaydedecek ve her ictimada kendisine teslim edilen mebaliğin miktarını katibe bildireceği gibi her ayın onuncu gününe kadar, bir ay evvelki tahsilat ve masarifat miktarını mübeyyin muhasebe cetveli tanzim ve hey'eti merkeziyeye irae ederek tasdik ettirmeye mecburdur. Kâtip sandık emini tarafından kabz edilen ianat miktarını sureti muntazama ve salimede kaydetmeye ve esamii efradı müttehaz usulü mahsusai hafiye dairesinde muhafaza eylemeye mecburdur. Tahsildar her ay nihayetinde şube ve rehberlerine müracaat ederek muayyen olan aylıkları behemahal tahsil ile muvazzaftır.

Madde 17 Hey'eti idare her ay nihayetinde hasılatın kendi merkezi masarifi için biltefrik diğer nısıflarından teraküm edecek mebaliği üç ayda bir Merkezi Umumi'ye gönderilmek üzere mafevkindeki hey'ete isal ve teslim etmekle mükelleftir.

Madde 18 Hey'eti idare muamelat umumiyei mühimmede şubelerin reylerine müracaat ederek haizi ekseriyet olan araya göre harekete mecbur ve fakat ahvali müstacele ve fevkalâdede veyahut şubelere tamiminde mahzur olan umurda hey'eti merkeziye kararıyla icrayı muameleye mezundur.

Madde 19 Cemiyete kabul edilecek eşhas, tavsiye eden efradın mes'uliyeti tahtında olarak hey'eti idarenin tahkik ve tespiti üzerine cemiyete ithal olunur.

Madde 20 Hey'eti idare bilumum hususatta müttefikan ittihazı karar edecek ittifakı ara hasıl olamadığı takdirde hey'eti merkeziyenin kararını istihsale mecbur olacaktır.

## — HEY'ETİ MERKEZİYE —

Madde: 21.................Hey'eti merkeziye, hey'eti idare ile mezkûr hey'et tarafından intihab olunacak hey'eti idare mülâzımlarından ikisinin içtimai ile beş kişiden teşekkül eder. Üçüncü mülâzım hey'eti idarece merkezin bilcümle icraat ve muamelatından haberdar eyleyecek ve hey'eti merkeziye azasından birinin gaybubeti halinde anın vazifesini deruhde eyleyecektir.

Madde 22 Hey'eti merkeziye ahvali müstacele ve fevkalâdede şubelerin reyine müracaat etmeyerek merkezin muamelat ve icraatına müteallik hususatta ittihazı karar etmek selahiyetini haizdir.

Madde 23 Bir maiîalde usulü dahilinde cemiyete kabul edilmiş laakal üç fert bulunduğu halde bunlara ikmâli teşkilata kadar hem hey'eti idare hem de hey'eti tahlifiye vazifelerini ifa ettirmek o mahallin tabi olacağı hey'eti merkeziyenin selahiyeti dahilindedir.

Madde 24 Cemiyet efradı meyanında cemiyet yüzünden duçarı felaket olanlardan muhtacı muavenet bulunanların ve ailelerinin maişetlerini ve evlatlarının tahsil ve terbiyelerini cemiyet mütekeffil olduğundan bu uğurda sarfolunacak mebaliği hey'eti merkeziye tedarik ve tevzie memur ve mecburdur.

## — HEY'ETİ TAHLİFİYELER —

Madde 25 Hey'eti tahlifiyeler bir reis ile iki azadan mürekkep olmak ve senede bir defa tebdil veya ipka edilmek üzere hey'eti idare tarafından intihap ve tayin olunur.

Madde 26 Tahlif hey'etleri cemiyete dahil olacak zatın merasimi mahsusası dairesinde icrayı tahlifiyle muvazzaftır.

Madde 27 Emri tahlifte cemiyete dahil olacak zata "Cemiyetin esrarını ve mensubininden biltesadüf öğrendiklerinden hiçbirinin en şedit işkencelere duçar olsa da faş etmeyeceğine ve Devleti Osmaniyenin (Kanuni Esasi) ahkamı dairesinde hakkı hakimiyeti ekber olan evlada intikal etmek üzere Âli Osman uhdesinde kalması ve umum efradı Osmaniyenin bila tefriki cins ve mezhep naili saadet ve hürriyet olması için ilanıhayetülömür çalışacağına ve duçarı felaket olan efradı cemiyete ve ailelerine muavenet eyleyeceğine ve cemiyetin mukarraratını tamamıyla ifa edeceğine ve şayet ihaneti tebeyyün ederse cezayı idama razı olduğuna dair din, vicdan ve namusuna ve Cenabı Hakkın ismi azametine bir eli mütedeyyin olduğu dinin kitabı mukaddesi ve diğer eli bir hançerle tabanca üzerine mevzu bulunduğu ve gözleri kapalı olduğu halde ahd ve kasem ettirecektir.

Madde 28 Yeminden evvel müessir bir nutuk iradiyle milletin gasp olunan hukuku sarihası ve vatanın duçarı zaaf olması esbabının delaili maddiye ve manaviyesi izah ve tasvir edilecek ve badehu hey'eti tahlifiye tarafından maddei sabıkadaki nıkatı muhtevi olmak üzere tahrir ve hey'eti merkeziye tarafından tasdik edilmiş yemin ibaresi kıraat olunacak ve kabul olunan şahsa da harfiyen tekrar ettirilecektir.

Madde 29 Badelyemin hey'eti tahlifiye mestur olduğu halde kabul edilen ferdin gözleri açılacak ve kendisine hey'eti tahlifiye reisi tarafından müttehiden çalışmaktaki fevaid ve bu babda efradı cemiyete taalluk eden vezaif tarif ve bihakkın telkin edilecektir. Yeni kabul olunan fert bade'l yemin bazı ifadat ve beyanatta bulunmak arzusunu göstersin göstermesin herhalde bu hey'etin bir hey'eti tahlifiye olmak dolayısıyla vazifesinin ancak bundan ibaret olduğunu ve şayet kendisinin bazı mütalaatı mühimmesi varsa bunu rehberi vasıtasıyla ait olduğu mahalle isal eylemesi lüzumu hey'eti tahlifiye reisi tarafından beyan olunacaktır.

## — BÖLÜK HEY'ETLERİ —

**Madde 30** Yirmiden ziyade şube-i esasiyeye malik olan büyük şehir ve kasabalar merakizi için bölük hey'etleri teşkil olunur.

**Madde 31** Bu gibi şehir ve kasabalarda beheri on şubeden noksan ve yirmi şubeden fazla olmamak üzere bölüklere taksim olunarak her bölüğün emri idaresi hey'eti idarenin nezareti tahtında olmak üzere üçer kişiden müteşekkil bölük hey'etlerine tevdi olunur.

**Madde 32** Bölük hey'etleri, kabulü teklif edilecek efradın hüviyetini tahkik ve tahlifini icra ve şubelere tevdi eylemek ve mebaliği mükellefeyi tahsil ve hey'eti idareye teslim etmek vazifesiyle muvazzaf olduğu gibi hey'eti idare ile şubeler arasındaki tebligatı ifa ve münasebatı idameye memur ve hususatı sairede hey'eti idarenin reyine müracaata mecburdur.

**Madde 33** Bölük hey'etleri tarafından kabul edilen efradın isimleri ay nihayetinde hey'eti idareye verilir. Bölük hey'etinde esamii efradın kaydı hıfzedilmez.

**Madde 34** Bölük hey'etleri şuabatı esasiyenin intihab eyleyeceği efrat meyanından evsafı lazimeyi haiz olarak, hey'eti idare tarafından tefrik ve tayin edilen üç azadan terekküp eder; bunların gaybubeti halinde sair müntehiplerden bir münasibi hey'eti idarece bunun yerine geçirilir.

**Madde 35** Her bölük hey'etinden bir aza hey'eti idareden yalnız bir aza ile münasebatta bulunur ve münasebette bulunduğu azayı arkadaşlarına bildirmez.

**Madde 36** Hey'eti idare ile temas eden azanın gaybubeti halinde tesisi münasebet için diğer bir azaya hey'eti idarece tebligat icra edilir.

Madde 37 Muhtelif bölük hey'etleri, yekdiğerini tanımaz ve bunlar arasındaki irtibatı hey'eti idare tesis eder.

Madde 38 Bölük hey'etleri bir sene müddetle ifayı memuriyet ederler.

Madde 39 Avdet etmek üzere hariçten gelip de kabili edilen efradın tahlifi akabinde hey'eti idareye bildirilir.

Madde 40 Bölük hey'etleri her hususta ittifakı ara ile karar verirler. İttifak hasıl olamadığı takdirde hey'eti idarenin reyine müracaat ederler

Madde 41 Tahlif hey'etleri bölük dahilindeki şuabattan, bölük hey'etleri marifetile intihab edilir. İsimleriyle mahalli tahlifin hey'eti idareye bildirilmesi lâzımdır.

Madde 42 Teklif edilecek efradın şayanı kabul olup olmadığının takdiri emrinde istihsal edilen birkaç veya bir reyin bölük hey'etine bahşedeceği itminana ve eshabı rey ile teklif olunan fert hakkında tahassul edecek hissiyatı ve mevcut malumata göre kanaati kamile hasıl olduktan sonra bölük hey'etinin inzimamı mes'uliyetiyle müttefikan kabul ve tahlifine karar verilir.

## — ŞUABATI ESASİYE —

Madde 43 Hey'eti idareden rehberler[91] vasıtasıyla vukubulacak tebligat üzerine efradı cemiyetten üç kişiden ekal ve beş kişiden fazla olmamak üzere şubeler teşkil ederler. Bu şubeler birer numara ile yadolunur: Birinci, ikinci, sekseninci gibi...

Madde 44 Şubatın her biri hey'eti idarenin nezareti altında bulunmakla beraber müstakil ve münferit bir cemiyet imiş gibi mümkün olduğu kadar sık ve laakal ayda iki defa içtima eyleyecekler ve cemiyetin esas maksadına vusul için müzakerat ve teşebbüsatta bulunacaklardır.

Madde 45 Her şubei esasiye hey'eti idare gibi taksimi amel kaidesine riayetle tesviyei umura gayret edecek yani içlerinden

---

91 Heyeti idare ile şubeler arasındaki münasebete tavassut eden efrada "Rehber" tabir olunur.

biri reis, biri katip ve biri sandıkkar olacak ve her ay nihayetinde beyinlerinde cem edecekleri ianeyi şubenin rehberi vasıtasıyla hey'eti idareye teslim edecekler ve altı ayda bir teslimat mukabilinde hey'eti idareden bir makbuz isteyeceklerdir.

Madde 46 Şuabatı esasiye icraat hususundaki teşebbüsatı için kablelvuku hey'eti merkeziyenin reyini istihsale mecbur ise de umuru idarei şube için hürriyeti tammeye maliktir. [92]

Madde 47 Şubeler her ay nihayetinde o ay zarfındaki müzakerat ve terakki ve icraatından rehberi vasıtasıyla şifahen mümkün olamazsa tahriren hey'eti merkeziyeyi haberdar edecektir.

## — FEDAİ ŞUBELERİ — [93]

Madde 48 Cemiyete intisab eden bilumum efrat icabı halinde cemiyetin maksatı mukaddesi uğruna fedayı hayata mecbur ise de icraatı hususiye için sırf arzuyu vicdanisiyle fedai olarak yazılmak isteyen efrat mensup bulunduğu şubenin rehberi marifetiyle ismini hey'eti idareye ihbar etmelidir.

Madde 49 Hey'eti idare, fedai yazılan efrattan mürekkep olmak üzere ayrıca fedai şubeleri teşkil ederek icraatı hususiyeyi ve cemiyetin vezaifi zabıtasını bu fedakarlara tevdi edecektir.

Madde 50 Fedai bir şube hey'eti merkeziye tarafından karar verilip hey'eti idareden tebliğ olunacak bir fedakarlığı icra edeceği zaman icraatı mezkürenin ifasına bir ferdin himmeti kafi ise keyfiyeti icra şube efradından talip olanlardan kur'a isabet edene havale ve birden ziyade efrat tarafından mevkii fiile vaz'ı lâzım geldiği takdirde şubece icra edilir.

Madde 51 Fedai bir şube hey'eti idare tarafından tayin olunan müddet zarfında vazifei fedakaraneyi icraya mecbur

---

92    Bölük teşkilatı olan mahallerde şuabat bu babda bölük heyetlerine müracaat ederler. Yani bölük heyetleri şubelere nazaran heyeti idare makamına kaim olurlar.
93    Velev bölük teşkilatı olsa bile fedai şubeleri her yerde doğrudan doğruya heyeti idareler tarafından idare olunur ve heyeti idareden maadası bunların isimlerini bilemez.

olduğundan tavzif ettiği ferdi fedainin harekatı icraiyesini takip edeceği gibi muvazzaf olan fedai şubenin harekatı da hey'eti idarenin nezareti altında bulunacaktır.

Madde 52 Fedai şubeler hey'eti merkeziyenin malumatı olmaksızın müstakillen icraata mezun olmayıp yalnız icra edecekleri fedakarlık hakkında sair şuabatı esasiye gibi hey'eti merkeziyeye teklifat ve ihtaratta bulunabileceklerdir.

Madde 53 Fedai olan bir fert veya bir şubenin vazifesinde tekasülü halinde hakkında hey'eti hakimece verilecek karar nihayet yirmi dört saat zarfında ve hey'eti idarece tayin olunacak vesait ile icra olunacaktır.

Madde 54 Vazifei icra ile mükellef olan efrat bazı esbabı fevkalade ve mevaini meşrua dolayısıyla müddeti muayyine zarfında keyfiyeti icrayı ifaya muvaffak olamadığı takdirde vazifesinde tekasülü görülenler hakkındaki muamelei şedideye duçar olmamak için müdellelen esbabı mucibe serdile hey'eti idareden temdidi müddet talebine mecburdurlar.

Madde 55 Hayatını tehlikeye ilka ile vazifei fedakaranesini ifa eden her ferdi fedainin hem mühtacı iane olan evlad ve ailesinin maişetini temin edilecek hem de tercümei hali ve icraatı vakıasını musavver olmak üzere bir kitap tahrir ve neşrolunarak namı ipka ve tevkir edilecek ve ara sıra da medfeni mübarekine gidilerek hey'etce nutuklar irad ve evsafı fedakaranesi yad ve tezkar suretiyle merasimi mahsusai ihtiramiye icra kılınacaktır.

## — EFRADIN VEZAİFİ UMUMİYESİ —

Madde 56 Efradı cemiyetten her biri tanıdıklarından namus ve hamiyetine tamamıyla itminan hasıl ettiği zevat meyanında maddei atiyedeki şerait ve evsafı haiz olanları mensup oldukları şubenin rehberi vasıtasıyla hey'eti idareye ihbar ve tavsiye ile alacağı talimat dairesinde o zevata cemiyete duhulü teklif ve delalette bulunmaya mecburdur.

Madde 57 Cemiyete dahil olmak için evvela tab'ai Osmaniye'den bulunmak, saniyen akil ve baliğ olmak, salisen ceraimi siyasiyeden ve muhafazai vekar ve haysiyet uğrunda ihtiyar edilen cürümlerden maada cinayet derecesinde bir fiil ile veyahut sirkat ve dolandırıcılık ve emniyeti suiistimal ve sahtekarlık gibi ahlakan mezmum bir cünha ile mahkûm, rabian casusluk ve hafiyelik ve hükümeti hazıraya taraftarlık arzusuyla aleti zulüm ve ittisaf olmamış bulunmak ve hamisen yalancılıkla irtişa ile ve mugayiri ar ve haya ahval ve harekat ile meşhur olmamak, sadisen kuvvei mefkuresini kaybedecek derecede ayyaşlık ve kumarbazlık misilli bir ayıp ve kusur sahibi bulunmamak şarttır.

Madde 58 Efradı cemiyetten muhiti içtimaisi müsait olanlar terbiyei siyasiden mahrum olan namuslu evladı vatanın dördünü beşini bir araya cem ve onları fikri cemiyet ile ünsiyet ve terbiyeye ve bunlar meyanında istidat ve liyakatlerine itimat ettiği zevatı cemiyete tavsiyeye vazifeten mecburdur.

Madde 59 Her fert vüs'ati maliyesi nisbetinde bir ianei şehriye itasına mecbur olup bunun miktarı hiçbir vakitte iradı şehrisinin yüzde ikisinden ekal olmayacaktır.

Madde 60 Efradı cemiyetin kuvvei muhakemesini kaybedecek derecede işret istimal etmesi kat'iyyen memnudur.

Madde 61 Her ferdin vücudu cemiyetçe mukaddes ve kıymettar addedildiğinden her ferdi cemiyet şahsen bir felaket hissedildiği anda derhal usulü dairesinde hey'eti idareye ihbarı keyfiyet eylemelidir.

## — MEVADDI UMUMİYE —

Madde 62 Vezaiften maada hususatta hatta Merkezi Umumi hey'eti azasıyla en son dahil olan efrat arasında zerre kadar bir fark yoktur. (Ok nizamnamede "İlk girenle" idi.)

Madde 63 Efradı cemiyetten eceli mev'udile vefat edenlerin ipkayı namı için kendilerinin erbabı hamiyeten olduğu ihvana ilan edilecektir.

Madde 64 Usulü dairesinde resmi tahlifi icra edilmeyen eşhas efradı cemiyetten madud değildir. (İlk nizamnamede bu madde yoktu.)

Madde 65 Hey'eti idare ile bölük hey'etlerinden maada hey'et ve şuabat kararları ekseriyeti ara iledir. (İlk nizamnamede bölük yoktu.)

Madde 66 Cemiyetin teşkilatı hariciye merkezi şimdilik (Paris) şehri olup anın da ayrıca teşkilatı hariciyeye mahsus bir nizamnamesi vardır. İlk nizamnamede bu madde yoktu.)

Madde 67 Cemiyetin vasıtai neşri efkarı Türkçe "Şurayı Ümmet", Fransızca "Meşveret" gazeteleridir. (İlk nizamnamede bu madde yoktu).

## — USULÜ MUHAKEMAT VE MÜCAZAT FASLI —

Madde 1 Gerek cemiyete mensup bulunsun ve gerek hariçten olsun, bir şahsın, vücudu vatanı veyahut cemiyeti tehlikeye ilka edecek veya ircaatı cemiyeti akim bırakacak veyahut maksadı cemiyete cüz'i, külli halel ve zarar iras eyleyecek bir hal ve hareketi vukuunda ve alelumum memurini devlet tarafından onuncu maddede münderic işkence, zulüm ve gadirlerin irtikabı halinde vaki olacak ihbar ve teklif üzerine emri muhakeme hey'eti merkeziyelerce icra olunur. Hey'eti merkeziyeler tahkikatı amika ve tetkikata adilane icrasıyla cemiyetin menafimi kendi adaleti vicdaniyesiyle mezcederek maznunu aleyhin mücrimiyet ve mahkûmiyetine veya beraat ve ademi mes'uliyetine ittifak veya ekseriyeti ara ile karar verir.

Madde 2 Eğer iddia olunan fiili kabahat veya cünha derecesinde bir cürüm ise hey'eti merkeziye hükmü ita ile beraber hemen mevkii icraya vazeder ve eğer fiil müddeabih cinayet derecesinde ise hey'eti merkeziyece hüküm sudurünü müteakip tanzim olunacak ilâm Merkezi Umumi'ye ita ve irsal olunarak hey'eti mezkûrece tetkikat icrasından sonra tasdik veya nakzolunur. Tasdik olunduğu takdirde emritenfizi hey'eti merkeziyeye havale edilir. Nakz halinde yeniden icrayı muhakemesi zımmında hey'eti merkeziyeye iade eder. Şu kadar ki hükmü vakiin tehiri icrası menafii cemiyeti haleldar edecek mahiyeti haiz olduğuna hey'eti merkeziyece kanaati kamile hasıl olduğu takdirde kaffei mes'uliyeti maddiye ve maneviye kendilerine ait olmak üzere hükmü mezkûru Merkezi Umumi'nin tasdikine iktiran etmeksizin icra edebilirler.

Madde 3 Heyeti hakime muhakemeyi ve hükmü maznunueleyhin gıyabında icra ve ita eder. Ancak lüzumu fevkalade hasıl olduğu ve imkan müsait bulunduğu takdirde maznunu aleyh bizzat celp ve isticvap dahi olunabilir.

Madde 4 Merkezi Umumi veya hey'eti merkeziye azalarının muhakemeleri bulundukları hey'etler tarafından icra olunur; yalnız hey'eti merkeziye ihtiyat mülâzım ile ve Merkezi Umumi bulunduğu mevkiin hey'eti merkeziyesinden celbedeceği bir aza ile ikmali noksan eyleyecek ve bunlar hakkında verilen hükümler derhal icra olunacaktır.

Madde 5 Kabahat ve cünha derecesinde hey'eti merkeziyeden sadir olan hükümler ile cinayet derecesinde sadir olup merkezi umumi hey'etince tasdik olunan hükümlerin sür'atle ve her ne suretle olursa olsun ve hatta mahkûmu aleyh diyarı baideye firar etmiş bulunsun behemahal infazına hey'eti merkeziyeler mecburdurlar.

## — MÜCAZAT —

Madde 6 Cemiyet veya efradı aleyhinde irtikap olunan ceraim üç derece olup birincisi (Kabahat), ikincisi (Cünha), üçüncüsü (Cinayet) tir.

Kabahatin cezası: Tevbih ve tekdir

Cünhanın cezası: Cezayı nakdî —Miktarı, yarım liradan elli liraya kadar olup, fiilin şiddetine ve mahkûmda hasıl edeceği tesiri maddiye göre hükmolunur. —

Cinayetin cezası: İdamdır.

Madde 7 Kabahat cürmü: Cemiyete ait vezaifi adiyeyi ifada betaat ve tekasül göstermek ve maddeten cemiyete mazarratı olmayıp fakat beynelihvan muhadenet ve muhalesetin inkisarını dainiza ve bürudetlere sebebiyet vermek ve tedbirsizlik eseriyle cemiyetin vücudu hakkında harice serrişte vermek, veya nefsini ve cemiyeti tehlikeye ilka edecek boş boğazlıkta bulunmak, ve bedmestlik derecesinde müskirat istimal eylemek gibi ef'aldir.

Madde 8 Cünha cürmü: İfasını müteahhid olduğu ianatı vakit ve zamanıyla vermemek ve felaketzede kardeşlerinin muavenetine elinden geldiği derecede sai ve gayret etmemek ve ne suretle olursa olsun cemiyeti malen izrar eylemek ve namusu ve haysiyeti cemiyete mugayir ef'al ve akval ve hal ve harekat irtikabında bulunmak ve bedmestliği terk etmemekte inat ev ısrar etmek misillû ef'aldir.

Madde 9 Kabahatlerin tekerrürü cünha derecesinde bir fiil teşkil eder. Cünhaların tekerrürü ise cezanın iki kat olmasını icabeder.

Madde 10 Cinayet cürmü: Evvela serairi cemiyeti veya efrattan birinin veya birkaçının isimlerini gerek suiniyetle ve gerek vehim ve havf sebebiyle hükümete ifşa veya ihbar eylemek, saniyen: Vücudu cemiyeti tehlikeye veya maksadı cemiyeti akamete ilka ve duçar edecek şeyleri ihaneten icra etmek, Salisen: Husulü maksadı cemiyet uğrunda icrası cemiyet nizamnamesi dairesinde merciinden kendisine tebliğ olunan vezaifin icrasından bilasebep makbul imtina. edilmek, rabian: Her ne kast ve niyetle olursa olsun dahili cemiyet olmayan bir veya birkaç şahsın vücut ve efradı cemiyeti keşif maksadıyla takibatı hafiye ve celbiyede bulunarak cemiyetin amali mukaddesei vatanperveranesini akim bırakmaya çalışmak ve memurin ve hademei devlet tarafından efradı cemiyete eza ve işkence icra edilmek ve esnayı istintak ve isticvapta tahkiratı şedide irtikap olunmak ve zulemeye yaranmak maksadıyla emri tahkikatta hilaf ve mübalağalara ictisar kılınmak ve hüküm icra edilen cezalarda muhalifi vicdan ifratlara varılmak gibi şahsı manevii cemiyete veya efradına karşı irtikap olunan harekâttır.

## EK: 3

## TAHLİF EDİLECEKLERE OKUNACAK
## YEMİN SURETİ

Vatandaş!

Otuz bir senedir, mukaddes bünyei milleti ham bir kurt gibi kemiren idarei haziranın alçak ve alçak olduğu için elbette korkak olması lâzım gelen bir sürü taraftarları önünde millet aciz bir kadın gibi cebin ve mütereddit kaldı. Otuz bir senedir, fazilet ve hürriyet yerde süründü. Zulüm ve hiyanet bir iklili mefharet gibi ümmetin başında taşındı. Çünkü: Evet, çünkü biz o hiyanetin silahı gadrini kendi ellerimizle biledik; sükûtumuzla, kabulümüzle, meskenetimizle bugüne kadar bülendi hürriyeti bilen milletlerde kadınların bile kabul edemeyeceği, tenezzül edemeyeceği bir aciz ve zilletle biz bu istibdadı besledik ve büyüttük. İşte bugün namusumuz ayaklar altında, şanı tarihi ecdadımızı bir paçavra gibi dünyanın enzarı tezyif ve tahkiri önünde hakir ve zelil bırakan o zulmün tesiri, o celladın hiyanetidir. Binaenaleyh bu kadar zamandan beridir, hukuku insaniyernizin sinei masumiyeti üzerine bir kabusu hiyanet gibi çöken bu heyulayı muzlimenin ihatayı mel'unesine fikirlerimizin mukaddes cevelanı hürriyetine esdadı ahenin çeken amelei hiyanetin .........[94] yırtıcı tırnaklarına kulaklarımızı yırtan zincir seslerine ve vicdanlarımızı tazyiki hunini altına alan katil pençelerine, evet bütün bunlara artık ebediyen hitam verilecek zaman geldi; öyle ise bir kerre düşünelim; dün

---

94   Okunamadı

ne idik, bugün ne olduk?! Namusu tarihimize her gün yeni bir karhai felaket açan bu meş'um tarzı idare ile pek yakın bir zaman zarfında bilsek, ne elim neticelerle, ne acı günlerle karşı karşıya bulunacağız! Bir zamanlar o parlak ve namütenahi kudret ve satvetini Viyana kapılarında, Hint denizlerinde isbat ve ila eden atalarımızın evladı olduğumuzu bir parça düşünsek, bir parça bilsek ki bir zamanlar koca bir "Bizans" İmparatorluğunu kökünden koparıp atan, Avrupa'nın her köşesinden kabarıp gelen milyonlarca salibiyunun tufanı taarruzu önünde arslanlar gibi çarpışan, ancak bir fikri adil ve celadetle kınından çıkan kılıcı önünde dünyanın bütün menfaatlerini, bütün ittifaklarını parça parça yırtan muhterem ecdadımızın kanından vücude geldiğimizi bir kerre, ah; bir kerre insaf ile mülahaza etsek! Bugün geçirdiğimiz bu mel'un ve karanlık saatler için de ne kadar şaşkın, ne kadar aciz ve alil, ne kadar müdafaasız, ne kadar ittihatsız, hatta ne kadar yetim ve kimsesiz kaldığımızı bir kerre bilmek istesek; bir kerre görmüş olsak ki anaları dul, evlatları öksüz, memleketleri fakir bırakan; zekayı müdahin, kuvveti cellat ve hain, askerleri aleti zulüm ve şer, ahaliyi dilenci, memurini hırsız ve gasıp menzilesine indiren; aileleri matem ve sefalete, erbabı namusu zindanlara, mûşukai hürriyeti zincirlere bağlayan; ecdadımızın kanları bahasına kazandıkları ve bugün bize mukaddes bir mirası namus ve celadet olarak bıraktıkları memleketlerimizi, eyaletlerimizi —en küçük bir heyecanı milliye bile meydan vermeksizin— hırsızcasına, alçaklıkla çalıp ecanibe teslim eden bu hükümeti haziranın denaetini eğer halen takdir edemedikse! Eğer şu Otuz milyondan ziyade olan Milleti Osmaniyenin hukuku mevrutei milliyesini böyle en deni vasıtalarla kahr ve imha eden şu birkaç edepsizi, hükümeti haziranın bu sütunu levs ve mel'anetini bir hamlei hamiyetle devirip kırmak bizce mümkün değil ise; o zaman katiyen bilmeli ve hemen itiraf etmeliyiz ki insan namı mübecceline layık adamlar değiliz!.. Eğer çoban sürüsünün, kuş yuvasının, insan vatanının hamisi ise acaba biz buna layık olmak için şimdiye kadar ne yaptık!? Elbette bilirsiniz ki vatanın geçirdiği bu kara günler bütün milletin namuskar olan efradı mazlumesi için de yüz karasıdır. Eğer vatanı biz düşünmez, yaralarını biz bağlamaz, onun istikbalini biz hazırlamazsak bilmeliyiz ki bunları düşünecek hiçbir devletli yoktur; o devletliler ki yaldızlı kaşaneler içinde bütün milletin derin bir zulüm ve kahır altında boğulan feryadı mazlumiyetine çare cuyan koşmaya bedel huzuzatı hayvaniyetinin mülevves çirkabı sefahati içinde köpekler gibi yalnız kendilerini düşünmekle imran hayat ediyorlar; bilmiyorlar ve daha doğrusu bilmek istemiyorlar ki alemde selameti umumiyeye vakfı hayat etmekten büyük bir vazifei insaniye yoktur...

Vatandaş! Bir zamanlar ma'rekei mehabeti ecdad olan o Eflak ve Buğdanları, o Tuna ve Balkanları, o Sırbistanları, o Bosna ve Hersekleri, Tesalyaları, Kafkasyaları, Mısırları, Tunusları, Kıbrısları, Giritleri vatanın bütün bu eczayı mukaddesini düşmanlarımıza teslime badi olan ve bugün Anadolu'yu Almanlığın, Makedonya'yı Bulgarlığın müstemlekesi haline koymak velhasıl memleketin her tarafını düşman pençelerine teslim etmek isteyen esbabın en birincisi gariptir ki vahdeti kutsiyeye inanan bu milleti rahmeti enhattan ayıran ahlakı hodbini olmuştur; Fakat, artık yetişir, artık bu acılar, bu hakaretler, bu ayaklar altında ezilmeler yetişir! Vatan yaralı bir arslan gibi yerlerde çırpınırken bütün vatandaşlarımızı ancak onun ekmeğiyle, onun ruhuyla, onun siyanetleriyle, onun namusuyla yaşayan kardeşlerimizi en derin bir uyku ile görmeye bedel hepsini bir, hepsini beraber görmek ve milletin galebei ittihadı önünde zulüm zincirlerinin kırıldığını işitmek isteyelim! Bunun için çalışalım ve hatta icabederse bunun için seve seve ölelim!..

Muhterem arkadaş! Bugün bir esası istikrah üzerinde kale gibi teşekkül eden "Osmanlı Terakki ve İttihad Cemiyeti" sizi namusuna edilen kefaleti kafiyeyi layetagayyer bir metanetle ikmal ve ispat edecek kadar metin ve muhterem bir aza olarak selamlamakla mübahi oluyor; artık bugün millet, hukuk ve hürriyetini hayatının da fevkinde bir kuvvetle telakkiye hazır olduğu için zulmün tesirine, zalimin evhamına ehemmiyet verilecek zamanlar bütün bütün geçmiştir. Binaenaleyh kemali cesaretle bağırabiliriz ki: Yaşasın Millet! Yaşasın Vatan! Yaşasın İstiklal!

***

Dahili cemiyet olmak için usulen yemin etmekliğiniz icabeder. Söyleyeceklerimizi harfiyen ve kaimen tekrar ediniz.

Dinim, vicdanım, namusum üzerine yemin ederim ki esas maksadı, İslamiyetin tealisine ve Osmanlıların ittihad ve terakkisine çalışmaktan ibaret olan bu cemiyetin dahili olduğum şu geceden itibaren her türlü usul ve kavaidine tatbiki hareketle beraber hiçbir sırrını hariçten hiçbir kimseye ve hatta efradı cemiyetten mezun olduklarımdan gayrısına katiyen faş etmeyeceğim. Yemin ederim ki millete hukuku hürriyetini bahşeden kanunu esasinin temamii tatbik ve devamı mer'iyetini maksad bilen cemiyetin kararlarını ve uhdeme tevdi edilecek olan vezaifini tamamen ifada tereddüt eylemeyeceğim. Hükümeti hazıranın pençei zulmüne düşerek tahtı tevkife alındığım halde dahi yine namusum üzerine yemin ederim ki etlerimi kemiklerimden ayıracak bir işkenceye çarpılacak olsam bile cemiyetin esrarını ve efraddan hiçbirinin ismini haber vermeyeceğim. Cemiyet efradından biri duçarı felaket olduğu takdirde kendisine ve ailesine vus'um yettiği kadar nakden ve bedenen muavenette kusur etmeyeceğim. Şayt bunca taahhüdatı namuskaraneye rağmen hiyanet edecek olursam alçaklık edenlere nerede bulunursa bulunsun takibe memur edilen zabitai cemiyetin icra eyleyeceği idam cezasına karşı şimdiden kanımı helal ederim. Vallahi ve Billahi.

## EK: 4

## MÜMTAZ KOLAĞASI
## SERVET BEY'İN MALUMATI

İstanbul Saylavı General Kazım Kara Bekir
Hazretlerinin yüksek huzurlarına.

Sayın Saylavımız,

İlanı hürriyetten evvel (İttihad ve Terakki) cemiyetinin
Manastır'daki faaliyet ve harekatlarının hülasa edilmesi ben-
denize irade buyurulmuştu. Bendenize şeref veren bu yük-
sek iradelerinizi yerine getirmek için hatırımda kalanları arz
edeceğim. Çünkü, bu meseleye dair olup şahsıma temas eden
vesika tarih kayıtlarını havi hususi cep defterleri Balkan Harbi
felaketinde eşyamla beraber ziyaa uğradığından maddi vesi-
kalara müstenit olarak malumat veremeyeceğimi teessüfle bil-
dirir ve mamafih vukuatı sırasıyla arz etmeye çalışacağım.

| 12.2.1939 | Liva Kumandanlığından |
|-----------|------------------------|
| Ankara    | Emekli Kurmay Albay    |
|           | Servet Moran           |

İttihat ve Terakki'nin maksat ve gayesi ne idi?..

Türkiye'de hakim olan istibdad ve tazyikten memleketi
kurtarmak isteyen vatan severleri ihtiva eden en son teşekküle
"İttihat ve Terakki Cemiyeti" deniyordu ve bu cemiyetin mak-
sad ve gayesi de hülaseten (1293) kanunu esasisini istirdad
etmek ve istibdadı ortadan kaldırmak ve hürriyet, müsavat

ve adaleti yaymak ve bu suretle, tehlikede olan vatanı mahv ve izmihlalden kurtarmak ve dünya terekkiyatına göre pek geride kalmış olan Türkiye'yi terekkiye doğru yürütmek idi.

Görülüyor ki, cemiyetin şu maksad ve gayesi ancak milletin münevverleri tarafından takdir edilebilecek mahiyette yüksek düşüncelere müncer oluyordu. Ancak münevverleri alakadar edebilecek olan mezkûr düşünceler memleketin kültür itibariyle birinci derecede inkişafa mazhar olduğu merkezlerde mesela İstanbul ve Selanik ve İzmir gibi muhitlerde azami derecede hüsnü kabul görmesi lazımgelir iken bu muhitlere nisbetle ikinci derecede ad olabilecek bir merkez olan Manastır vilayetinde diğer merkezlere nisbetle pek az bir zaman zarfında fevkalade bir surette inkişaf ve tevessü etmiş bulunmasında bazı hususi saik ve sebebler olmasında aramak lâzımgelir.

Bu sebebler:

1. Rumi 1319 senesinde Makedonya'da vuku bulmuş olan Bulgar İsyanı.

2. Mezkûr isyan bastırıldıktan sonra ötede beride kalmış müteaddid Bulgar çeteleri ve bunlara muhalif ve milli gayelerle yine meydana atılmış olan Rum ve Sırp ve Ulah çetelerinin tenkili için Osmanlı Devleti tarafından teşkil edilmiş olan mıntaka teşkilatıdır.

Selanik merkezi belli başlı umde olarak İttihad ve Terakki cemiyetinin başlıca umdesi Sultan Hamid'in zulüm ve istibdadına nihayet vermek idi. Fakat 1319 Bulgar igtişaşında Bulgar çetelerinin katliam, zulüm ve işkenceleri bilhassa Manastır vilayetinin dağlarında ovalarında ve köy ve çiftliklerinde vuku bulmuş ve bu suretle uğramış oldukları şahsi büyük zarar ve ziyanlardan başka Makedonya için takip olunan siyaseti ve vatanlarının esası hakkında beslenen yabancı fikir ve emelleri yakından anlamış ve kendi gözleriyle görmüş olduğundan Makedonya İslam ahalisi ve bilhassa Manastır vilayeti halkı idarei zamana karşı isyan ettirmek kolaylaşmış ve bir fıçı barut tutuşturmak için bir kibrit kafi geldiği kabilinden bu halkı da tutuşturmak için cüz'i bir himmet ve bir kibritlik vazifesi görmek kafiydi. İşte o vazifeyi de tenkili eşkıya için yapılmış olan mıntıka teşkilatı ifa etmiş ve ittihad ve terakki maksad ve gayesi de mezkûr mıntıka teşkilatında vatan severlerin imdadına yetişmiş ve bunlar birbirini tamamlayarak Manastır inkılabını vücuda getirmiştir. Bu ecilden Manastır Mıntıka teşkilatı kadrosunu görmek lâzımdır.

Manastır mıntıka kumandanlığı kadrosu hülaseten:

Mıntıka kumandanı Ferik Hadi Paşa hazretleri.

Mıntıka erkanı harbi sıfatıyla büro şefi Erkan-ı Harp kolağası Hasan Tosun Bey.

Mülhak süvari mülâzımı evveli Haşim ve Akif Alaettin "Akif Paşa" Mebus.

Mıntıka müfettişleri: Erkan-ı Harp kolağası Remzi Bey (Paşa). Erkanıharp yüzbaşı Enver Bey (Paşa).

Erkanıharp yüzbaşı Kazım Karabekir (Paşa).

Erkanıharp yüzbaşı Fethi.

Erkanıharp yüzbaşı Muhtar (31 Mart vakasında şehid düşmüştür.)

Yüzbaşı Ethem Servet Bey.

Yüzbaşı Aziz Bey.

Yüzbaşı Abdi Bey.

Yüzbaşı Ali Bey.

Bunlardan başka eşkıya takibi için sureti mahsusada teşkil edilmiş olan üçüncü avcı taburu ve diğer taburlara mensup genç ve güzide zabitleri "ittihat ve terakki" aşısının Manastır mıntıkasına ilk telkih edenler kimlerdir?..

Benim bildiğim malumata göre bu işe ilk teşebbüs eden ve bilahere mahallinde telkih vazifesi yapmış olan Erkanıharp

binbaşısı Enver Bey (Paşa) ile Erkanıharp yüzbaşı Kazım Kara-
bekir Bey (Paşa) dır.

Bu suretle Manastır'a ayak basan ittihat ve terakki prog-
ramı evvel emirde "Enver" beyin İğri değirmendeki hanesin-
de Enver Bey'in (Paşa) birinci derecede itimat etmiş olduğu
arkadaşları programa tevfikan tahlif edilmekle başlanmıştır ki
bendenizde marülarz birinci derecede şayanı itimat arkadaş-
lar arasında bulunmakla müftahir ve mübahiyim ve bu suret-
le Manastır merkezinin numarasını taşıyorum. Enver Beyin
(Paşa) hanesindeki tahliflerde bizzat zatı devletleri buluna-
rak birçok tahliflere riyaset etmiş bulunduğunuzdan dolayı
tahlif programlan, tarzı tatbikleri ve bilcümle teferruatı hak-
kında herkesten ziyade esaslı bir tarzda vukufu devletle-
ri olduğundan bunların tafsilatını yazmak suretiyle kıymetli
vakitlerinizi ziyan etmek istemem. Şu kadar ki zatı devletle-
rinin Manastır'dan infikakinden sonra ve cemiyetin programı
etrafa yayıldıkça intisap etmek isteyen azalar çoğalmış ve bir
tahlif mahalli kafi gemlediği gibi muhalif hükümet memurla-
rının nazarı dikkati celp etmek mahzuru da daî olduğundan
az zaman zarfında tahlif mahalleri teksir edilmiş ve daha son-
ra şayanı itimat her bir azanın hanesi tahlif mahalli olmuştu.

"İttihat ve Terakki" teşkilatının bu derece çabuk yayılma-
sına vasıta olan yukarıda arz etmiş olduğum mıntıka teşkila-
tıdır.

Mıntıka kumandanı Hadi Paşa hazretleriyle Erkan-ı Har-
biye Şefi Hasan Tosun Beyefendi "İttihat ve Terakki" teşkila-
tı ile fiilen alakadar olmamakla beraber memleketin selamet
ve halası için her ikisi de gece ve gündüz hayatlarını çalış-
mağa hasretmiş güzide vatan adamları oldukları gibi gör-
mek istedikleri "vatan selameti de" maiyetlerindeki güzide
ve genç zabitleri vasi mikyasta selahiyet ve serbesti ile istih-
damında bulunacağına kani olduklarından ve zaten İttihat ve
Terakki'nin maksad ve gayesi de vatanı kurtarmak olduğuna
göre müşarünileyh Hadi Paşa hazretleri ile mumaileyh Hasan
Tosun Bey İttihat ve Terakki teşkilatına dahil olmamakla

beraber gaye itibariyle ruh ve esasta İttihat ve Terakki ile birleşmiş oluyordu; bu iki zatın arz ettiğim vasfı mahsusları sayesinde bütün mıntıka teşkilatı İttihat ve Terakki'nin maksad ve gayesini vilayet dahilinde yaymak için büyük kolaylıklara mazhar oluyordu. Bu hal ve vaziyetten dolayı İstanbul'da bu zatları cemiyetin ileri gelenlerinden telakki ediyordu. Bilahare Hasan Tosun Bey İstanbul'a çağırıldı mumaileyh de İstanbul'un davetine icabet etmeyerek silahını alıp çeteye iltihak etmek suretiyle İttihad ve Terakki Cemiyeti'nin azası olduğunu bilfiil ispat etmiş oldu.

Manastır

Mektebi Harbiyesi

Mektebi harbiye teşkilatı da İttihat ve Terakki programının Manastır merkezinde az zamanda teessüsüne büyük yardım etmiştir.

Bu babta sureti mahsusada isimleri kayde şayan olanlar:

Mektep müdürü: Erkanıharp Binbaşı Vehib Bey (Paşa).

Ders nazırı: Erkanıharp Binbaşı Nihad Bey (Paşa).

Tabye muallimi: Erkanıharp Binbaşı Nuri Bey (Eyüplü).

Arz ettiğim teşkilata dahil olan ümera ve zabitanın her biri cemiyetin muhtelif teşkilat ve vazifelerinde bulunuyorlardı.

Cemiyet teşkilatı

Cemiyet teşkilatı esas itibariyle hükümetin siyasi taksimatına uydurulmuş idi:

1. Vilayet hey'eti
2. Muavin     "
3. Liva     "
4. Kaza     "
5. Nahiye     "
6. Köy     "

Bunlardan başka teşkilatı idare etmek için:

1. Hakem hey'eti
2. Tahlif hey'etleri
3. Fedailer
4. Muhabere ve muvasele memurları
5. Tahsil memurları.

Heyetlere dahil olan zevat muhtelif sebeplerle sık, sık değişmiş olduğundan hepsinin isimlerini burada zikretmek kabil değildir. Ancak belli başlı ve en çok vilayet heyetinde bulunanlar:

1. Süvari Kumandanı Kaymakam Sadık Bey.
2. Vilayet Tercüme Kalemi Şefi Fahri Bey.
3. Topçu Yüzbaşı Habib Bey.
4. Topçu Mülazımı Evveli Yusuf Ziya Bey.
5. Piyade Mülazımı Evveli Tevfik Bey .

Muavin hey'eti

1. Erkanıharp Binbaşı Vehib Bey (Paşa).
2. Erkanıharp Binbaşı Nihad Bey (Paşa).
3. Erkanıharp Binbaşı Nuri Bey (Vefat etmiştir).
4. Adliyeden Mustafa Nedim Bey.(İlanı hürriyetten sonra İşkodıra valisi ve bilahere Adliye müsteşarı olmuştur).

Ben hakem ve tahlif heyetlerinde bulunuyordum.

Hakem hey'eti

1. Sadık Bey.
2. Remzi Bey.
3. Servet Bey, idi.

Merkez heyetlerinde bulunanları muntazaman tespit etmek için ayrıca bir tetkikat icabeder.

Bendeniz mıntıkadaki takip ve teftiş gibi faal vazifeler, heyeti merkeziyeye bilfiil dahil olmağa mani olduğu gibi bilaherede mıntıka Erkan-ı Harbiye şefi Hasan Tosun Bey'le Takip Alayı Kumandanı Erkan-ı Harb kaymakamı Selahattin Beylerin de çetelere iltihakı üzerine mıntıka erkanı harbiye vezaifi yalnız bendenize inhisar etmişti ve bundan başka, mıntıka erkan-ı harbiyesi çetelerle merkez heyetleri arasında bir vasıta olmuş ve mıntıka kanalıyla esliha, cepane yetiştirmekle meşgul olmuş olduğundan heyeti merkeziyede bidayette vazife alamadım. Meşguliyet azaldıktan sonra bilahere dahil olmuştum.

Heyeti merkeziyenin icraatı

hakkında en doğru malumat

Vilayet heyeti merkeziye azaları arasında ismi mevcut Fahri Bey'dir. Mumaileyh Bulgaristanlı olup kardeşi Bulgar çeteleri tarafından Bulgaristan dahilinde öldürülmüş ve kendisi Bulgar memurlarının muhafazası altında hudud haricine atılmış ve Türkiye'ye iltica etmiş, Bulgarca'yı güzel bilir ve Bulgar çete teşkilatına ve kanunlarına mükemmel vakıf olduğundan hey'eti merkeziyede fedakarane ve vakıfane iş görmüş ve bu zat şimdi İstanbul'da münzevi ve menkûp bir halde ikamet etmektedir.

Liva ve kaza heyetlerinde bulunanların isimleri de muhabere ve muvasale vazifesi görmüş olan süvari yüzbaşısı Zinnur Bey bilmesi lazımdır.

İttihat ve Terakki Cemiyeti

Manastır'da nasıl çalışıyordu?

1. Ferden:

Cemiyete dahil her aza kendisi gibi şayanı itimat

bildiği herkesi cemiyete ithal etmek.

2. Cemiyetli bir şekilde:

Manastır garnizonunda bulunan umum zabitan arasında zahir ve umumi bir sevgi vücuda getirmek.

3. Manastır takip alayı ve alay dahilindeki genç zabitan vilayet dahilinde bilumum köyleri tenvir ve irşad etmek ve maksadı hakikiyi kavrayabilecek ağaları ve eşhası ithal etmek.

Manastır garnizonunda mevcut sunufu muhtelife zabıtanı birbirine tanıtmak ve aralarında sevgi ve rabıta uyandırmak ve cemiyetin maksad ve gayesine yaklaştırmak ve netice itibariyle cemiyete ithal etmek için en iyi çare olarak cuma tatilinden istifade ederek Manastır etrafındaki mesirelere zabıtanı götürmek ve oralarda ziyafet ve eğlenceleri tertip edilmesi düşünüldü. Bu maksatla Dömeke bahçesine ve Plister eteğindeki Dihave ve Hiristohor ve Brusnuk köylerine bir kaç defalar gidildi.

Bu içtimalarda Manastır redif kumandam ferik Muhlis Paşa'ya varıncaya kadar büyük rütbede erkan, ümera ve zabitan ve mektebi harbiye ümera ve muallimleri de iştirak ediyorlardı. Mezkûr mesire ve köylerde ikişer, üçer, beşer bazen daha kalabalık kümeler teşkil ederek bahsi cemiyetin maksad ve gayesine intikal ettirilmek suretiyle hür ve serbest bir şekilde teatii efkar kabil oluyordu. Mezkur mesire toplantıları garnizon zabıtanının az bir zaman zarfında gaye etrafında olgunlaştırmağa çok yardım etti.

Mıntıka müfettişleri, seyyar ve sabit takip müfrezeleri zabıtanı vasıtasıyla nahiye ve köylerde yapılmakta olan propaganda ve cemiyet teşkilatı büyük muvaffakiyetler gösteriyordu. İttihat ve Terakki çeteleri dağa çıkıncaya kadar köylerde propaganda ve teşkilat bu tarzda devam etti. Çeteler çıktıktan sonra mezkûr vazifeyi bizzat çeteler tarafından daha büyük mikyasta ifa etmeğe başlamışlardı.

Bu çetelerden şayanı zikir olanlar:

1. Resne mıntıkasında kolağası Niyazi Bey'in çetesi.

2. Ohri mıntıkasında kolağası Eyüp Sabri Bey'in çetesi.

3. Manastır merkez mıntıkasında Erkan-ı Harp Binbaşısı Hasan Tosun Bey'in çetesi.

4. Grebene mıntıkasında Yüzbaşı Bekir Bey'in çetesi.

Bu çeteler, belli başlı tam teşkilatlı çeteleri olup bunlara mensup ikinci ve üçüncü derecede küçük çeteler de vardı.

Cemiyetin teşkilatı gittikçe ilerleyip bir ehemmiyeti mahsusa kesb etmeğe başlayınca mabeyin de faaliyete başladı. Hafiyeleri göndermeğe başladı. Bu babda evvel emirde gönderilen polis müfettişi Sami Bey olmuştur.

Bidayette bu zat muvakkat tarzda ve takibi eşkıya müfrezeleri tarafından Bulgar ahalisine yapılan zulüm ve işkenceleri görüp tespit etmek bahane ve vazifesiyle mabeynin arzusu ile müfettişi umumi Hüseyin Hilmi Paşa tarafından gönderilmişti.

İlk iş olarak ... havalisi kumandanı mümtaz Yüzbaşı Ahmet Muhtar Bey tarafından esliha toplamak yüzünden bir kaç Bulgar köyünde ve bilhassa Kirmanda yapılmış olan işkenceyi tahkik ve tespit etmek üzere bizzat bendeniz ile mahalli vaka olan köylere gidildi. Üç gün üç gece beraber çalıştık bu müddet zarfında ben onu tetkik ediyordum, o da her fırsattan istifade etmek suretiyle cemiyet hakkında malumat almak istediği anlaşılıyordu. Manastır'a avdette keyfiyeti merkeze ihbar ettim.

Polis müfettişi Sami Bey'in raporu Selanik'e gider gitmez daimi olarak Manastır'a memur edildi. Bu suretle cemiyet aleyhindeki faaliyeti arttı.

Polis müfettişi Sami Bey polis müfettişi olduktan sonra merkezdeki müşahadatiyle iktifa etmeyerek etraftaki kaza ve köylerde olup bitenleri de öğrenmek arzusuna düştü ve Korşuva'da kendi adamlarından birinin ihbarı üzerine Korşuva'da bir teşkilat ve çete şeklinde bir faaliyet olduğunu istihbar etti. Bunu da müfettişi umumiye yetiştirdi. Müfettişi umumi Hüseyin Hilmi Paşa Makedonya çetelerinden bizar kalmış ve bu çetelerin yüzünden ecnebi ümera ve zabıtana verecek cevap bulmaktan aciz kalmış bir vaziyette idi. Binaenaleyh bu ihbar üzerine müfettiş şöyle demiş "Bulgar, Rum, Ulah çeteleri yetişmiyormuş gibi bir de başıma İslam çeteleri mi çıkacak" diye

tazallümü halde bulunmuş ve derhal Korşuva'ya hareket ede-
rek tahkikat icrasını polis müfettişi Sami Bey'e emir vermiş ve
Sami Bey de bu emri ifa etmek üzere Korşuva'ya gitmek üze-
re yola çıkmıştır.

Polis müfettişi Sami Bey'in ahval ve harekatı hakkında
zaten Korşuva'da olan cemiyet efradı da Sami'nin herakatı-
nı adım adım takip ediyordu. Sami'nin Korşuva'ya hareke-
ti üzerine vilayette tercüme kalemi şefi ve heyeti merkeziye-
den aza Fahri Bey ile yine cemiyetin sadık efradından polis
komiseri Abdül müfettiş Sami'nin yazı masasının üst kısmı-
nı kaldırmak suretiyle açmışlar o bu vakte kadar müfettişi
umumiye yazmış olduğu hafiye raporlarının müsveddelerini
bulmuşlar ve bu yazılarda Enver Bey (Paşa) ve Fahri Bey başta
oldukları halde Cemiyet efradının isimleri ve cemiyetin icra-
at ve faaliyetinden bahsediliyordu. Bunun üzerine Fahri heye-
ti merkeziye ile görüşmüş ve merkum Sami'nin vücudunun
kaldırılmasına karar verilmiş ve bu kararı da Sadık Bey kendi
alayından hazırladığı süvari mülazımı Celal Efendi ile derhal
Korşuva'ya yetiştirilmiş ve üçüncü avcı taburundan müfre-
ze kumandanı İbrahim Efendi'ye (Çolak İbrahim) verilmiştir.
İbrahim Efendi tertibatını almış ve gıra tüfengi ile mücehhez
soluk suda bir pusu kurmuş, oradan geçerler iken evvelce veri-
len parola mucibince İbrahim Efendi elini kaldırması üzerine
efrad pusudan ateş etmişler ve polis vurulup öldü ve İbrahim
Efendi'nin de eli yaralandı. Gıra tüfengi ile vurdurulması da
o tarihte Rum eşkıyasının elinde gıra tüfengi bulunması hase-
biyle vakanın tahkikat neticesini bir çıkmaz yola sevk etmek
maksadına matuf idi. Bu esnada Pirlebe kaymakamı bulunan
Arnavut Şevket Bey Türklük aleyhinde ve binaenaleyh Türk-
lük lehinde inkişaf etmekte olan cemiyete büyük bir düşman-
lık hissi taşıyordu. Korşuva'daki vakayı pek büyük ve müba-
lağalı göstermiş ve hatta bilhassa jandarma teşkilatına memur
ecnebi yani İtalyan zabitlerinin bu türeyen İslam çetelerine
karşı muhafazası müşkül olduğunu müfettişi umumi Hüse-
yin Hilmi Paşa'ya bildirmişti ve kendisi tarafından, İtalyan
zabitine bir suikast yaptırarak faili İslam çeteleri olduğunu

göstermek şeklinde bir cinayet irtikap edileceğinden korkuluyordu ve bu babda bazı istihbarat da var idi.

(Kolağası Niyazi Bey Çetesi)

Niyazi Bey çetesi nasıl çıktı?

Polis müfettişi Sami'nin Korşuva'da vurulması mabeyni intibaha davet etti. Bir iradei seniye tebliğ etti. İradei seniyenin özü:

Ötede beride hükümet aleyhine bazı teşekküller vücut bulduğu ve ez cümle hudud boylarında Fermason locaları namı altında faaliyete geçtikleri mutlak surette istihbar edilmiş olduğundan bunların faaliyetlerine zinhar meydan verilmeyerek locaların kapatılmasını ve teşekküllerinin derhal dağıtılması iradei seniye iktizasındır. Aksi takdir.........

Bu irade Manastır vilayetine ve Manastır mıntıkasına tebliğ edilmişti. Vilayete tebliğ edilmiş olan iradei seniye tabiatıyla merkez kaymakamlığından geçmiş merkez kaymakamı İsmail Hakkı Bey yüzbaşı Niyazi Bey'in bacanağı idi ve cemiyete dahil idi ve Niyazi Bey'in Resne'deki teşkilat ve harekatına vakıf idi. İsmail Hakkı Bey bu irade ahkamını derhal Niyazi Bey'e bildirerek Resne teşkilat ve icraatında pek ihtiyatlı hareket etmesini tavsiye etmişti. Bu ihbar ve tavsiyeden ve iradei seniyenin şedid ahkamından az çok müteessir olan Niyazi Bey de harekatının duyulduğundan yahut duyulacağından havf ederek yakalanmadan dağa çıkmağı düşünmüş ve bu keyfiyeti Resne merkezini idare etmekte olan hoca Cemal Efendi Manastır'a gelerek merkez heyeti azasından Fahri Bey'e vilayette tebliğ etmiş ve bu tebliğin kafi olduğunu anlayan Fahri Bey de işi idareden başka çare olmadığını anlamış ve Niyazi'nin dağa çıkması muvafık görülerek Kosva valii esbakı Küçük Ali Mazhar Bey'le birlikte çetenin siyasi ve idari cihetlerinden takip edeceği hattı hareketi müşir bir talimatname kaleme almış ve Niyazi Bey tarafından mabeyne çekilmek üzere bir de telgrafname yazılarak her ikisi Resneli Cemal Hoca'ya teslimen Niyazi Bey'e gönderilmiş ve bilahere merkez heyeti de keyfiyetten haberdar edilerek bu sureti hareket merkez heyetince de tasvip ve tasdik edilmiştir.

Manastır merkez heyetinin emir ve talimatnamesini almış olan Niyazi Bey de vakit kaybetmeyerek 1324 senesi Haziran'ın ilk haftalarına tesadüf eden Cuma günü ahali Cuma namazında iken hükümet konağını basmış ve kasadaki nakdi mevcudu almış ve müfrezesiyle dağa çıkmıştı.

Mabeyne hitaben merkezden Niyazi'ye gönderilmiş olan telgraf tabiatıyla mabeyne çekilmiş idi. Bundan başka, Korşuva'daki polis müfettişi Sami vakası üzerine cemiyete karşı muhalif bir vaziyet almış olan Pirlebe kaymakamı Şevket Bey'e de Niyazi Bey tarafından şedidülmeal bir telgraf çekilerek vücudunun kaldırılacağı tebliğ edilmesi üzerine Şevket Bey derhal makamını bırakarak Selanik'e hareket etmişti. Bu suretle cemiyetin kuvvet ve icraatı fiilen meydana çıkmış ve zahire vurmuş oluyordu.

İttihat ve Terakki teşkilatını dağıtmak ve çeteleri imha etmek için hükümet tarafından Manastır'a gönderilen kumandanlar ve kuvvetler

1. Metroviçe'de 18'inci fırka kumandanı Ferik Şemsi Paşa Hazretleri.

2. Manastır redif alayı kumandanı Miralay Hacı Nazmi Bey.

3. Kosva tenkili eşkıya mıntıka kumandanı Birinci Ferik Tatar Osman Paşa Hazretleri.

Tehlike gittikçe büyüyordu. Niyazi Bey merkezden almış olduğu emir ve talimat dairesinde Resne hükümetini basmış kasadaki paralan almış ve Hoca Cemal Efendi ile birlikte mühim bir kuvvet teşkil eden müfrezesiyle dağa çıkmış olması ve Resne telgrafçısının katl edildiğinin şayi olması İstanbul'a ve vilayetlere istibdad aleyhinde tehdid ve tedhişi amiz tamimler yapılması üzerine vaziyet birdenbire değişti. Bunun üzerine mabeyin işe bilfiil müdahele etti ve kendisine en çok sadık bildiği 18'inci Fırka Kumandanı Ferik Şemsi Paşa'yı

Manastır ve havalisi kumandanlığına tayin etti.

Tenkil kumandanı Ferik Şemsi Paşa'nın kadrosu

1. Kumandan Ferik Şemsi Paşa Hazretleri,

2. Yaveri Yüzbaşı Fahri Bey,

3. Fedailer kumandanı Prizren Belediye Reisi Rıfat Bey,

4. Üsküp ve Metroviçe hapishanelerinde olup idam mahkûmlarından seçilmiş 80 nefer fedai Arnavud,

5. İzmir'den gelecek Anadolu redif taburları,

6. Manastır, Selanik, Üsküp mıntıkalarında bulunmakta olan herhangi bir kuvveti alıp istihdam edebilmek salahiyeti.

Şemsi Paşa'nın bir birini müteakip Üsküp, Selanik ve Manastır telgrafhaneleri vasıtasıyla doğruca mabeynden almış olduğu emirler hulaseten şu merkezde idi:

"Selanik üzerinden Manastır'a ve oradan durmayarak Resne'ye hareket edilerek Niyazi çetesinin imhası ve cem'iyyet teşkilatının kökünden kazınması" şeklinde idi.

Filhakika Şemsi Paşa almış olduğu emri harfiyen tatbik ederek fevkalade seri bir hareketle Selanik'e ve oradan da Manastır'a ansızın gelmiştir. İşbu hareketini Kümelideki makamatı mülkiye ve askeriyeden de gizli tutmuştur.

O tarihe kadar İttihadı Terakki teşkilatı mükemmeliyyet kespetmiş olduğundan bu kadar ketumiyyete rağmen cemiyet, Şemsi Paşa'nın tayinini ve Mitroviçe'den hareketini ve maiyetindeki kuvvetleri hakkında kafi derecede malumat aldığı gibi Selanik'ten Manastır'a hareketini de Şemsi Paşa'yı Manastır'a getiren treni mahsusla gönderilebilmek imkanı bulunmuş olan bir adamla gönderilen mektupla da Manastır'a malumat verilmiştir.

Manastır merkezi de hemen vazife başına geçmiş mevcut fedailerden birine vazife tevdi edileceği bir sırada (Atıf) isminde genç bir zabit merkez heyetine müracaat ederek: *Bu vazifenin vatan namına fahri gönüllü olarak ifa etmek üzere kendisine verilmesini rica ve istirhamda bulunmuş ve merkez heyeti de muma-ileyh genç zabitin vatana olan işbu hevesini kırmayarak vazifeyi ona tevdi etmiştir.*

Geceleyin Manastır'a muvasalat etmiş olan Şemsi Paşa da erken hazırlanmış ve hemen Resne'ye hareket etmek üzere arabasına binerek yola çıkmış ve Drahor boyunda kain Telg-rafhaneye uğrayarak mabeynle son bir muhabere kapısını daha açmış idi. Atıf Bey de vazifesine başlayarak şikarını takip etmek üzere telgrafhanenin önüne gelmiş ve paşanın aşağıya inmesini bekliyordu. Ben de bu esnada Şemsi Paşa'nın telgraf-haneden, çıktıktan sonra mıntıka kumandanlığına uğraması ihtimalini düşünerek Paşa'yı karşılamak üzere Drahor boyun-da dolaşıyordum.

Manastır merkez jandarma tabur kumandanı binbaşı Rıfat Bey Şemsi Paşa'nın damadı idi. bu ecüden Rıfat Bey Şemsi Paşa'ya refakat etmekte ve telgrafhanede Paşa'nın yanında bulunmaktaydı. Manastır jandarma taburu zabitanından Fuad Efendi de Binbaşı Rıfat Bey'in hemşiresiyle evliydi, her ikisi de yani Binbaşı Rıfat Bey ve mülazım Fuad Efendi de cemiye-te dahil idi. Cem'iyyet, bunların Şemsi Paşa ile olan karabet vaziyetinden de istifade etti. Jandarma mülazimi Fuad bir jan-darma müfrezesiyle birlikte Niyazi Bey'e iltihak etmek emrini almıştı, mumaileyh Fuad Efendi jandarma efradının maaşları-nı bankadan almak için yapılmış olan maaş bordrolarını binba-şı Rıfat Bey'e imzalatmak bahanesiyle telgrafhaneye sokulmuş ve Şemsi Paşa'nın mabeynle icra etmekte olduğu muhabere-yi dinlemişti, Şemsi Paşa muhabereyi bitirip arkaya bakınca Fuad'ı görerek: Bu kimdir? Demiş. Binbaşı Rıfat Bey de yabancı değildir benim eniştemdir diye cevap vermiş idi. Şemsi Paşa, (Fuad'a) hitaben, eğer buradaki muhabereden kimseye bir şey söylersen seni Drahor boyunda seni asarım, demiş idi.

Şemsi Paşa'nın Mabeyn ile son muhaberesinin özü: Manas-tır'da durmayarak ve Manastır'dan istediği kadar kuvvet ala-rak derhal Resne'ye hareket ve Niyazi çetesinin imha edilme-si ve Manastır'a avdetinde bu işte kendisine hizmet edecek ümera ve zabitanın hizmetlerine göre kendi rütbesi olan Birinci Ferikliğe kadar aletderecat terfi ettirmek selahiyyetini haiz olduğunu Şemsi Paşa'ya tebliğ ve tebşir ediliyordu. Şemsi Paşa bu iradeye cevaben makina başında: Manastır'daki kuvvetlere emniyeti olmadığı ve kendi fedai müfrezesiyle Resne'ye hareket edeceğini ve orada Anadolu'dan gelecek kuvvetleri bekleyeceğini bildirmişti.

Cemiyet, ikinci bir tedbir olmak üzere Manastır Heyeti Merkeziye azasından Mümtaz Yüzbaşı Habib Bey, tertip etmiş olduğu bir cebel müfrezesiyle Gevat sırtlarında bulunup Şemsi Paşa'yı pusuya tutacaktı. Bunlara hacet kalmadı. Şemsi Paşa muhabereyi bitirdi aşağıya indi, damadı Rıfat Bey'in yardımıyla arabasına binerken Millet Fedaisi Atıf Bey de vazifesine başladı. O kadar muhafızlar ve kalabalık arasında kendine yol açarak yaklaştı ve Şemsi Paşa üzerine bir Nagant tabancasıyla ateş etti, birinci kurşun boşa gitti, ikinci kurşun Paşa'nın sağ omzundan içeriye girerek kalbi parçaladıktan sonra sol tarafa çıkmıştı. Paşa'nın muhafızları da Atıf'ın arkasından şiddetli bir ateş açtılar. Atıf ayağından yaralanmış ise de yoluna devam edebilmiş ve biraz sonra sağa sokağa saparak gözden kaybolmuş ve civarda beklemekte ve onun rehberliğine tayin edilmiş olan İttihadı Terakki'nin emektar ve çalışkan zabitlerinden süvari mülazımı Nezir Efendi'nin delaletiyle civarda bir haneye girmek suretiyle ilk tehlike atlatılmış idi. Vaziyyet iktizası Şemsi Paşa fedaileri tarafından da takibat ve taharriyata imkan yok idi. Şemsi Paşa ölmüştü. Bu ölüm Paşa'nın etrafındaki akraba ve taallukat ve kendisine yakın memurlar gibi 5-10 kişi arasında bir teessür uyandırdı. Buna rağmen umum arasında hiçbir tesir ve teessür görülmüyordu. Herkes Cemiyetin takip ettiği gaye üzerine bu vakanın yapacağı tesiri düşünüyordu. Ortalıkta ciddi, vakur, azim bir sükûnet var idi.

Cenazeyi kaldırmak vazifesi bittikten sonra kuvvet itibariyle düşünülecek fedai müfrezesi kalıyordu.

Mezkûr müfreze Manastır'ın garb medhalinde ve Resne yolu üzerinde Hanlar önü denilen mahalde çadırlı ordugahtaydı. Müfrezenin teçhizatı askeriyesi mükemmel ve fikirleri de zehirlenmiş olduğundan Manastır halkı ve garnizon kıtaatıyla görüştürmek caiz değildi. Mıntıka, derhal bunları toplatıp karargahlarında nezaret altına aldı ve vilayetle muhabere ve istişare edilerek geceleyin Pirlepe tarikiyle karadan Mitroviçe'ye iadelerine karar verilmiş ve silahlan alınarak derhal yola çıkarılarak sevk olunmuştu.

O vakit ki vaziyete vakıf olmaktan mütevellit bir salahiyetle arz edebilirim ki İttihad-ı Terakki Cemiyeti'nin kudret ve muvaffakiyeti bu vaka ispat ve temin etmiştir. Çünkü cemiyete karşı o vakte kadar mütereddit ve korku içinde olan birçok kimseler bu vakadan sonra cemiyete dahil olmaya ve cemiyete karşı mumaşat etmeye başladılar.

Bu büyük vatani vazifeyi görmüş olan Atıf Bey şimdi İnhisarlar idaresinde Kadıköy satış mağazasında çok mütevazi bir vazife görmektedir.

## 2 – MİRALAY HACI NAZMİ BEY

Takip kumandanı sıfatıyla livalığa terfien Manastır'a iade edilmiş olan Manastır Alayı Redif Kumandanı Hacı Nazmi Bey bir kadroya ve teşkilata malik değildi, hatta bir yaveri bile yok idi, kendisi alaydan yetişmiş, nazik, terbiyeli, babacan bir zat görünürdü. Hacı Nazmi Bey Cemiyete girmişti.

### HACI NAZMİ BEY CEMIYETE NASIL GİRMİŞTİ?

Bu meselenin ayrıca izah ve tafsile muhtaç bir keyfiyet telakki ederim:

Ben, Hacı Nazmi Bey'i Manastır'da tanıdım, muarefeden sonra birbirimize tesadüf ettiğimiz yerlerde, ve kahvelerde benim ile sık sık görüşmeğe başladı. Mükaleme esnasında her fırsattan istifade ederek bir cemiyeti hafiyenin mevcut olduğunu ima edercesine kapalı olarak: "Vatanın selameti için bazı şeyler var da bizden gizliyorsunuz" şeklinde konuşmak istiyordu. Ben derhal mükaleme mevzuu başka bir vadiye dökerek o tarafa matuf olan sözü kapatmaya çalışıyordum. Mumaileyhin mazisi ve ahlakı esasiyesi hakkında hiçbir malumata malik değildim. Fakat hissi kablelvuku ile tavsif edilebilecek bir his ile meşbu oldum ve o zatı cemiyete idhal etmeye vasıta olmadım.

Bir cuma günü garnizon zabıtanı Dehova köyü civarına eğlentiye çıkmıştı, Manastır redif kumandanı ferik Muhlis Paşa ve miralay Hacı Nazmi Bey mektebi harbiye müdürü Mehmet Nuri ve ders nazırı Vehip ve Nihad ve alay 14 kumandanı (süvari) Sadık Beyler başta olduğu halde bir kalabalık erkan, ümera ve zabitan toplanmış idi, gramofonlar çalındı, eğlenceler tertip edildi, akşama kadar zevku safa içinde iyi bir gün geçti ve bu eğlencelere vesile olan cemiyetin teşkilat ve gayesi etrafında birçok konuşmalar oldu. Bu kabilden olmak üzere Vehib Bey'le Nihad Bey bendenize müracaat ederek miralay Hacı Nazmi Bey'in cemiyete idhali münasip ve hatta lazım olduğundan hemen yarın tahlif edilmesini ve bu işe benim tavassut etmekliğimi teklif ettiler. Cevaben: "Müsaade buyurunuz da ben de biraz tahkikat yapayım" dedim.

Manastır'da Hacı Nazmi Bey'in mazisini bilen kimseyi bulamadım. Şayanı itimat bazı zabitandan yaptığım tahkikatta benim bildiklerimi geçmiyordu ve onun lehindeydi, mütereddid bir vaziyette vakit geçirmekteyken Enver Bey (Paşa) Selanik'ten Manastır'a geldi, mesaili saire arasında Hacı Nazmi Bey meselesini de ona arz ettim, aldığım cevap aynen şu oldu: "Yok olamaz Servet Bey, Hacı Nazmi Bey 313 Yunan harbinde Sultan Hamid'in hafiyesi Kaymakam Topal İsmail Bey'in adamı olarak tanınmıştır" dedi, bununla Hacı Nazmi Bey meselesi kapanmış oluyordu. Aradan bir müddet geçti. Yine bir gün Nihad Bey (Paşa) bendenizi görerek Hacı Nazmi Bey'in cemiyete idhaline karar verilmiş olduğunu ve mahalli tahlif olarak da Mehmet Nuri Bey'in hanesini tensip edildiğini ve takip alayı kumandanı erkan-ı harp kaymakamı Selahaddin Bey de yarın muayyen saatte orada olacağından benim de Hacı Nazmi Bey'i alıp oraya götürmekliğimi cemiyetin bir emri şeklinde tebliğ buyurdu. Ben yine Enver Bey'den aldığım malumatı tekrar ettimse de: "Hayır bir mahzur yoktur, biz tahkik ettik onun vasıtasıyla Manastır redif kumandanı Muhlis Paşa'yı da cemiyete idhal edeceğiz, bunun için Hacı Nazmi Bey'in bir an evvel tahlifi lâzımdır." Benim için artık mukavemet imkanı kalmamıştı, ertesi gün Hacı Nazmi Bey'in hanesine uğrayarak (Kurt Deresi kenarında) kain Mehmed Nuri Bey'in hanesine götürdüm, filhakika Erkan-ı Harb Binbaşısı Nuri ve Kaymakam Selahaddin Beyler bizi bekliyorlardı, oturduk Nuri Bey bize çay ikram etti, içtikten sonra aşikar bir tahlif icra ettik ve dağıldık.

Bu tarihten gün itibariyle tam bir hafta sonra miralay Hacı Nazmi Bey, topçu alay imamıyla birlikte İstanbul'a çağrıldı ve hareket etti. Etrafı yokladım bu vaka ortalıkta fena bir tesir hasıl etmiş buldum, birçok eşhası ele vereceğinden ve dolayısıyla cemiyetin teşkilatına az çok bir halel iraz edeceğinden korkuluyordu, buraya kadar hikaye ettiğim vaka Şemsi Paşa'nın Manastır kumandanlığına tayin keyfiyetine tekaddüm ediyordu.

Manastır ve Selanik İttihat Terakki merkezleri Hacı Nazmi Bey'le topçu alayı müftüsünün İstanbul'a hareketlerine lakayt kalmayarak bazı tertibat ittihazına teşebbüs etmişler ise de İstanbul'a hareketlerine mani olamadılar.

Hacı Nazmi Bey İstanbul'a muvasalatında doğru mabeyne götürülerek orada isticbap edilmiş ve livalığa terfi ettirilerek takip kumandanı unvan ve sıfatıyla Manastır'dan infikakından takriben 25 gün sonra Manastır'a iade ediliyordu.

Hacı Nazmi Bey İstanbul'da bu işleriyle meşgulken Manastır'da da Şemsi Paşa vakası cereyan etmiş ve Şemsi Paşa'nın yerine de kaim olmak üzere Kosova takip mıntıkası kumandanı Birinci Ferik Tatar Osman Paşa'yı müşirliğe terfian tayin etmişti.

Hacı Nazmi Bey mabeynde bir kere görüşmüş ve oraca verilen karar mucibince müşir paşayı beklemeyerek Hacı Nazmi Bey'i derhal Manastır'a azimet ettirilmişti.

Hacı Nazmi Bey'in tekrar Manastır'a gelmekte olduğunu haber alan Manastır merkezi bundan nasıl istifade edeceğini düşündü, kendisi muhallef olarak cemiyete dahil olduğunu düşünülerek suikast yapmaktan ziyade cemiyet namına istifade etmeyi düşünenler oldu, yine benim tavassutumu istediler. Hacı Nazmi Bey'in Manastır'a muvasalatında istikbal merasiminde bulunmaya ve ol suretle iyilikle karşılamağı münasip görüldüğünden Sadık, Vehip, Nihad, Mehmet Nuri, Selahaddin Beylerle bendeniz dahil olmak üzere kalabalık bir heyeti zabitan istasyona gitti.

Tren durur durmaz yalnız olarak fırlayıp vagona girdim, Hacı Nazmi Bey de pencereden kapıdan dört gözle beni aramakta olduğunu anladım, pek kısa bir merasimi istikbaliyeden sonra ben de arabaya binerek evlerine gittik, yolda ve hanesinde İstanbul'a gidip gelme meselesinden ve mabeynde görmüş olduğu muameleden bahsettik.

Hacı Nazmi Bey hulasa olarak şöyle demek istiyordu:

"Ben kendiliğimden gitmedim, çağırıldım. Mameyn'de sui muameleye uğradım hatta dövüldüm, söyletmek için cebir istimal ettiler, fakat ben sözümde sadık kaldım umumi şeylerden başka bir şey söylemedim ve bildiklerimden hiçbir kimsenin ismini ifşa etmedim, neticede yine iyilikle muamele ederek benim buradaki vukuf ve malumatımdan istifade etmek maksadıyla, bir derece terfian takip kumandanı yaptılar, ben yine cemiyete hizmet edeceğim, eğer cemiyet emir ederse bu formayı da söker atarım, ben yine cemiyet efradındanım. İstanbul'un emriyle hareket edecek değilim, bu hususta ne şekilde teminat istiyorsanız vermeye hazırım." Gece geç vakit olmuştu. Mumaileyhi evine bırakarak evime hareket ettim. Sabahleyin tekrar Hacı Nazmi Bey'in evine gittim, yine münakaşaya başladık bir kaç saat sürdü, münakaşanın hulasa ve neticesi aynı yola çıkıyordu. Neticeyi cemiyete ihbar ettim, Manastır merkezi şimdilik kendisinden istifade etmeyi münasip gördü, tekrar Hacı Nazmi Bey'i gördüm, cemiyetin emirleri hilafında ve kendiliğinden hiçbir iş görmeyeceğine ve maiyyet ve refakatına verilecek yaver ve zabitlerin muvafakati haricinde icraatta bulunmayacağına dair tekrar yemin ile söz verdi. Bu sözlerden zerre kadar inhirafı halinde vurulacağını kendisine söylemek suretiyle meseleyi bir sureti halle bağladık, ben daireye geldim, Hacı Nazmi Bey'in refakatine verilecek zabitan ve efradın intihabıyla meşgul oldum.

Cemiyete dahil zabitan cümleten şayanı itimad idiyse de Hacı Nazmi Bey'i idare edecek ve şahsen de her hususta emin olduğumuz bir zabiti onun refakatına vermek icap ediyordu. Süvari alayı 14 K. 3 yüzbaşı vekili Çerkes Mehmet Efendi'yi düşündüm. Mehmet Efendi iyi ve asil bir aileye mensup ahlakı mücesseme sahibi ve kahramanlığı ile tanınmış bir zabit idi, alay kumandanı Sadık Bey dahil olduğu halde bilcümle ümera ve zabitan Mehmet Efendi'yi yukarıda tasvif etmiş olduğum şekilde tanımış oldukları için intihabım bir itiraza uğramayarak bilakis hüsnü suretle kabul olundu, bu suretle teşkil edilmiş bir müfreze refakatında Hacı Nazmi Paşa Resne'ye tahrik ve orada ikamet ettirilmiş idi. Filhakika Hacı Nazmi Paşa Resne'ye tahrik ve orada ikamet ettirilmiş idi. Filhakika Hacı Nazmi Paşa ilanı hürriyete kadar Resne'de kalmış, hafi, celi hiçbir işe karışmamıştır.

## MÜŞİR TATAR OSMAN PAŞA HAZRETLERİ KADROSU

1. Kosova ve havalisi Mıntıka Kumandanı Müşir Osman Paşa Hazretleri,

2. Erkan-ı Harbiye Reisi Halil Recai Bey,

3. Hareket Şubesi Müdürü Topçu Erkan-ı Harp Yüzbaşı Emin Bey,

4. Şemsi Paşa'nın kadrosu dahilinde sayılan kuvvetler (Prizren Belediye Reisi Hacı Rıfat'ın maiyetindeki fedai müfrezesi hariç.)

Şemsi Paşa'nın vurulması üzerine Hacı Nazmi Paşa'yı takip kumandanı sıfatıyla gönderilmiş ise de Şemsi Paşa'dan kalan boşluğu dolduracak kıymeti askeriyeye ve şöhrete malik olmadığı gibi Şemsi Paşa'nın vurulmasıyla cemiyetin kudret ve kuvveti büyük mikyasta, inkişaf etmiş ve etrafa ve bilhassa mabeyne dehşet salmıştı, bunun üzerine hükümetin siyasetine vakıf ve mabeyne sadık, şiddet ve maharet sahibi bir kumandan aranmış ve bu sıfatları Müşir Osman Paşa da temerküz etmiş olduğunda mabeynce kanaat getirilerek Müşarünileyhi tenkil kumandanı olarak ve salahiyeti vasia Müşirliğe terfian Manastır'a memur edileceğini Miralay Hacı Nazmi Paşa'nın Mabeyn'deki mesmuatına atfen mumaileyhden anlamıştım. Filhakika da Müşir Osman Paşa bu mesmuat dairesinde tayin edilmiş ve Manastır'a gelerek işe başlamıştı.

Osman Paşa, Şemsi Paşa gibi birden bire meydana atılmadı. Bidayette gayet teenni ile ve adeta meydanda hiçbir şey yok imiş gibi hareket ediyor ve etrafı yoklayarak anlamağa çalışıyordu, bir taraftan da Anadolu'dan gelmekte olan redif taburları peyderpey vürud etmekteydi, istihbaratı sivil olarak beraber getirmiş olduğu hüviyetleri meçhul eşhas ile ifa etmekle beraber Manastır'da da bazı adamları elde etmişti. Bunların ileri gelenleri vilayet muarif müdürü Saip ve muarif müfettişi Hüseyin, Şehap ve askeri kaymakamlarından Hıfzı Beyler göze çarpıyordu. Müşir Paşa istihbaratı bu tarzda takviye ve tevsi ile beraber tedabiri askeriye olarak da Mabeynin ve bizzat Müşir Paşa'nın itimatları kalmamış olan Manastır garnizon kuvvetlerine karşı bir tedbir olmak üzere onları kışla ve karakollarından çıkarıp çadırlı ordugaha sevk etmek ve bunların terk edecekleri kışla, karakol, cephanelikleri de Anadolu'dan vürud etmekte ve Mabeyne ve kumandanlığa sadık olduklarım zannettikleri redif kuvvetlerine devri teslim ettirmek istiyordu, bunun için şifahi ve tahriri müteaddid emirleri tevali ediyordu, fakat Manastır mıntıka kumandanlığı da bin türlü mazeret serdiyle azami derecede buna mukavemet ediyordu.

Bu tedbirle Paşa'nın fikri Manastır şehrini dahili ve harici inzibatını eline alıp bir kere şehre hakim olmak ve şehir dahilindeki İttihadı Terakki Cemiyeti teşkilatını imha ettikten sonra hariçle mücadele ve neticede muvaffak olmak kolaydı.

O tarihte Mıntıka Kumandanı Miriliva Osman Hidayet Paşa idi, kendisi haluk fakat korkak tabiatlı bir zat idi, ne cemiyete dahil oluyordu ve ne de işin içinden çıkmak için çare bulabiliyordu. O tarihte mıntıka kumandanlığı makamını arzu edecek kimse olmadığı gibi Mabeyn de böyle bir şey düşünemiyordu. Bu suretle Osman Hidayet Paşa müşkül bir vaziyette kalmış ve cemiyetin kuvvet ve icraatını da gözle görmekte olduğundan her ne ki yazarsam bila tenkid vela tashih aynen kabul ediyordu. Bu tarzı hareketinden dolayı bir aralık paşanın Manastır'da İttihat ve Terakki'nin ileri gelen elemanlarından birisi olduğuna bile hüküm edilmişti.

Müşir Osman Paşa evvel emirde Manastır'ın dahili teşkilatına hakim olmak için mıntıka kumandanlığıyla mücadele ederken bir taraftan da muarif müdürü Saip Bey'in riyaseti altında 3 kişilik hafi bir heyeti tahkikiye teşkil ederek cemiyetin ileri gelenlerini meydana çıkarmak ve iyi bir tesir yapmak için her ne olursa olsun bir kaç kişinin idamıyla vaziyete hakim olmak istiyordu. Vilayet muarif müdürlük odasında bendenizi iki defa geceleyin ve bir defa da gündüz olmak üzere inticvap edildim, heyeti teşkil eden 3 kişiden yalnız Saip Bey'i tanıdım, diğer ikisini tanıyamadım, onlar Manastır muhitinden değillerdi.

Hini istintakta sorulan sualler insanı tedhiş edecek mahiyette olmadığı gibi cebir dahi istimal etmediler.

İsticvap mevzusu

Köy mektebleri, köy muallimleri, köy binalarının inşaatı, maarif hususunda köylüyü inkişaf ettirmek için yapılan propagandalar hakkında malumat almak ve bu vatani hizmetleri mesbuk zevatın kimler olduğunu ve elde edilen neticelerin neden ibaret olduğunu, Bulgar, Rum eşkıyasını takibinde zabitan tarafından gösterilen fedakarlıkların envaını zikir edilmek suretiyle bu işlerle meşgul olanları öğrenmek istiyorlardı.

İttihad-ı Terakki teşkilatı ve bilhassa cemiyete dahil mıntıka müfettişleri ve müfreze zabitlerinin, de köylerde takip ettikleri program ve köylüye vasıtai temasları da yukarda sayılan hususata münhasır oluyordu. Bu tarzda hafi heyetlerin tahkik ve tedkikleri neticesinde birinci derecede zimedhal olduklarım kanaat getirdikleri kimselerin esamisini havi bir mahrem liste vücuda getirilmiştir. Bu ilk listede bir rivayete göre yirmi, diğer bir rivayete göre de 9 kişi olup bunlar ilk defa asılacak bir grup idi.

Müşir Osman Paşa gün geçtikçe maddi ve manevi nüfuzunu bir parça daha tevsi ediyordu, Mabeyn'de boş durmayarak çalışıyordu. Cemiyetin aleyhine ve iğfal olunanların lehine olarak makamı ser askerinin emirlerini ve padişahın iradelerini yağdırmak suretiyle kumandanın muvaffakıyyetine yardım ediyorlardı.

Bu babta zikre şayan en son yazılmış bir iradei seniyye vardır, bu irade kısmen taltif ve kısmen tehdit şeklinde kaleme alınmış idi.

## ÖZÜ

Ahval ve vaziyeti memlekete vakıf olmayan bazı bedhahan genç ve hamiyyetli zabitlerimizi iğva ederek vazifeleri haricinde bir takım uğraştırılmakta olduğu anlaşıldı, bunlara son defa olarak bizzat bir kerre daha tebliğ ediniz ki tuttukları yol doğru değildir, afvuleri iradeyi seniyye iktizasındandır, mugayiri sadakat harekattan sarfınazar edecek olanlar aletderecat kendi rütbenize kadar terfi ettiriniz... ilaah.

Müşir Osman Paşa'ya gelen mezkur irade bizzat tebliğ edeceği yerde bu vazifeyi mıntıka kumandanlığına havale etmiş ve bizzat mıntıka kumandanı tarafından zabitan muvacehesinde tebliğini emir buyurmuşlardı.

Emirnameyi Osman Hidayet Paşa'ya verdim, okudu, kağıdı yüzüne siper ederek uzun bir müddet düşünmeye daldı, nihayet "Bunu ne yapacağız?" dedi. Tebliğ ederiz, yazıldığı şekilde mi? Evet öyle emir ediyorlar, dedim.

Merkez kumandanlığı vasıtasıyla tebliğ ettirilmesi gibi başka şekiller aramağa başladı, bendeniz ise başka şekilleri münasip görmeyerek tebliğ dairesinde yapılmasını muvafık buldum ve bu babda tesadüf edilecek bir tehlike ve müşkülat mevcut olmadığını söyleyerek paşayı ikna ettim, derhal bir tamim yazarak bütün garnizon erkan, ümera ve zabıtanın beyaz kışlada toplanması emir edildi, ertesi gün muayyen saatte arabaya binilerek kışlaya gidildi. Takarrür eden hattu haraket mucibince yalnız irade kraet edilecek, ve kumandan paşa tarafından hiçbir kelime söylenmeyecek idi.

Beyaz kışla medhalinin iç tarafında meahal ve koridorlarda zabitan toplanmış hazır bekliyorlardı. Yakınımızda durmakta olan süvari mülazımı İzzet Çanta ulat kendi talep ve arzusuyla iradeyi okumak istedi. Ben de ona verdim, okumağa başladı, bendeniz Osman Hidayet Paşa'nın solunda ve her ikimizin arkamızı kırmızı kışla tarafındaki koridor kısmına vermiştik. Osman Hidayet Paşa hakkında hazırlanmış bir suikast tertibatı olmadığı için hiçbir vukuatın vukua geleceğini düşünmeyerek müsterih duruyordum ve paşayı da ol suretle ikna eylemiştim.

Birdenbire arkamızdan bir tabanca patlamaya başladı, Osman Hidayet Paşa'nın kolu hafif yaralanmış ve bir kurşun da kulağının arkasından hafif sıyırarak geçmişti, kalabalık da dağılmıştı, bir kaç zabitan arkadaşlarımızın yardımıyla Paşa'yı kapıda duran arabaya bindirerek ben de beraber olduğum halde hastaneye yetiştirdim, tedavii iptidaiyyesi yapıldı ve tehlike mevcut olmadığı da anlaşılmıştı. Tehlike mevcut olmaması mecruh Paşa'dan ziyade bendenize ferahlık verdi. Eğer Paşa bu suikast neticesinde ölmüş olsaydı ben ahlaken bir töhmet altında kalarak kendi kendime ila nihaye vicdanen muztarip olacaktım. Çünkü vaka, Paşa'yı aldatarak oraya benim tarafımdan götürülmüş şeklinde anlaşılması pek muhtemeldi.

Gerek hastahaneye giderken ve gerekse hastanede Paşa'ya karşı tertip edilmiş bir suikast olmadığını mütemadiyen arz etmekten hali kalmıyordum ve bir yanlışlık eseri olacağım söylüyordum, fakat artık benim sözlerim Osman Hidayet Paşa nezdinde bir tesir yapmıyordu, çünkü vaka beni fiilen tekzip etmiş idi.

Paşa, ben ne yaptım, ne günah işledim şeklinde mütemadiyen tazallümü hal ediyor ve atisinden emin değilmiş gibi korkular içinde buhranlar içinde buhranlar geçiriyordu.

Pansuman bitmiş ve yine Paşa'yı teselli ile uğraşmakta iken Müşir Osman Paşa'nın gelmekte olduğunu haber verdiler, fırladım Paşa'yı karşıladım, bir süvari bölüğü refakatında gelmiş ve attan inmiş yalnız olarak acele acele ilerliyordu, hiddetle bendenize hitaben: Bundan ne istiyorsunuz, dedi. Suale cevap bulmak mümkün değildi, yanlışlık oldu demek hiç olmazdı, tehlikeden başka kabalık ve nezaketsizlik olurdu, sükût ile mukabele ettim. Bu sükût de nevima bir itirafı kusurdu, delalet ederek Hidayet Paşa'nın odasına götürdüm, halû hatırını sordu, cemiyete karşı bir tefevhatta bulunmadı (eden bulur) dedi. Çok oturmadı, kalktı gitti.

Ben daha hastanede iken haber geldi mesele tavazzuh etmişti, merkez heyeti tarafından başka bir vazifeye memur edilmiş olan topçu mülazimi Salim Dadaş filhakika isim müşabihetinden yanlışlıkla bu vakaya sebebiyet vermişti.

Osman Hidayet Paşa'nın yaraları hafif olması hasebiyle tekrar arabaya bindirerek hanesine götürdüm ve yatağına yatırdıktan sonra müsaade alarak çıktım, çünkü Paşa'yı teskin etmek lazımdı, derhal Vehip Bey (Paşa) Nihat Bey (Paşa) lara haber gönderdim.

Vehip Bey derhal diğer iki arkadaşla beraber Hidayet Paşa'nın ziyaretine yetişerek vakanın benim yukarda tafsil ettiğim şekilde yanlışlıkla tahaddüs etmiş olduğunu beyan ederek Hidayet Paşa'yı ikna ve teskin ettiler.

Bu vakadan sonra Müşir Osman Paşa icraatına bir kat daha sürat ve şiddet vermek istemiş ise de, bir an evvel hürriyeti ilan için İttihat ve Terakki Cemiyetini mecbur eden esbapta çoğalmıştı ve bu ecilden Müşir Paşa'yı kaldırmak ve hürriyeti ilan etmeyi tacil edildi.

Bu esbabın başlıcaları şurada zikretmek lazımdı:

Reval mülakatı, ve bu mülakatın Makedonya komiteleri üzerinde de yapmış olduğu tesir,

Bu tesir aşağı tarzda izah olunabilir:

İttihad-ı Terakki komitesi ilanı hürriyet tarihinden takriben bir ay evvel Bulgar komiteleriyle anlaşmış ve bu anlaşma neticesine göre Bulgar komiteleri Reval Mülakatının tesiri altında kalmayarak İttihad - Terakki komitesinin icraatı neticesine intizar etmeye rıza göstermiş ve gayri musellah bir şekilde birleşmiş göründü.

Rum çeteleri böyle bir tarzı kabul etmeyerek Reval mülakatının Makedonya hakkındaki kararının tacili tarafını iltizam etmiş ve icraatına devam etmiş ve hatta 9 Temmuz'da Rum çeteleri tarafından Ribarçe köyünde bir katliam yapılmıştır ki bu katliam Reval mülakat kararını tacil için irtikap edilmişti.

Bulgarlar bu vakaya karşı hiçbir harakette bulunmayarak bize müracaatla iktifa etmişlerdi, merkez heyeti Manastır Rum mitropolidine müracaat ederek böyle bir meselenin tekerrürü halinde tekmil Rumlara bir katliam usulünün tadbik olunacağını tebliğ edilmek suretiyle tehdid edilmişti.

İşbu Reval mülakatı tesiratından başka birbirini müteakip gelen mabeynin müstebid kumandanları ve Anadolu'dan gönderilmekte olan kuvvetler de mühim bir mesele teşkil etmeye başlamıştı.

İşte bu sebeplerden dolayı hürriyetin ilanını tacil etmek icap ediyordu.

Her nedense Selanik merkezinden gelmekte olan Müşir Osman Paşa'nın değerli bir zat olduğundan öldürülmemesi şeklindeydi, bundan başka Manastır heyetinde bulunan Vehib Bey de Tatar Osman Paşa'yla pek iyi görüşüyorlardı, işte bu amiller Müşir Osman Paşa hakkında suikast tertip icrasına mani oldu ve en muvafık bir şekil olarak Osman Paşa'nın ikametgahından alınıp Resne'ye götürülmesi kararına vasıl olunmuştu. Bu karar tatbik olundu.

Kararın tatbiki için Manastır merkezinde bulunan güzide zabıtan ve efradından mürekkep bir müfreze teşkil edilmiş ve bu müfrezeyle ikametgah sarılmış ve kumandan paşa evinden alınmıştır ve çetelere de evvelce malumat verilmiş olduğundan bilhassa Niyazi Bey çetesi de Manastır'a gelerek mezkur kararına iştirak etmiştir.

Müşir Paşa alındıktan sonra geceleyin toplanılarak ilanı hürriyete karar verilmiş ve bin bir top atılmak suretiyle ilanı meşrutiyet edildi.

## İSTİKLAL HARBİMİZ "Yasaklanan Kitap"
### 5 Cilt Kutulu - 2320 Sayfa

Kazım Karabekir Paşa'nın 1930 yıllarında yazdığı ve yayınlanmasını ailesine vasiyet ettiği, yakın tarihimizin bir bölümünü belgeleriyle en doğru olarak anlatan İstiklal Harbimiz eseri, ancak 1960 yılında yayınlanabilmiştir.

Ancak aynı yıl eser yayınlanmasından hemen sonra mahkeme kararıyla toplatılmıştır.

5 sene süren mahkeme sonrası, beraat ettiğinden yayınına devam edilmiştir.

İstiklal Harbimizin başlangıcını ve bilhassa doğu hareketlerini bilmek isteyen tarih severlerimizin gösterdiği büyük ilgiden dolayı oldukça hacimli olan eser zaman içerisinde tek cilt ve 2 cilt olarak yayınlanmıştır.

Truva yayınları olarak bu eseri 5 cilt olarak, yeniden düzenleyip yayınlıyoruz.

Kitapta orijinalliğine sadık kalmak kaydıyla, belgelerde herhangi bir düzenleme yapmadan metinlerde artık kullanılmayan birçok kelimeler, günümüz türkçesiyle değiştirilip okuyucunun daha rahat okuması sağlanmıştır.

Yayınladığımız eser; Karabekir Paşa'nın damadı Prof. Faruk Özerengin'in Truva Yayınevi sahibi Sami Çelik'e vermiş olduğu yetkiyle basılmış olup, rahmetli Özerengin'in yayınevine teslim ettiği şekilde aslına sadık kalınarak baskısı gerçekleştirilmiştir.